新编21世纪教育学系列教材

教育心理学

Educational Psychology

主　编　何先友
副主编　张　维

中国人民大学出版社
·北京·

作者简介

何先友 1967年出生，心理学教授，博士，博士生导师；“珠江学者”特聘教授，入选教育部新世纪优秀人才支持计划；华南师范大学心理学院院长；中国心理学会教育心理专业委员会副会长；*Aussie Sino Studies*、《心理科学》、《心理学探新》编委；《心理学报》《心理科学》《心理科学进展》《心理学探新》《心理与行为研究》等国内权威、核心期刊审稿人。长期承担“教育心理学”（国家级精品资源共享课程）、“教育心理学研究”、“学习心理研究”、“语言理解与认知专题研究”等本科生、研究生课程教学工作。主要研究方向为语言理解与认知、教育心理学应用、社会认知与审美心理研究等。先后主持完成国家自然科学基金、国家社会科学基金规划课题，全国教育科学规划项目，教育部哲学社会科学研究委托课题、教育部新世纪优秀人才支持计划项目、教育部人文社科项目以及广东省教育科学规划项目等十余个。出版专著、译著、教材十余本（部），在国内外权威期刊发表科研论文百余篇。

内容简介

作为一种特定领域的专门知识，教育心理学知识的表达与呈现有其自身的特点。基于此，本书根据领域知识的构成，通过表征基础学理知识的“基础理论”（第一章～第三章）、表征知识学习与加工过程的“领域学习”（第四章～第九章）和表征知识操作与运用的“教师心理与课堂管理”（第十章～第十二章）三个主要模块构建教育心理学的基本知识体系。同时，教育心理学作为一门基础研究与实践应用并重的学科，在其教学过程中既强调学生对基础知识的学习，也强调教师基本教育教学技能的培养。因此，在各个模块教学内容的编排设计中，本书遵循“知识的学习—知识的构建—知识的运用”这一知识生成与能力培养的基本过程，通过对经典的教育心理学理论与原理的阐述，融合近年来教育心理学的最新研究成果，结合丰富的教学实践案例，对教育心理学的基本理论观点与当代教育教学实践问题的思考进行了全面的介绍与分析，实现了教育心理学的理论学习与教育实践问题解决的结合。全书在编写过程中力求文字精练、概念清晰、教学案例设计精当、知识呈现方式多样，在保证知识的科学性与严谨性的前提下，有效地增强了可读性与实践性。本书适用于高等院校心理学、教育学类专业的本科教学或教师专业发展的继续教育培训，也可作为教师资格考试参考书。

前言

教育心理学是心理科学的一个重要分支学科，也是心理科学中将理论基础研究与实践运用结合得最为紧密的一个交叉学科。从诞生至今，教育心理学的研究已有逾百年的历史，其间，教育心理学出现了经验主义、行为主义、认知主义、建构主义等理论思潮与研究取向，做出了许多经典的理论解释，取得了丰硕的实证研究成果，积累了丰富的教学实践经验。

近年来，我国心理学研究者编著、译著了多种教育心理学教材，这些教材的理论体系多元且各具特色，知识结构安排合理，很好地促进了高等院校教育心理学教学与科研的发展。随着心理科学研究及其相关技术手段的不断成熟，教育心理学的研究领域也在不断地拓展，社会对教育心理学研究成果的应用与推广价值也有着更高的要求。为了更好地反映教育心理学研究的新进展，实现教育心理学研究成果应用于教育、服务于社会的目标，我们编写了这本《教育心理学》。

本教材在保留教育心理学经典理论与实证成果的基础上，吸纳当代教育心理学前沿的研究方法与观点。在内容及结构体系上，我们根据读者对不同种类知识的表征特点，划分出表征基础学理知识的“基础理论”模块、表征知识学习与加工过程的“领域学习”模块和表征知识操作与运用的“教师心理与课堂管理”模块，试图将教育心理学各部分知识构建成具有系统性、完整性且相互关联的知识网络。因此，在体系的编排与内容的呈现上，我们主要采用章节前概述主要内容与章节后小结的方式：在每章开始前以简短的导语向读者提供本章内容概述，引导读者建构本章知识内容的基本框架；每章结尾对关键术语与概念进行小结，并提出相关思考问题，提示读者在完成章节学习后对该章节的知识内容进行快速回顾与总结。同时，每章还以“知识专栏”的形式总结重要观点和学术争鸣，引发读者的深层思考，引导读者对主题内容进行更深入的剖析。

在本教材的编写过程中，一方面通过结合丰富的拓展性知识，增强内容的可读性、生动性与形象性，使读者正确掌握如所学内容的学术思想等事实性知识；另一方面尝试通过引入大量有意义的教学实践案例，实现知识与案例的结合，使读者逐步掌握在不同情境下运用适宜的知识的一系列技能性与条件性知识。本书着力体现教育心理学的研究成果为社会服务的功能以及教育心理学的课程教育对教师培养的应用性与功能性作用。

本教材由华南师范大学何先友教授组织编写，何先友教授负责全书的结构和章节设计。全书共 12 章，第一章由何先友教授（华南师范大学）撰写，第二章和第五章由张维（华南师范大学）撰写，第三章由陈广耀（暨南大学）撰写，第四章由赖斯燕（华南师范大学）撰写，第六章由吴妮妮（广东第二师范学院）撰写，第七章由赵雪汝（华南师范大学）撰写，第八章由汪小伟（广州民航职业技术学院）撰写，第九章由吴爽（广东技术师范大学）撰写，第十章由赵敏（岭南师范学院）撰写，第十一章由黄惜娜（深圳市龙岗区布吉贤义外国语学校）撰写，第十二章由杨惠兰（华南师范大学）撰写。全书由何先友教授进行修改与审订。本书的撰写与出版得到了中国人民大学出版社的大力支持，王雪颖、陈虹、徐小玲等编辑对本书做了精心的审校，在此谨致谢意！

本教材的基本定位是高等院校心理学、教育学类专业本科生的案例型教育心理学教材；同时，本书也可作为教师专业发展的继续教育培训教材以及教师资格考试的参考书。

最后，本书的诸多地方虽经反复思考与修改，但仍有疏漏之处，敬请广大读者批评指正。

编者

目 录

第一章

教育心理学概论

本章导读

教学生识字有很多技巧，如何才能有效地教会学生识字呢？一位语文教师根据小学生认知发展的特点，设计了行之有效的教学方法。教师告诉学生如何区分“买卖”两个字时说：“多了就卖，少了就买。”学生很快就记住了这两个字。还有学生把“干燥”写成“干躁”，把“急躁”写成“急燥”，教师就教学生记住：“干燥要防火，急躁必跺足。”从此，学生再也不会混淆这两个字了。

随着社会的不断发展和进步，人们的社会分工也日益完善和精细。人们越来越多地认识到，教师作为一种专门的职业，从业者必须经过专业的培养和训练。作为一名教师，除了需要具备各自学科领域的专业知识外，在其知识结构中还必须具备有关教育学、心理学的知识，掌握现代教育理论及教育教学技能。

教育心理学是教育活动与心理学相结合的产物，是探讨教育过程中学与教的心理规律的科学。迄今为止，教育心理学作为一门科学，仅有一百余年的历史，还是一门年轻的科学。在教育心理学的研究历程中，围绕学习与教学已经提出了一系列的理论，揭示了学习与教学过程的心理现象与规律，充分展示了其广泛的应用价值。本章是关于教育心理学的整体概述，通过本章的学习能了解到教育心理学是一门怎样的学问、其发展历程如何以及可以采用哪些方法开展教育心理学研究。

第一节 教育心理学的研究对象与发展概况

一、教育心理学的研究对象

纵观教育心理学从诞生至今的历史，教育心理学研究的对象一直是教育心理学研究者极为关注的问题。早期的观点主张把教育心理学作为心理学与教育相结合的产物，即教育心理学是将心理学知识运用到教育教学实践的一门科学。这种观点从赫尔巴特（J. F. Herbart）开始，一直在西方教育心理学领域得到较多的认可，至今仍有部分研究者将教育心理学视为一门单纯的应用学科。

随着实验教育学运动的不断发展，关于儿童身心发展的问题也逐步受到研究者的关注，并一度成为当时教育心理学研究的核心内容，甚至有研究者提出，应该将教育心理学与儿童心理学进行合并，这种观点在苏联的教育心理学领域尤为突出。在美国，由于行为主义学派思潮盛行，关于教育心理学研究对象的观点也受到了行为主义学派思想的影响。行为主义的代表人物桑代克（E. L. Thorndike）提出教育心理学应该是以学习研究为中心任务；认知学派学习理论的代表人物奥苏贝尔（D. P. Ausubel）在其基础上予以进一步的拓展，提出教育心理学研究除了需要以学习心理为中心外，还需要强调以学生的课堂学习研究为中心①。可以说，无论是桑代克还是奥苏贝尔，他们所提出的以学习为中心的教育心理学体系都使教育心理学具有了区别于其他相近学科的独特研究对象，这也为今后关于教育心理学研究对象的探讨提供了有价值的理论基础与导向。

当代教育心理学研究者大多认同教育心理学的研究对象是教育过程中的心理现象与规律。这既包括了受教育者在学习过程中的各种心理与行为现象及其变化发展规律，也包括了教育者如何通过运用这些规律影响受教育者的学习，实现高效的教育教学目标。可见，教育心理学是一门介于教育科学和心理科学之间的边缘学科。

我们可以从如下三个方面进一步理解教育心理学的研究对象：

首先，教育心理学以教育过程中的心理现象与规律为研究对象，这要求我们了解与把握教学过程中的两大主体，即学生与教师的心理特点与规律。作为一线教育工作者，教师面对的主要对象是心理与行为不断发展与变化的学生，因此，一线教育工作者对于学生心理发展特点及其规律的准确把握尤为重要。另外，教育工作者自身的心理特点与规律也需要得到关注，如何促进教师的专业化成长、如何对教师心理健康进行维护、如何对教师的教学活动进行评价等问题，同样是教育心理学的研究内容。

---

① 冯忠良. 教育心理学应向何方. 当代教育论坛，2002（3）：60-63.

其次，学生是教育教学活动的对象，所有教育教学活动开展的根本目的是促进学生的身心发展。因而，只有清楚了解了学生学习的条件、过程与特点，教师才能采取有效的教育教学措施，选择适合学生心理发展与学习规律的教学方法，从而优化教学系统、提高教学成效。因此，基于学生的心理发展特点，对其学习过程与规律展开研究是教育心理学研究的核心内容。

最后，对教育过程中的心理现象与规律进行研究，目的是提高教育教学的效能，从根本上促进学生的全面发展。因此，在研究各种教育教学规律的同时，还需要研究如何将这些规律运用到教育教学实践之中，即探讨如何根据教育活动主体的心理特点与规律，提出适用的教学方法，解决教育教学中的现实问题。

二、教育心理学的研究内容

基于上述对教育心理学研究对象的理解，结合当前教育心理学研究的最新成果以及当前我国教育实践的特点和教学改革的客观需要，教育心理学的内容主要包括如下几方面：

（1）教育心理学概述：包括教育心理学的学科性质、研究对象、研究任务、研究方法、发展简史等问题。

（2）个体心理发展的基本理论：主要介绍不同取向的心理发展理论及其基本观点。

（3）关于学习心理的基本理论：主要介绍学习的基本概念与国外经典的学习理论。

（4）关于学习者的领域学习及其机制：主要阐述传统与现代知识观下的知识分类与知识学习过程，与促进知识学习密切相关的学习迁移、学习策略和学习动机，品德学习与心理健康教育，智力开发与创造性培养等。

（5）关于教师心理与课堂管理：主要阐述教师的心理特征与心理健康维护，教师的课堂教学设计与评价，教师如何进行有效的课堂管理等。

本教材的基本体系按照以上内容分为三编共十二章：

第一编是“基础理论”，包括教育心理学概论（第一章）、个体心理发展（第二章）、学习与学习理论概述（第三章）。

第二编是“领域学习”，包括传统的知识学习观（第四章）、现代的知识学习观（第五章）、促进知识学习的有效途径（第六章）、智力与创造力的培养（第七章）、品德的形成与培养（第八章）、心理健康教育（第九章）。

第三编是“教师心理与课堂管理”，包括教师心理（第十章）、教学设计与评价（第十一章）、课堂管理（第十二章）。

三、教育心理学的发展简史与进展

心理学不是“纯的心理学”（pure psychology），而是在与某一领域相互结合的过程中发展而来的。其中，心理学与教育的结合最为紧密，下面以时间为维度，简要梳理心理学与教育的结合及其发展历程。

（一）20 世纪初的心理学与教育的结合

20 世纪初，由于桑代克对学习理论的开创性研究，心理学与教育的结合逐步找到了自己的归宿。1903 年桑代克的《教育心理学》的出版，更被视为教育心理学作为一门新的心理学分支学科诞生的标志。此后，关于教育过程中的各种心理现象及其规律的研究都在教育心理学这一坚实的平台上进行。通过探寻心理学发展的历史，可以发现，其实在前科学心理学时期就已经出现了许多关于心理学与教育相结合的思想。

我国古代学者的一些论述中就闪烁着极为深刻的教育心理学思想。例如，《学记》中的“道而弗牵”、“强而弗抑”、“开而弗达”和“教学相长”等教学原理均凸显着教育心理学的思想精髓。再如，在孔子的教学思想中，也十分重视对思维的启发，他指出“不愤不启，不悱不发，举一隅不以三隅反，则不复也”，也提出了“叩其两端而竭焉”的思维启发方法。

外国古代学者的教育哲学思想中，也孕育着教育心理学的思想。例如，柏拉图（Plato）便十分重视个别差异及教育目标，即谋求身心的均衡发展。亚里士多德（Aristotle）所主张的顺应本性、培养习惯、启发心智等教育原则，也都是现代教育心理学的重要理念。

1879 年科学心理学诞生与确立后，近代教育思想家愈发重视在教育中运用心理学的知识，并把心理学作为教育理论的基础。捷克教育思想家夸美纽斯（J. A. Comenius）曾指出，人只有通过教育才能成为人，他第一次明确提出教育必须遵循自然的思想。瑞士教育家裴斯泰洛齐（J. H. Pestalozzi）基于儿童发展理论，从教育教学实践的角度探讨儿童学习心理的特点与规律，并提倡“因能施教”的教育改革措施。德国哲学家、心理学家赫尔巴特则把教育学与心理学视为一个不可分割的统一体，并首次提出教育教学理论应该建立在心理学这一科学研究的基础之上。

美国心理学家、机能主义的奠基人詹姆斯（W. James）同样也主张心理学与教育学的相互结合，并力图将心理学的实验研究与课堂教学融为一体。他的名著《与教师的谈话》（*Talks to the Teachers*）曾指出，教师在观察、提问和与学生的意见交流中能获得学生关于学习的观念、兴趣、价值观等知识，这些知识对提高教学效能具有促进作用。詹姆斯的这些观点对心理学原理向教育教学的转化产生了重要的作用。

美国著名的教育家、哲学家杜威（J. Dewey）毕其一生精力构思与宣传自己的教育观点，他倡导“儿童中心运动”以进一步引导教育工作者认识心理学对教育的作用与意义，其中的“做中学”（learning by doing）思想对教育实践产生了深刻的影响。

（二）20 世纪 20 年代末至 50 年代末的心理学与教育的结合

20 世纪 20 年代末至 50 年代末是心理学与教育相结合的进一步发展时期。20 世纪 20

年代末到30年代，由于西方教育心理学吸取了儿童心理学与心理测验的相关成果，其在扩充了自身的研究内容的同时，也逐步陷入了行为主义、认知主义等不同学术流派间的论争。在20世纪40年代，弗洛伊德精神分析对意识与潜意识问题的重视也逐步影响着教育心理学的相关研究，教育心理学研究者开始关注情绪情感在教育教学过程中的作用，与此同时，儿童的个人与社会适应、学生的心理卫生问题也逐步被纳入教育心理学的研究范畴。不过，在第二次世界大战期间由于研究取向转向实际应用而出现停滞，相关的研究在战后才得以恢复。20世纪50年代，随着计算机科学、信息论思想的逐步兴起，教育心理学研究者开始关注程序教学（programmed instruction）与计算机辅助教学（CAI）等问题，并取得了丰富的研究成果。

（三）20世纪60年代后的心理学与教育的结合

20世纪60年代初，由于人本主义心理学与认知心理学的兴起与发展，教育心理学研究进一步重视人性因素，逐步开展了一些与人类课堂学习有关的研究。布鲁纳（J. S. Bruner）倡导的课程改革运动更是将教育心理学研究面向实际的教育环境进一步推向高潮。但由于教材改革的难度较大、难以在大范围内对教师进行训练以及社会性支持不够等原因，课程改革运动并未获得预期的效果，但仍具有相当的启发性与指导意义。

20世纪70年代，奥苏贝尔认为行为主义关于学习的观点及其研究存在着将动物学习替代人类学习、将人类学习简单化的取向，因而，他以认知心理学的观点为基础，提出并详细阐述了人类有意义学习的相关观点。加涅（R. Gagne）则更为系统地总结了已有的关于学习的观点与成果，对个体的学习进行了更为细致与系统的分类，并针对不同类型的学习阐述了其基本的内外部条件。奥苏贝尔与加涅关于学习及其分类的观点均为教育心理学奠定了重要的理论基础。之后，西方教育心理学的研究趋势更为注重对教育过程中各种心理现象的探讨，同时也关注对相关理论的运用，重视如何改进教师的教学方法与手段。与此同时，苏联的心理学与教育学研究领域也出现一些变化：在理论问题的探讨上，苏联学者更为关注学习活动的结构、学习类型、学习动机与迁移等与教学息息相关的问题；在实践应用上，他们更为强调将教育心理学研究问题与学校的教育教学进行结合，相关成果也促进了苏联教育教学的改革。

（四）当代教育心理学研究的进展

在研究内容上，当代教育心理学研究的一个重要趋势是其研究内容日益集中，主要围绕基于学习者的有效学习与基于教育工作者的有效教学与组织进行。具体的研究内容也与教、学密切相关，例如，学习理论、学习动机、学习迁移、学习与发展的个体差异、智力的培养、教学心理、课堂管理等。同时，随着研究的逐步加深，教育心理学的研究者也开始意识到，由于地域、文化、基本的理论视角、采用的研究方法与手段、探讨与分析的个体学习心理现象的层次等不同，得到的研究结果与结论必然存在差异，产生的相关理论解释肯定也会有明显不同。因此，教育心理学的理论观点也日益多元且相互融合，再也不可能出现数十年前那样，行为主义学派、认知主义学派或人本主义学派等其中某一种理论学派占据统治地位的现象。

在研究设计上，由于教育心理学研究对象的独特性与当前对研究情境生态化的重视，教育心理学研究设计也从原来单纯的质的研究或量的研究逐步转向质化与量化相结合。相应地，在研究方法上也显得更为多元且综合，叙事式、解构式、行为实证、认知神经科学等方法与手段得到了综合的运用，因此，对相关问题研究的深度明显得到了加强，研究的科学性也得到明显提升。

知识专栏

心智、脑与教育的整合：教育神经科学

1986年，弗里德曼（S. L. Friedman）等人出版的《脑、认知与教育》（*The Brain, Cognition, & Education*）一书首次提出将脑科学、认知科学与教育学三个领域进行整合，此后，研究者较多采用“教育神经科学”（educational neuroscience）来指代这个新兴的领域。“教育神经科学”就是整合教育学的神经科学，它将心智、脑与教育联结起来，是为教育奠定科学基础的新兴学科。一般认为，教育神经科学包括了“学习的科学”和“教学的科学”两个主要部分，因此，在其研究中也主要涉及“学习脑”与“教学脑”两个重要成分，并通过神经影像技术、行为检测技术、观察技术、半结构访谈与反思性日志等方法，获得一些生理的、社会的和经验的证据，从而促进累积性的、科学的教育知识的构建。

资料来源：周加仙. 教育神经科学：创建心智、脑与教育的联结. 华东师范大学学报（教育科学版），2013（2）：42-48.

第二节 教育心理学的研究原则与方法

一、教育心理学研究的基本原则

作为心理学的一门独立分支学科，教育心理学的研究同样应该遵循科学心理学研究中的客观性、系统性、理论与实践相结合等一系列基本原则。同时，根据教育心理学研究对象的特点，在开展教育心理学研究的过程中，还需要遵循教育性与发展性等原则。

（一）客观性原则

客观性原则是任何科学研究都必须严格遵循的基本原则。所谓客观性，即根据研究对象或现象的本来面貌，采用科学的方法来探讨其机制与本质等基本事实和规律。在教育心理学研究中，客观性原则要求研究者基于研究对象的实际来进行相关的教学心理研究或实验设计，并在研究开展过程中尽可能翔实地记录作用于研究对象的各种外部刺激及其相应的学习心理与行为变化；同时，在对收集到的资料进行分析时，需要运用合理、客观的尺度进行评定和分析，对表现出的心理与行为变化做出恰如其分的推论，揭示研究对象——各种学习心理现象间的真实关系与客观规律。

（二）系统性原则

系统性原则就是以系统论为基础，按整体系统、多层次的方式来考察心理现象，并将研究对象的各种心理现象及相互作用关系进行整合研究。系统性原则要求心理学研究者从不同的层次、不同的侧面考察研究对象的心理与行为现象，把握各种心理与行为现象之间的关系。在研究思路上，要将人类的心理与行为现象视为一个动态的、开放的、整体的系统；在研究方法上，需要做到分析与综合的相互结合。在教育心理学研究中，系统性原则要求研究者基于各类型教育系统，探讨教学环境、教师、学生、家长等构成与影响教学过程的各个成分之间的相互关系，剖析各个成分之间的相互作用规律，得出有效的、有价值的教学建议。

（三）理论与实践相结合的原则

理论与实践相结合的原则要求从事教育心理研究的工作者在选定与设计课题时既要考虑课题的理论价值，更要兼具相关的实践指导意义；在开展科学研究的过程中，需要结合教学情境、符合教学实际。对教育心理学问题的探讨需要从教育实践中来，产生的结果与结论也要应用于教育实践、指导教育，并在实践中不断进行检验和发展。因此，理论与实践相结合是进行教育心理学研究的重要原则之一，对相关研究工作具有重要的意义。

（四）教育性原则

教育性原则是指教育心理研究的开展需要以促进研究对象的心理正常发展和推动教育事业发展为根本目的，也就是说，研究者在进行教育心理学的研究过程中，应充分考虑研究选题的合理性、理论与实践价值。研究者的研究设计、采用的研究方法和手段都需要符合研究对象的身心发展规律，研究过程及其结果具有教育与发展意义，能促进研究对象心理与行为的良性发展，不能进行不利于研究对象身心健康与正常发展的研究。

（五）发展性原则

教育心理学的主要研究对象是儿童和青少年学生，从个体成长的角度看，儿童到青少年是个体发展最为迅速、变化最为明显的阶段。因此，采用变化与发展的观点来看待、研究教育心理学问题显得尤为重要。发展性原则要求研究者在开展研究的过程中动态地看待研究对象的心理与行为现象，在评价研究对象的心理发展水平时采用发展与变化的标准进行衡量。

同时，研究对象的发展性意味着在其成长与发展过程中，研究对象先前积累的经验与态度等都会对其后续的心理发展产生影响。因此，发展性原则也要求研究者在充分考虑研究对象的主观能动性的基础上开展对相关教育心理现象的探讨。

二、教育心理学的主要研究方法

教育心理学的研究方法种类繁多，既有传统、构思严谨的经典研究范式，又有随着现代科学技术发展而不断出现的新变式、新手段。一般而言，根据研究过程中是否对研究变量进行控制，可以将教育心理学的研究方法区分为实验研究和非实验研究两大类。实验研究是指研究者通过对变量进行控制，观察相关心理现象的变化，从而确定变量与变量之间的关系的研究类型。非实验研究是指在不对研究变量进行控制的情况下，收集相关数据和情况的研究类型。非实验研究一般包括观察法、调查法、测验法和文献法等。这些方法都适用于教育心理学研究，研究者可以结合研究目的、研究条件等因素，选取合适的方法开展研究，也可以结合多种方法，实现研究结果的相互补充与印证。这里只重点介绍几种常用的方法。

（一）实验法

实验法是心理学研究中使用最为广泛、获得成果最为丰富的一种方法。实验法需要研究者在开展研究前明确相关的变量和影响因素并对此进行控制，从而观察研究对象某些心理与行为现象的变化。实验法的突出优势是其严谨的实验设计、严格的条件控制使其结果与结论更为可靠。一般而言，根据研究进行的背景以及对研究变量控制的严格程度不同，可以将实验法分为实验室实验法和自然实验法。

1. 实验室实验法

实验室实验法是在特定的、专门的实验室内，采用一定的仪器设备或技术（如眼动仪、脑电记录仪或功能磁共振成像等）进行的心理实验，并以此获取相关心理与行为现象的科学依据，图 1-1 即一个例子，柯克等学者于 2009 年的研究利用功能磁共振成像技术发现接受建筑美学专业学习与训练后，观看建筑图片会激发更多眶额皮层（OFC）神经元活动，而没有接受训练的在同一区域激发的神经元活动较少。由于实验室实验法主要通过呈现刺激并记录被试的按键反应进行，因此能通过对反应时、正确率及其相关生理指标的分析，较为准确地推断研究对象的心理过程与机制。同时，也由于实验室实验法主要通过计算机等一系列仪器进行研究，研究对象也需要对呈现的刺激做出不同的反应，因此，在早期的采用实验室实验法进行的教育心理学研究中，较多以具有较好认知发展水平的青少年学生为研究对象。随着研究技术与手段的发展、研究范式的不断革新，当前也出现了很多针对儿童的实验研究技术和仪器设备，使得基于婴幼儿学习发展的实验室实验研究成为可能。

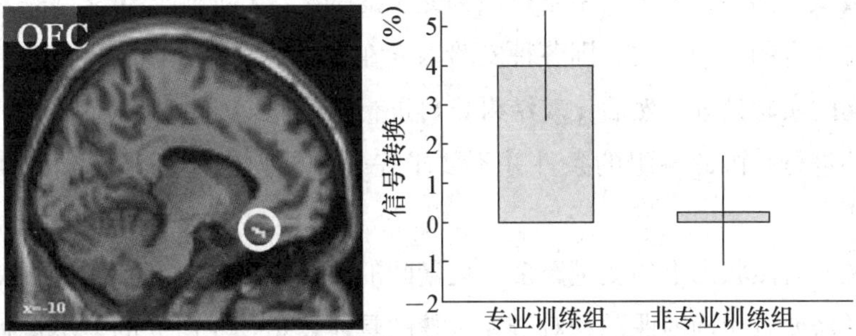

图 1-1　功能磁共振成像技术的实验案例

实验室实验法以其严格的变量控制和数据分析，使得研究者能更为准确地确定多个变量之间的关系，研究结果具有较高的内部效度。但由于实验室实验基本是在人为条件下进行，在个体教育与发展过程中很多复杂的心理现象被人为地简化，研究结果难以直接推广到教育实践中去，表现出较低的外部效度。因此，实验室实验法在教育心理学研究中也具有明显的局限性。

2. 自然实验法

自然实验法也称现场实验法，是在自然的教育情境下，通过创设或控制一些条件，观察被试的心理与行为活动的变化的方法。由于自然实验法是研究者主动地创设与控制条件，又具有数量相当的被试，因而在统计上能获得较为准确和可靠的结果与结论；同时，又由于自然实验的整个实验过程是在日常生活中进行的，实验过程自然，因而其结果也更真实，其结果与结论也更容易用于教学实践。可以说，自然实验法兼具了实验室实验法和观察法的优点，也因此成为教育心理学研究中较为常用的一种研究方法，一般可用于探讨学生的知识学习、品德形成和语言发展等心理过程与机制，也可用于分析影响教学效果的因素，如教师风格、教学方法和教学环境等方面的问题。

在自然实验法的组织形式上，可以分为单组实验、等组实验和循环组实验三种主要类型：(1) 单组实验是在其他条件恒定不变的情况下，同一组被试先后两次接受不同的实验处理，用以观察不同实验处理的影响。这种方法具有简单易行的优点，但其缺点也是鲜明的：第一，先后两次接受实验处理需要间隔较长时间，在此期间被试的身心发展仍在进行，因此后一种实验处理的效果就容易受到被试自身发展因素的影响；第二，先后接受两种实验处理，虽然间隔了一段较长的时间，但仍无法排除先前接受的实验处理对后面接受实验处理的影响，进而影响实验结果的准确性。(2) 等组实验是根据实验要求，将被试划分为条件相同的等组（两组或以上），对等组分别施以不同的实验处理，并对等组的实验结果进行比较。等组实验能较好地解决单组实验由于接受实验处理的先后顺序不同所产生的干扰，因而是运用得最为普遍的一种方法。但在运用等组实验法时需要使两组或多组被试的条件相同，即要求各组被试的人数、年龄、智力水平及其他可能的因素尽可能地匹配，即做到被试的同质，但现实中难以做到完全的等组。(3) 循环组实验是对单组实验和等组实验进行结合的一种形式，即各种实验因素在各个被试组中循环进行，各组在同一时间内接受不同的实验处理，然后比较结果，再进行下一轮实验，再进行结果比较。由于实验处理是循环进行，因此各组的条件并不要求完全相同，但循环组实验的实施难度比较大，较难操作。

总括来说，自然状态下的变量繁多，变量间的关系也极其复杂，因此在使用自然实验法前，研究者需要有明确的课题和对研究步骤的具体设想，对研究的整个过程和实验过程中被试的行为、可能出现的问题也应有所预见。在开展研究的过程中，要及时发现问题并对研究方案与程序进行调整。对研究对象的取样，也要注意避免造成研究现场人员的变动，以免破坏研究实施的自然性。在结果分析上，要力求客观、注重整体，研究结果要反复到实践中验证①。

(二) 观察法

教育心理学研究中的观察法，是在自然或教育教学情境下，通过感官或者借助一定的仪器，有计划地直接观察并记录被试的某种心理活动及其行为表现。与实验法不同，观察法并不需要研究者主动地对观察情境进行控制，根据不同的观察目的和要求，可以划分为长期观察与短期观察、全面观察与重点观察。

在教育心理学研究中，观察法是一种最为基础的研究方法。使用观察法，能记录多方面的信息，同时这些信息也更为真实；另外，在实施观察法时也十分简便，受场地的要求与限制较少。但观察法也存在着明显的缺点：首先，通过观察法获取的资料是观察对象的心理活动的外部表现，难以据此准确推断观察对象的内部心理过程与机制；其次，通过观察法获取的数据资料容易受到观察者本人的能力水平、身心因素的影响，主观性比较明显。

为了达到更好的观察效果，研究者在进行观察前首先需要制订明确、周详的观察计划，观察者在进行观察前应接受一定的专门训练。其次，在观察的过程中，观察面不宜太大，每次观察一种行为是比较合适的。再次，一次观察的时间也不宜过长，对同一类行为的观察可以尝试使用“时间取样”(time-sampling) 的方法，即每次观察一段较短的时间，对同一类行为进行多次的观察与记录。又次，在进行观察时最好不让被观察者知道自己正在被人观察，这样可以确保观察所获取的资料更加真实。最后，在观察过程中进行的记录要翔实、客观，可以使用录音、录像等现代化技术。

---

① 莫雷. 教育心理学. 广州：广东高等教育出版社，2002：10-11.

知识专栏

经典的观察法研究——延迟满足实验

20世纪60年代，心理学家米歇尔（W. Michel）在美国幼儿园进行了一个著名的“棉花糖实验”研究。参与研究的是3～5岁的儿童，每个儿童单独坐在教室中，研究者在其面前放一块棉花糖，然后这些儿童被教师告知，他们可以马上吃掉这块棉花糖，但如果他们能等待一段时间再吃，就能再得到一块棉花糖，在此过程中，研究者通过隐藏的镜头对儿童的行为反应进行观察和记录。

这个研究的初始目的是考察儿童在哪个年龄阶段能发展出自控能力，结果发现，有些儿童等教师一离开教室就把面前的棉花糖吃掉了，有些儿童则等待了一会儿才把棉花糖吃掉，还有些儿童则一直等到教师再次回到教室，在得到第二块棉花糖后才吃。18年后，米歇尔进行的跟踪结果更令人惊奇，当时实验时能克制自己并得到两块棉花糖的儿童在后来的学习成绩、处理问题能力和与他人的关系方面表现得更为优秀。

资料来源：刘儒德. 教育中的心理效应. 上海：华东师范大学出版社，2006：185-187.

（三）调查法

调查法是研究者根据特定的要求，从研究对象及其相关成员处了解相关心理与行为活动的现实状况或历史状况，以此探索个体心理活动规律的一种方法。在教育心理学研究中，调查法也是一种较为常用的方法，其形式比较多样，包括了问卷法、访谈法、教育经验总结法与个案法等，下面对前三种方法做简单介绍。

1. 问卷法

问卷法是以统一、严格设计的书面问答形式，要求被试对问题进行回答，以此获得心理与行为数据的方法。采用问卷法进行教育心理学研究较为简便易行，能在较短的时间内获得大量的被试数据，在统计分析上既能进行定性分析，也能进行定量分析；但问卷法容易受到问卷回收率、问卷作答质量的限制，同时采用书面问答的形式也对被试的文化水平有较高要求，因此，被试适用范围也会受到限制。

在使用问卷法进行研究时，问卷的编制显得尤为关键，一般需要注意如下问题：（1）设置简明易懂的问卷指导语，问卷的题目的排版整齐有序，题目数量不宜过多；（2）问卷内容尽可能生动有趣，回答方式尽量简单，避免被调查者的过多思考；（3）问卷中可以适当加入一些探测项目（如测谎题），用以了解被调查者是否真实地进行作答；（4）问卷的编制要求严格客观，一般在正式施测前需要进行预测试和信度、效度检验。

2. 访谈法

访谈法是通过与被调查对象及其有关人员进行口头交谈的方式收集相关心理与行为活

动资料的方法。在教育心理学研究中，采用访谈法进行研究的形式是多样的。例如，教师可以根据研究的课题，设计相关访谈问题，要求相关的教育工作者、学生、家长等进行口头回答。教师也可以通过家访的形式，了解学生在家中的日常学习情况。需要注意的是，在开展访谈的过程中，访谈者需要掌握访谈的主动权，尽可能引导被调查者按照访谈计划进行问题的回答。

一般来说，访谈法适用于具有基本表达能力的受访对象，因此，访谈法的适用范围很广；同时，访谈者进行访谈时依据的是事先设定的访谈提纲或框架，因此，在访谈过程中的灵活性较强，能根据被调查者的回答进行有针对性的深入提问。但采用访谈法较为费时费力；对访谈者具有较高的要求；另外，访谈结果难以进行量化，也容易受到访谈分析者水平的影响。

3. 教育经验总结法

教育经验总结法是教育工作者从心理学角度对自己或他人的工作经验进行总结的一种方法。处于教学一线的教师常常在其教学实践中尝试一些创新性的教学方法，并由此积累了较为丰富的教学经验。在这些创新性的方法与经验背后，往往隐含着大量的心理学依据。因此，采用教育经验总结法，能对这些有价值、具有创造性的教学经验进行总结与提炼，并在其他教学实践情境中进行推广与改进，从而产生积极、理想的教学效果。

三、教育心理学研究的基本步骤

开展教育心理学研究的一个重要目的是深入考察各类型、各层次学生的心理发展特点，并以此为基础进一步分析与探讨影响其学习和教师教学的因素与规律，从而促进教与学的效率，达到有效学习的目标。那么，应该如何开展教育心理学的相关研究工作呢？

（一）选择与确定研究课题

进行教育心理学研究首先要选择与确定研究课题。很多从事幼儿园、中小学教学的教师希望进行一些课题研究，但却常常感觉自己无法找到合适的课题进行研究。一般而言，对研究课题的选择与确定，其中一个重要的参考标准是该课题是否具有意义与价值。课题的意义与价值一般包含课题的理论价值与现实意义两个方面，其中：有些课题较为侧重基础理论研究，例如，教师专业化的研究等；有些课题则侧重于应用研究，例如，教学资源库建设等；也有些课题兼具理论探讨与实践应用，例如，基于幼儿认知发展的主题游戏化课程探索等。因此，研究者可以从这两个方面进行考虑，选择合适的课题类型。

其次，研究者在选题上需要考虑开展研究的相关主客观因素，例如，研究者自身的科研能力、研究单位的设备条件、经费支持等。在教育心理学领域存在着大量有意义、有价值的课题，但受限于各种主客观因素，其中的一些选题可能对一些研究者而言并不是合适的。例如，某幼儿园教师计划研究我国发达地区与欠发达地区幼儿教师资源配置差异问题，这个问题虽然具有很好的理论指导意义和现实参考价值，但选题较大，仅靠一名幼儿园教师可能难以完成这一选题的研究任务。

最后，研究者在选择研究问题上可以基于两条重要的思路：一是基于自身的教学实践，把实际教学过程中发现的问题作为自己的研究课题；二是详细查阅相关文献资料，通过对有关问题的文献分析，发现某一领域、某一问题存在的不足、产生争议的原因，从而进一步予以拓展和改进。对于身处教学一线的教师，由于他们具有更为丰富的教学实践经历和教学资源，因此建议更多地采用第一条选择的思路，即立足于教育的实际，从实践中发现问题，选择教育教学中最迫切需要解决的问题作为自己的研究课题。

(二) 明确研究变量及变量的操作性定义

在研究方向与问题确定后，研究者需要确定相关的研究变量。变量是指那些在质或量上可以产生变异的因素与特征。在心理学研究中，变量一般可以分为自变量、因变量、中介变量和控制变量。自变量是由实验者直接操控的变量类型，自变量是导致另一变量发生变化的原因。例如，在教学方法对学生代数学习成绩影响的研究中，教学方法就是自变量。值得注意的是，对自变量的定义需要明确，例如，将上述教学方法这一自变量区分为传统教学、类比教学和补充教学三种。

因变量是自变量作用的结果，对因变量的界定需要具有明确、量化、统一的标准，因变量一般是被试的反应。在上例中，学生的代数学习成绩就是因变量。同时，在对因变量进行测量时，也需要注意因变量测定的辨别力和灵敏度，防止“天花板效应”（ceiling effect）和“地板效应”（floor effect）。天花板效应是指由于测量标准过于简单和宽松，被试在因变量测量中普遍获得很高的分数；地板效应则是由于测量标准难度过高或过分严格，导致被试在因变量测量中的得分普遍偏低。这两种情况都无法真实反映自变量对因变量所产生的效应。

中介变量则是与有机体有关的不可观察的过程或状态，用以帮助解释自变量与因变量之间的关系。上例中，教师的教学方法的变化所引起的学生代数学习成绩的变化，可能就有中介变量的影响，如学习兴趣，不同的教学方法，可能引发不同的学习兴趣，进而对学生的代数学习成绩产生影响。

控制变量是指在实验期间保持恒定的某些潜在的自变量。这些变量控制的好坏直接影响实验结果。所有心理学的实验都存在这类变量，使这些变量保持恒定，是最直接的实验控制方法。

在确定好变量后，还需要对这些变量进行严格、明确的技术性定义，这是进行有效、客观的心理学研究的重要步骤。在心理学研究中常用的方法就是进行操作性定义。变量的操作性定义是关于这一变量的可观察指标的具体陈述。例如，可以将学生解代数方程这一知识的学习水平定义为：学生解代数方程单元知识的多次测验成绩的平均得分。

（三）制订研究计划

研究计划的制订有助于研究者进一步理顺研究的问题及其中各个变量的关系，明确研究方法的选取，还能使研究者对研究过程中可能遇到的问题进行预测。一般来说，一份较为完整的研究计划往往包括如下内容：第一，关于研究目的与研究意义的分析；第二，与研究问题相关的国内外文献综述，总结已有研究成果，提出研究问题和假设；第三，具体的研究开展过程和采用的研究方法，包括主要的研究变量的确定、研究对象（被试）的选取、收集数据的方法、计划采用的统计与分析方法、预期的研究结果等。

（四）实施研究计划

在研究计划制订后，应根据研究计划进行具体实施。在条件允许的情况下，可以考虑在正式研究前先进行一些预实验和预备测试，检验研究设计和程序，在小范围内获取与分析数据，以更好地调整和修正研究设计。在研究实施的过程中，需要及时记录研究过程中出现的问题，并对研究实施的过程进行相应的调整。

（五）分析研究结果

完成研究后，研究者便获得了一系列原始的数据，这需要研究者对这些原始数据进行初步的处理和统计分析。数据的初步处理一般包括数据的初步检查（如检查是否存在空白与无效数据等）、数据的导出与录入、极端数据的剔除等。数据的统计分析主要是根据研究的目的和设计，采用合适的统计分析方法进行数据的处理。在心理学研究中，常见的统计分析方法有 t 检验、F 检验、卡方检验等。通过对数据的分析，验证研究假设，从而得出相应的研究结论。

（六）撰写研究报告

研究报告的撰写是进行心理学研究的最后一个步骤。撰写研究报告，一方面可以对先前研究成果进行总结，另一方面可以根据当前研究的不足进行后续研究的展望。一般而言，心理学研究报告包括如下几个重要组成部分：

（1）标题。标题是对整个研究的高度概括，常见的研究标题包含了自变量与因变量的关系，有些标题也包含了研究采用的主要方法。

（2）摘要与关键词。摘要一般在标题下面，包括了对研究目的、研究对象、研究方法、研究结果与结论的简要描述。关键词则是关于该研究的核心词语，一般以 3～5 个为宜。

（3）前言。主要介绍研究问题的由来，包括对该问题已有研究现状的梳理与总结、研究问题的提出、研究的目的与意义、研究假设等。

（4）研究方法。主要介绍这个研究是如何开展的，包括研究对象的选取、研究材料的制作、研究程序、研究过程中采用的仪器与设备等。

（5）研究结果。主要包括数据统计分析方法的陈述、数据结果的呈现、关于结果是否能验证假设的描述等。

（6）讨论。主要针对研究目的与结果，分析产生研究结果的主要原因，结合研究问题从理论角度对研究结果进行深入的讨论与分析。

（7）结论。研究结论是对研究结果的总结与提炼，不是对研究结果的简单重复。结论需要使用简洁、明确的语言表达。

（8）参考文献。在心理学研究报告中，参考文献的写法有两种。一是顺序编码制，即根据引用文献在正文中出现的顺序，在正文最后采用阿拉伯数字进行连续排序，并使用对应序号置于方括号内的形式，将其作为上角标标示在文中的相应位置；二是美国心理学会（American Psychological Association，APA）格式，即美国心理学会出版的《美国心理学会刊物准则》，一般采用"作者和年份"置于圆括号内的引用方式在文中标示文献引用情况，在正文后根据第一作者的姓氏首字母进行排序。

（9）附录。附录的目的是帮助读者更好地理解研究报告的内容与流程。根据研究目的与需要，可以附上研究过程中使用的材料、测量工具等。

原理运用

一位小学数学教师希望探讨学生学习解方程时是如何在头脑中建构知识的问题，她应该如何开展这个研究呢？

分析：任何研究问题的提出都需要基于一定的已有研究，这位数学教师可以针对自己希望探讨的问题搜索相关文献，这里首先使用的是调查法中的文献法。比如学生如何在头脑中建构知识的问题属于知识学习与表征范畴，因而这位教师可以从知识表征的角度着手查阅相关文献，这位教师可能会发现，知识表征可以分为陈述性知识、程序性知识、策略性知识等。然后，这位教师可以根据不同类型的知识，结合相关文献，对相关变量进行操作性定义，制订相应的研究计划，如对于描述客观事实的陈述性知识可以从记忆的角度进行探讨，记忆是一种常见的心理过程与机制，可以采用实验室实验法对其开展研究。另外，这位教师在基于陈述性知识表征的探讨上，进一步希望通过教学实验的方法，验证相关教学改革对学生学习效果的影响，此时则可以运用自然实验法、观察法等方式开展研究。通过收集各种记忆能力或水平的数据、对比教学实验前后学生学习成绩的变化并进行分析，这位教师便能初步验证自己的构想，并可以根据研究结果撰写研究报告。

本章小结

教育心理学是一门探讨教育过程中的心理现象与规律的科学。

教育心理学的研究对象是学校教育情境中学生学习和教师教学的基本心理规律。

1903 年，桑代克出版了《教育心理学》，创立了第一个完整的学习理论，使学习成为教育心理学的中心领域。同时，桑代克在研究方法上采用严格的自然科学的方法进行研究，被誉为“教育心理学之父”。

西方教育心理学经历了三个主要历史时期，不同时期的教育心理学家对教育与学习心理问题从不同的角度进行了解释，为教育心理学的发展做出了独特的贡献。

客观性、系统性、理论与实践相结合、发展性、教育性是教育心理学研究的五个主要原则。

教育心理学的研究方法主要分为实验研究方法和非实验研究方法。

教育心理学研究一般包括选择与确定研究课题、明确研究变量及变量的操作性定义、制订研究计划、实施研究计划、分析研究结果、撰写研究报告这一系列基本步骤。

关键概念

教育心理学　自然实验法　观察法　客观性原则　自变量　因变量　操作性定义

复习思考题

1. 教育心理学研究什么？
2. 教育心理学的发展经历了哪些阶段？
3. 教育心理学的主要研究方法有哪些？
4. 请结合一项教育心理学研究，分析其采用的研究方法与设计，指出其不足之处。

本章阅读书目

1. 董奇. 心理与教育研究方法. 北京：北京师范大学出版社，2004.
2. 莫雷. 教育心理学. 广州：广东高等教育出版社，2002.
3. 沈德立. 小学儿童发展与教育心理学. 上海：华东师范大学出版社，2003.
4. 伍新春. 儿童发展与教育心理学. 北京：高等教育出版社，2004.
5. 何先友. 青少年发展与教育心理学. 北京：高等教育出版社，2009.

第二章

个体心理发展

本章导读

赖老师是幼儿园大班的一名老师。明天，她班里的小朋友们就要进行毕业会演了，回想起这群小孩子从小班到现在，赖老师发现这些小孩子真的发生了很多变化：从第一天上幼儿园时因为要与父母暂别而泪流满面、大哭不止，到现在每天都笑着、跳着来到幼儿园；从吃饭穿衣都需要老师帮忙，到现在能自己独立完成很多技能；从害羞、腼腆地勉强说出自己的名字，到现在能自信大方地完整讲述一个故事……赖老师感叹：发展与成长真的是一件很奇妙的事情！

个体的成长既包括了个体生理上的成熟，也包括了个体心理上的发展。在自身独特的遗传基因、所处的生活环境、接受的家庭与学校教育以及相关的经历积累共同作用下，逐步塑造出一个具有丰富心理品质与健全心理功能的个体。在这个不断发展的过程中，个体主要心理品质究竟具有哪些特点？这些特点在不同的个体身上是否会存在差异？我们可以根据哪些发展心理学的基本理论对这些心理发展现象进行解释等是本章重点探讨的问题。

第一节　心理发展含义及基本理论

一、心理发展的含义

（一）心理发展的实质

哲学层面上的发展是事物运动变化的一种形式，是指新事物的不断产生，旧事物的不断灭亡，新事物替代旧事物的过程。这个过程包含着事物由简单到复杂、由低级向高级前进的运动与变化。

个体的心理发展的定义与哲学层面上的发展其实质是类似的，但也有所不同。心理发展是指个体从胚胎到出生、成熟、衰老，一直到生命结束的整个过程中所发生的有次序的心理变化过程。从发展与变化的进程来看，个体的心理发展是逐渐与连续的，同时也存在阶段特点与规律；从发展与变化的形式来看，个体的心理发展存在着量的积累与变化，也存在着质的不同；从发展与变化的内容来看，个体的心理发展既包括了认知的发展与变化，也包括了情绪情感、个性人格等方面的发展与变化。需要注意的是，并不是所有的心理变化都是个体心理的发展，比如，个体由脑部损伤或者病理的原因所导致的心理变化就不能称为发展。

（二）心理发展的基本特征

一般而言，个体的心理发展具有如下基本特征：

1. 连续性与阶段性

个体的心理发展伴随着个体的生命全程，各种先后发展的心理品质相互影响、持续不断。每一个阶段的心理品质都可能成为下一个阶段心理品质产生的基础，每一种复杂的、高级的心理品质都是基于简单的、低级的心理品质发展而来。因此，个体的心理具有连续性。

在这个持续变化的过程中，心理品质在量上的积累，往往也会使其出现质的变化，表现出明显的阶段特征。心理发展的阶段性意味着个体的某种心理品质能从前一个阶段中凸显出来，并以此为基础进入发展的下一个阶段。心理发展的阶段性特点往往会表现出一定的普适性规律，有相应的年龄区间，但不同个体的心理发展阶段特征也会存在强度、速度等方面的不同。

2. 个体差异性

个体差异性就是个体在心理发展历程中所表现出来的相对特殊性。这种相对特殊性主要是由于个体间在生理遗传、教育学习和社会生活等方面的不同而造成的。表现为不同个体的心理阶段特征及其机能出现的具体时间、形成与发展的速度、达到成熟所需的时间以及所能达到的最佳发展水平都会有所不同。例如，有的个体在逻辑思维、言语能力方面发展较好，有的个体则在非言语的操作与问题解决方面更具优势。

3. 定向性与顺序性

在正常的发展条件下，个体的心理发展都具有一定的方向和顺序。发展的总体趋势与方向是前进、上升的，表现为各种心理机能的逐步分化与统一。同时，心理发展也具有一定的顺序，简单的、低级的心理品质发展在前，复杂的、高级的心理品质发展在后。因此，心理发展的定向性和顺序性意味着各种心理品质与机能的发展是不可逆转的，也是不可逾越的。

4. 不平衡性

心理发展的不平衡性是指对同一个体而言，类型不同、功能不同的心理品质及其组成部分的发展与成熟的时间、速度各不相同。同时，从个体的总体发展来看，不同时期的发展速度也不一样。一般而言：在个体发展的早期，即婴儿期、幼儿期和青春期的心理品质与机能的发展速度比较快；成年期心理品质与机能的发展速度则较为平缓；老年期的心理品质与机能发展则更为缓慢，甚至出现某些心理品质与机能的发展停滞。

二、弗洛伊德的精神分析理论

弗洛伊德（Freud）是精神分析理论的奠基人，开创了无意识的研究领域，其中的核心观点是：个体意识可以分为意识、前意识和无意识三种，而蕴藏在无意识中的性本能（又称“力比多”，libido）是促进个体心理发展的基本动力。

（一）人格的结构

弗洛伊德认为：意识是人格的表层，即个体能清晰觉察的主观经验；前意识位于意识与无意识之间，是那些暂时不能被察觉，但通过认知努力可以被意识到的主观经验；而无意识则隐藏在人格的最深处，指那些曾经出现在意识领域但现在被压抑或者那些从来没有出现在意识领域的心理活动与经验。

基于意识、前意识和无意识的垂直层次划分，弗洛伊德进一步将人格结构区分为本我（id）、自我（ego）和超我（superego）。

本我，即人的动物性，是人格结构的最底层，由先天本能和原始欲望组成，属于无意识范畴。本我能把来自躯体的能量转化为精神能量，并为个体的所有心理活动提供能量。但随着时间的推移，精神能量的增长与积累容易导致个体内部的紧张度过高，因而，本我往往会遵循“快乐原则”，使个体通过各种方式来释放能量，获取满足。

自我是人格结构的中间层，属于人格中理智且符合现实的部分。自我在本我中派生出来并从本我获取能量。自我的主要任务是根据现实的可能性力争满足本我的要求，当现实条件不能满足时，自我需要延缓、否定本我的需求。同时自我还需要协调本我、现实与超我之间的关系。因此，自我遵循的“现实原则”，其活动具有逻辑性，符合现实。

超我处于人格结构的最高层次，是人格中最文明、最具道德的部分。超我主要由各种社会规范、道德标准、价值观念等内化而来。超我遵循的是“道德原则”，因而经常与遵循“快乐原则”的本我发生冲突，并试图通过制约本我来限制本我的满足要求。

因此，弗洛伊德认为自我的力量需要足够强大，这样才能使本我、现实和超我三者达到相对的平衡。自我是健康人格的关键，强大的自我能协调好三者的关系，保证三者合理的交互作用，保持个体的心理健康；如果三者的平衡状态被打破，则可能造成心理冲突，引发异常心理。

（二）人格的发展

弗洛伊德以无意识中性本能的作用与发展为主线，根据性本能集中投射的身体部位不同，对个体的心理发展，特别是人格发展进行了阶段划分。其中，每个阶段都有对应的特点与需要重点解决的问题，各个阶段之间的顺序是固定的。

1. 口唇期（0～1岁）

在口唇期，性本能集中投射在口腔部位，这个阶段的婴幼儿主要依靠吮吸、吞咽等口部动作获取满足与快感。同时，通过父母的哺育行为，婴幼儿能逐渐建立亲密感并将自己与环境进行区分，形成自我，促进健康人格的进一步形成。相反，如果由于饥饿等原因需要得不到满足，婴儿极易产生心理冲突。

2. 肛门期（1～3岁）

这个时期的性本能集中投射在肛门，婴幼儿通过有意识地排便来解除内部压力，获得满足与快感。另外，父母也会在这个阶段对婴幼儿的排便行为进行控制与训练。弗洛伊德认为，如果父母在对婴幼儿排便进行训练与控制时过分严格，就容易使其产生肛门期的发展停滞，婴幼儿以后容易形成极度吝啬、保守或极度慷慨、放纵的人格。

3. 性器期（3～6岁）

处于性器期的儿童主要通过触碰、抚摸生殖器官获取快感，并通过这些行为开始产生对性别的分辨能力。弗洛伊德认为，这个阶段的男性儿童会产生"恋母情结"，女性儿童则会产生"恋父情结"，这种情绪冲突以及焦虑会使儿童以与自己性别相同的父母一方为榜样，进行模仿并予以认同，从而获取与内化对应的性别角色、道德观念、行为准则，形成超我，这对于个体今后的心理健康具有重要作用。

4. 潜伏期（6～11岁）

弗洛伊德认为，当开始参与学校学习与活动后，儿童通过性本能获取的快感逐渐被其他的学习与生活兴趣所取代，性本能暂时处于相对平静的潜伏状态。在这个时期，个体通过系统学习知识，内化社会规范与价值观，使人格中的自我与超我得到了很大发展。由于性本能作用的消退，男女儿童之间比较疏远，大部分活动是同性之间的互动，这种状况一般到青春期才有所改善。

5. 生殖期（11～18岁）

由于生殖器官的成熟，在潜伏期处于相对平静的性本能再次活动，个体将依恋对象与情绪由异性父母转向异性同伴，表现为对异性产生兴趣，喜欢与异性同伴共同参加活动。弗洛伊德认为，从生殖期开始，个体就逐步成为社会的独立成员，参与社会活动与工作，开始异性婚姻生活并繁衍后代。

弗洛伊德的精神分析理论强调性本能等生物因素对个体心理发展的动力作用，为个体的心理发展，特别是人格发展提供了生物学角度的解释。同时，弗洛伊德在其人格发展论述中根据不同阶段的特点对人格发展进行划分，承认了个体心理发展的阶段性，这都是精神分析理论的贡献之处。但由于精神分析理论过分夸大了生物本能的作用，完全忽视了个体的意识与能动性，因而具有明显的局限性。

三、埃里克森的心理社会发展理论

作为新精神分析学派的代表人物，埃里克森（E. Erikson）在继承弗洛伊德关于性本能推动个体心理发展的基础上，进一步强调了文化与社会的作用。因此，与弗洛伊德的个体心理发展五阶段划分不同，埃里克森把个体心理发展划分为 8 个相互联系但又各不相同的阶段，在这 8 个阶段中，都存在着某种具有标志性意义的发展冲突与任务。个体的心理就是在不断解决发展冲突和任务的过程中发展起来的。

（一）婴儿期（0～1.5 岁）

婴儿期与弗洛伊德提出的口唇期相对应。这个阶段的婴幼儿通过父母的喂养、照料获得与体验安全，进而形成基本的信任感。信任感的获得是个体发展健康人格的基础，如果这个时期的基本需要没有得到满足，则容易产生不安与不信任。因此，这个阶段需要重点解决基本信任感与不信任感的冲突。

（二）儿童早期（1.5～3 岁）

儿童早期对应弗洛伊德提出的肛门期。这个时期的儿童由于肌肉的成熟与技能的发展，开始希望按自己的想法进行独立活动，表现出对行为的自我控制需要，因而这个阶段容易出现儿童与父母的意愿相违背，表现为自主性与羞怯、疑虑的冲突。如果父母过度控制，儿童容易形成羞怯、疑虑的人格特质；相反，如果这个冲突能得到积极解决，则有助于儿童自信心与良好自控能力的形成。

（三）学前期（3～7 岁）

学前期与弗洛伊德提出的性器期相对应。这个阶段的儿童语言能力与想象力充分发展，并开始积极、主动地探索新环境。父母对儿童的主动行为进行鼓励，有助于促进儿童主动性人格特质的形成；反之，父母限制或嘲笑儿童的主动行为，则容易导致儿童产生内疚感。因此，学前期需要重点解决自主感与内疚感的冲突。

（四）学龄期（7～12 岁）

这个时期对应弗洛伊德提出的潜伏期。进入学龄期的儿童开始接触社会、接受系统的学校教育。在开展社会活动与完成学习任务的过程中，儿童逐渐形成了勤奋感。同时，完成任务所产生的成功体验也有助于勤奋的人格特质的形成，但对成功的追求又使儿童害怕失败和产生自卑感。因此，学龄期儿童主要需解决的是勤奋感与自卑感的冲突。

（五）青少年期（12～18 岁）

青少年期相当于弗洛伊德提出的生殖期。青少年在这个时期需要根据自己在前 4 个阶段积累的知识与经验，获得自己现在是谁、将来会怎样等一系列关于自己的认识、评价及相关的体验，即建立自我同一性。自我同一性的建立对青少年心理发展具有重要作用，如果没有形成积极的自我同一性，青少年容易产生角色混乱，不能正确选择合适的社会角色。

（六）成年早期（18～25 岁）

成年早期的基本任务是解决亲密感与孤独感的冲突。埃里克森认为，个体从这个阶段开始步入社会，发展出与他人共同工作、与人亲近的能力，形成良好友谊与亲密关系，从而获得亲密感；相反，则容易导致其孤独感的产生。

（七）成年中期（25～60 岁）

成年中期需要解决繁衍与停滞的冲突与矛盾。这个时期的个体已经建立了家庭，因而其主要任务是进行繁衍。这里的繁衍既包含了生育和养育后代，还包括了个体在工作中的生产与创造能力。如果个体不能获得繁衍感，就会出现人格发展的停滞。

（八）成年晚期（60 岁以后）

成年晚期又称为老年期，自我整合与绝望是这个阶段的主要冲突。个体在这个阶段常常回顾自己的过去，如果对自己的过去是肯定和满意的，就会产生积极的自我整合并形成完善感，否则，容易出现对死亡的恐惧或者对生活产生失望与厌倦。

可见，在埃里克森的心理发展理论中，重视文化与社会的作用，认为个体的生理与心理是统一发展的过程，这是其心理发展观的积极之处。但埃里克森所提出的个体心理发展八阶段及其需要解决的发展问题是否在不同的社会与文化下具有普适性，还需要进一步的验证。

四、皮亚杰的认知发展阶段论

皮亚杰（J. Piaget）是当代著名的儿童心理学家、发生认知论的创始人。皮亚杰一生致力于儿童认知发展的研究，他提出的认知发展阶段论也是当代心理学领域最有影响力的理论之一。

（一）认知发展的实质与机制

在皮亚杰的认知发展论中，个体心理的发展并非源于先天的成熟或后天的经验，而是主体通过动作实现对客体的适应。适应意指建构，这种建构是双向的，一方面包括了个体通过外部行为（观察、触摸等）和内部思维活动两种方式形成关于客观事物的认知结构，另一方面也包括了个体将形成的相应认知结构运用于客体。因而，个体心理的发展是主体与客体环境不断相互作用、不断进行心理建构的过程。这个建构与适应的过程，一般包含同化、顺应和平衡三个基本过程。

同化是指个体将新环境、新刺激等信息直接整合、纳入已有的认知结构。在这个过程中，新知识只是丰富了个体已有认知结构的知识数量，并未改变认知结构本身，同化是一个量变的过程。

顺应是指当个体已有的认知结构不能用于整合、解释新的刺激信息时，个体通过对已有认知结构进行调整，实现对外界信息的适应。在这个过程中，新知识使个体已有的认知结构出现了调整或重组，这是一个质变的过程。

平衡是指个体通过自我调节，将认知结构保持在一个相对稳定状态的过程。皮亚杰认为，个体在面对新知识、新信息时，头脑中的认知结构会产生不平衡状态并引发不愉快感，为了克服这种不平衡状态，个体需要尝试通过已有的认知结构对新知识进行同化，从而获取暂时的平衡。如果同化无法达到平衡，那么个体就需要通过顺应来改变认知结构，达到认识上新的平衡。因而，平衡并不是绝对静止的，而是通过个体与环境的相互作用，使较低水平的平衡过渡到较高水平的平衡，从而实现认知的发展。

（二）认知发展的阶段

皮亚杰的认知发展阶段论认为，个体的认知发展可以划分为感知运动阶段、前运算阶段、具体运算阶段和形式运算阶段。在不同阶段，个体认知结构的性质以及表现出来的心智特点是独特的、具有阶段性的。同时，个体经历各个阶段的先后次序是恒定的，既不能逾越，也不能颠倒；但这并不意味着各个阶段是截然分开的，他认为，各个阶段具有一定的重合，即前一个阶段是后一个阶段的基础，后一个阶段是前一个阶段的发展与延伸。

1. 感知运动阶段（0～2 岁）

在感知运动阶段的早期，刚出生的婴儿主要依靠一系列的先天无条件反射（如吮吸、吞咽与握持等）初步接触身边的客观事物。随着反复的练习，婴幼儿的感知觉与动作开始分化，并逐步以此来认识周围的客观事物。例如，婴幼儿用目光追随运动的客体、通过手抓与口尝等动作进一步探索客观世界。在感知运动阶段的后期，儿童逐渐形成对客体永久性（object permanence）的认识，即开始知道当自己见过、接触过的客体不在眼前时，其并没有消失，依然存在。

2. 前运算阶段（2～7 岁）

在这个阶段中，儿童将感知运动阶段中获取的知识与行为模式进一步内化，通过表象与语言对相关的客体与行为进行表征。例如，有的儿童会坐在长形的枕头上模仿骑马的动作。这意味着，此阶段儿童的思维开始具有符号性，但直觉性与非逻辑性仍然明显，具体表现如下：

（1）思维的不可逆性。

思维的不可逆性即个体的思维不能反向进行，只能从某个单一的角度与方向展开思维活动。例如，儿童知道客体 A 的数量多于客体 B，但不能理解客体 B 的数量少于客体 A。同时，思维的不可逆性也造成了此阶段的儿童不能形成守恒概念。例如，皮亚杰曾做过这样一个实验：在 2～7 岁的儿童面前摆放两个同样的杯子并注入等量的水，然后询问儿童此时两杯水是否一样多。得到儿童的肯定回答后，皮亚杰将其中一杯水完全倒入另一个高而窄的杯子中，然后再次询问儿童两杯水是否一样多。结果发现，这些儿童普遍做出否定回答，并认为高而窄的杯子里面有更多的水（见图 2-1）。

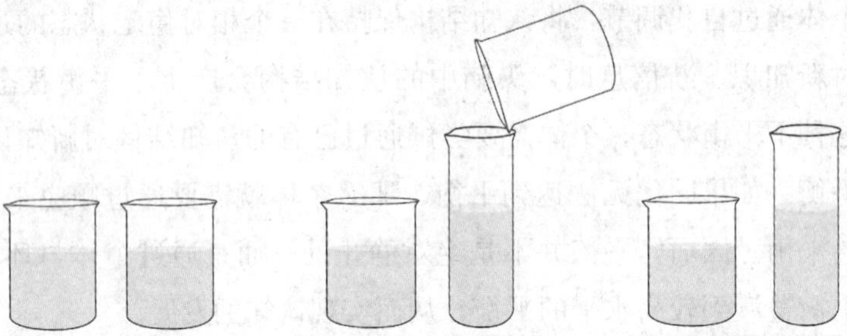

图 2-1　液体守恒实验示意图

案例分析

在幼儿园小班的一节活动课上，罗拉老师正在教小孩子们学习舞蹈。伴随着音乐声响起，罗拉老师首先面向孩子们给他们示范一次完整的舞蹈动作；示范完毕后，罗拉老师对舞蹈动作进行分解，然后逐一教给孩子们。舞蹈的第一个动作是先举左手、后举右手。此时，罗拉老师正面朝向孩子们，举起了自己的左手，然后说道："孩子们，你们可以像我这样举起手来吗？"小孩子们马上把自己的小手举了起来，但举的都是右手。

分析：上述案例表明，幼儿园小班阶段儿童的思维具有不可逆性。当案例中的罗拉老师面向他们举起左手时，在小班幼儿看来，老师举的是右手，因此他们都模仿着老师举起了右手。因此，针对儿童、学生的认知发展特点，进行合理的教学设计、安排与示范是非常重要的。

（2）自我中心性。

皮亚杰认知发展阶段论中的自我中心概念与具有道德评价色彩的以自我为中心概念并不相同。认知发展阶段论的自我中心是指儿童在认识客观事物时，只能从自己的观点与立场进行考虑，不能从其他方面认识客观事物。例如，2～7 岁的儿童发现自己面前的汤碗非常烫时，也会坚持认为其他人面前的汤也是很热的。

3. 具体运算阶段（7～12 岁）

这个阶段，儿童的认知结构中已经有了抽象概念，他们逐渐形成比较、分类、推理等逻辑思维能力并能进行一些简单的逻辑推演与运算，但其思维活动仍需要基于具体事物与形象。这个阶段具有如下特征：

（1）多维思维。

与前运算阶段相比，此阶段的儿童已经能从多维度进行思维活动。例如，以往只能根据物体的形状进行分类，而处于具体运算阶段的儿童则能分别依据物体的形状、大小、颜色、属性、类型等多种特征与性质进行分类，皮亚杰称这种现象为去集中偏向。

（2）思维可逆且形成守恒概念。

思维的可逆意味着儿童能进行反向的思维活动；同时，思维的可逆性也是守恒概念形成的基础。守恒是指个体能认识到客体事物不会因为知觉特征的变化而导致其质量的变化。除了液体守恒的实验（见图 2－1）外，皮亚杰还曾对物质、重量、体积、长度、面积和数的守恒等进行了研究，结果发现，处于具体运算阶段的儿童基本能正确回答，表明守恒概念的形成。

（3）去自我中心。

由于儿童参与社会活动机会增多，此阶段的儿童开始发现对于同一件事情，不同的人可能会有不同的看法，并逐渐学会从他人的视角考虑问题，逐渐接受他人的意见并修正自己的看法。因此，去自我中心是儿童社会性发展的重要标志，也有助于儿童与他人社会交往的顺利进行，为进一步实现社会化提供基础。

（4）进行具体的逻辑推理。

在具体运算阶段的前期，儿童的逻辑推理能力虽然仍缺乏足够的抽象性，但依靠着具体形象的支持，儿童能进行一些比较具体的逻辑推演。例如，问 7 岁左右的儿童：如果 A 比 B 大，B 比 C 大，那么 A 与 C 谁更大？7 岁左右的儿童可能很难正确回答这个问题。但如果以铅笔实物取代抽象的字母，比较铅笔 A 与铅笔 C 的长度，这些儿童则能正确回答。

4. 形式运算阶段（12～15 岁）

形式运算阶段的儿童思维发展逐渐成熟。在思维活动中开始逐步摆脱对具体形象的依赖，抽象思维得到发展与完善；在思维活动的形式上，主要以命题的形式进行较为抽象的、系统的“假设-演绎”这一基本的逻辑思维运算，并能运用符号、命题的形式开展思维活动，解决抽象的问题；在形式运算阶段的后期，思维活动基本接近成年人的水平。

皮亚杰的认知发展阶段论主张通过主客体的相互作用来实现个体的心理建构与发展，这种双向建构的设想为后续的研究提供了重要的基础。同时，皮亚杰对于个体心理发展各个阶段的基本特征与差异进行的详细论述也为教育设计提供了重要的理论参考。

知识专栏

认识高宽课程

基于皮亚杰的认知发展研究，美国儿童心理学家韦卡特（D. Weikart）等人创立了高宽课程。高宽课程的核心理念是使儿童自主学习和全面发展，其中以区域活动为主要的课程模式。

区域活动在皮亚杰的认知发展阶段论基础上，进一步结合了维果茨基（L. S. Vygotsky）的支架式教学理念，主要是在活动室内设置积木区、戏剧扮演区、益智区、美劳区、图书区、发现区、沙水区等儿童非常感兴趣的区域，并在区域中投放丰富的能满足儿童不同层次需求的材料，在建立良好的活动常规的基础上，每个儿童都能在活动中根据自己的意愿选择活动区域和操作材料，并按照自己感兴趣的方式进行操作和探索。通过这样的方式，儿童在独立的活动中主动地感知和思考，建立自己表象的概念，并通过语言、动作、绘画等形式表达自己的想法。

区域活动这一课程模式在美国得到了全面的推广和发展。当前，我国也开始逐步探索和推广区域活动的教育模式。

五、维果茨基的社会-历史发展理论

维果茨基是苏联著名的心理学家、社会文化历史学派的创始人。维果茨基从社会文化历史与社会人际交往的角度，对个体心理发展进行论述的思想与观点是独特的，在西方心理学界产生了重要的影响。

（一）心理发展的实质

维果茨基将个体的心理机能划分为两种：一是依靠生物进化所产生的低级心理机能，二是由社会文化历史发展而来的高级心理机能。高级心理机能以符号、语言为中介，是人类与动物的本质区别。因此，个体心理发展的实质是在环境与教育的相互作用下，心理机能从低级向高级不断发展与转化的过程。

维果茨基在其社会-历史发展观中十分重视社会环境的作用，认为个体由于在出生之后的各个发展阶段都处于人类的社会环境中，因此，无论是社会制度与规范、风俗与习惯、宗教文化与信仰等宏观的社会生活环境与社会历史背景，还是个体所在的家庭与学校、个体与同伴的交往等微观社会环境都能影响个体心理发展的全程。

但与机械的环境决定论不同，维果茨基对社会环境与教育因素的重视，更多的是基于两种因素通过个体的不断活动与内化，对其心理发展产生影响。他指出，任何社会都会有意识地根据自己的社会文化与规范，通过生活、学习、教育等各种方式引导儿童掌握各种经验，使其逐渐成为符合社会规范与要求的个体。这是一个外部的人际交往与互动的过程，而高级的心理机能也是首先通过人际交往，并在其中以外部活动的形式产生，之后再通过多次的重复与调整才内化为心理活动的。

在内化的过程中，个体语言的发展扮演着重要的角色。对于还没有掌握语言能力的儿童而言，其心理机能往往是低级的，相应的行为表现也是直接、自然和不伴随意识产生与控制的。随着语言能力的掌握与提高，儿童就能逐步借助抽象的语言符号对相关经验进行内化，对其心理活动进行改造，从而把低级的心理机能与行为活动转化为间接的、符合社会文化与历史背景的高级心理机能，促进个体心理的发展。

（二）最近发展区与学习关键期的观点

维果茨基在基于发展与教育两者关系的探讨与分析中，提出了最近发展区（zone of proximal development，ZPD）这一重要概念，认为在对待学生的发展水平与教学的关系问题上，教育者不能局限于对单一发展水平的确定，而需要充分考虑学生的两种发展水平。第一种是学生现有的发展水平，也就是学生在不需要教育者的帮助下，通过独立的心智活动所能达到的解决问题的水平。另一种是学生的第二发展水平，也就是学生通过教育者的帮助、指导、提示或通过与同伴进行合作所能达到的解决问题的水平。最近发展区则是这两种水平之间的差距，即介于学生现有发展水平与潜在的发展水平之间的过渡状态。最近发展区这一概念要求教育者对学生开展教学活动时不能只关注学生已有的发展水平，还需要考虑正在形成与发展的可能水平。只有兼顾到学生潜在水平的教学活动才显得富有成效，但同时也需要注意对学生潜在水平评估的合理性，超过最近发展区的教学活动与目标往往是没有效果的。

基于最近发展区的论述，维果茨基进一步指出，教育需要走在发展的前面，发挥其对发展的主导作用。教育者需要在教学活动过程中不断向学生提出新的、难度比其已达到水平稍高一些的学习任务；学生则在教育者的帮助下，通过自身的努力完成这些学习任务，达到更高的发展水平。这样，通过不断将最近发展区的水平转化为已有水平来实现个体的心理发展。

除此以外，维果茨基还强调，个体的心理发展需要建立在一定的生物成熟的基础上，而个体发展过程中的某个生物成熟阶段可能会对某种或某些学习内容更为敏感，即存在着某类学习内容的最佳年龄或关键时期。因此，如果教育者能在这一时期开展适当的教学活动，对这些过程加以组织和调整，就有可能促进个体的心理发展。

维果茨基提出的心理发展的社会文化历史观强调在一定的社会历史文化背景下，个体运用语言符号进行社会人际交往，从而实现心理活动的内化与发展，这种观点与建构主义的思想是相似的。因而，维果茨基的社会-历史发展观也成为建构主义学习观的理论基础，并对其产生重大影响。

第二节　心理发展的基本内容

一、个体的认知发展

认知是个体获取与应用知识所依赖的一系列心理活动的总称。从信息加工的观点看，认知是个体获取、储存、加工和使用信息的过程，即信息加工的过程。个体的认知发展，是指个体各种类型的认知能力，如感知觉、注意、记忆和思维等随着年龄的增长与知识经验的积累不断变化的过程。

（一）感知觉的发展

1. 感知觉概述

感觉是感觉主体的神经元受到刺激物的刺激后，把觉察到的刺激进行信息加工并传送到大脑的过程，感觉是大脑对事物的个别属性的反映。例如，人们认识一个西瓜，首先会看到西瓜的颜色是绿色的、形状是圆的、味道是甜甜的、拿在手上是有一定重量的。这些颜色、形状、味道、重量等信息就是个体对西瓜的个别属性的反映，是大脑接收和加工了西瓜的物理属性后所产生的感觉。感觉虽然是一种最简单的心理现象，但在个体的心理活动中却扮演着非常重要的角色，个体对事物的各种属性的认知都需要通过感觉才能完成。此外，如知觉、思维、情绪、意志等较高级或较复杂的心理现象也是在感觉的基础上产生的。

知觉是对感觉器官输入的信息进行的解释，是大脑对事物的整体属性的反映。当感觉信息经过感觉器官传到大脑，知觉便随之产生。例如，当人走在公园的小路上时，会看见颜色形状各异的花草树木，听到人声、风声、虫鸟声等各种声音，闻到花香、草香、泥土香等不同的味道，这些信息组合在一起便会在人的头脑中形成一个美丽公园的整体印象，这便是知觉。知觉就是把外部世界作用于感觉器官的刺激物信息加以整合和组织，从而在个体的头脑中形成清晰、稳定、完整的印象的过程。同时，知觉还是对感觉信息进行解释的过程，个体总是习惯化地根据自身已有经验把知觉客体归为某一类并赋予其名称或意义，如图 2-2 所示，不同人从不同视角会得出不同的结论，图片中是兔子还是鸭子，取决于个体对图片的知觉。知觉是比感觉更为高级的心理活动，虽然知觉是以大脑中的感觉信息为基础并与感觉同步，但知觉并不是各种感觉的简单叠加。

感觉与知觉是个体认知过程的开端，也是个体最早出现的认知过程。感知觉是个体在言语形成之前认知事物的重要途径，并且在儿童的学龄前阶段的认知活动中都占据重要地位。感知觉对个体的记忆、思维以及情绪和意志行为都会产生直接影响，个体在感知的基础上产生记忆以及与记忆相联系的表象，并进一步发展为最简单的直觉思维和最初的想象。

图 2-2　这是一个兔子还是鸭子？

资料来源：贡布里希．秩序感．南宁：广西美术出版社，2014：163.

2. 个体感知觉发展的特点

个体从出生开始已经具备诸如视觉、听觉、触觉、嗅觉、味觉等基本感觉和最初的感知能力，学龄前阶段是感知觉发展的最重要时期，其发展特点是感知的分析综合水平不断提高以及感知过程的主动性不断增强。

首先，感知过程是从分析或分解感知对象开始的，个体最初的感觉分化性很差，常常会分不清楚相似的图形或形状。随着个体分析器官的成熟、经验的丰富以及语言的发展，个体感知的分化水平不断提高，感知过程也趋向组合和协调，不仅对相似物体的正确感知能力越来越强，对事件、物体或场所的整体感知能力也迅速发展。同时，随着感知过程分析综合水平的不断提高，个体不仅能对感知对象进行细致的分化，还能区分主次特征，并对事物的特征进行概括，把主次特征进行系统化处理。例如：2 岁以前的孩子通常会根据显眼的颜色、奇特的形状等某个明显特征辨认物品；6 岁以后的孩子则能通过综合分析物体的多种特征，形成对物体的完整认知。

其次，个体的感知从发生开始就具有主动性，感知的能力随着个体的成长而不断增长。个体感知过程的主动性最初表现为选择性，个体在婴儿时期已经会对颜色丰富、图案复杂的事物表现出选择偏好。进入幼儿期，在用手、眼以及其他感官感知事物的过程中，个体的感知选择性和目的性表现得更为突出。

随着个体感知的综合分析水平不断提高以及感知过程的目的性和系统性不断增强，个体的感知效率也得以逐步提升。一方面，个体可以感知到许多未曾感知过的事物及其特征；另一方面，个体还能在感知过程中减少多余动作，抓住关键性特征，从而获得更多更有效的信息。

（二）注意的发展

1. 注意概述

注意是个体在清醒状态下，将其心理活动指向并集中在一定对象上。一般认为，个体可以被看作是信息加工的系统，个体加工信息的认知资源是有限的，不可能在同一时间对所有的信息进行加工。因此，注意是个体对信息进行选择性加工的一种心理机制。

注意可以划分为无意注意和有意注意。无意注意也称为不随意注意，是指没有预定目标，不需要意志努力参与的注意。例如，学生在教室上课时，窗外有人走过，此时教室里面的学生会无意识地往窗外看。因此，从本质上说，不随意注意是一种定向的探究反射，在任何有机体身上都会存在，也可以通过遗传进行传递。有意注意则需要有预定的目的，需要意志努力参与。有意注意也可以称为随意注意。例如，学生在考试的过程中需要运用意志努力，将心理活动指向与集中在题目上，并努力克服与排除相关的干扰。

个体注意品质优劣与高低，一般要从注意的范围、注意的稳定性、注意的分配和注意的转移四个方面进行评价。注意的范围又称为注意的广度，是指个体在同一时间内，能清楚观察到的对象的数量。注意的稳定性是指个体能将其注意保持在某一对象上的持久性。一般而言，如果学生不能较长时间地将注意指向与集中在学习活动上，那么其学习效果必然受到明显的消极影响。因此，注意的稳定性可以认为是有效学习的关键要素。注意的分配是指在同一时间内，将注意分配到两种或多种对象上。例如，学生在学习过程中，能够一边听课，一边做笔记，一边进行思考。注意的转移是个体能根据新的任务与要求，主动地将注意从一个对象转移到另一个对象上。例如，上课时学生能根据教师的要求，主动地将注意的对象在教材与教师的板书之间进行转换就是注意转移的表现。

2. 个体注意发展的特点

注意现象从个体出生后就开始出现，随着大脑中调节注意的主要区域——网状结构的成熟，以及语言和认知过程的有意性发展，注意能力也会随之提高和发展，不仅注意活动的性质会发生改变，注意的对象也会发生变化。

个体注意发展最显著的特点是无意注意的发生和发展在前，有意注意的发生和发展在后。个体最初只有无意注意，刺激物的物理性质是引起无意注意的主要因素。例如，当年龄小的孩子在课室里喧哗、不注意听教师讲话时，教师突然夸张地降低音量，能马上引起幼儿的注意。而随着个体生活经验的不断丰富，个体对某些事物会出现偏好，此时符合个体兴趣爱好和经验水平且带有一定新颖性的事物会逐渐成为引起个体无意注意的主要因素。

在3岁以前，个体注意的时间很短，注意的事物也很少，随着大脑中枢神经系统的成熟以及表象、语言等认知能力的出现和发展，个体无意注意的稳定性会不断提高，注意对象的范围也会不断扩大。在3～6岁的学龄前阶段，个体的注意特点是无意注意占优势，有意注意逐步发展。但此阶段个体的有意注意还处于初级水平，稳定性较差，需要依靠成人的帮助和引导才能逐步形成和发展。一般而言，成人帮助个体明确注意的任务，使个体产生有意注意的动机，使用提问、组织活动、帮助个体掌握有意注意的方法策略等方式都能提高个体有意注意的水平。有意注意的发展使个体的注意能力进一步提高，同时也使个体的心理能动性随之增强。

（三）记忆的发展

1. 记忆概述

记忆是人脑对外界输入的信息进行编码、保持和提取的过程。个体在生活中积累的经验，如感知过的事物、思考过的问题、从事过的行动、体验过的情感等，都会在头脑中形成不同的印象。在一定的条件下，个体会依据特定情境和需要提取存储在头脑中的印象，使这些存储在头脑中的印象得到再次运用。例如，新认识了一个朋友，个体的大脑会把所输入的关于这个新朋友的特征信息进行编码和储存，即使这个新朋友不在眼前，人们依然能想起关于这个新朋友的信息。当再次见到这个新朋友时，大脑会提取有关这个新朋友的信息，使人们能很快认出这个新朋友。这样的输入—存储—提取的完整过程就是记忆。

记忆包括三个基本过程，分别是编码、保持和提取。编码是记忆的初始阶段，通过感官接收的外界信息需要进行转换才可变成能被记忆系统接收和使用的记忆代码。在编码时，个体会试图把当前经验与某一名称相联系，或进一步地把新输入信息与已有经验建立联系。保持是信息的储存，是编码后的信息在头脑中巩固的过程，只有在头脑中保持下来的信息才有可能在日后被提取和再次应用。但保持并不都是自动完成的，在大多数情况下，个体必须运用各种办法努力地维持头脑中的信息以免遗忘。提取是存储在头脑中的信息通过回忆或再认的形式被再次应用的过程。回忆和再认是提取的两种形式，回忆是指能把经历过但不在眼前的事物重新回想起来的过程，而再认是指曾经经历过并再次出现的事物被顺利认出的过程。简单而言：我们在完成选择题时所运用的提取形式就是再认，个体只需要根据线索判断呈现在眼前的刺激的熟悉程度即可完成任务，因此再认是最容易和简单的；而我们在完成填空题或背诵学过的诗词时所运用的提取形式就是回忆，回忆是最为困难的，因为可以利用的记忆线索相对较少。

记忆的三个基本过程是密切联系的，编码是保持的必要条件，编码和保持是提取的前提。回忆和再认这两种提取方式是编码和保持的结果，同时也进一步加强和巩固了编码和保持。

2. 个体记忆发展的特点

个体从出生开始便产生记忆，随着个体的生活经历不断丰富以及言语的不断发展，记忆也随之不断发展。记忆的发展体现在记忆保持时间延长、记忆提取方式改变、记忆容量增加、记忆内容变化、记忆策略形成等方面。

（1）记忆保持时间延长。

个体最先出现的记忆是瞬时记忆和短时记忆，长时记忆的出现和发展比以上两者稍晚。瞬时记忆和短时记忆是机能性的，当个体接受刺激时，大脑相应的神经细胞会处于活动状态，一旦刺激停止，短时记忆的活动痕迹便会随着时间的推移自动消失且不能恢复，即瞬时记忆和短时记忆更多依靠大脑皮质的反应性活动进行。长时记忆是结构性的，随着大脑皮质神经细胞的成熟，个体对刺激做出注意和进一步加工，瞬时记忆、短时记忆才开始向长时记忆转化。进入长时记忆系统的信息，也会使大脑相应的神经组织发生结构性的变化，以长时间保存相关的记忆痕迹。

（2）记忆提取方式改变。

再认和回忆是记忆提取的两种形式。个体最初的记忆都是再认性质的，个体出生后所建立的如吸吮、声音朝向等条件反射是最初级的感知和运动性反射，当这些熟悉的条件刺激再次出现时，个体会做出与之前相同的反应，如嘴巴接触到奶嘴就会发生吸吮动作、听到声音就会把头转向声源等，这都是一种再认。大约从 2 岁开始，个体会出现回忆，由于回忆和再认的活动机制不同，再认依赖的是感知，感知的刺激是呈现在眼前的，个体可以快速恢复记忆痕迹。回忆依靠的是表象，刺激没有呈现在眼前，而是需要个体在头脑中进行搜索。因此，回忆的出现和发展会落后于再认，但回忆和再认的差距会随着年龄的增长而缩小。

（3）记忆容量增加。

个体的记忆容量会随着年龄的增长而增加。首先，个体的记忆广度会逐步增加，个体在单位时间内能够记忆的材料数量会随着年龄的增长而增加，到 10 岁左右已经接近成人的记忆广度水平。其次，个体的记忆范围会随着动作的发展和交往范围的扩大而逐步扩大，记忆材料的种类不断增多，记忆内容也不断丰富。最后，工作记忆开始形成。工作记忆是指在短时记忆过程中，把新输入的信息和记忆中原有的知识经验联系起来的记忆①。工作记忆的能力会随着年龄的增长而提高，个体的工作记忆形成后，能在 30 秒的短时记忆时间内获得更多信息。

（4）记忆内容变化。

记忆内容可分为运动记忆、情绪记忆、形象记忆和语言记忆。运动记忆是关于个体运动或动作的记忆，个体最早出现的是运动记忆，如吸吮动作的条件反射、婴儿学步、掌握生活技能、学习运动技能等行为所依靠的主要是运动记忆。运动记忆不容易消退，即使在遗忘很长时间的情况下依然比较容易恢复。情绪记忆是关于体验过的情绪情感的记忆，形象记忆是依据具体形象来识记各种事物的记忆，个体在 1 岁以前，运动记忆、情绪记忆和形象记忆是紧密联系的，其中形象记忆的比重最大。直到个体掌握了语言，以语言材料为记忆内容的语言记忆才逐渐发展起来。

---

① 陈帼眉. 学前心理学. 北京：人民教育出版社，2003：115.

(5) 记忆策略形成。

个体最初的记忆是无意记忆，直到2～3岁时个体开始出现有意记忆的萌芽，当个体产生了自觉识记的意识后，记忆策略便逐渐形成。个体常用的记忆策略包括：反复背诵或自我复述、把记忆材料进行归类或联想等系统化处理、找出记忆材料的规律进行间接的意义识记等。

(四) 思维的发展

1. 思维概述

思维是人脑对客观事物的概括的、间接的反映，是一种借助语言、表象和动作实现的高级认知活动。间接性、概括性是思维的主要特征，对思维与感知觉进行对比，就能发现思维的特点。

思维与感知觉的一个不同点在于，感知觉只能反映直接作用于感觉器官的事物，而思维是建立在过往经验的基础上通过某种媒介反映客观现实，这就是思维的间接性。例如，早晨推开窗户，发现地面很湿，树上的树叶被打落了一地，花坛上的花草东倒西歪，于是人们就会推断昨晚可能下了一场大雨，还伴有大风。人们并没有经历这场大雨，而是通过其他事物得出的推断，这就是思维间接反映客观现实的结果。

思维与感知觉的另一个不同点在于，感知觉更多反映的是客观事物的属性，而思维能反映事物之间的规律性联系。能在大量感性材料的基础上把同类事物的共同特征进行归纳，这就是思维的概括性。例如，通过感知觉，个体只能感知到小车、货车、客车、自行车、轮船、飞机等不同的车辆、船只和飞行器，但通过思维，个体能把这一类事物都概括为交通工具。思维的概括性使个体的认知活动摆脱了具体事物的局限性，扩大了个体的认知范围和深度。

2. 个体思维发展的特点

关于个体思维发展的特点，最著名的理论是皮亚杰对儿童思维发展阶段的论述。皮亚杰认为，个体思维的发展是阶段性的，皮亚杰把个体思维的发展分为感知运动阶段、前运算阶段、具体运算阶段和形式运算阶段。皮亚杰认为：这4个阶段的前后顺序是固定的，但有可能出现加速或推迟的情况；每个阶段有相对稳定的认知结构和主要行为模式；各个阶段是连续出现的，具有整体性。

在感知运动阶段（0～2岁），个体的思维处于萌芽阶段，主要依靠感知和动作认识外部环境。前运算阶段（2～7岁），是感知运动阶段发展到运算阶段的过渡阶段，是自我中心的表征活动阶段。这个阶段又可以分为两个小阶段，在2～4岁的前概念阶段，个体开始运用象征性符号进行思维活动，出现拟人化和“泛灵论”的思想。在4～7岁的直觉思维阶段，个体思维的特点是在仍然受直接感知形象的影响下，开始出现反映事物的某些客观逻辑的思维活动，是一种“半逻辑”思维。在具体运算阶段（7～12岁），这一阶段思维的特点是思维依靠概念进行，思维具有可逆性和守恒概念；同时，逐渐去自我中心化并具有灵活性。在形式运算阶段（12～15 岁），这是思维发展的最高阶段，思维不再受具体事物的局限，能通过假设或命题等方式进行逻辑推理。

关于皮亚杰的认知发展阶段理论在本章第一节已有详细论述，不再赘述。

原理运用

如何选择合适的教具进行幼教活动

根据儿童思维的发展规律，幼儿教师在准备幼教活动的教具时要充分考虑儿童现阶段的思维发展特点。例如，小班儿童的普遍特征是具有明显的形象思维，因此幼儿教师在为小班儿童开展角色游戏做准备时，会选择逼真的，甚至是真实的道具和材料作为游戏用具，例如，在玩娃娃家时需要一个真实的电话机或一个仿真的电话机玩具。

随着儿童年龄的增长与进行角色游戏次数的增多，幼儿教师可以开始逐步不再为儿童提供真实的道具，而是投放一些形状相似的替代用品，比如投放一个长方形的泡沫积木，儿童看到形状相似的物品就会自发地做出以物代物的行为，如把长方形泡沫积木当作电话，贴着耳朵与同伴玩打电话的游戏。

二、个体的情绪发展

（一）情绪概述

情绪是个体在认识外部世界的过程中所产生的快乐、愤怒、恐惧、悲哀等基本的主观态度体验及相应的行为反应。情绪与感知、记忆、思维等认知活动不同，认知是反映事物属性及其联系的活动，而情绪不是反映活动，情绪是一种独特的主观体验，并伴有外部表现和神经系统的生理反应。由此可以看出，情绪的构成包含三个层面，分别是认知层面的主观体验、生理层面的生理唤醒以及表达层面的外部表现。

情绪的主观体验是大脑的一种感受状态，个体在面对不同的情境时会产生不同的主观感受，如遇到好事会开心、遭遇失利会悲伤等，这些主观体验只有个体内心才能真正感受或意识到，情绪的主观体验反映了个体内心世界的丰富与复杂。

个体发生情绪反应时通常会伴有一定的生理唤醒，例如，激动时血压会升高、紧张时心跳会加速、害羞时会脸红等等，这些生理反应常常是伴随不同的情绪而产生的。

情绪产生后还会伴随一些身体姿态和面部表情等外部表现行为，例如，悲伤时会哭泣、高兴时会笑、激动时会手舞足蹈等，这是情绪的表达过程。情绪的外部表现常常会成为人们判断和推测情绪的指标，但由于人类心理是复杂的，个体的外部行为未必与自身的主观体验完全一致。

（二）个体情绪发展的特点

个体情绪的发展主要表现在三个方面，分别是情绪的社会化、情绪的丰富和深刻化以及情绪的自我调节化。

首先，个体最初出现的情绪是与生理需要密切联系的，例如，新生儿在饥饿或身体不适时会啼哭、成人逗玩时会微笑等。随着年龄的增长，情绪中社会交往的成分不断增加，引起情绪反应的主要动因也从生理需要向社会性动因转变。

其次，情绪的发展趋势越来越丰富和深刻。情绪的丰富主要体现在两方面：一是情绪过程的分化越来越明显；二是随着年龄的增长，情绪所指向的事物不断增加，一些在以前没有引起个体情绪反应的事物也能引起个体的情绪反应。情绪的深刻化是指情绪所指向事物的性质发生了变化，从指向事物的表面发展到指向事物的深层内在特点。例如，年幼儿童对父母的依恋主要是由于父母能满足自身的基本生活需要，而年龄稍长的儿童对父母的情感则增加了尊重和爱戴等内容。

最后，情绪的发展还体现在情绪的自我调节能力不断增强上。随着年龄的增长，个体情绪的冲动性会逐渐减少，并逐渐形成控制自身情绪的能力。同时，情绪的稳定性逐步提高，情绪的不稳定性、情境性和易受感染性逐渐降低。此外，个体的情绪和情感逐渐从外显发展到内隐。在婴儿期和幼儿初期，个体不能意识到自身情绪的外部表现，情绪完全表露于外；到了幼儿晚期，个体调节与控制情绪表现的能力会有一定的发展。

三、个体的人格发展

（一）人格概述

人格是构成一个人思想、情感及行为的特有模式，这种独特的模式涵盖了一个人区别于其他人的稳定而统一的心理品质。人格具有独特性、稳定性、统合性、复杂性、功能性等本质特征。个体的人格是在遗传、成熟、环境、教育等先天和后天环境的相互作用中逐步形成的，由于每个人所处的环境千差万别，因此各自形成独特的心理特点，这是人格的独特性的表现。人格特点一旦形成，便会相对稳定，在不同时空下都会表现出一致性的特点，要想改变人格特点是一件相当困难的事情。人格还是一个由多种成分构成的有机整体，具有内在一致性，受自我意识的调控。人格的表现并不是静态的，各种人格结构可以千变万化，使表现出来的人格也多种多样，人格是一个依照一定的秩序和规则有机结合起来的运动系统。人格决定了个体的生活方式，当个体的人格结构的各方面和谐一致时，就会表现出健康的人格特征；否则，就会使个体产生心理冲突，产生不同程度的生活适应困难。

（二）个体人格发展的特点

关于人格发展的特点问题存在着不同的观点，其中影响最为深远的是弗洛伊德的人格发展理论和埃里克森的人格发展阶段论。弗洛伊德把个体人格的发展划分为口唇期、肛门期、性器期、潜伏期、生殖期这五个阶段。埃里克森提出了人格发展的八阶段理论，认为心理发展可以分为八个连续、渐进的阶段，每个阶段发展的顺序是不变的，每个发展阶段都有一种新的主要冲突，各阶段的发展冲突如果处理得好，个体就能恰当地应对下一发展阶段所面临的危机和问题，反之则会出现情绪障碍。

关于弗洛伊德和埃里克森的人格发展理论在本章第一节已有详细论述，不再赘述。

第三节　心理发展的个体差异

一、个体差异概述

在我国古代关于教育与教学问题的经典论著《学记》中有一段发人深省的文字："学者有四失，教者必知之。人之学也，或失则多，或失则寡，或失则易，或失则止。此四者，心之莫同也。知其心，然后能救其失也。"这段话讲的是教师在教学中需要了解学生的个体差异并因材施教。

（一）个体差异的含义

个体差异（individual difference）是不同个体之间在生理与心理两方面表现出来的稳定的区别与差异。在本节中，我们将重点探讨心理的个体差异，即个体在先天遗传因素的基础上，通过后天的学习、生活等社会实践活动形成的区别于他人的稳定心理特点。

个体差异的问题，在古代就被众多智者先贤所关注。古希腊哲学家柏拉图曾有这样的描述："没有两个人生长得完全一样，每个人都以自己的自然素质而区别于另一个人。"我国古代教育家孔子也有"性相近，习相远"的深刻思辨观点。与古代哲学先贤从思辨的角度论述个体差异不同，德国天文学家贝塞尔（F. W. Bessel）则首次通过科学的、量化的方法对个体差异问题进行研究。他发现，不同个体在观察同一星体通过望远镜的法线并对此进行报告时，个体间的反应时间存在一定的差别，且这种差别是恒定的。在对不同观察者进行多次测量后，贝塞尔提出"人差方程"以反映与解释这种反应时间差异。最早对个体差异进行系统研究的是高尔顿（F. Galton），他利用遗传族谱研究了智力方面的个体差异，提出了智力的个体差异可以根据智力的程度进行度量以及智力的差异呈正态分布等观点。卡特尔（J. M. Cattell）继承了高尔顿的观点，并进一步通过多种实验来研究和测量不同心理品质与机能的个体差异，极大地推动了个体差异心理研究的发展。

知识专栏

高尔顿的遗传族谱研究

遗传族谱研究的基本方法是以具有某一特征的被试为对象，例如，该被试的智力是低下的或者具备某种特殊才能。然后以这个对象为出发点，调查其家族史中出现相似特征的人数。

根据这种方法，高尔顿调查了数百个名人的血缘关系，结果发现，1786—1868 年：在英国的首相、将军、文学家以及科学家共 977 人的族谱中的 89 名父亲、129 名儿子和 115 名兄弟共 333 人也具有相当的社会名望；而在普通家庭里，4 000 人中才产生 1 名具有社会名望的人。也就是说，在名人的亲属中也能成为名人的比例显著高于普通家庭的。因此，高尔顿认为遗传因素对智力发展起着决定作用。

不可否认的是，遗传因素的确对智力的发展产生影响，但遗传族谱研究的方法过分夸大了先天遗传的作用，忽视了后天教育与环境的影响。

资料来源：蔡笑岳，邢强．智力心理学．广州：暨南大学出版社，2012：112.

（二）个体差异的成因

对个体差异进行研究的一个重要目的是明晰产生个体差异的原因。一般认为，心理的个体差异主要源于三个方面：遗传因素、环境因素和教育因素。这三种因素是相互影响的，且这种相互作用贯穿于人的一生。

1．遗传因素

“每个生命的发展从精子与卵子结合的一刹那，就决定了其特有的发展顺序”，这是遗传学中关于个体差异的基本观点。遗传是亲代通过细胞染色体将其生物特征与品质传递给子代的过程。虽然子代通过遗传继承了亲代的生物特征，但由于基因重组等原因，每个个体在其基因组成成分与排序上都有所不同，从而产生了各不相同的遗传素质，造就了个体差异的生物前提。现代遗传学和相关心理学研究发现，遗传因素对个体心理差异的作用主要通过影响大脑皮层的高级神经活动特点来实现，包括不同个体间的神经过程的强弱程度、均衡程度和灵活程度。例如，作为高级神经活动类型的心理表现、气质及其行为表现上的个体差异最能反映遗传因素的作用。

2．环境因素

环境因素作为影响个体差异的后天因素，一般包含了自然环境和社会环境。自然环境是有机体赖以生存与繁衍的各种自然因素的总和，如气候、水土、食物等。社会环境则是人类长期有意识的活动所加工、改造或创造出来的社会物质和精神条件的总和，如社会文化、同伴与家庭等。一般认为，并非环境中所有事物都能对个体的心理发展与差异产生影响，只有当自然环境与个体的社会生活发生联系时，其产生的影响才最为显著。

3. 教育因素

教育主要是指那些有计划、有目的、有组织开展的影响个体发展的活动。由于教育活动的进行、教育目标的设置、对教育对象的培养等都是基于社会需要而开展的，因而教育活动可以作为一种社会活动，教育因素也可以归类为社会因素。但与一般的社会活动不同，教育活动是一种专业化的工作，需要专业人员以及专门机构才能实施。因此，可以将教育因素作为一种与社会活动相联系但又相对独立的因素，考察其对心理发展的个体差异的影响。

二、认知差异与教育

如前所述，认知是个体在获取与应用知识的过程中所进行的一系列心理活动的总称。因而，认知对于个体的学习具有重要意义，但不同的个体在其学习过程中表现出来的认知特点也各不相同，其中以智力与认知风格的个体差异最为明显。因而，如何根据学生在智力与认知风格上的不同开展合适的教育，对于优化教学效果具有重要意义。

（一）智力差异

正常个体都具有感知、记忆、思维等认知客观事物的能力，但不同的个体、不同的群体在这些认知事物的能力上是各有特点的，因而表现出智力的个体与群体差异。同时，智力作为各种稳定的认知能力的综合与概括，结合智力表现与活动特点的不同，也可以对智力的类型差异进行探讨。

1. 智力的个体差异

智力作为一种认知能力，其表现形态是多形多征的①。这就意味着，同一个个体，其可能在某种智力表现上具有优势，机能水平发展得很好，但在另一种智力表现上却并不具有明显的优势，即智力具有个体内的差异。现代智力测量的研究很好地证明了这一观点。例如，韦克斯勒智力测验（韦氏测验）分为言语分量表和操作分量表，在报告测验结果时主要报告言语分量表和操作分量表智商分数以及全量表智商分数。大量的测量结果表明，一名全量表智商分数为120的学生：他在言语量表与操作量表上的智商分数很可能并不相同；同时，在日常的学习中，这位学生在知识学习与实际操作两类课程中的表现也往往具有很大差异。

除此以外，智力的个体差异还表现在个体之间，即个体的智商分数与其同龄团体常模相比所表现出来的智商分数差异或智力等级差异。一般来说，人类的智力发展水平近似于常态分布，即智力发展水平较高与较低的人数比例较小，大多数人的智力发展水平中等。

① 蔡笑岳，邢强. 智力心理学. 广州：暨南大学出版社，2012：18.

表 2-1 为韦氏测验的等级分类及其人数比例。

表 2-1　　各种智力等级的人数比例

韦氏测验智商分数	智力等级	人数比例
130 以上	智力超常	2.3%
120～129	优秀	7.4%
110～119	中上	16.5%
90～109	中等	49.4%
80～89	中下	16.2%
70～79	临界	6.0%
60 以下	智力低下	2.2%

2. 智力的群体差异

智力的群体差异主要指不同群体之间在智商分数或智力等级上的差异。智力的群体差异一般表现在不同的年龄阶段、不同性别或不同种族的发展差异上。因而，智力群体差异既是一个科学的问题，也是一个较为敏感的社会问题，甚至在一定时期内引发了严重的社会阶级冲突与民族冲突。在教育心理学领域，当前关于智力群体差异的探讨主要集中在智力的年龄差异与性别差异。

（1）智力的年龄差异。

智力在不同年龄阶段上的差异主要反映的是智力的发展与变化趋势问题。目前较为普遍的观点认为，智力的发展并不是等速的，随着年龄的增长而呈现一定的规律性：一般在早期随着年龄的增长而快速线性增长，然后增长的速度逐步变慢甚至停止，到了一定的年龄阶段逐渐出现下降，最后随着个体的衰老而急速衰退。

在探讨不同年龄阶段的智力的总体趋势变化的基础上，迈尔斯（Miles）还采用赋分的方式对各种智力成分的年龄差异进行了细致分析，结果如表 2-2 所示。

表 2-2　　各种智力成分随年龄发展变化的趋势

智力成分	10～17 岁	18～29 岁	30～49 岁	50～69 岁	70～89 岁
知觉	100	95	93	76	46
记忆	95	100	92	83	55
比较与判断	72	90	100	87	67
动作、反应速度	88	100	97	92	71

从表 2-2 中可以发现：知觉的发展及知觉达到顶峰的时间是最早的，同时也是最早出现衰退的智力成分；其次是记忆与动作、反应速度，其发展的顶峰一般在 18～29 岁；而比较与判断能力的发展速度较慢，一般在 30～49 岁才达到顶峰，在 50 岁以后才开始下降。

（2）智力的性别差异。

智力的性别差异是一个较为敏感的问题。大量的智力调查与研究结果显示，男性与女性在智力的总体水平上并没有表现出明显的差异。但在智力水平的分布上则存在较为明显的性别差异。相关调查发现，男性在智商分数的离散程度上比女性的大，即在十分聪明与十分愚钝的人群中，男性的人数均比女性的多，而在智力中等层次的人群中，女性的人数则多于男性。

另外，智力的性别差异还表现为男性与女性在不同的智力成分上各具优势。一般认为：男性在空间感知、逻辑推理、抽象思维和机械操作方面优于女性；而女性则在声音辨别、言语表达、形象思维和艺术欣赏方面优于男性。产生这些差异的原因可能是先天遗传因素的作用，例如，女性的言语表达能力更强，其中的一个主要原因可能是在具有言语加工优势的大脑左半球的发育上，女性比男性成熟得更早。同时，这些差异也可能是受后天教育与环境因素的作用而出现的，例如，男性的机械操作能力更强的原因可能是在童年阶段，受到社会文化或父母教养方式的影响，男性有更多的机会接触可拆卸的玩具，从而更早地获取相关的经验。

3. 智力的类型差异

根据智力成分中的感知觉、记忆、思维等活动过程的特点，可以对智力进行如下类型划分：

（1）分析型、综合型和分析-综合型。

根据个体的知觉特点，可以将个体划分为分析型、综合型和分析-综合型。分析型的个体一般表现为善于知觉客体对象的细节，但不善于对其进行整体性的把握与概括；综合型的个体则相反，其更善于概括性与整体性地把握客体对象；而分析-综合型的个体则兼具以上两种类型的优点，是一种比较理想的智力类型。

（2）视觉型、听觉型、运动型和混合型。

根据个体在何种感觉通道中的记忆效果最好，可以划分为视觉型、听觉型、运动型和混合型。视觉型个体的视觉记忆效果最好；听觉型个体的听觉记忆效果最好；运动型个体则在有运动觉参与记忆活动时记忆效果最好；而混合型的个体则能采用多种感觉通道进行记忆，其记忆效果也最为明显。

（3）艺术型、思维型和中间型。

一般认为，个体的高级神经活动中存在两类信号系统：第一信号系统指除词语以外的具体刺激，第二信号系统指词语。因而，根据个体高级神经活动中何种信号系统更具有优势，可以划分出艺术型、思维型和中间型。艺术型的个体是第一信号系统在高级神经活动中更占优势的，其感知觉具有形象鲜明的特点，更善于记忆直观的学习材料，思维方式主要为具体、形象思维，具有较高的情绪易感性。思维型的个体则是第二信号系统在高级神经活动中更具优势，其倾向于进行分析与概括，善于记忆语义、概念等材料，思维方式更为抽象、系统且具有逻辑性。中间型的个体则是两种信号系统在高级神经活动中比较均衡，具备了以上两种类型的优点。

（二）认知风格差异

1. 认知风格的含义

在日常的学习活动中，我们会发现有的学生习惯通过向他人请教或者与他人进行讨论，获得对问题的进一步理解与启发，有的学生则习惯通过自己查阅相关资料和独立思考获取更多的知识。其实，这种在认知活动中表现出来的偏好性信息加工方式就是认知风格（cognitive style）。认知风格也可以称为认知方式，是个体在认知活动过程中表现出来的独特的、稳定的信息加工方式。一般来说，认知风格具有如下四种特性：

首先是稳定性，即个体的认知风格一旦形成，就会在一个相当长的时间内保持相对的稳定；其次是一致性，即个体在完成感知觉、注意、记忆、思维、问题解决等多种认知活动过程中都会表现出类似的认知加工方式；再次是多极性，即认知风格作为一种双极或多极变量，并无高与低、好与坏之分；最后是独特性，即认知风格作为一种个体偏好的信息加工方式，从外部行为上看是个体的一种典型行为，因而具有较为明显的个体差异。

2. 认知风格的个体差异

关于个体的认知风格差异及其类型划分，研究者曾从不同的角度进行了大量的研究。例如，有的研究者从整体与分析的维度对认知风格进行分类，有的则从言语与表象维度予以分类，有的则综合以上两种维度进行划分。当前较为普遍的划分标准是根据整体与分析的维度，并以此探讨认知风格的个体差异。

（1）场独立型与场依存型。

场独立（field independence）与场依存（field dependence）概念最早是由威特金（H. A. Witkin）在其视知觉研究中提出的。威特金将个体所处的外部环境称为“场”，而场独立与场依存的区别就在于个体对“场”的依赖程度不同。场独立认知风格的个体，倾向于根据自身内部的标准与线索对客观事物进行判断；而场依存认知风格的个体，则倾向于根据外在环境与外部标准对客观事物进行知觉。

场独立与场依存的差异往往表现在多种心理活动中。例如：场独立认知风格的个体具有较强的认知改组能力，善于采用抽象与分析的方式加工信息；而场依存认知风格的个体则具有较高的社会技能，善于人际交往。也有研究发现：场独立认知风格的个体在社会交往中是非社会定向的（nonsocial orientation），表现得较为冷漠、较少体谅他人、与人交往保持一定的距离；而场依存风格的个体则是社会定向的（social orientation），表现得更为热情、宽容，更容易接纳他人。在学习过程中：场独立认知风格的个体善于把握问题的关键信息，能灵活地解决问题；而场依存认知风格的个体在解决熟悉问题时不存在困难，但面对陌生问题时则缺乏灵活性。

已有研究也发现，场独立与场依存个体在学科兴趣与职业选择上同样表现出明显差异：场独立认知风格的个体更偏好自然科学领域的学科，喜欢从事理论研究、工程建筑等方面的工作；而场依存认知风格的个体则更偏好人文社会科学领域的学科，喜欢从事学校教育、护理等方面的工作。

（2）冲动型与沉思型。

卡根（J. Kagan）与他的同事在他们的知觉速率研究中发现，面对不确定的问题情境，有的被试在简短思考问题后就能迅速解答问题，有的被试则需要经过深思熟虑才会给出问题的答案。卡根等人据此将认知风格分为冲动型（impulsivity）和沉思型（reflection）。

冲动型认知风格的个体反应速度快，但反应准确度、精确度较低。他们在面对问题或认知任务时，较多采用整体性加工策略，表现为急于形成解决问题的方法，但不能较为全面地考虑解决问题的可能性，因而容易出现错误。但也有研究发现，冲动型认知风格的个体在执行整体分析与解释问题的相关认知任务中更有优势，成绩较好。

沉思型认知风格的个体反应速度较慢，但反应准确度、精确度较高。他们习惯采用细节性加工策略，善于评估与分析解决问题的各种方案，注重解决问题的质量，在考虑周全后再做出反应。沉思型认知风格的个体在面对需要进行细节分析的认知任务时成绩更好，在解决问题时能更多地考虑不同的解决问题的假设，一般能拿出更为成熟的问题解决策略。

（3）聚合型与发散型。

美国心理学家吉尔福特（J. P. Guilford）曾提出智力三维结构模型，其中他将聚合型（convergent）和发散型（divergent）的认知风格作为其智力模型的组成部分。对聚合型认知风格和发散型认知风格的划分，主要是根据个体进行认知活动过程中信息探索的方向而做出的。

聚合型认知风格的个体在问题解决的过程中倾向于搜索与综合已知的问题条件信息，并结合逻辑规律进行推导，从而得出一个正确的答案或解决问题的最佳方案。因此，聚合型认知风格的个体在解决那些具有常规的、固定答案的问题时显得更具优势。

发散型认知风格的个体在解决问题时，倾向于根据问题情境中的已有信息和记忆系统中储存的信息，并沿着不同的方向与角度进行思考，尝试从多方面产生多样化的、有创造性意义的答案。因此，发散型认知风格的个体在进行开放性测试，解决那些具有多个同等可解释答案的问题时表现得更好。

（三）适应认知差异的教学形式

个体的认知发展是存在差异的，为了适应个体认知发展的差异，可以采用如下教学形式：

（1）同质分组。

同质分组的基本含义是根据学生的智力水平、认知风格和学习程度进行分组。同质分组的一个主要优势是尽量减少同一群体中各个成员在智力、认知风格和学习程度上的差异，能针对该群体制订适合其水平的教学计划与策略。但在实际操作中，执行有效的同质分组的难度也是较大的。首先，产生认知差异、影响认知活动质量与效率的因素是多元的，学生的这些认知差异特点在学习活动过程中的反映也不尽相同，因此要找到一个最佳的分组标准往往是困难的。其次，同质分组的实质是对学生进行分类，这容易给学生贴上标签，不利于学生的发展与成长。

因此，在实际教学中，很多教师采用同质分组的变式，即在课堂教学中采用临时分组的方法，对学习程度或认知风格不同的学生进行临时分组，并进行针对性的辅导与训练，这有助于达到理想的教学效果。

（2）留级与跳级。

留级与跳级主要是针对学生的智力差异而采取的一种教学组织形式。对于学习程度较低的学生，留级可以为其提供第二次的学习机会，但从当前的教学实践来看，留级并未达到理想的效果，只有少数学生通过留级达到成绩上的显著提升。跳级则主要针对智力发展水平较高、学习效果较好的学生，跳级可以使其获得更为广阔的学习空间，但值得注意的是，频繁地跳级或跳级所跨越的层次过多，有可能导致学生出现适应问题。

（3）均衡匹配与失配的教学模式。

均衡匹配与失配教学主要是针对学生的认知风格开展的教学形式。在日常的教学活动中可以发现，学生的认知风格存在差异，教师的教学风格同样存在差异。已有研究发现，当学生的认知风格与教师的教学风格一致时，学习效果是最优的，当两者不一致时，则容易产生较差的学习效果。因此，建构均衡匹配与失配教学模式，要求教师尽可能多地掌握多种教学模式，形成多元的教学风格。

开展均衡匹配与失配教学需要教师先进行整体教学，向班上所有学生讲授基础的知识，从而达到基本的学习目标与要求。在此基础上，根据学生偏好的风格进行分类并进行风格匹配的分组教学。完成基本的学习任务后，再进行失配教学，引导各组学生以自己非偏好的风格进行新知识的学习。最后集中全体学生进行归纳总结，分析各种学习方式的要点。

三、人格差异与教育

一般而言，对个体学习活动效率产生明显影响的心理品质有两类：第一类是具有工具性、效能性的认知因素，第二类是非工具性的、表现性的人格因素[①]。人格因素作为一种非工具性的表现系统，主要表现为人格因素并不直接操作学习活动的信息，人格因素对学习活动更多的是起到调控、强化的作用。在个体的人格因素中，自我概念、归因和焦虑是影响个体学习效率与效果的主要成分。

① 蔡笑岳，邢强．智力心理学．广州：暨南大学出版社，2012：16.

（一）自我概念与教学

1. 自我概念与学习

自我概念（self-concept）是个体的主体自我对客体自我的看法，简单而言，自我概念就是个体对自己多方面的印象与认识。一般认为，由于每个个体的实际情况并不相同，每个个体对自己的觉知与评价也并不相同，因此，自我概念存在较大的个体差异。同时，对自我概念的研究也发现，自我概念是多维的、具有层次的。研究者最初把自我概念区分为学业自我概念与非学业自我概念。后来这种区分方式得到进一步的细化：学业自我概念根据学科的性质与种类，划分为各种具体学科的自我概念（如英语自我概念、化学自我概念等）；非学业自我概念则细分为社会的自我概念、情绪的自我概念、身体的自我概念①。

既然在自我概念中存在着一种与学业有关的自我概念，那么能否通过培养、调整学生的学业自我概念的方式，影响他们的学业成绩呢？研究者对此进行了大量的研究，但实际并没有取得预期的效果。其中的原因可能是：首先，基于人为刻意创设的情境是否能有效地影响学业自我概念的形成，从而最终影响学业成绩并不明确；其次，通过培养学生的学业自我概念影响其学业成绩这一研究逻辑隐含着自我概念与学业成绩可能是一种因果关系的假设，但这种因果关系是否存在是不明确的。

因此，研究者们针对自我概念与学习的关系进行了大量的研究，结果发现，虽然自我概念与学习成绩的相关程度较低，但两者存在着一定程度的正相关。这个结果意味着，自我概念与个体的学习成绩是一种相关关系，并不是因果关系，或者说可能两者互为因果，即自我概念可能会影响学习成绩，同时，学习成绩的好与坏可能影响个体自我概念的形成与发展。

2. 基于自我概念的教学建议

基于上述关于自我概念与学业成绩的研究结果，可以提出哪些基于自我概念培养的教学建议呢？

（1）注重通过体验学业成功来培养自我概念。

有研究者提出，相对于通过培养学生的自我概念，提升其学业成绩的做法，先辅导学生在学习中获得成功，使其体验到赞赏，然后间接地培养其正确的自我概念可能更为有效。这是因为：自我概念形成的实质是个体运用一定的标准评价自我的过程，而这些评价标准往往是理想且高于现实的；当现实的自我与这个评价标准比较接近时，个体就越容易产生自我接纳，并进一步产生正确的自我概念。因此，当学生在学习中首先体验到成功与赞赏，就容易产生成就感、有力感，感觉更为接近理想中的自我评价标准，这样将有助于正确的自我概念的形成。

---

① SAVELSON K J, BLOUS A. Self-concept: Validation of Construct Interpretation. Review of Education Research, 1982 (46).

(2) 通过训练实现正确自我概念的形成。

如何改变自我概念是自我概念发展研究的重要课题，研究者经过大量的实践，发现采用后团体奖赏效应、动机训练等方法有助于自我概念的形成。其中，后团体奖赏效应（post-group euphoria effect）指的是当个体顺利与其他团体成员共同参与并完成团体任务后，团体中的每一个成员都会体验到较高水平的愉悦。因此，玛什（Marsh）以后团体奖赏效应为基础设计了一系列团体活动课程，发现接受该课程并得到来自团队成员的配合与支持后，学生的自我确认感、自我概念水平得到了提高①。

通过动机训练来培养自我概念的基本方法有两种：一是通过预设一些特定领域的任务，引导个体在其中形成特定的技能与能力并完成任务，使其获取高成就感；二是先引导个体逐步产生与形成获取成功的动力与态度倾向，然后使个体在这些心理品质的驱动下，根据自己的需求执行具体的行为动作，实现具体的目标。泰斯（Tice）曾基于第二种动机训练方法，设计了一套名为“Pathways to Excellence”（PTE）的训练方法，并获得一些理想的效果。

（二）归因差异与教学

归因（attribution），是指个体通过一系列信息加工活动，推测与确认自己或他人产生某一行为或结果的原因的认知活动，即探寻行为结果的原因。一般认为，归因具有较为明显的个体差异。有的个体倾向将行为结果归结为外在因素（任务难易程度、周围环境等）的作用，称为情境归因；有的个体倾向将行为结果归结为自身内部的特点（动机、能力等），称为个人倾向归因。

那么，不同的归因方式对个体的行为产生什么影响呢？维纳（B. Weiner）采用稳定性（稳定和不稳定）与支配原因（内在的和外在的）两个维度对个体的归因方式进行了分类，并探讨不同归因方式对个体行为的影响，结果发现：当个体将成功归结为内部因素时，容易产生满意感与自豪感；当个体将成功归结为外部因素时，则容易产生意外和感激的情绪体验。在对失败进行归因时：如果个体将失败归结为内部因素，则容易引发内疚与无助；如果将失败归结为外部因素，则容易产生愤怒和敌意。

另外，维纳发现：当个体将成功归因为稳定因素（任务比较容易、能力强）时，则更容易提高学习的积极性；采用不稳定因素（运气好、努力）进行成功归因时，则有可能降低今后学习的积极性。相反，在对失败进行归因时：如果采用稳定因素（能力差、任务比较难）对失败进行归因，则容易降低学习积极性；而采用不稳定因素（运气不好、不够努力）进行失败的归因时，则可能提高今后学习的积极性。

因此，在教学过程中，教师通过语言反馈的方式给予学生正确的、积极的归因提示，

---

① MARSH H W. Self-concept: Its Multi-faced, Hierarchical Structure. Educational Psychologist, 1983 (20).

通过教育强化、口头评价等手段进一步巩固学生的正确归因方式，会有助于学生形成积极、有效、正确的成功与失败归因，提高学生对今后学习活动的积极性。

（三）焦虑及教学建议

焦虑（anxiety），是个体对当前或预期到对自尊心产生威胁的情境而产生的一种担忧反应。根据焦虑的性质，可以将焦虑分为正常焦虑和过敏性焦虑。正常焦虑主要由现实客观情境引起，是当个体认为客观情境可能使其自尊心受到威胁时所产生的焦虑反应，例如，学生因为面临重要考试而产生的考试焦虑。过敏性焦虑则不是由现实客观情境引发的，而是由于个体先前遭受到自尊心的严重伤害，类似的情境再次出现所引发的焦虑反应。

按其根源，可以将焦虑划分为现实性焦虑、神经性焦虑和道德性焦虑。现实性焦虑是个体因感知到客观情境中的真实危害而引发的焦虑反应，例如，学生得知考试失败后产生的焦虑。神经性焦虑一般是由心因性因素诱发的挫败感、自尊心受损而引起的。道德性焦虑则是个体由于违背了社会道德标准和要求而引发的内疚感与焦虑情绪反应。

一般认为，焦虑对学生学习效果的影响是明显的。大量关于焦虑水平与学业成绩的研究发现：当面对的学习任务比较简单时，具有较高焦虑水平的个体往往表现得比具有较低焦虑水平的个体更好；当面对的学习任务难度较大时，高焦虑水平个体则比低焦虑水平的个体表现更差。在能获得任务结果反馈的情况下，关于当前任务消极的、失败的反馈往往会使高焦虑水平个体在后续任务中表现得更差；相反，低焦虑水平个体在消极反馈条件下，会有更好的表现。当呈现积极的、成功的反馈时，高焦虑水平个体则比低焦虑水平个体在后续任务中表现得更好。

因此，教师在教学过程中，首先需要了解不同程度的焦虑对学习具有何种影响，并通过调控、创设不同的学习情境与氛围，使学生处于合理的焦虑水平，这有助于学生学习效果的提高。其次，教师也可以通过自身的态度来影响学生的焦虑水平。比如，在传授知识时，既需要表现出一定的严肃性，在一定程度上增强学生的焦虑水平，也需要在言语的表达、师生的交流中表现出和蔼，缩短师生关系的距离，在情感体验上降低学生的焦虑反应。最后，教师也可以通过引导学生形成积极的自我概念、运用合理的归因方式来对自己及相关的行为结果进行正确的评价，从而进一步引导学生正确认识和对待焦虑。

本章小结

心理发展是指个体从胚胎到出生、从成熟到衰老，一直到生命结束的整个过程中所发生的有次序的心理变化过程。同时，心理发展具有连续性与阶段性、个体差异性、定向性与顺序性、不平衡性等基本特征。

弗洛伊德的精神分析理论、埃里克森的心理社会发展理论、皮亚杰的认知发展阶段论以及维果茨基的社会-历史发展理论是比较经典、主要的心理发展理论。这些理论基于不同的取向，系统地论述了个体某一心理特质或心理发展全程的阶段性特点。

个体心理发展的基本内容主要包括了个体的认知发展、情绪的发展与人格的发展，这三类基本内容贯穿个体发展的全过程，并表现出各具特色的阶段性特征。

在个体的心理发展过程中，同样表现出明显的个体差异。造成心理发展个体差异的主要因素有：遗传因素、环境因素和教育因素。

个体在学习过程中往往会表现出各不相同的认知特点，即个体具有认知差异，智力与认知风格的个体差异最为明显。

人格也是个体差异的另一种重要表达形式，一般而言，人格差异往往表现为自我概念的差异、归因方式的差异以及焦虑特征的差异。这些人格成分的差异也容易影响个体的学习效率与效果。

关键概念

心理发展　认知发展　情绪发展　人格发展　认知差异　认知风格　自我概念　归因　焦虑

复习思考题

1. 根据相关心理发展理论，谈谈你对个体心理发展的认识。
2. 请根据皮亚杰的认知发展阶段论，举例说明个体认知发展的特点。
3. 简述个体人格发展的特点及理论模型。
4. 人格差异对个体学习有哪些影响？教师可以采取哪些教育干预措施？

本章阅读书目

1. 谢弗．发展心理学：儿童与青少年：第6版．北京：中国轻工业出版社，2005.
2. 斯莱文．教育心理学：理论与实践：第7版．北京：人民邮电出版社，2004.
3. 蔡笑岳，邢强．智力心理学．广州：暨南大学出版社，2012.
4. 陈帼眉．学前心理学．北京：人民教育出版社，2003.
5. 爱泼斯坦．学前教育中的主动学习精要：认识高宽课程模式．北京：教育科学出版社，2012.

第三章

学习与学习理论概述

本章导读

郝老师家里有一个8岁的孩子，她还养了一条名叫小黑的宠物狗。郝老师看着自己的孩子从只会吃奶、睡觉和哭泣的婴儿长成现在爬上爬下、能说会道的“小机灵”，孩子学说话花了2年，学走路花了将近1年。然而，小黑却很快就学会了走路，还会讨主人喜欢。郝老师不禁感慨，人和动物的成长真有意思，各项技能的发展差距真大。

“学习”是人类永恒的话题，学习不仅使人类文明得以传承，而且可以使个体成长为完善的人。提到学习，人们更多地想到学校里学生的学习，学习内容包括学校开设的各门课程：数学、语文、化学等。但是，学习绝不限于学校，实际上，我们每天都在不断学习。比如：小孩子通过模仿大人，学会了使用餐具、系鞋带等基本的生活技能；随着年龄的增长，我们也逐步学会了人际交往的技巧和做人做事的道理。因此，学习无时无刻不在发生，不论你愿不愿意。学习是人的天性，也是人类生存发展的需要。学习如此重要，我们必须懂得什么是学习，学习有哪些规律，怎么样才能更加高效地学习。

第一节　学习的性质与分类

一、学习的定义

学习的形式多种多样，日常生活中的学习包罗万象。学习现象的复杂性和多样性导致心理学界对学习的看法并不完全一致。教育学家杜威认为，学习是一种对经验进行改造和改组的历程；行为主义心理学家往往把学习定义为有机体由于经验的结果而发生的比较稳定的行为变化。虽然不同学者有不同的见解，但目前最为大家接受的观点是“学习是指人和动物在生活过程中，凭借经验而产生的行为或者行为潜能的相对持久的变化”。在理解学习这个概念时，需要把握以下四点：

第一，学习是人与动物共有的普遍现象。学习发生在所有的动物中，并且学习过程贯穿整个生命历程。

第二，学习是有机体后天习得经验的过程。有机体的行为由先天行为和后天行为两类组成。越低等的动物，先天的遗传经验越重要；动物的等级越高，其遗传行为越少，学习在其生活中就越重要。

第三，学习是有机体反复经验引起的行为或行为潜能的变化。比如，学习驾驶需要反复练习，学习外语也需要进行反复的运用，这些活动使有机体行为或行为潜能产生变化。个体的成熟乃至衰老也会使行为发生变化，比如青春期少年嗓音的变化就是一种生理成熟，与经验无关，不能称为学习。学习所产生的变化有时会直接表现为行为，比如学会了游泳、驾驶、打球等；有时则可能要经过很长时间才能影响行为，比如学习了“天人合一”思想对今后人际交往的影响。

第四，学习所引起的行为或行为潜能的变化是相对持久的。有机体的行为变化也可以由本能、疲劳、适应和成熟等引起，如醉酒或药物导致的神志不清等，但这些因素所引起的行为或行为潜能的变化都是短暂的。例如，运动员因服用兴奋剂提升了竞赛成绩，但是这种提升是短暂的，会随着药效的消失而消失。虽然我们学习的外语技能会有所退化，记忆的单词会被遗忘，但是相对于药物等引起的短暂性变化来说，通过学习所产生的变化保持的时间仍是比较长的。

二、学习的过程

学习是一个信息加工的过程。学习者是信息的主动加工者，他们必须选择、组织相关信息，利用自己已有的知识对信息进行解释，从而理解信息。学习过程就是接收、编码、操作、提取和利用信息的过程。

学习是信息加工的观点是一种计算机模拟的思想，是把人的学习过程比喻为计算机的加工过程。它共有三个系统：第一个是加工系统，第二个是负责认知策略的执行控制系统，第三个是作为动力系统的预期。加涅是学习信息加工观点的代表人物。他在 1974 年根据现代信息加工理论提出了学习过程的基本模式，如图 3-1 所示：

环境中的刺激首先作用于学习者的感受器，刺激通过感觉登记进神经系统，信息会首先进入短时记忆，以映像的形式储存起来，然后经过筛选的信息在短时记忆中进行第二次

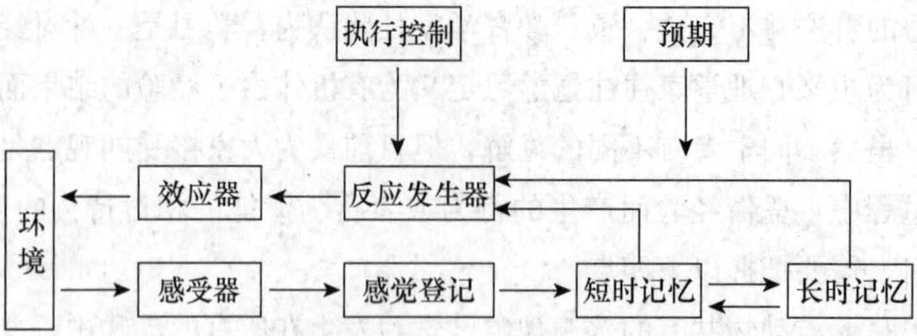

图 3-1 加涅的信息加工学习过程模式

编码，在该阶段信息储存的形式为代码（视觉代码、听觉代码和语义代码）。这些信息经过复述、精细加工和组织编码后，部分信息会进入并储存在长时记忆中，以备日后回忆。短时记忆和长时记忆中的信息会作用于反应发生器。反应发生器将信息转换为神经信号作用于效应器，使效应器（肌肉）活动起来，产生一个影响环境的操作行为。在该过程中，学习者会在信息的输入、加工和输出过程中学习到一些东西。在信息加工过程中，预期系统控制着学习过程的动力，决定着学习活动的强度和持续时间，而执行控制系统起到学习策略选择和使用的作用，这些学习策略深受学习者已有经验的影响。

三、学习的类别

学习作为一种极为复杂的现象，有着多种形式，涵盖范围广泛。为了能够更好地理解学习，许多心理学家根据不同的维度和目的对学习进行了分类。

（一）按学习层次分类

美国著名的认知教育心理学家加涅早期根据学习情境由简单到复杂，学习水平由低级到高级的顺序，把学习分为八类，构建了一个完整的学习层次结构。这八类学习依次是：

（1）信号学习，指学习对某种信号刺激做出一般性和弥散性的反应。

（2）刺激-反应学习，指学习使一定情境或刺激与一定反应相联结，并得到强化，学会以某种反应去获得某种结果。

（3）连锁学习，指学习联合两个或两个以上的刺激-反应动作，从而形成一系列刺激-反应动作联结。

（4）言语联结学习，指形成一系列的言语单位的联结，即言语连锁化。

（5）辨别学习，指形成一系列类似的刺激，并对每种刺激做出适当的反应。

（6）概念学习，指学会认识一类事物的共同属性，并对同类事物的抽象特征做出反应。

（7）规则或原理学习，指学习两个或两个以上概念之间的关系。

（8）解决问题学习，指学会在不同条件下，运用规则或原理解决问题，以达到最终的目的。

（二）按学习结果划分

加涅认为，可以根据人类学习的结果把学习分为五种：

（1）言语信息（verbal information）的学习，指有关事物的名称、时间、地点、定义以及特征等方面的事实性信息的学习，即知识的学习。它帮助学生解决“是什么”的问题。例如，中华人民共和国于1949年成立。

（2）智力技能（intellectual skill）的学习，指运用符号或概念与环境交互作用的能力的学习。这种学习帮助学生解决“怎么做”的问题。例如，学习如何将分数转换成小数。

（3）认知策略（cognitive strategy）的学习，指调控自己注意、学习、记忆和思维等内部心理过程的技能的学习。它是学习者用以“管理”自己学习过程的方式。例如，在记忆英文单词的时候，选择早上或者晚上时段进行记忆并及时复习的策略能提高记忆效果。

（4）态度（attitude）的学习，指影响个人对人、事和物采取行动的内部状态。例如，教师教育学生要热爱祖国，久而久之，学生就会对祖国产生热爱之情，并立志好好学习报效祖国。

（5）动作技能（motor skill）的学习，指通过身体动作质量（如敏捷度、准确度、力度和连贯性等）的不断改善而形成整体动作模式的学习，例如游泳、开车等。

（三）按学习方式分类

美国心理学家奥苏贝尔则根据学习的实现方式将学习分为接受学习和发现学习。接受学习就是学生在教师的指导下，通过教师的传授以及自身的积极建构，获得事物意义的学习。发现学习则是学习者在活动过程中，通过对现实能动地做出反应和发现创造，构建一定的经验结构的方式实现的，如科学家的创造发明。

同时，奥苏贝尔考虑了学习材料与学习者原有知识的关系，将其分为意义学习和机械学习。意义学习是指在学习知识过程中，符号所代表的新知识与学习者认知结构中已有的适当观念建立实质性和非人为的联系的过程。机械学习是指新知识与原有知识无实质性联系的学习，如让三岁儿童背诵唐诗，儿童不能理解唐诗的意义，只能死记硬背，机械地记忆。

奥苏贝尔认为以上两个相对独立的维度并不是互不依赖、彼此独立的。学习可以相互结合形成有意义的发现学习、有意义的接受学习、机械的发现学习和机械的接受学习。但是，他强调有意义的接受学习才是学生学习的主要形式。

（四）依据学习的意识水平分类

根据学习者在学习过程中的意识参与水平可以将学习分为外显学习和内隐学习。外显学习是受意识支配，需要付出心理努力并需按照规则做出反应的学习，例如，学生在课堂上专心致志地学习。内隐学习是指有机体在与外界环境接触的过程中不知不觉地获得了一些经验从而改变某些行为的学习。例如，英语学习比较强调“语感”，通过语感可以辨别出不同语句是否符合语法规则；同样，打乒乓球或者羽毛球时候的“球感”也属于内隐学习。

第二节　行为主义学习理论与教学应用

在20世纪上半叶，行为主义成为心理学的主流学派，联结学习理论占据着主导地位。该学派认为，学习过程是有机体在一定的条件下形成刺激和反应的联系而获得新的经验的过程。桑代克的联结理论、巴甫洛夫（Pavlov）的经典性条件作用理论、斯金纳（Skinner）的操作性条件作用理论，都十分强调刺激和反应的联结。后来的新行为主义代表人物班杜拉（Bandura）开始重视认知因素，改变了传统学习理论过于重视行为的倾向。20世纪50年代至60年代的认知革命，使认知主义的观点逐渐取代行为主义，使人们以新的眼光看待学习。

一、“试误-联结”学习理论

桑代克，美国心理学家，动物心理学的开创者，联结主义的建立者和教育心理学体系的创始人。1912年当选为美国心理学会主席，1917年当选为国家科学院院士。

桑代克在自己的博士论文《动物的智慧：动物联想过程的实验研究》中对动物实验的结果进行了总结，并提出了著名的学习的联结理论。他把人和动物的学习定义为情境与反应之间的联结，这种联结的形成是学习主体通过“尝试—逐步减少错误—再尝试”这样的循环习得的。所谓学习，就是在一定情境的影响下，唤起“原本联结”中的一种联结倾向，并使之加强。

桑代克的联结理论是根据其对动物的实验结果提出的，其中最著名的是“饿猫开迷箱”的实验。在实验中，他把一只饥饿的小猫放入迷箱，把食物放在箱外，然后记录小猫在迷箱中的行为表现。刚开始，小猫想从迷箱的缺口逃出来，但是不管怎么撕咬栅栏或者铁丝都无济于事，直到碰巧抓住线、环或扣，才打开门逃出迷箱，吃到了食物。第二次实验，小猫的表现跟第一次差不多。但是，经过几次重复后，小猫的盲目动作逐渐减少，从迷箱中逃出来所需的时间也越来越短。最后，再把小猫放进迷箱，它很快就能抓住门上的环，逃出迷箱。

桑代克认为，学习遵循三条重要的学习原则：

准备律（law of readiness）：如果打算实现某项活动，实现了活动学习者会感到满意，当不打算实现某项活动时，实现则会使学习者感到烦恼。例如，在课堂上，当学生举手示意想回答老师提出的问题，老师同意让他回答的时候，他就会感到满意。如果学生没有打算完成某任务，老师强迫其完成，学生就会感到烦恼。

练习律（law of exercise）：指在尝试-错误的学习过程中，联结的强度会随着练习和使用频次的增多而增加，反之，则变得越弱。这就是所谓的"用进废退""熟能生巧"。但桑代克后来又增加了一个条件，即只有被奖励了的练习才是有效的，联结强度才会被加强。

效果律（law of effect）：指学习者进行某项活动后，如果跟随的结果是满意的，那么联结就会增强，这项活动重复的可能性将增加，反之，如果跟随的结果是令人烦恼的、不满意的，那么联结就会削弱，动作重复的可能性将会减少。在桑代克后期的著作中，他强调效果律中消极的或者令人烦恼的部分并不一定会削弱刺激与反应之间的联结，惩罚的效果也不一定与奖励相对立。

尝试-错误学习是个体探索世界的重要学习方式。现实生活中许多经验是通过尝试-错误的方式获得的，如动物或人类面对新的情境，自己不知道如何去应付时，便会运用已有的经验去不断尝试，众多的尝试行为中有些是正确的，有些是无用的或错误的，经过多次尝试，反复练习，逐渐淘汰错误的或无用的行为，保留有效正确的行为，最后学习成功。在教育实践中，效果律指导人们使用一些具体奖励，如金星、口头表扬等来强化学习效果。练习律指导人们对所有学生进行大量的重复，如练习和操练。他对教师的总的劝告是"集中并练习那些应结合的联结，并且奖励所想要的联结"，如不停地重复乘法表，并且提供奖励，形成刺激（7×8=）和反应（56）的联结。

二、经典条件反射学习理论

经典性条件作用学习理论的来源包括两方面：第一是巴甫洛夫发现经典性条件作用，并提出经典性条件作用的原理；第二是华生（Watson）将经典性条件作用运用于学习领域，将经典性条件作用原理发展成为学习理论。

（一）巴甫洛夫和华生的经典实验

巴甫洛夫是苏联生理学家、医师、高级神经活动学说的创始人、高级神经活动生理学的奠基人。他是在传统心理学领域之外对心理学发展影响最大的人物之一，曾荣获诺贝尔生理学奖。

巴甫洛夫曾经在研究狗进食行为时发现，当铃声和喂食反复配对后，只给狗听铃声，不给食物，狗也会分泌唾液。也就是说，当一个中性刺激（铃声）与一个无条件刺激（食物）相结合，会导致动物对中性刺激产生类似无条件刺激的反应。在巴甫洛夫的实验中，食物被称为无条件刺激（UCS），由食物引起唾液分泌称为无条件作用（UCR），铃声原来是一种中性刺激，和食物在时间上多次结合后，成了条件刺激（CS），铃声和唾液分泌之间就建立了一种新的联系，我们称之为条件作用（CR）。这就是经典性条件作用原理的基本内容。这个过程也是强化的过程，强化的次数越多，条件作用就越巩固。在此基础上，巴甫洛夫进一步通过一系列实验对经典性条件作用的消退、分化、抑制问题以及条件作用的神经活动机制问题等进行了研究，提出了经典性条件作用的理论。

经典性条件作用可以解释很多现象，比如，一个学生非常喜欢轮滑，但是在一次急转弯的时候不小心将胳膊摔骨折了。后来，尽管这个学生还会经常玩轮滑，但是每次急转弯的时候他就会非常紧张，并出现心跳加快的现象。急转弯摔倒导致的疼痛就是无条件刺激，急转弯与疼痛同时出现使转弯这一中性刺激转变为条件刺激，进而出现条件反应。因此，在每次急转弯的时候，他就容易想到胳膊摔骨折的经历，产生紧张焦虑的反应。

华生是行为主义心理学的奠基者和捍卫者，1915 年当选为美国心理学会主席，主要研究领域为行为主义心理学理论和实践、情绪条件作用和动物心理学。

他认为，心理学研究的对象不是意识而是行为，因此，他主张研究行为与环境之间的关系，心理学的研究方法必须要抛弃内省法，而代之以自然科学常用的实验法和观察法。他还把行为主义研究方法应用到了动物研究、儿童教养和广告中。他在使心理学客观化方面发挥了巨大的作用，对心理学产生了重大影响。华生认为巴甫洛夫的条件作用模式适于用来建立人类行为的科学，如果将这种模式加以扩展，可以解释各种类型的学习和个性特征。人类行为就是从出生时候的几个反射（如打喷嚏、膝跳反射等）和情绪反应（如惧、爱、怒等），通过与其他行为建立条件作用而建立新刺激-反应（S-R）联结而形成的。

知识专栏

华生的恐惧形成实验

华生根据经典性条件作用原理做了一个著名的恐惧形成实验。华生曾经将一个出生 11 个月的婴儿艾伯特作为实验对象。在实验中，首先他让艾伯特接触一个小兔子（中性刺激），艾伯特对兔子没有任何恐惧情绪，甚至想去触摸小兔子。然后，实验者在兔子每次出现的时候就使劲敲击钢轨，钢轨发出让艾伯特害怕的响声（无条件刺激）。几次后，艾伯特单看到小白兔也会产生害怕的情绪，并想逃开。再重复进行几次后，艾伯特看到兔子的害怕情绪更加强烈，甚至看到带毛的东西都会害怕。

这个实验虽然很好地说明了恐惧形成的基本条件，但由于其严重损害了参与实验人员的健康以及今后的成长，因此引起了巨大的争议。

（二）经典条件反应的基本规律

1. 获得和消退

获得就是无条件刺激与条件刺激建立联系的过程。在条件反应的获得过程中，条件刺激和无条件刺激之间的间隔十分重要。一方面，条件刺激和无条件刺激必须同时或几乎同时呈现，间隔太久则难以建立联系；另一方面，条件刺激作为无条件刺激出现的信号，必须先于无条件刺激，否则也难以建立联系。

消退是降低行为发生率的技术之一，是一种无强化的过程，其作用在于降低某种反应在将来发生的概率，达到消除这种行为的目的。条件反应建立以后，如果条件刺激重复出现多次而没有无条件刺激，即给予强化，则所形成的条件反应就会逐渐减弱并最终消失，这个过程称为消退。在巴甫洛夫的实验中，狗听到铃声会分泌唾液，如果只呈现铃声，而不给狗食物，过一段时间后，狗听到铃声分泌唾液的行为就会消退。有些条件反应随着时间增加而逐渐减弱或消退，但是有些条件反应却可以持续很久，比如，有的人对数学的紧张焦虑会持续很多年。

2. 泛化和分化

泛化是指将习得的行为、技能或概念从一个情境迁移到另一个情境中，它最容易在相似的情境中发生。也就是说，一旦人们在某一情境中特定的行为得到强化，他们就会在类似的情境中出现同样的行为。我们常说的“一朝被蛇咬，十年怕井绳”，就是属于条件反应的泛化。学生在数学课上认真听讲受到老师的表扬后，这种行为也可以泛化到语文课上；学生学会了在学校如何交朋友，就会把这种交友的技巧泛化到社交活动中。泛化刺激所引起的泛化反应，有时是不准确或不精确的，这就需要对刺激进行分化。

刺激分化是指通过选择性强化和消退使有机体学会对条件刺激做出反应，对与条件刺激相类似的刺激不做反应，这样就能实现对条件刺激和相似的无关刺激的分化。

刺激的泛化和分化是互补的过程，泛化是对不同的事物产生相似的反应，而分化则是对事物的差异性的反应。泛化能使我们的学习从一种情境迁移到另一种情境中，而分化则能使我们对不同的情境做出不同的反应，避免盲目行动。

原理运用

克服考试焦虑——系统脱敏法的应用

系统脱敏法要求个人循序渐进地想象引起越来越多焦虑的情境，并在此过程中通过与极度放松的状态产生联结来达到减轻焦虑的目的。教师利用系统脱敏法可以有效地帮助学生摆脱考试焦虑。第一步，可以与学生探讨和罗列导致考试焦虑的各种情境，并将这些情境按焦虑程度从最轻微到最严重排出等级（听到考试—考试前一天晚上—去考场的途中—

走入考场—拿到试卷)。第二步，教学生通过想象愉快的场景（如看到蔚蓝的大海）的方式提示自己放松。第三步，学生一边放松，一边想象最轻微的焦虑情境，重复多次后，想象下一个更严重些的焦虑情境，直到想象最严重的焦虑情境而不感到焦虑为止。在这里，导致放松的场景（无条件刺激）引起放松（无条件反应），引起焦虑的情境（条件刺激）与导致放松的场景（无条件刺激）多次同时出现，引起放松（条件反应）。

资料来源：连榕. 发展与教育心理学. 福州：福建教育出版社，2007：40.

三、操作性条件作用理论

在日常生活中，奖励和惩罚是司空见惯的。老师表扬认真听讲、按时完成作业的学生，批评调皮捣蛋、不遵守纪律的学生。这对一个学生的影响到底有多大？这是不是一种有效的教育手段？操作性条件作用理论将会给出答案。操作性条件作用理论认为，学习是自发行为受到后续刺激的强化作用的结果。因此，这一理论不仅关注如何习得某种反应，还关心如何增强和减弱某种行为。

斯金纳是美国心理学家、操作性条件作用理论的创立人，也是新行为主义的主要代表人物。

（一）斯金纳的白鼠实验

斯金纳改进了桑代克的实验。他把白鼠等动物作为研究对象，在研究中运用了一种特殊的实验装置——斯金纳箱。箱内装有一个操纵杆，杆下面有一个食物盘，操纵杆与食物盘是连在一起的，只要白鼠按压杠杆，就会有一粒食丸滚到食物盘内，白鼠便可得到食物。斯金纳将饥饿的白鼠关在箱内，白鼠可以自由走动，有时无意踏上操纵杆，一粒食丸便滚到食物盘内，白鼠吃到了食丸。经过几次尝试后，白鼠便会不断按压操纵杆，直到吃饱为止。食物强化了白鼠按压操纵杆的行为，白鼠按压操纵杆的速度和频率均迅速上升。基于以上发现，斯金纳认为有机体做出反应与其随后出现的刺激条件之间的关系对行为起着控制作用，它能影响以后反应发生的概率。

在实验的基础上，他认为，学习实质上是一种反应概率上的变化，而强化是提高反应概率的手段。如果一个操作（自发反应）出现以后，有强化尾随，则该操作的概率就增加；已经通过条件作用强化了的操作，如果出现后不再有强化刺激尾随，则该操作的概率就会降低，甚至消失。斯金纳的实验揭示了这样一个原理：当某种行为能够带来期望的结果，这种行为就会不断地出现，反之，则会不断减少直至最后消失。

斯金纳将行为分为应答性行为和操作性行为。应答性行为是由已知的刺激引起的。经典性条件反射行为就是一种应答性行为，有机体被动地对刺激做出反应。操作性行为并不是由已知刺激引发的，而是有机体在一定情境中自然产生并由于结果的强化而固定下来的，例如，小孩子学会自己系鞋带，上课去洗手间要举手请示老师等。斯金纳根据这两种行为区分出了两种条件作用：应答性条件作用（与经典性条件作用相对应，又称刺激性条件作用或S型条件作用）（respondent conditioning）和反应性条件作用（又称操作性条件作用或R型条件作用）（operant conditioning）。前者强调刺激对引起所期望的反应的重要性，后者强调行为反应及其后果。斯金纳的工作主要集中在行为反应与其后果之间的关系上。

如果行为发生后不给予任何强化，则行为可能消退，如学生屡次举手但总不被老师选中回答问题，久而久之，他将不愿意再举手发言。操作性条件作用一旦形成，为了保持所获得的行为，或者称作维持行为，应当逐渐减少强化的频次，或者使强化变得不可预测。事实上，学生的生活中充满了许多自然的强化，可以维持他们在学校中学到的大多数技能和行为。例如，学生最初可能要求老师经常强化他们的数学行为，而一旦他们发现数学中各种推理的奥妙，他们将很乐意进行各种演算。

（二）操作性条件作用的基本规律

1. 强化

强化是操作性条件作用的一个重要的概念。行为的后果（consequence）的好坏在某种程度上决定了人们是否将重复该特定行为，后果的类型及出现时间的选择能加强或减弱此行为。强化物（reinforcer）是一些刺激物，他们的呈现与撤销能够改变反应发生的概率。通过呈现学习者想要的愉快刺激来增强反应频率的操作叫正强化（positive reinforcement），通过消除或者终止厌恶、不愉快刺激来增强反应频率的操作叫负强化（negative reinforcement）。

强化物还可划分为一级强化物和二级强化物两类。一级强化物能满足人和动物的基本生理需要，如食物、水、氧气、安全、温暖与性等。二级强化物并不能满足生理需要，而是将一个中性刺激与一级强化物反复结合，形成一种强化刺激，如奖品、表扬等。二级强化物是习得的，如分数对于学生来说并没有多大意义，当学生知道考个好成绩就会得到老师和家长的奖励时，分数才有了强化的性质。二级强化物又可以分为具体强化物（钱、奖品）、社会强化物（注意、表扬、赞美）和活动强化物（奖励看电视、听音乐等）。在日常教育过程中，应尽量避免用具体强化物，因为如果学生为了外部强化物去学习就会失去对学习的兴趣，分散对学习任务的注意力。对不同的人而言，同一物体的强化效果会不同，甚至有可能截然相反。如两个学生在课堂上开小差，结果回答问题风马牛不相及，引起其他同学大笑。对学生甲而言，他可能认为这很丢脸，是一种严重的惩罚，从此以后认真听讲；而对学生乙，他却可能觉得自己很了不起，得到全班人的关注。在选择强化物时，可以遵循普雷马克原则（Premack principle），又称“祖母的法则”（grandma's rule），即用高频的活动作为低频活动的有效强化物，首先做“我要你做”的事情，然后才可以做“你想做”的事情，如学生必须写完作业才能看动画片。

强化程序（reinforcement schedule）指强化出现的时机和频率也能增强或减弱行为。强化程序可以分为连续强化程序和断续强化程序两种。如果在每一个适当反应之后呈现一个强化，这叫连续强化程序（continuous reinforcement schedule）。如果只在某些反应之后呈现强化，这叫断续强化程序（intermittent reinforcement schedule）。断续强化程序又可分为间隔程序和比率程序。间隔程序（interval schedule）是根据历次强化之间的时间间隔安排强化。比率程序（ratio schedule）是根据历次强化之间学习者做出适当反应的数量安排强化。间隔程序和比率程序既可以是固定的、可预测的，也可以是变化的、不可预测的。

在学习新行为的初期，如果给予连续强化，可预测的强化可以使人们学得比较快。当掌握了新行为后就改变策略，使用比率强化程序对维持稳定的反应最为有效，赌博就是最好的例子，无法预测的赢钱是最好的强化。但在实际教育中，也可能因为教师无意间对学生的不良行为进行了变化比率强化。所以，教师作为强化的操作者，应当选择合适的强化物以及恰当的强化方式的组合，以塑造学生良好的行为。

2. 惩罚

惩罚是指通过呈现某种刺激使学习者相应的行为减少的措施，例如，一个学生迟到，老师会让这个学生写检讨或者罚站，写检讨或者罚站就是一种惩罚。人们通常会将惩罚和负强化混淆。事实上，二者有本质的区别，惩罚的结果是使学习者某种行为发生的频率下降，而负强化的结果是使受众某种行为发生的频率增加。如在教育过程中，如果学生按时上课，从不迟到，老师表扬了该学生，那么今后该学生按时上课的次数会增加，教师的这种处理叫正强化。负强化是指学生按时上课了，教师不再批评该学生，该学生按时上课的次数就会增加。惩罚是指学生没有按时上课，教师批评了该学生，学生迟到的行为次数减少。

此外，还需要注意的是，惩罚并不能根除行为，只能暂时抑制学习者的不良行为。因此，惩罚不能单独使用，必须同正强化结合起来，这样才能取得良好的效果。毕竟，不让土地长野草的最佳办法是种上庄稼。

原理运用

温和的惩罚

在教育活动中，不提倡用惩罚，因为惩罚容易产生副作用，使学生对学习产生厌倦和逃避，因此，在课堂上，教师们使用惩罚时要特别小心谨慎。但是，教育并不是一味地赏识和鼓励，惩罚也是一种必要的教育手段。一些温和的惩罚方式，也可以有效地减少课堂中的不良行为。

(1) 提前告诉学生什么样的行为会受到惩罚。明确地告诉学生不应该做什么，否则会受到惩罚。如果学生提前知道某些行为会受到惩罚，那么他们一般就不会去做这些行为。如果有人还是因为违反而受到惩罚，他们也不会感到吃惊或怨恨。

(2) 把特定的结果贯穿到底。惩罚要言出必行。教师常犯的一个错误就是经常威胁要惩罚但是却又没有坚持到底。警告一次是必要的，多次则是无效的。一位教师常说："如果上课睡觉，就把课文抄两遍。"但是他从来没叫上课睡觉的同学抄课文。这就给学生传递了这样的信息：某种警告行为根本不会带来惩罚。

(3) 不要公开惩罚。不公开的惩罚，可以保护学生，使其避免尴尬或感到被羞辱，也可以减少其他同学对惩罚的注意。

(4) 解释为什么受到惩罚的行为是不能被接受的。在对学生进行惩罚时，必须明确地解释为什么这样的行为是不能被接受的（干扰了学习、破坏了财产等）。惩罚要和说理结合在一起，讲清楚惩罚的原因，这样才能使学生心悦诚服。

(5) 同时讲授和强化其他期望的行为。在惩罚不恰当行为的同时要强化期望行为，这样做的效果会很好。这样可以给学生传递一个积极的乐观的信息——行为是可以改善的。

资料来源：连榕. 发展与教育心理学. 福州：福建教育出版社，2007：44-45.

四、社会学习理论

社会学习理论（social learning theory）是班杜拉于 1971 年提出的。社会学习理论着眼于观察学习和自我调节在引发人的行为中的作用，重视人在行为和环境之间的相互作用。

（一）交互决定论

班杜拉的社会学习理论认为，决定人类行为的因素包括两类：一类是行为的先行因素，这包括遗传机制、个体的信念、期望、态度和知识；一类是决定行为的结果因素，包括直接强化、替代性强化和自我强化。班杜拉尤为关注后两种强化：替代性强化指观察者看到榜样或他人受到强化，自己也倾向于做出榜样的行为；自我强化指人们达到了自己制定的标准时，他们以自己能够控制的奖赏来加强和维持自己行动的过程。

班杜拉为了解释人类行为，对环境决定论和个人决定论提出批判，提出了自己的交互作用理论，强调社会学习过程中行为、个体和环境三个因素之间的交互作用（见图 3-2）。

环境决定论认为行为（B）是由作用于有机体的环境刺激（E）决定的，即 $B=f(E)$；个人决定论认为环境取决于个体如何对其发生作用，即 $E=f(B)$；班杜拉则认为，行为、环境与个体（P）之间的影响是相互的，但他同时反驳了"单向的相互作用"，即行为是个体变量与环境变量的函数，即 $B=f(P, E)$，认为行为本身是个体认知与环境相互作用

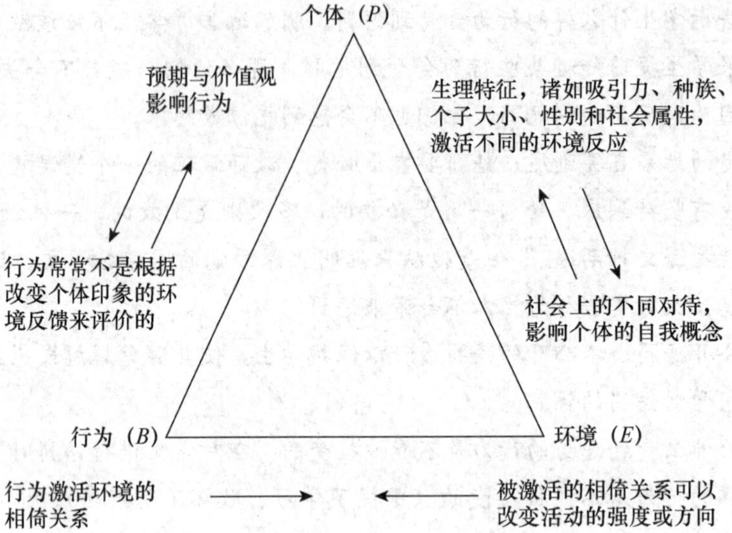

图 3-2　环境、个体与行为的三向关系

的结果，而且行为本身也可以作为决定因素影响个体认知与环境。班杜拉指出，行为、个体（主要指认知和其他个人的因素）和环境是“你中有我，我中有你”的，不能把某一个因素放在比其他因素更重要的位置，尽管在有些情境中，某一个因素可能起支配作用。他把这种观点称为“交互决定论”。

（二）自我效能理论

自我效能感（self-efficacy）是指个体对自己能否在一定水平上完成某一活动所具有的能力判断、信念或主体自我把握与感受，也就是个体对自己是否能完成特定任务的自信程度和主观评价。自我效能感的高低会影响个体对活动的选择以及面对该活动时所付出的努力程度。

班杜拉对自我效能的形成条件及其对行为的影响进行了大量的研究，指出自我效能的形成主要受 5 种因素的影响：行为的成败经验、替代性经验、言语劝说、情绪的唤起以及情境条件。第一，行为的成败经验指经由操作所获得的信息或直接经验。成功的经验可以提高自我效能感，使个体对自己的能力充满信心；反之，多次的失败会使个体降低对自己能力的评估，丧失信心。第二，替代性经验指个体能够通过观察他人的行为来获得关于自我可能性的认识。第三，言语劝说包括他人的暗示、说服性告诫、建议、劝告以及自我规劝。第四，情绪和生理状态也会影响自我效能的形成。在充满紧张、危险的场合或负荷较大的情况下，情绪易于唤起，高度的情绪唤起和紧张的生理状态会降低对成功的预期水准。第五，情境条件对自我效能的形成也有一定的影响，某些情境比其他情境更难以适应与控制。个体进入一个陌生而易引起焦虑的情境中时，会降低自我效能的水平与强度。

（三）观察学习

根据社会认知理论，班杜拉将学习分为直接学习和间接学习。直接学习是通过实践并体验行动后果而进行的学习，实际上就是“做中学”，也是通常意义上的直接经验的学习。试误学习、条件作用学习均属于该类学习。间接学习是通过观察别人而进行的学习，在学习过程中学习者没有外显的行为。间接学习是人类学习的重要形式，班杜拉又称之为观察学习（observational learning）。人类的大部分学习是替代学习，因为个体在多数情况下不可能通过亲身体验行为结果来进行学习，替代学习可以大大提高学习的速度。替代学习还可以避免人去经历有负面影响的行为后果，如我们可以通过听他人讲述、看书以及看电影等来了解面临火灾时的逃生办法。

班杜拉曾经做过一项经典实验，实验中让3组4～6岁的儿童观看一个成年男子殴打玩偶的电影，然后给儿童提供类似的情境，在后续的情境中观察儿童的行为。第一组孩子观看的电影是殴打玩偶的成人的行为受到了奖励；第二组孩子观看的电影中的成人受到了惩罚；第三组孩子观看的电影中的成人既没有得到奖励也没有受到惩罚。然后将三组孩子分别带到类似情境的地方，让孩子单独与玩偶待在一起。结果发现，第一组孩子的攻击行为最多，而观察到成人受到惩罚的孩子的攻击行为最少。

班杜拉认为第二组的孩子并不是没有学会攻击玩偶的行为，而是因为在成人受惩罚的情况下，攻击行为没有表现出来而已。于是在此基础上班杜拉详细描述了观察学习的具体过程。他认为观察学习包括注意、保持、再现和动机4个子过程。

注意（attention）就是观察者会在不同情境中选择榜样，并注意榜样的行为。一般观察者会选择那些与自身相似、地位比自己高、能力更强的人作为榜样对象。例如在学校，教师在学生眼中属于地位较高的示范者，学生会关注并模仿教师的一言一行。

保持（retention）就是观察者为了重现示范者的行为，必须将观察的榜样信息进行编码并储存在记忆中，以便在类似情境中进行提取应用。通常学习者会将榜样的行为以表象和言语等形式表征编码并储存起来。

再现（reproduction）就是观察者在相关情境中，将储存在记忆中的榜样信息从表象和符号转变为外显的行为。可能会因为观察者的能力不足等因素无法完全再现示范者的举动，也就无法习得榜样的行为。这就需要观察者不断地对榜样的行为进行模仿和练习，在信息反馈的基础上，对照自身的行为与榜样行为，不断矫正和调整，最终习得榜样的行为。

动机（motivation）是指观察者在模仿并学习示范者过程中形成要不要表现出示范者行为的打算。如果观察者看到示范者受到惩罚，就不会模仿该行为；如果看到有奖励，观察者就会模仿示范者的行为。因此，学习的行为要不要表现出来取决于习得的行为受到什么类型的强化。强化包括三种类型：第一类是直接强化（direct reinforcement）指观察者因表现出观察行为而受到强化。第二类是替代强化（vicarious reinforcement），指观察者因看到榜样受强化而受到强化。第三类是自我强化（self-reinforcement），当个体的行为表现符合甚至超过自己设定的标准时，他就对自己的行为进行自我奖励。

概言之，班杜拉的社会学习理论关于学习的实质的观点是个体通过对他人的行为及其强化性结果的观察，获得某些新的行为反应或已有的行为反应得到修正的过程。

五、行为主义学习观的教学应用

（一）操作性条件作用学习理论运用

1. 行为塑造

斯金纳认为“教育就是塑造行为”。复杂的行为可以通过塑造获得。塑造是指通过小步强化达成最终目标。也就是将目标行为分解成一个个小步子，每完成一小步就给以强化，直到获得最终的目标行为，这种方法也叫作连续接近（progressive approaching）。在杂技团里面，驯兽师们就是通过行为塑造使小动物学会各种简单的技能，如训练狗握手、猫站立等。在教育情境中，通过行为塑造使学生养成或者改造某种行为，可以参考以下步骤：

（1）了解学生现在能做什么（起点行为）；

（2）了解希望他表现什么（终点行为）；

（3）识别学生所在环境中的潜在强化物；

（4）将终点行为分解成可以按顺序掌握的细小步骤；

（5）不断地强化每一个接近终点的行为，使学生由起点行为逐渐地向终点行为靠近。

比如，想改变一个女孩害羞的行为，目标行为是让她接近一群同伴并和他们交谈。刚开始，当她对某位同学微笑时，就对她进行强化；接着，当她和同学说话时才予以强化；再后来，只有她和同学长时间交谈时才予以强化；最终，只有她实施目标行为，加入一群同伴，并与他们交谈时，才予以强化。

2. 程序教学

斯金纳根据操作性作用原理提出了程序教学和机器教学。所谓程序教学，是指将各门学科的知识按其中的内在逻辑联系分解为一系列的知识项目，这些知识项目前后衔接，逐渐加深，然后让学生按照知识项目的顺序逐个学习，及时给予反馈和强化，使学生最终能够掌握所学的知识，达到预定的教学目的。可见，精心设置知识项目序列和强化程序是程序教学成功的关键。

斯金纳的程序教学最先设计的是直线式程序。在直线式程序中，许多极小的步骤循序渐进地进行，所有学生都以同样的顺序学习同样的内容。利用教学机器每次给学生少量的信息（框面），然后就这点信息提问，由学生回答。在下一个框面中，向学生提供正确答案。在学生接受正确答案后，不管其回答是否正确，继续下一步的学习，除此之外，不给学生提供任何额外的信息。学生在学习时可以自己控制速度，因此它能满足不同速度的学习者的需要。后来格罗德对斯金纳的程序进行了修正，发展了分支式程序。分支式程序的每一步骤都会给出几种可选答案，只有选择了正确答案才能继续学习，选择了其他答案则转向能纠正这种错误的学习步骤，待错误得到纠正后，再进入下一步的学习。斯金纳认为，程序教学可以利用教学机器进行。计算机辅助教学的思想和方法其实是以斯金纳的程序教学为基础的。

程序教学的关键在于如何呈现教材和及时强化。程序教学的五个基本原则是：小步子呈现、积极反应、及时反馈、自定步调和低错误率。第一，行为目标具体地规定了在教学完成后学生应该表现出的行为；第二，整个学习单元被分解成按顺序出现的画面。每个画面只出现少量知识和一道要求学习者回答的题目；第三，学习者按照自己的速度学习；第四，学习者一边学习教材一边回答问题；第五，根据学习者回答予以反馈，如果他答对了，就给出下一道题，如果答错了，就要提供补充材料让其继续学习。

斯金纳对学习理论领域的研究做出了重大贡献，他通过严格的实验对操作条件作用进行了深入细致的研究，提出了操作性条件作用学说，并以此为基础建立了操作性条件的学习理论，从新的高度上扩展了联结派的眼界，将联结派学习理论推向了一个新的高度。他对强化的精细研究加深了人们对行为习得机制的理解，使人们能成功地预测和控制行为，也为行为塑造矫正提供了一种可信的理论基础。斯金纳提出的程序教学理论，在实际的教学活动中独具魅力。

然而，斯金纳的操作性条件作用学习理论也受到种种批评，最主要的批评是他试图以操作性条件作用原理解释人类的一切学习行为。同时，他将根据对动物的强化研究得来的结论不加区分地运用于人的学习，忽略了人与动物的本质区别，这也是错误的。作为行为主义学习理论之一，斯金纳显然摆脱不了行为主义观念的局限，没有对学习过程尤其是学生的知识学习过程的机制和内部过程进行研究，只是集中研究学习的一些外部条件，如强化与惩罚等方面，不注重人的知识学习的内部机制。他创立的程序教学理论，不注意人的学习的内部过程和内部机制，把人的学习与动物的学习几乎等同起来，把人看成了学习机器。不少教育学家与心理学家认为，根据这种方法培养的学生，知识技能很扎实，但对整个知识的统摄能力较差，创造性较差，综合分析的能力较弱。程序教学重视学生的独立学习能力，对于独立性较强的学生，效果较好，它应用于算术、阅读、拼写等教学任务也取得了不错的效果，影响了后来流行的计算机辅助教学。

原理运用

社会学习理论的强化和惩罚——期望的作用

根据社会学习理论，人们对结果的期望值来源于不同的行为。如果我们发现自己的某种行为每次出现都会得到强化，那么我们就预期它在以后出现时也能得到强化。如果我们发现某种行为经常带来惩罚，那么我们就预期该行为在以后发生时也能得到惩罚。因此，只有学生在认为或知道某种行为的反应-强化关系时，强化才能提高该行为出现的频率。教师应该告诉学生强化的是什么。比如，一个学生的作文得了“优”，老师却不告诉他得“优”的原因，那么下次他就不一定知道该怎样才能再拿到一个“优”。为了使他表现更好，老师应该告诉他得“优”的原因是论证充分、语言得体等。

然而，当预期结果未能出现时，又会发生什么样的反应呢？当你某次违反了纪律，想着自己会被惩罚，但是却没有受到惩罚。你观察到，其他人违反了纪律也没被惩罚。当这种预期的结果未能出现，这种行为就会受到强化。因此，惩罚就转化为强化。学生违反了纪律而没得到惩罚，那么下一次他很可能会再次违反纪律。教师应该把承诺的强化坚持到底。

资料来源：连榕. 发展与教育心理学. 福州：福建教育出版社，2007：48-49.

（二）社会学习理论的教学应用

1. 在课堂教学方面，教师可以采用各种示范形式

示范可以具有多种形式，可以是现实生活中观察者接触到的具体的人，这种是真实的示范；也可以是通过语言或者影视的图像呈现的象征性示范；还可以是创造性示范，在这种情况下给学生提供多种榜样的行为模式，由观察者形成带有创新性的行为模式。尤其是教师本身就是一种榜样和楷模，教师的言行会被学生观察学习和模仿。

2. 在日常生活方面，重视父母的示范作用

父母的言行对孩子的行为和道德的发展起重要作用，教育方式也会对孩子产生重大影响。例如，很多父母经常教导孩子不能随地扔垃圾，但是自己在无意间却经常随手丢垃圾，这样孩子就学会了父母“嘴上一套做一套”的行为。还有父母用“体罚”来教育孩子不要去打架，但是在“体罚”的过程中，孩子学习到了“武力是解决问题的一种手段”，反而让孩子的打架行为变本加厉。因此，在教育孩子时，一定要注意自己的言行举止。

3. 同伴群体的示范作用

在学校生活中，同伴群体是学生接触最多的群体，学生的可塑性和模仿能力又强，但他们对同伴的行为还缺乏辨别善恶美丑的能力。因此，在日常生活中，教师应该让具有品学兼优和亲社会行为特质的同学成为学生的榜样。

第三节　认知主义学习理论与教学应用

随着学习理论的发展，联结主义学习理论表现出了越来越多的局限性，无法解释人是如何形成概念、进行思维和解决问题的。越来越多的心理学家开始采取认知取向，关注学习者对环境刺激的内部加工过程和机制，因此，形成了与联结主义对立的认知学习理论。

认知派学习理论的主要代表人物包括苛勒、托尔曼、布鲁纳、奥苏贝尔、加涅等。

认知派学习理论的基本观点是：学习过程不是简单地在强化条件下形成刺激与反应的联结，而是有机体积极主动地形成新的完形或认知结构。因此，该派别认为，有机体获得经验的过程是通过积极主动的内部信息加工活动形成新的认知结构的过程。认知派学习理论经历了从信息加工学习理论、认知结构学习理论和建构主义学习理论三大阶段。其中，从注重有机体学习全域的格式塔的“组织-完形”学习理论到托尔曼的符号学习理论，到着重讨论学生学习的布鲁纳的“认知-发现”学习理论、奥苏贝尔的“认知-同化”学习理论，从布鲁纳、奥苏贝尔强调相同的认知过程形成相同的层级认知结构的传统认知主义到强调个人独特的认知过程建构不同的网状知识结构的建构主义，认知派学习理论的发展也经历了一个逐步完善、清晰的过程。

一、格式塔学派的学习完形说

（一）概述

20世纪初，格式塔心理学产生于德国，主要代表人物是惠特海默、苛勒和考夫卡等。该学派以现象学为理论基础，在对知觉进行开创性研究的过程中，提出了他们的心理学理论体系。他们认为，日常生活中的许多行为并不能用简单的S-R习得来解释。例如，学生在学习解答某一机械问题时，并不是简单地通过练习与机械记忆，在问题情境与解决问题的手段之间建立直接联系，而是对整个问题情境进行知觉与理解，领悟各种条件之间的关系以及条件与问题之间的关系，从而确定解决问题的方案。可见，主体的认知过程在复杂学习中起着主要的作用。按照认知理论的观点，学习并不是在外部环境的支配下被动地形成S-R联结，而是主动地在头脑内部构造完形、形成认知结构；学习并不是通过练习与强化形成反应习惯，而是通过顿悟与理解获得期待；有机体当前的学习依赖于其长时记忆系统中的认知结构和当前的刺激情境，学习受主体的预期所引导，而不受习惯所支配。

（二）顿悟实验

1913—1917年，心理学家苛勒对黑猩猩的问题解决行为进行了一系列的实验研究，提出了与当时盛行的桑代克的“联结-试误”说相对立的第一个认知学习理论：完形-顿悟说。

苛勒共设计了两个系列的实验，一个为箱子系列实验，另一个是棒子系列实验。在箱子系列实验中，苛勒把黑猩猩置于放有箱子的笼内，笼顶悬挂香蕉（见图3-3）。

苛勒根据问题情境的复杂程度设计了简单的问题情境和复杂的问题情境。在简单的情境中，猩猩使用一个箱子便可够到香蕉；但是在复杂的问题情境中，猩猩必须将两个箱子叠放才能够到香蕉。起初，猩猩采取跳跃的方式获取香蕉，但是无法够到香蕉。然后猩猩

图 3-3　猩猩顿悟取香蕉

资料来源：彭聃龄. 普通心理学. 北京：北京师范大学出版社，2012：547.

便不再跳，而是在箱子旁边走来走去。过一会儿突然意识到箱子的作用，它便很快把箱子推到香蕉下面，爬上箱子，取到了香蕉。当一个箱子不够的时候，猩猩便会将两个箱子叠放起来。这便是苛勒所说的对问题情境的"顿悟"，即只有对问题的情境进行改组，才能使问题得到解决。

在棒子系列实验中，在黑猩猩的笼子外放有香蕉，笼子里面放有两根短竹棒，用其中的任何一根都够不着笼子外面的香蕉。刚开始时，黑猩猩一会儿用小竹竿，一会儿用大竹竿来回试着拨香蕉，但怎么也拨不着。黑猩猩思考一会儿，突然将两根棒子像钓鱼竿一样接起来，够着了香蕉，把香蕉拨过来。黑猩猩一旦领悟棒子接起来与远处香蕉的关系时，就一次又一次地把一根棒子插进另一根棒子的末端，以便能获得远处的香蕉。

苛勒发现黑猩猩在面对问题情境时，在初次获取食物的行为不成功之后，并未表现出盲目的尝试-错误的紊乱动作，而是坐下来观察整个问题情境，后来突然表现出了领悟的样子，并随即采取行动，顺利地解决了问题，这就是所谓顿悟，而顿悟学习的实质是在主体内部构建一种心理完形。

（三）格式塔学派学习完形说的基本观点

根据这类研究所观察到的事实，格式塔学派提出了学习本质的观点。

第一，学习的实质是形成新的完形，而不是刺激-反应联结。苛勒指出："学习在于发生一种完形的组织，并非各部分的联结。"该完形与新情境相对应，反映了情境中各事物的联系与关系。完形是一种心理结构，是在机能上相互联系和相互作用的整体结构，是对事物的关系的认知。格式塔学派所说的完形实际上就是"结构"，与同时代以冯特为首的"元素主义"相对立。格式塔心理学家认为，学习就是问题解决的过程，在问题解决中学习者根据对情境中事物关系的理解而构成一种完形来实现的。这种完形一直保持开放，可以使有机体不断发生组织和再组织，不断出现一个又一个完形。

第二，学习是通过顿悟实现的。格式塔心理学家认为，学习是个体利用自身的智慧与理解力对情境及情境与自身关系的顿悟，而不是动作的累积或盲目的尝试。所谓顿悟，就是领会到自己的动作和情境，特别是和目的物之间的关系。之所以产生顿悟，一方面是由于分析当前问题情境的整体结构，另一方面是由于大脑能利用过去经验，具有组织力的作用，能够填补缺口或缺陷，因此服从于知觉的组织律。顿悟虽然常常出现在若干尝试与错误的学习之后，但不是桑代克所说的那种盲目的、胡乱的冲撞，而是在做出外显反应之前，在头脑中要进行一番类似于“验证假说”的思索。动物和人类解决问题的过程就是提出假说、验证假说的过程。因此，格式塔心理学家认为，学习的过程就是顿悟的过程，并以此来反对桑代克的联结-试误说。

第三，刺激与反应之间存在意识中介。联结主义学习理论认为刺激与反应之间是直接联系的，把反应看成是由刺激引起的。因此，把人类的行为均看成是对外界环境被动的适应。格式塔心理学认为这是一种机械观点，是违反事实的。格式塔心理学认为刺激与反应之间存在意识中介。也就是说，由刺激直接引起的反应乃是一种心理的或知觉方面的过程，动作受知觉及其组织作用所支配。反应既不是由刺激直接引起的，也不是由预定的联结决定的。

（四）对格式塔学派学习完形说的评价

格式塔学派学习理论主要有以下几个方面的贡献：首先，格式塔学派是对行为主义和元素主义的有力反击。在格式塔心理学家们看来，“把整体分解为元素不仅是人为的，而且是无意义的，科学上也是无结果的，它不能揭示心理的任何东西”。此外，格式塔学派还反对冯特和铁钦纳将意识人为地分析为元素并无视价值在意识中的作用，行为主义则拒绝意识，把意识和内部心理活动排斥在心理学之外。其次，格式塔学派提出的顿悟说成为重要的学习理论之一。格式塔学派的顿悟说及对迁移、创造性思维的研究，冲击了联结主义和行为主义的框框，不论在理论创建还是在教育实践中都具有独到的价值和意义。再次，格式塔学派对人本主义心理学的影响较大。人本主义心理学的创建人马斯洛在惠特海默的指导下，研究整体论，形成了自己的整体分析的方法论，主张以此来研究人的经验；罗杰斯也主张对人的心理事件或直接经验进行现象描述和整体研究；人本主义另一重要人物梅强调对主观意识经验的整体体验和描述，主张存在分析的心理学，这些都表明了格式塔学派的潜在影响。最后，格式塔学派对现代认知心理学的产生也起到推动作用。格式塔学派强调整体、模式、组织作用、结构等在研究知觉的认识过程及高级心理过程中的作用，并注重人们对感觉信息输入的组织和解释的主动性，这些都成了现代认知心理学的基本观点。在方法论上，格式塔学派强调研究直接经验，并主张用现象学的方法来研究它们，这也成了现代认知心理学的基础。可见，格式塔学派对认知心理学的影响和促进是极大的。

格式塔学派也具有以下几个方面的不足：第一，格式塔学派过分强调顿悟，否认尝试-错误在问题解决过程中的作用，犯了以偏概全的错误。第二，顿悟在教学中不具备操作性，难以指导教学实际。第三，顿悟说还缺乏对其他与学习有关问题的研究，如学习动机问题、学习方法问题等。第四，格式塔学习理论的观点和术语比较模糊，不够确切。第五，格式塔学派的实验不够严谨，过分依赖现象学的方法，缺乏严格的控制条件。

二、托尔曼的符号学习理论

托尔曼是美国心理学家，新行为主义的代表，目的行为主义的创始人。在学习心理方面，他提出了整体行为模式和中介变量，并建构符号-完形理论，成为认知心理学的先驱。作为美国新行为主义的代表人物，他不像其他行为主义者那样只关心一个个动作，而是注重有机体整个的行动。

托尔曼把行为区分为分子行为和整体行为，认为声、光等刺激所引起的肌肉收缩和腺体分泌反应是分子行为，而儿童上学、打球等活动则是整体行为。人们生活中的绝大多数行为是整体行为。他常用动物的动机、认识、预期、意向和目的来描述动物的行为。因此，他的理论被称为目的行为主义、整体性行为主义、符号-完形说或预期说。他利用白鼠学习方位的迷宫实验证明了他的理论，他常戏称自己是“白鼠心理学家”。

（一）托尔曼关于学习问题的经典实验

1. 位置学习实验

为了考察有机体学习结果的实质，托尔曼进行了一系列位置学习的实验。其中一个典型的实验是训练小白鼠走迷宫到达食物箱，这个迷宫如图 3－4 所示。

迷宫由一个出发点、一个食物箱和三条长度不等的通道组成。实验开始时，将白鼠置于出发点，然后让它们自由地在迷宫内探索。一段时间后，检验它们的学习结果。检验时，再将它们置于出发点，并对各通道做一些处理，观察它们的行为。结果发现：若三条通道畅通，白鼠选择第一条通道到达食物箱；若X处堵塞，白鼠会选择第二条通道；若Y处堵塞，白鼠会选择第三条通道。根据这一实验以及许多类似的实验，托尔曼认为：（1）学习是有目的的行为，而不是盲目的。白鼠之所以能选择最接近食物的路线，是因为白鼠学会的不是简单的、机械的反应动作，而是学习达到目的的符号及其所代表的意义。（2）学习是对“符号-完形”的认知。白鼠在学习方位迷宫图时，并非学习一连串的刺激与反应，而是在头脑中形成一幅“认知地图”，即“目标-对象-手段”三者联系在一起的认知结构。学习不是简单的机械的运动反应，而是学习“达到目的的符号”及其所代表的意义。（3）在外部刺激（S）和行为反应（R）之间存在中介变量（O）。主张将行为主义 S-R 公式改为 S-O-R 公式，O 代表机体的内部变化。

2. 潜伏学习实验

1930 年，托尔曼设计了潜伏学习的经典实验，研究白鼠走迷宫过程中食物（外在强化）

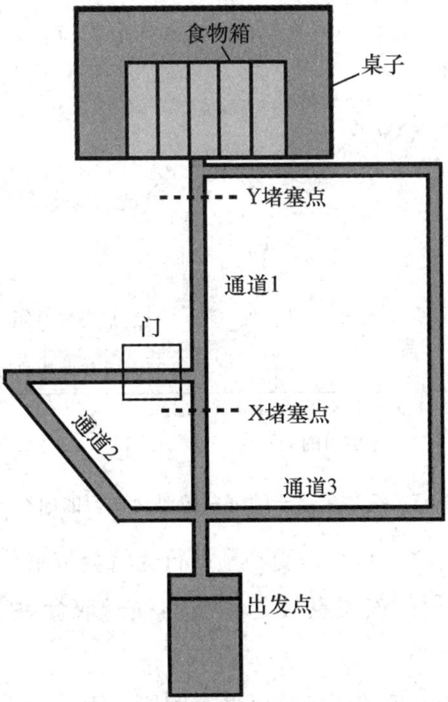

图 3-4 位置学习实验示意图

对学习的作用。潜伏学习又称隐匿学习，是指一种无明显的强化，其结果在一定时间后通过强化才显示出来的学习过程。潜伏学习在无奖赏时能够发生。

托尔曼通过实验法研究了白鼠迷津学习过程中食物（强化物）对学习的作用。他们把白鼠分成 3 组，A 组是强化组，从第一天到最后一天，白鼠每次跑到目的箱都给予食物奖励；B 组是非强化组，该组白鼠始终没有给予食物强化；而 C 组白鼠在开始 10 天不给强化，从第 11 天开始，白鼠每次跑到终点都给予强化。实验的目的在于比较 B 组和 C 组的成绩，探索动物实验前期不给予食物而中途给予食物对成绩的影响。结果发现，A 组白鼠操作水平一直在提高，B 组白鼠操作水平一直较低，但是，C 组白鼠在没有得到强化的前 10 天中，操作水平与 B 组差不多，然而，从第 11 天给予强化后，操作水平骤然提高，与 A 组白鼠差不多，甚至还超出 A 组（见图 3-5）。

根据实验，托尔曼认为，外在的强化并不是学习产生的必要因素，不强化也会出现学习。在这个实验中，没有得到强化的白鼠实际上也在学习，它们在获得外在强化之前也学习了迷宫的空间关系，领会了符号的意义，形成了认知地图，在到达目的箱没有获得强化的情况下，其学习结果没有显示出来，因此是“潜在学习”。动物在未获得强化前学习已经出现，只不过未表现出来，托尔曼称之为“潜伏学习”。

3. 奖励预期实验

托尔曼认为，动物和人类的行为是由个体的行为对目标的期待来引导的，而不是受其

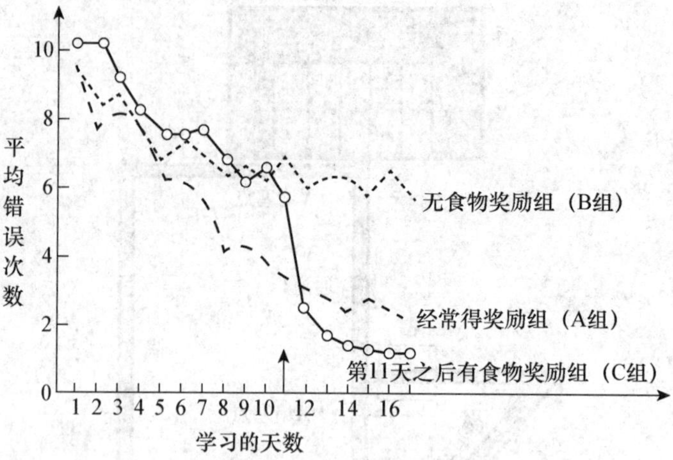

图 3-5 托尔曼用于验证白鼠潜伏学习的研究结果

行为的直接结果影响。换言之，行为是受到预期行为将会带来什么结果支配，学习是期望的获得，而不是习惯的形成。该观点被廷克波的猴子取食香蕉实验所验证。具体实验如下：

在猴子取食香蕉实验中，实验者安排了两个阶段，第一阶段为训练阶段。实验者当着猴子的面将猴子喜欢吃的香蕉放在其中一个箱子内，然后用木板挡住猴子的视线。过了一段时间后，猴子直接奔向装有香蕉的箱子，取出香蕉。猴子能够准确辨别装香蕉的箱子说明猴子具有良好的辨别能力。在第二阶段，实验者在当着猴子的面把香蕉放入后，又在木板后面把香蕉调换成猴子不喜欢吃的莴苣叶子，并要求猴子取食。结果发现，当猴子从容器中取出莴苣叶子时，猴子显露惊讶的表情，它拒绝吃莴苣叶子，并会搜索四周，寻找期望中的香蕉，寻找失败后，甚至会非常沮丧地向实验者高声尖叫，大发脾气。

针对猴子在两个实验阶段的不同表现，研究者认为，猴子在第二次取食香蕉前会在头脑里形成一种预期（或者假设），如实验中从箱子中可以取出爱吃的香蕉。然后，这种预期指导并驱动猴子取食香蕉。换句话说，动物的行为受其预期的指导，因此动物的行为是有目的的行为。在多次尝试中，有的预期被证实，有的未被证实。预期的证实是一种强化，这就是所谓的内在强化，即由学习活动本身所带来的强化。预期不被证实就会感到沮丧和苦恼。

（二）符号学习理论的基本内容

1. 学习是有目的的，是期望的获得

托尔曼认为，有机体的一切行为，包括学习，都是指向一定目的的，即总是设法获得某些事物和避免某些事物。他认为，尽管需要刺激的存在才能使个体的行为指向目的，但是只有“目的”才使行为获得意义。当行为有了目的，主体就会产生对行为结果相应的期待，所进行的行为也受主体对未来行为结果的期待所支配。如上例的猴子在取食香蕉前就形成了能够拿到香蕉的期待，这个期待驱动猴子寻找香蕉的行为。期待是托尔曼学习理论中的核心概念，指个体根据已有经验而建立起来的一种内部准备状态，是一种通过学习而形成的关于目标的认知观念。托尔曼认为，学习就是对行为的目标、取得目标的手段、达到目标的途径和获得目标的结果的期待，完全是认知性的。有机体只有对即将到达的目标建立某种期待，才会对不同目标做出实际的不同行为。这一观点在前述的奖励预期实验中得到了充分的证实。

2. 学习是对完形的认知，是形成认知地图

托尔曼认为，有机体在完成某项目标的时候，会在头脑中建立初始状态与目标状态和问题空间的认知。换句话说，就是通过建立对环境条件的认知，消除问题空间，进而达到自己的目的。有机体的行为不是一种简单的对刺激的反应，而是基于对初始状态、问题空间和目标状态的认知。例如，白鼠在迷宫中的前期练习已经学到了整个迷宫的认知地图，即关于整个迷宫环境的内部表征，即形成了“目标-对象-手段”三者联系在一起的认知结构，而不是学到一些简单的配对。在外部刺激（S）和行为反应（R）之间存在中介变量(O)，中介变量就是有机体内正在进行的东西，包括需求变量和认知变量。需求变量本质上就是动机，包括性欲、饥饿和面临险境时安全的需要，长时间持续活动后休息的需要等。认知变量包括对客体的知觉、对探究过的地点的再认，如动作、技能等。中介变量是不能被直接观察到的，但它与可以观察到的周围事件和行为表现相关联，并从这些事件和表现中推断出来。

（三）对符号学习理论的评价

托尔曼的符号学习理论主要有两个方面的贡献。一方面，他将意识作为中介变量引入学习理论。托尔曼重视学习的中介过程，即认知过程，强调学习的认知性和目的性，改变了学习联结理论把学习看成是盲目的、机械的错误观点。另一方面，托尔曼用实验的方式对行为主义学习理论进行批评。托尔曼设计了各种严密的实验，创造性的实验范式为现代认知心理学的诞生起到了推动作用。

但是，托尔曼的思想也存在一定局限性。一方面，托尔曼的心理学整体观点还是行为主义的，他提出的目的、认知、期待等中介变量本身很难精确地维系于可测的刺激与反应变量，所以他的学说没有最终发展成为一种十分完整的理论体系。另一方面，他的研究是建立在白鼠学习实验基础之上的，难免忽视了人类学习与动物学习之间的本质差异，因而也遭到人们的批评。

三、布鲁纳的认知-发现学习观

布鲁纳是美国当代著名的认知心理学家和教育心理学家。布鲁纳反对以 S-R 联结和对动物的行为习得的研究结果来解释人类的学习活动，而是把研究的重点放在学生获得知识

的内部认知过程和教师如何组织课堂教学以促进学生“发现”知识的问题上，他的认知-发现理论是当代认知派学习与教学理论的主要流派之一。

（一）布鲁纳的学习理论

布鲁纳的学习理论与格式塔学习理论都属于认知派学习理论。在学习结果方面，他们都主张学习不是简单的在强化条件下形成的刺激与反应的联结，而是有机体积极主动地形成新的完形或结构。布鲁纳使用的“认知结构”与格式塔学习理论使用的“完形”是一致的，都是指有机体反映外界事物整体联系与关系并赋予其意义的一种模式。但布鲁纳的“认知结构”比“完形”更加明确与清晰，特指科学知识的类别编码系统。在学习过程上，布鲁纳认为学习是“类目化活动”的过程，通过该活动将事物分门别类地组织起来形成整体；而格式塔心理学家认为，学习过程是个体在人脑先天组织的基础上不断趋向整体的过程。总的来说，布鲁纳认为，学生学习知识主要是通过类别化的信息加工活动，积极主动地形成认知结构或知识的类目编码系统的过程。

1. 学习结果是获得认知结构

认知结构就是人关于现实世界的内在编码系统，是一系列相互关联的、非具体性的类目，它是人用以感知外界的分类模式，是加工新信息的依据，也是人的推理活动的参照框架。简单来说，认知结构就是学生头脑中的知识结构。广义上，认知结构是学生已有观念的全部内容及其组织；狭义上，它是学生在某一学科的特殊知识领域内观念的全部内容及其组织。构成认知结构的核心是一套类别以及类别编码系统。在类别中又包含两个部分：一部分是一系列具体的、具有相似属性的对象或事物，比如鸡、鸭、鹅都属于家禽；第二部分是确定某些事物为一个类别的规则。类别与类别之间有层级关系，构成一个类别编码系统。在一个编码系统中，越是高级的类别，越能超越低级类别的具体性，而具有更大的普遍适用性，如鸡、鸭、鹅又可以同鸟类等共同归类为动物这一更高的层级。

2. 学习过程是类目化的过程

为适应复杂的环境，个体需要创建各种分类方式，分类方式建立的过程就是类目化的过程。每一次进行类目化的过程都必须基于已有的类目编码系统，在与环境相互作用的过程中形成新的类别，这种将事物置于类目编码系统之中的活动被称为类目化活动。由于在处理新信息的时候必须基于已有的类目编码系统，因此，如果刺激输入与人们知识结构中已有类别全然无关，那么它是很难被准确加工的，如远古人类对月食无法进行合理解释，便认为是“天狗吃月亮”。

布鲁纳进一步提出，这种类目化过程应该是自下而上的，从具体的、特殊的、包摄水平低的类目到概括的、一般的、包摄水平高的类目，类目编码系统的形成应该是从低层次的类目到高层次的类目。因此，为了促进学生有效地进行类目化活动以形成类目编码系统，应该向他们提供较低层次的类目或事物，让学生“发现”高层次的类目编码。这也是布鲁纳提倡的“发现法”学习的缘由。在学生掌握了高层次的类目编码后，就会根据所掌握的规则将新的刺激归为某一类别，并根据这一类别及其他相关的类别做出推理，以便在具体知识的基础上形成一般编码系统。一旦形成了一般编码系统，信息纳入一种有组织有层次的结构中，学习知识的问题就不再是学习具体的类别，而是掌握编码系统。此时，每一类别及各类别之间的相互关联使人能够超越给定的信息，举一反三，触类旁通，经过组织的结构化知识也更利于保持和提取，例如，当我们参观自然博物馆，看到一种长有羽毛和翅膀的动物标本时，我们尽管没有见过这种动物，但我们判断它应该是一种鸟，进而推断出它会飞、会产卵、会鸣唱等；再比如，到动物园见到一种从未见过的动物，根据它有羽毛、会飞行等特征将其归为鸟的一种。

（二）布鲁纳的教学理论

根据其学习理论，布鲁纳提出了很有影响的结构-发现教学理论，主要包括结构教学观和发现法教学模式。

1. 结构教学观

布鲁纳认为学习的实质就是形成和发展认知结构，即形成不同学科领域的类别编码系统。他强调学习的主动性和认知结构的重要性，认为教学的最终目的是促进“对学科结构的一般理解”，强调学生掌握学科的基本概念、基本原理。在课程设置和教材编排方面，布鲁纳强调以“螺旋式上升”的形式来呈现学科的基本结构，这样可以让学习者尽早掌握学科的重点知识概念与基本结构，这不仅有利于学生认知结构的连续性和渐进性，又可以避免浪费学生的宝贵时间。在教学中要将时间重点用在主要内容上，要抓核心、基本概念、原理、态度和方法，掌握他们之间直接的意义联系，在可以派生出来的内容上，要让学生去思考、推演，切忌平均用力，眉毛胡子一把抓。

2. 发现法教学模式

布鲁纳指出，“发现是教育儿童的主要手段”，学生掌握学科基本结构的最好方法是发现法。所谓发现，当然不只限于发现人类尚未知晓的事物的行动，而且还包括用自己头脑亲自获得知识的一切形式。发现法能较充分地体现出教和学这对矛盾在发展中的关系。在学生学习概念和原理时，教师只是给他提供一些事实（例）和问题，让学生积极思考，独立探究，自行发现并掌握相应的原理和结论。它的指导思想是以学生为主体，独立实现认识过程，即在教师的启发下，学生自觉地、主动地探索，科学认识解决问题的方法及步骤，研究客观事物的属性，发现事物发展的起因和事物的内部联系，从中找出规律，形成自己的概念。

发现法的基本过程是：首先，创设问题情境；其次，基于问题情境提出假设，即解决问题的各种可能的假设和答案；最后，验证假设，对发现进行补充、修改和总结。

布鲁纳认为，发现法有其独特的优缺点。优点主要包括：首先，能提高学生的智慧，发挥学生的潜力；其次，能使学生产生学习的内在动机，增强自信心；再次，能使学生学会发现的方法，培养学生提出问题、解决问题的能力和创造发明的态度；最后，由于学生自己把知识系统化、结构化，所以能更好地理解和巩固学习内容，并能更好地运用它。缺点主要包括：第一，发现法必须同其他方法一起使用才能取得良好效果。学生的学习不应该与科学家的发现方法完全等同起来。第二，发现法耗时太长，不够经济。第三，发现法并不适合所有学科。发现法适合于那些能引出多种假设、原理，能明确展开的数理学科，并不是对所有学科都是有效的。第四，发现法并不适用于所有阶段的儿童。发现法只适用于具有相当的知识经验和一定的思维发展水平的儿童。第五，发现法的使用，还需要逻辑较严密的教材和具有较高水平的通晓本学科科学体系的教师。

（三）对布鲁纳学习与教学理论的评价

布鲁纳是推动美国的认知运动，特别是以认知-结构学习理论为指导改革教学运动中极为重要的人物，在心理学为教育教学服务方面做出了显著的贡献。

首先，布鲁纳的学习理论旨在培养学生的发现能力和创造能力。布鲁纳学习理论的核心概念是“编码系统”。“编码系统”不仅能够接收信息和组织信息，而且“能够超越给定的信息，即产生创造性行为，或者是有所创造”。布鲁纳提倡的“发现学习”有助于激发学生的智慧潜能。

其次，布鲁纳强调学生的知识学习要掌握学科的知识结构，而知识结构则主要是由基本概念和基本原理构成的。这种强调基本概念和基本原理的思想与具体的问题解决过程一致。

最后，布鲁纳提出的螺旋式上升的课程结构、为学生安排最佳学习经验、为学生的理解组织知识内容、为学生呈现知识的最佳顺序、激发学生思维的教学程序以及重视学生内部学习动机的激发和正确地运用奖励与惩罚等教学思想和措施，帮助学生对知识的理解和创造性能力的培养，都体现了传授知识和培养学生思维及能力同步进行的正确思想，对教师的课堂教学有重要的实践指导意义。总体来讲，布鲁纳的学习理论和教学论思想既注重知识的理解，又注重对学生能力的培养，这符合学习和教学的一般规律和本质特征，具有重要的指导意义。

当然，我们也应该看到，布鲁纳的理论同样存在一定的局限性，主要表现在：

首先，虽然布鲁纳的学习理论特别强调学生对概念和原理的学习，并且对人工概念的形成进行了比较严格的实验研究，但他没有从事原理学习的实验研究。其次，布鲁纳提出“编码系统”可以产生出新的创造性信息，这是符合实际的，但是，对新信息产生的心理机制却没有进行深入的探讨和研究，这使得我们对学生创造力的培养仍然是无所适从，成为可信而不知如何使之然的事情。最后，布鲁纳过于强调学生的发现学习，但发现学习费时费力，而且，完全独立的发现学习实际上也是不存在的。因此，应该强调发现学习与接受学习的相互配合和补充。

四、奥苏贝尔的认知-同化说

奥苏贝尔是美国教育心理学家、认知派学习理论的代表人物、皮亚杰的追随者，1976年获美国心理学会颁发的桑代克教育心理学奖。他对心理学的最大贡献是提出了有意义学习理论和先行组织者教学策略。奥苏贝尔认为，影响学生学习的唯一重要的因素就是学习者已经知道了什么，并且教学要以学生原有的知识为基础。奥苏贝尔认为布鲁纳的理论过分强调发现式、跳跃式学习，轻视知识的系统性、循序渐进性，忽视了系统知识的传授，会造成学生基础薄弱、教育质量滑坡的不良后果。他主张曾被贬为“旧教育传统的残余”的接受学习法，提倡循序渐进，使学生按照有意义接受的方式获得系统的知识，形成良好的认知结构。

（一）有意义学习

有意义学习是针对机械学习而言的，它是指在学习知识过程中，符号所代表的新知识与学习者认知结构中已有的适当观念建立实质性和非人为的联系的过程。要判断学生的学习是有意义的还是机械的，必须了解符号所代表的新知识与学习者认知结构中原有的观念的联系（简称为新旧知识联系）的性质。新旧知识联系的性质既受学习者原有的知识背景的影响，也受学习的材料本身的性质的制约。有意义学习必须具备的第一条标准是新的符号或符号代表的观念与学习者认知结构中的有关观念具有实质性联系。

所谓实质性联系，指新的符号或符号代表的观念与学习者认知结构中已有的表象及已经有意义的符号、概念或命题的联系。例如，学习“矩形是有一个直角的平行四边形”这一新概念时，学生会在头脑中已有的“平行四边形”的概念或表象的基础上，对其加以改造，从而产生对矩形的认知。这样，新知识“矩形”就与原有认知结构中的平行四边形之间建立了实质性联系。学生就能借助已有平行四边形的属性特征来理解“矩形”的特征，知道矩形的两组对边平行且相等。由于新旧知识间建立的是实质性联系，而不是字面上的联系，新学习的知识就有可能摆脱字面的表述形式的限制。比如“矩形”，既可以被描述成“有一个直角的平行四边形”，也可以被说成“对角线相等的平行四边形”。

第二条标准是新旧知识的非人为的联系，即新知识与认知结构中有关观念在某种合理的或逻辑基础上的联系。例如，等边三角形概念与儿童认知结构中的一般三角形概念的关系不是人为的，它符合特殊与一般的关系。相反，无意义音节和配对形容词只能机械学习，因为这样的材料不可能与人的认知结构中的任何已有观念建立实质性联系，必须在逐个字母或项目之间建立联系。这样的学习完全是机械学习。例如，在获得数概念前的幼儿，凭借他们发展较快的机械记忆能力，可以将乘法九九表背熟，但倘若从中抽出一句问他们，他们将不知所云，这也是一种机械学习。一切机械学习都不具备上述有意义学习的两条标准。

1. 有意义学习的条件

有意义学习必须满足两个条件：一个是外部条件，来源于学习的材料本身；另一个是内部条件，来源于学习者本身。有意义学习的材料本身，必须合乎这种非人为的和实质性的标准，也就是说，学习材料具有逻辑意义。这种逻辑意义指的是材料本身与人类学习能力范围内的有关观念可以建立非人为的和实质性的联系。有意义学习的内部条件则包括：首先，学习者必须具有有意义学习的心向。有意义学习的心向，是指学习者积极主动地把符号所代表的新知识与学习者认知结构中原有的适当知识加以联系的倾向性。其次，学习者认知结构中必须具有适当的知识，以便与新知识进行联系。最后，学习者必须积极主动地使这种具有潜在意义的新知识与他的认知结构中有关的旧知识发生相互作用。经过新旧知识的相互作用，旧知识得到改造，新知识就获得实际意义，即心理意义。

2. 有意义学习的类型

有意义学习可分为三种类型：表征学习、概念学习和命题学习。此外还有发现学习，涉及知识运用、问题解决和创造三个层次。

表征学习是学习单个符号或一组符号的意义，或者说学习代表什么。表征学习的主要内容是词汇学习，即学习单词代表什么。学习的心理机制，是符号和它们所代表的事物或观念在学习者认知结构中建立了相应的关系。例如“桌子”这个符号，对初生儿是完全无意义的，在家长多次指着桌子说“桌子”以后，儿童慢慢就将发音“桌子”与实物桌子建立起对应关系。

概念学习是指掌握同类事物的共同的本质属性和关键特征，例如，学习“三角形”这一概念，就是掌握“三角形有三个角”和“三条相连接的边”这样两个共同的关键特征，而与它的大小、形状、颜色等特征无关。如果“三角形”这个符号对某个学习者来说，已经具有这种一般意义，那么它就成了一个概念，成了代表概念的名词。同类事物的关键特征可以由学习者从大量的同类事物的不同例证中独立发现，这种获得概念的方式叫概念形成。也可以用定义的方式直接向学习者呈现，学习者利用认知结构中原有的有关概念理解新概念，这种获得概念的方式叫概念同化。

命题学习是指“学习以命题的形式表达观念的新意义”。命题是以句子的形式表达的，可以分为两类：一类是非概括性命题，只表示两个以上的特殊事物之间的关系，如“北京是中国的首都”，这个句子里的“北京”代表特殊城市，“中国的首都”也是一个特殊对象的名称。这个命题只陈述了一个具体事实。另一类命题表示若干事物或性质之间的关系，这类命题叫概括性陈述，表示了若干概念之间的关系。如“圆的直径是它的半径的两倍”。这里的“圆”、“直径”和“半径”可以代表任何圆及其直径和半径，这里的倍数关系是普遍的关系。命题学习也包含了表征学习。如果学生对一个命题中的有关概念没有掌握，他就不可能理解这一命题。

命题学习必须以概念学习为前提。当儿童有意义地学习命题时，所学习的句子与儿童认知结构中已有的观念会建立起联系。奥苏贝尔认为，新学的命题与学生已有命题之间又存在三种类型的关系：(1) 下位关系（又称类属关系）。这是新教材与学生已有观念之间最普遍的一种关系，即新学习的内容类属于学生认知结构中已有的、包摄性较广的观念。例如，儿童先学习“蔬菜”这一上位概念，然后再学习“胡萝卜”这一下位概念。(2) 上位关系（又称总括关系）。当学生学习一种包摄性较广，可以把一系列已有观念类属于其下的新命题时，新学习的内容便与学生认知结构中已有观念产生了一种上位关系。例如，儿童往往是在熟悉了“胡萝卜”等这类下位概念之后，再学习“蔬菜”这一上位概念的。(3) 并列结合关系。当学生有意义地学习与认知结构中已有观念既不产生下位关系，又不产生上位关系的新命题时，就产生了并列结合关系。许多新命题和新概念的学习，都具有这类意义。例如，质量与能量、热与体积、遗传与变异、需求与价格之间的关系。这类关系的学习，虽然既不类属于学生已掌握的有关观念，也不能总括原有的观念，但它们之间仍然具有某些共同的关键特征。根据这些共同特征，新学习的内容与已有知识的关系是并列组合在一起的，产生了一种新的关系。

（二）接受学习

奥苏贝尔关于知识学习的观点恰好与布鲁纳的看法相反，他认为，学习应该是通过接受而不是通过发现进行的。教师给学生提供的材料应该是经过仔细考虑的、有组织的、有序列的完整的形式，因此，学生接受的是最有用的材料。这种学习主要是适于有意义的言语学习，或者称为言语信息的学习。学习者学习知识的心理过程如下：首先，在认知结构中找到能同化新知识的相关观念；其次，找到新知识与起同化作用的观念的相同点；最后，找新旧知识的不同，于积极的思维活动中融会贯通，即先求同，后求异。奥苏贝尔认为，传统教学使得学生对教材进行机械学习的主要原因之一，是在学生还没有具备起固定作用的先前知识时，教师就要求他们学习某种新内容。由于学生认知结构中还没有可以与新教材建立联系的有关观念，因而使得教材内容失去了意义。因此，在进行某个具体的教学活动之前，教师应该分析学生是否已具备学习该内容所需要的先前知识。当学生缺少有关的先前知识背景时，教师可以在正式教学之前向学生呈现准备性的、引导性的学习材料。奥苏贝尔把这种先于某个学习任务本身呈现的引导性学习材料称为先行组织者，它的抽象、概括和综合水平高于学习任务，并与认知结构中原有的观念和新的学习任务相关。先行组织者可以在学习者已有知识与需要学习的新内容之间架设起一座桥梁，使学生能更有效地同化、理解新学习内容。

（三）接受学习和发现学习之间的差异

第一，接受学习与发现学习在表现形式上有差异。在接受学习中，学习的主要内容基本上是以定论的形式传授给学生的。对学生来讲，学习不包括任何发现，只要求他们把教学内容加以内化（把它结合进自己的认知结构之中），以便将来能够再现或另作他用。发现学习的基本特征是：学习的主要内容不是现成地给予学生的，而是必须由他们自己去发现这些内容。换言之，学习的首要任务是发现，然后便同接受学习一样，把发现的内容加以内化，以便以后在一定场合下予以运用。所以，发现学习比接受学习多了前面一个发现的阶段。

第二，奥苏贝尔认为，接受学习未必是机械的，发现学习也未必是有意义的。在奥苏贝尔看来，无论是接受学习还是发现学习，都有可能是机械的，也都有可能是有意义的。如果教师教学得法，并不一定会导致学生机械的接受学习；同样，发现学习也并不一定是保证学生有意义学习的灵丹妙药。如果学生只是机械地记住解决问题的“典型的步骤”，却无法理解自己正在做什么、为什么这样做，那么虽然这样他们也可能得到正确的答案，但这并不比机械学习或机械记忆更有意义。

第三，有意义学习和机械学习在学校学习中并存。只要符合有意义学习的两个条件，任何学习都是有意义学习。此外，需注意的是，有意义学习与机械学习并不是绝对的，而是处在一个连续体的两个极端上。学校的许多学习，往往处于这两个极端之间的某一点上。并且，在课堂教学中，有意义的接受学习所占比重更大。这是因为：首先，由于发现学习费时太多，一般不宜作为获取大量信息的主要手段；其次，在一些学习情境里，学生必须用言语来处理各种复杂的、抽象的命题。因此，奥苏贝尔认为，学校主要应采用有意义接受学习，尤其是有意义言语接受学习。

（四）对奥苏贝尔的认知-同化说的评价

奥苏贝尔的认知-同化说注重有意义接受学习，突出了学生的认知结构和有意义接受学习在知识获取中的重要作用，对有意义接受学习的实质、条件、机制、类型等做了详尽的分析，澄清了长期以来对传统讲授教学和接受学习的偏见，以及对发现学习和接受学习与意义学习和机械学习之间关系的混淆。他提出的先行组织者策略对改进课堂教学设计、提高教学效果有重要的实用价值。

奥苏贝尔的理论也有一些不足之处。一方面，过于强调学生对知识的掌握，对学生能力的培养尤其是创造能力的培养不够重视，且过于强调接受学习与讲授方法，没有给予发现学习应有的重视。实际上，许多人认为，在学生学习知识的活动中，有意义接受学习和有意义发现学习各具特色，各有所长，都是重要的学习方式，两者是相辅相成、互相补充的。另一方面，奥苏贝尔的教学思路更加适合陈述性知识的传授，不适合程序性知识的掌握。

五、认知主义学习观的教学应用

认知主义学习理论源于德国的格式塔心理学，它强调学习不是盲目的，而是有意识的，是通过主体的主观作用实现的。它用综合研究的方法，注重整体特性，认为个人是一个有组织的整体，而不是各部分的简单之和。主张学习是顿悟，重视创造性，重视理解。在实际教学过程中，认知主义学习观具有如下实践价值：

第一，重视学习活动中学生的准备状态。学习的效果不仅取决于外部刺激和个体的主观努力，还取决于一个人已有的知识水平、认知结构、非认知因素等。教师要配合学生的经验，适当组织教材。教材的难度与逻辑上的先后顺序，必须针对学生的心智发展水平及认知表征方式做适当的安排，使学生的知识经验能前后衔接，产生正向学习迁移。

第二，运用先行组织者策略组织教学活动。学习新知识前，提供一个材料，这个材料是以学生既有的先备知识为基础，并能与新知识发生联结，能够突出新知识的具体架构，为学习新知识做准备。

第三，注意将分化后的知识前后连接起来，形成一个有组织的贯通的知识体系，以便学生能够融会贯通。引导学习者以划分层次或列图表方式寻找和发现内在的时间、空间、人物或其他方面的发展线索。认知学习理论还强调以整体的方式呈现教学材料，以培养学生的宏观观察能力和分析能力。

第四，引导学习者自己发现并总结规律，培养他们的微观上的发现能力。例如，有的教师采用分组讨论的形式，探讨并归纳出中国地图的一般特点。

第五，遵循认知主义学习理论中重启迪的精神，不束缚学生的思维和手脚，要以暗示和启发去引导学生展开想象的翅膀，发展他们的想象力。例如，课堂上可以引导学生去绘制一份自己家乡的地图，并把地图的各要素都表现出来。这种方式能使学生通过自主学习，很快地掌握到相应的知识，并正确地运用所学过的知识。

第四节 建构主义学习理论与教学应用

一、建构主义的产生与发展

20 世纪 80 年代之前，研究者对于学习与教学的探讨主要基于行为主义和认知主义的思想。行为主义强调三个方面：首先，否认意识，认为对外部事件的考察是研究人类行为的关键；其次，强调环境，认为环境是决定人类行为的最重要因素；最后，强调行为的后果对行为的塑造，行动的结果影响着后继的行为。在教学方面，行为主义认为学习就是建立刺激与反应之间的联结；教育者的目的是将客观世界的知识原封不动地传递给受教育者，使受教育者达到教育者所确定的目标，得到与教育者完全相同的理解。行为主义学习理论无视知识传递过程中学生的理解及心理过程。

基于信息加工的认知主义学习理论同样认为世界是由客观事物的特征以及客观事物之

间的关系所构成。他们与行为主义者的不同之处在于强调学习者内部的认知过程。教学的目标在于帮助学习者习得这些事物及其特性，使外界客观事物（知识及其结构）内化为其内部的认知结构。

无论是行为主义还是认知主义，其关于学习与教学的基本观点都与客观主义相一致，认为知识是存在于个体以外的，是客观事物本身决定的，学习的基本过程就是把这些外在的知识内容转移到个体身上。随着对学习过程及其认知规律研究的不断深入，研究者们基于客观主义的学习过程及其本质的观点受到了挑战。建构主义的兴起与发展，为教育心理学带来了一次革命性的转折。

二、建构主义学习观的基本观点

建构主义与客观主义的理论观点完全不同，建构主义认为知识与意义并非独立于个体而存在的，知识与意义也不是简单地由客观事物本身来决定。相反，知识与意义是依靠个体建构起来的，这个建构过程主要是个体以自身原有的知识经验为基础，逐步建构出自身关于客观事物、客观世界的理解。不同的个体由于其已有的知识经验与基础不同，建构出来的关于客观事物的理解也不尽相同。学习的本质是一种主动、积极的意义建构与社会互动的过程。因此，建构主义的知识观与学习观与行为主义和认知主义的观点明显不同。

（一）建构主义的知识观

建构主义认为，知识只是关于客观事物的一个可能的解释，知识是一种假设而不是对于客观事物的准确的、完整的表征。因此，知识会随着社会的发展、人类的进步而不断被“革命掉”。因此，对于知识的使用而言，学习者也不能直接把知识拿来使用，知识的运用需要结合具体的情境进行重新创造。

从知识的存在形态上看，虽然人们主要通过语言符号的形式赋予知识外在形态，并且这种表达形态可能是普遍的、共同的（例如抽象概括出来的概念、原理、定律等）。但不同的学习者对于这些具有普遍意义的知识形态的学习并不一定能产生同样的理解，理解会受到学习者已有的经验背景、学习的过程及环境的影响。

（二）建构主义的学习观

关于学习过程，建构主义认为，学习是学习者主动地把知识信息进行内部心理表征与建构的过程。学习者不是被动地接收外来信息，而是主动地对信息进行选择与加工。在这个过程中，学习者并不基于同一背景出发，而基于不同背景、角度出发。学习者的学习活动并不应该由教师进行统一的引导，完成同样的加工活动，学习应该是在教师和他人的协助下，通过学习者进行独特的信息加工活动来建构意义的过程。这一建构过程不是传统认知派的社会建构过程，而是一个个人建构的过程，建构起对现实世界的意义。

在学习的结果上，传统认知派学习理论认为学习的结果是形成认知结构，这种认知结构是一种高度结构化的知识模块，是按概括水平高低层次进行排列。而建构主义则认为，学习的结果是学习者围绕关键概念逐步建构起来的知识网络结构。关键概念是一种结构性的知识，是学习的初步结果；而网络的其他方面是非结构性的知识，需要学习者充分的建构，因此是一种高级学习的结果。

建构主义认为学习的进行需具备三个条件：

1. 学习要以学生为中心，注重主体的作用

建构主义认为，学习需要学习者进行主动的建构，根据已有的知识经验，对其进行综合、重组、改造，形成关于新事物、新知识的理解，用以解决新问题。学习者本身在这个过程中起着核心作用，教师的作用只在于协助学生建构意义。

2. 注重学习情境

建构主义强调学习情境的重要性，特别是实际的情境，即那些结构不良的知识领域。因为结构良好的知识领域往往不能提供具有生动性、丰富性的信息，只能获得简单的、单一的知识。而知识的学习需要建立在具体的、具有情境性、可感知的活动之中。

3. 注重协作学习，强调教学环境的设计

对结构不良的知识领域的学习而言，需要基于相应的社会互动与实践活动。因此，这种学习方式如同师徒式传授一样，需要为教育者提供充分的资源，强调教学者与学习者的讨论，通过某种主动的社会参与，获得相关的知识经验。

知识专栏

自我调节的学习者

自我调节的学习者是那些拥有有效的学习策略并知道如何以及何时应用这些策略的学习者。比如，他们知道如何将复杂的问题分解为简单的几步或尝试其他不同的方案；知道如何以及何时略读或精读以达到深层理解；知道如何写作以说服他人、如何写作以提供信息等。不仅如此，自我调节的学习者还受学习活动本身所激励，而不受分数或其他人的赞赏所驱动。他们能够坚持一项长期的工作，直至完成。当学生不但拥有有效的学习策略，而且还有动机去坚持使用这些策略，直至满意地完成活动时，他们就更可能成为有效的学习者，更可能具有终身学习的动机。

资料来源：连榕. 发展与教育心理学. 福州：福建教育出版社，2007：56-57.

三、建构主义教学观及其应用

建构主义教学观提倡情境性教学与整体性的构架。建构主义者认为，学习者的知识是

在一定的情境下，借助他人的帮助，如人与人之间的协作、交流、利用必要的信息等，通过意义的建构而获得的。理想的学习环境应当包括情境、协作、交流和意义建构四个部分。学习环境中的情境必须有利于学习者对所学内容的意义建构。在教学设计中，创设有利于学习者建构意义的情境是最重要的环节或方面；协作应该贯穿于整个学习活动过程中，包括教师与学生之间、学生与学生之间的协作；交流是协作过程中最基本的方式或环节。协作学习的过程就是交流的过程，在这个过程中，每个学习者的想法都为整个学习群体所共享。交流对于推进每个学习者的学习进程是至关重要的手段；意义的建构是教学活动的最终目标，一切都要围绕这种最终目标来进行。

同时，教学应使学习在与现实情境相类似的情境中发生，以解决学生在现实生活中遇到的问题为目标，为此学习内容要选择真实性任务，不能对其做过于简单化的处理，使其远离现实的问题情境。由于具体问题往往同时与多个概念理论相关，所以，建构主义者主张弱化学科界限，强调学科间的交叉。这种教学过程与现实的问题解决过程相类似，所需要的工具往往隐含于情境当中，教师并不是将提前准备好的内容教给学生，而是在课堂上展示出与现实中专家解决问题相类似的探索过程，提供解决问题的原型，并指导学生的探索。教师要提供建构理解所需的基础，同时又要留给学生广阔的建构空间，让他们针对具体情境采用适当的策略。

在教学进程的设计上，建构主义者提出，要先呈现整体性的任务，让学生尝试进行问题的解决，在此过程中学生要自己发现完成整体任务所需实现完成的子任务，以及完成各级任务所需的各级知识技能。教学活动中，不必非要组成严格的直线型层级，因为知识是由围绕着关键概念的网络结构所组成，它包括事实、概念、概括化以及有关的价值、意向、过程知识、条件知识等。学生可以从知识结构网络的任何部分进入或开始，即教师既可以从要求学生解决一个实际问题开始教学，也可以从给一个规则入手。在教学中，首先选择与儿童生活经验有关的问题，同时提供用于更好地理解和解决问题的工具。然后，让学生单个地或在小组中进行探索，发现解决问题所需的基本知识技能，在掌握这些知识技能的基础上，最终使问题得到解决。

第五节　人本主义学习理论与教学应用

20世纪中叶前期，基于行为主义的联结主义学习理论一直是教育心理学的主流。但是，人们逐渐意识到促进学生的全面发展，关注学生的情感、态度和价值观，才是教育的出发点和目的。行为主义心理学过于关注“严格”的实验方法，没有恰当地讨论人类的思维能力、情感体验和主宰自己命运的能力，忽视了人之所以为人的最实质的东西。20世纪60年代后，人本主义心理学（humanistic psychology）发展成了与行为主义和精神分析并列的“第三势力”。人本主义学习理论也逐渐受到心理学家的重视。其中，对人本主义学习理论产生深远影响的有两个著名的心理学家——美国心理学家马斯洛和罗杰斯。

一、人本主义学习观的基本观点

（一）对学习的看法

人本主义认为，学习的动力来源于个体固有自我实现的能量，而不是教育的作用。因此，在环境与教育的作用问题上，他们认为虽然“人的本能需要一个慈善的文化来孕育他们，使他们出现，以便表现或满足自己”，但归根到底，“文化、环境、教育只是阳光、食物和水，但不是种子”，自我潜能才是人性的种子。他们认为，教育的作用只在于提供一个安全、自由、充满人情味的心理环境，使人类固有的优异潜能自动地实现。在这一思想指导下，罗杰斯提出了“自由学习”和“以学生为中心”的学习与教学观。

学习的目的和结果是使学生成为一个完善的人，一个充分起作用的人，也就是使学生的整体人格得到发展。罗杰斯认为，情感和认知是人类精神世界中两个不可分割的有机组成部分，彼此融为一体。因此，罗杰斯的教育理想就是要培养“躯体、心智、情感、精神、心力融为一体”的人，也就是既用情感的方式也用认知的方式行事的情知合一的人。这种知情融为一体的人，他称之为“完人”（whole person）或“功能完善者”（fully functioning person）。人本主义重视的是教学的过程而不是教学的内容，重视的是教学的方法而不是教学的结果。

由于人本主义强调教学的目标在于促进学习，让学生在好奇心的驱使下去吸收任何他自觉有趣和需要的知识，而不是教师严格强迫学生无助地、顺从地学习枯燥乏味、琐碎呆板、现学现忘的教材。基于以上观点，罗杰斯将学生的学习分为有意义学习和无意义学习，并且认为认知学习和无意义学习、经验学习和有意义学习是完全一致的。因为认知学习的很大一部分内容对学生自己而言是没有个人意义（personal significance）的，它只涉及心智（mind），而不涉及感情或个人意义，是一种“在颈部以上发生的学习”，因而与完人无关，是一种无意义学习。经验学习以学生的经验生长为中心，以学生的自发性和主动性为学习动力，把学习与学生的愿望、兴趣和需要有机地结合起来，因而经验学习必然是有意义的学习，必能有效地促进个体的发展。

（二）对教育的看法

由于人本主义认为教育的目的就是促进学生个性的发展，发挥学生的潜能，培养学生学习的积极性与主动性。教师的任务就不是像行为主义强调的要教学生学知识，也不是如认知学派所关注的教学生怎样学，而是要为学生提供学习的手段和条件，促进个体自由地成长。教师要以学生为中心进行教学，学校为学生而设，教师为学生而教。在教学过程中，教师要营造一种自由、民主、和谐融洽的充满着关爱与真诚的学习氛围。认为教师要做到真诚一致，即在师生关系中，教师应该是一个表里如一、真诚、完整而真实的人，无条件积极关注，即对一个人表示尊重、认可、欣赏其价值。而且这种感受并不以对方的某个特点、某个品质或者整体的价值为依据；强调同理心（empathy），即设身处地、感同身受。在这个模式中，教师最富有意义的角色是“助产士”。

二、人本主义的教学模式

（一）非指导性教学及其特点

罗杰斯将心理咨询的方法移植到教学中，提出了非指导性的教学模式。他极力批判传统教学将教师和书本置于教学活动核心位置的做法，认为这种方式只能使学生成为“奴隶”。在罗杰斯看来，教学活动应把学生放在居中的位置，把学生的“自我”看作教学的根本要求，所有的教学活动不仅要服从“自我”的需要，而且也要围绕着“自我”进行。基于此种认识，罗杰斯提出了“非指导性教学”，该教学模式具有以下特点：在课堂中创造一种接受的气氛，围绕着发展个人的和小组的目标而进行，教师的角色不断变化。由此可见，非指导性教学并不是完全站在传统教学的对立面，只不过强调了传统教学忽略的而确实对学生的发展有利的方面，即应赋予学生更多的空间支配教学过程。非指导性教学模式改变了传统的师生关系，拓展了教学研究的视角。

（二）非指导性教学的实施策略

罗杰斯倡导过程哲学观，反对任何固定、僵化、一成不变的东西，他从未明确和系统地描述过非指导性教学的系统方法，但我们从其基本理论假设中还是可以发现“非指导性教学”的实施策略。

第一，教师应对自己坚信不疑，教师当对学生的独立思考及自学能力充满信心。

第二，教师应同其他人共同担负起教学活动责任，课程计划、教学管理、经费预算、政策制定等都应是一个小组的共同责任。

第三，教师为学生提供学习资料。

第四，学生探索自己感兴趣的问题，在探索的过程中，每个人就自己的学习方法做出选择，并对这些选择所产生的结果负责，据此形成他们自己的学习计划。

第五，提供一种有利于学习的氛围，这是一种充满真诚、关心和理解的氛围。

第六，学生的重心集中在学习过程中的体验，学习内容虽然重要，但却是第二位的。

第七，强调自我训练，学生将训练看成他们自己的责任。

第八，重视自我评价，小组成员或教师的反馈信息也会影响学生的自我评价。

第九，在促进成长的气氛中，学习活动得到有效开展。

（三）非指导性教学中的新型师生关系

罗杰斯将教师角色定位于“促进者”，认为教师不应是传统的控制者，而应在教学过程中着重承担起“促进者”的角色，并履行相关任务。他认为教师的作用主要表现为以下几个方面：一是帮助学生引出并澄清问题；二是帮助学生组织材料，提供更广泛的学习活动；三是作为一种灵活的资源为学生服务；四是作为学习的参与者——小组成员来参与活动；五是主动与小组成员分享他们自己的感受。

罗杰斯认为，要发挥促进者的作用，教师应处理好与学生之间的人际关系，因此，要求教师注意以下几点：一是真诚。教师必须去掉假面具，与学生坦诚相见，不要有任何的虚伪。二是接受。接受有时也称信任、奖赏，教师应分担学生碰到问题时产生的痛苦和压力，分享学生取得进步时产生的喜悦和欢乐。三是理解。作为促进者，教师需要站在学生的角度去体会和了解学生的内心感受，而不是用教师的标准审视学生的一切。

本章小结

学习是指人和动物在生活过程中，凭借经验而产生的行为或者行为潜能的相对持久的变化。

学习的基本理论包括行为主义学习理论、认知主义学习理论、建构主义学习理论和人本主义学习理论。这些理论基于不同的取向，从不同侧面系统地论述了学习的本质问题。

行为主义学习理论是当今学习理论的主要流派之一。该理论认为，人类的思维是与外界环境相互作用的结果，即形成“刺激-反应”的联结。行为是学习者对环境刺激所做出的反应。他们把环境看成是刺激，把有机体行为看作是反应，认为所有行为都是习得的。行为主义学习理论应用在学校教育实践上，就是要求教师掌握塑造和矫正学生行为的方法，为学生创设一种环境，尽可能在最大程度上强化学生的合适行为，消除不合适行为。

认知主义学习理论家认为学习在于内部认知的变化，学习是一个比 S-R 联结复杂得多的过程。他们注重解释学习行为的中间过程，即目的、意义等，认为这些过程才是控制学习的可变因素。

建构主义的思想来源于认知加工学说，以及维果茨基、皮亚杰和布鲁纳等人的思想。皮亚杰和布鲁纳等人的认知观点——解释如何使客观的知识结构通过个体与之交互作用而内化为认知结构，维果茨基的“文化-历史”发展理论的广为流传，都是建构主义思想发展的重要基础。

人本主义学习理论是建立在人本主义心理学的基础之上的。人本主义的学习理论从全人教育的视角阐释了学习者整个成长历程，以发展人性；注重启发学习者的经验和创造潜能，引导其结合认知和经验，肯定自我，进而自我实现。人本主义学习理论重点研究如何为学习者创造一个良好的环境，让其从自己的角度感知世界，发展出对世界的理解，达到自我实现的最高境界。

关键概念

学习　学习理论　行为主义学习理论　认知主义学习理论　建构主义学习理论　人本主义学习理论

复习思考题

1. 学习的定义、特点和分类是什么?
2. 结合具体实例，谈谈在实际教学过程中如何应用强化原理。
3. 操作性条件反射在现实中的应用有哪些?
4. 观察学习的特点和过程有哪些?
5. 在教育过程中，怎样利用观察学习促进学生的成长?
6. 试论发现学习和接受学习的优势和不足。
7. 社会学习理论对教育活动的启发是什么?
8. 认知结构主义的学习观对教师的启示。
9. 试论人本主义学习观对教师教学的启示。
10. 简述建构主义学习观的意义。

本章阅读书目

1. 莫雷. 教育心理学. 广州：广东高等教育出版社，2002.

2. 费兹科，麦克卢尔. 教育心理学：课堂决策的整合之路. 上海：上海人民出版社，2008.

3. 奥姆罗德. 教育心理学. 西安：陕西师范大学出版社，2006.

第四章

传统的知识学习观

本章导读

如果有人问你：你的橱柜里面有什么？你可能会说出详细的物品，例如，一罐花生酱、三盒通心粉和奶酪、六个不同的晚餐碟等。但你更可能说出的是一些类别，例如食物和餐具。橱柜里放着的是具体物品，但是为什么我们更容易说出一些类别名称而不是具体的物品名称呢？

产生导读中所述现象的一个重要原因是类别更具有概括性，一个类别包括了多种具体物品，这样，我们的问题解决方案就会更加简洁明了，如果要列举具体物品，回答则显得冗长。这种类别的概括，实际上反映的是我们对某种概念的掌握和运用。那么究竟什么是概念？我们又是如何习得概念？如何进行问题解决？我们将在本章对这些问题进行一一解答。

第一节 概念与原理的学习

一、概念的界定与分类

（一）概念的含义

概念是知识和思维的元素，人们用概念来归类新物体，预期新物体性质。概念知识可以解决问题、提供解释、互相沟通、建立自我偏好。通过使用概念，我们能把复杂的现象简单化，使其更容易被理解、认识或分类。类别的使用同时又反映了概念的操作定义。概念是拥有共同特性的物体（object）、事件（event）或者人（people）的类别，是具有共同属性的一类事物的心理表征。对类别的构想或表征，能使个体识别某一类实例和非实例。

概念能让我们利用以往的经验对新事物进行分类。例如，如果看到有人用手指点击掌上设备的屏幕，即使我们不知道哪种品牌，我们也可以推测他很有可能在使用触屏电脑或者电子记事簿。此外，概念影响行为，例如，我们如果把某个动物判断为狗，那就可能会对它宠爱有加，但是如果判断为狼的话，我们又会有不同的表现。

概念包括内涵和外延两方面。内涵反映本质属性，外延指相对应的事物。内涵和外延相互制约，内涵确定，外延确定；反之亦然。一个概念的内涵多，外延就少；外延多，内涵就少。概念既包括具体的物体，也包括抽象的物体。大多数概念包括四个方面：概念名称、例证、属性、定义。

概念是由规则和属性共同规定的，它们的关系可以表示为

$$C=R(x, y, \cdots)$$

式中，C 为一个概念；x，y 为概念的有关属性；R 为将属性联系起来的规则。

概念表征着具有共同属性的一类事物，因而它具有抽象性以及概括性。“人”的概念泛指男人、女人、儿童、少年、青年、成人和老人等，它是指抽象意义上的人，既非张三，也非李四；桌子的概念泛指各种抽象意义上的桌子，既非餐桌，也非课桌。概念的这一特点使它和意象区别开来。意象具有模拟性和较低水平的概括性，而概念并不是模拟它所表征的物体，它的概括性水平也较高。

认知心理学家最初研究概念时，主要聚焦于可以用一组特性来定义的概念，例如，等边三角形是由相等长度的三条边构成的闭合图形。如果某个物体符合这些特征，那么它就是等边三角形，如果不符合，那么就不是等边三角形。

那些跟我们日常生活相关的概念会模糊且难以定义，就像桌子和鸟有一些共同的特征，都有脚，所以清楚地定义一个概念还需要区分实例和非实例。我们在辨认这些模糊不清的概念时，通常都会根据一个原型进行判断。原型是概念中典型的、非常具有代表性的例子，能够代表某个概念在人们心中的形象。例如，麻雀和鸵鸟都属于鸟类，但是当人们说到鸟类的时候更容易想到的是麻雀的形象，所以麻雀是鸟类的原型。概念能使我们更容易认识这个复杂的世界。

（二）概念的类型

概念的类型有很多种，可以根据不同的维度进行划分。

概念是用事物的属性（attribute，可以辨别的各种基本性质或特征）和将属性联系在一起的规则来定义的。属性不同，构成的概念不同；属性相同而规则不同，构成的概念也

不同。因此，按照属性的数量和把属性联系起来的规则，可以将概念分成单一概念、合取概念、析取概念、关系概念。不同类型的概念有不同的属性组合方式，例如，“红”的概念仅由一种属性构成，所以红色的东西都是它的正例（positive instance），非红色的东西都是它的反例（negative instance）。这种规则叫作肯定原则（affirmative rule），这种概念叫作单一概念。“红花”的概念有两种属性，既是红色又是花，缺一不可；“大衣柜”的概念则有三种属性，即柜子、装衣服、容量大，缺一不可。它们是同时由几种属性来一起定义的，这种规则叫作合取规则（conjunctive rule），这种概念叫作合取概念。“好人”的概念具有多种属性，如诚实、谦逊、乐于助人、待人热情、诚恳、脾气好等等。一个人同时具有这些属性，固然是好人，但是只具备其中的两三种属性，也同样是好人，这种规则叫作析取规则（disjunctive rule），这种概念叫作析取概念。“好人”的概念还可以这样来理解：好人不做坏事，只有不做坏事的人才是好人；这种规则叫作条件规则（conditional rule），这种概念叫作关系概念。

苏联心理学家维果茨基根据概念的形成渠道将概念分为日常概念和科学概念。日常概念也叫作前科学概念，是指未经专门教学，通过日常生活经验的积累而形成的概念。日常概念受个人经验的限制，常常会出现错误，例如，有些儿童认为鸟是会飞的动物，因而把蝴蝶、蜜蜂都当成鸟。科学概念则是指通过正规教学揭示内涵和外延而形成的概念，能正确反映事物一般的、本质的特征或联系。

美国心理学家赫尔斯等人根据概念的本质特征是否明显、是否容易采用正规表述将概念分为易下定义概念和难下定义概念。易下定义概念的关键特征比较明显，容易采用某种规则进行解释，例如等边三角形、正方形。难下定义概念是那些关键特征不明显，并且难以用某种规则加以解释的概念，例如家具、游戏等。

奥苏贝尔根据概念的抽象程度将概念分为初级概念和二级概念。初级概念，也叫一级概念，它的关键特征是可以通过直接观察概念的正反例证，从中分析、概括和揭示出来。例如，给没有学习过平面几何的儿童呈现各种各样的三角形概念的正反例子，教师指着每一个正例都说“这是三角形”，指着每一个反例都说“这不是三角形”。经过多次重复后，儿童掌握了三角形概念的关键特征。这样获得的概念就是初级概念。二级概念则是指通过掌握概念的定义而获得的概念，例如，如果儿童的认知结构中已经有了三角形的初级概念，又有了三角形的边和边相等的概念，那么在教等边三角形的时候，则不必反复呈现三角形的例子，可以直接向儿童揭示等边三角形的关键特征，儿童便可以掌握等边三角形的概念。这样获得的概念便是二级概念。所谓二级概念，实际上是概念之间的关系，其抽象水平高于初级概念。

加涅提出了具体概念和定义性概念的分类。具体概念是指可以通过直接观察获得的概念，例如三角形、书、椅子、上、下、左、右等概念，都可以通过正反例子的比较获得，这类概念叫具体概念，也叫非定义性概念。定义性概念是指不能直接通过正反例子的比较获得，只有通过概念的定义才能获得的概念，例如功率、叔叔、比重等。定义性概念比具体概念更抽象、更难以掌握，因为定义性概念不只是单一的概念，它会涉及几个概念以及它们之间的关系，所以学习定义性概念就是学习规则。

不同的概念分类有许多共同之处，但又不能彼此代替。每一种概念的分类所强调的侧面不同。日常概念和科学概念的区别源于系统的教学；难下定义概念和易下定义概念强调是否容易对概念的本质特征下明确的定义；初级概念和二级概念则强调概念的本质特征能否被抽象概括出来，为学习者提供不同的概念形式；具体概念和定义性概念强调的是具体概念是单一的概念，而定义性概念是有几个概念按照一定的方式构成的规则。

概念类型的不同，制约概念学习的内部条件和外部条件也不相同。在教学过程中，教师应针对不同性质的概念采取不同的教学方式，同时也要确定检验概念是否被学生掌握的行为指标。

二、概念的获得与教学

（一）概念的获得

概念在人脑中不是孤立存在的。概念之间也会有各种关联，概念间的内在联系使头脑中形成不同的概念网络。这在人们的学习、工作和日常生活中具有非常重要的意义。人们学习和掌握一门学科的知识，就是要学习和掌握相关的概念，形成一种牢固的概念网络，例如学习教育学，我们要懂得教育、教学、教学原则、教育方法这些概念究竟是什么；学习经济学，我们要懂得商品、价值、价格、分配、交换这些概念究竟是什么。也就是说，人们首先要获得概念。

概念的获得是指个体借助词语的帮助，把前人已形成的概念通过个体头脑的思维活动，转变为个体头脑里的概念的过程。个体概念的获得实质就是理解和掌握一类事物共同的关键特征，同时能区分出概念的本质属性和非本质属性、关键特征和无关特征、正例和反例的过程。儿童和成年人掌握概念所依赖的机制不同。儿童依赖于正反例证，例如“什么是等边三角形”“什么不是等边三角形”。成人则可以通过学习规则来获取概念。概念的规则是定义事物是否属于同一概念范畴的准则，例如，“三条边都相等的三角形是等边三角形”。成年人认知结构中积累了很多日常概念或初级概念的正反例证，同时也具备通过规则来掌握概念的能力，这种规则学习比样例学习的效率高，能把握概念的本质特征。无论对于成人还是儿童，样例学习还是很重要的。

概念的获得有两种基本形式：概念形成与概念同化。

概念形成是指从大量的具体例证出发，对实际学习过的概念正例进行归纳，抽取一类事物的共同属性，从而获得初级概念的过程，属于发现学习。例如，儿童获得“叔叔”这个概念，就是在他们实际接触爸爸的弟弟时，大人告诉他们要称呼为“叔叔”，然后逐渐形成“叔叔”这个概念。这是儿童从日常生活的具体经验中抽象而成的概念，故为初级概念。但是他们还不能获得“叔叔”这个概念的明确定义。因为在儿童的认知结构中缺乏用来同化新概念的相关知识，他们只能从大量的具体例证出发，从他们实际经验的概念正例中用归纳的方式抽取这一类事物的共同属性，从而形成概念。奥苏贝尔认为，概念形成是年幼儿童获得概念的典型方式。

年幼儿童的概念形成，一般包括辨别、抽象、分化、假设、检验和概括等心理过程，但由于他们知识经验缺乏，认知结构简单，因此，上述心理过程也是非常原始和简单的。

在现实或实验情境中，概念的形成也可能是成人获得概念的形式，但不典型。成人形成概念时处于较复杂的水平。

概念同化是指在课堂学习的条件下，用定义形式直接向学习者解释概念的关键特征，学生利用认知结构中原有的相关概念来同化新的概念，从而获得科学概念的过程，属于接受学习。这是学生概念获得最基本的形式。

（二）概念的教学

概念的获得是一个学习的过程，坦尼森和帕克等人于 1980 年提出了概念教学的四步骤模式。

第一，确定概念结构：上位（较高等级）、下位（较低等级）、平行（等级水平大致相同）。例如：以“鸟”为上位概念时，燕子就是“鸟”的下位概念；而“麻雀”和“燕子”则是一组平行概念。

第二，根据关键属性定义概念，准备具有关键属性和可变属性例子。

第三，根据属性安排一组例子，各例子（某一等级概念的若干例子）可变属性相似。

第四，排列例子，根据例子与概念偏离程度、例子难度排列呈现各组例子，每组例子按学习者现有的知识排列。

因为不同的概念有不同的特点，因此在教学过程中，教师也需要根据概念的性质采取不同的教学方法。来自个体的外部因素和源于概念本身的内部因素都会影响概念的获得。总的来说，影响概念获得的因素主要有四个：经验与智力、有关特征与无关特征、正例与反例、变式与对比。

1. 经验与智力

概念的获得依赖于适当的经验，也与智力相关。智力高的个体，学习能力更强。此外，个体学习概念的能力常常随着不同的经验模式而发生变化。智力较高的个体，如果缺乏相应的知识经验，仍然不容易理解概念。因为人总是根据自己亲身经验来理解概念，所以一般社会文化环境对概念学习的影响不大，而个人的特殊经验则有较大的影响。

2. 有关特征与无关特征

大量的实验研究和教学经验证明，概念的关键特征越明显，学习起来越容易；无关特征越多，学习起来则越困难。突出概念的有关特征，控制其无关特征，有助于概念的掌握。因此，在概念教学中可以通过采用扩大有关特征的方法来促进教学。虽然扩大关键特征，可以促进概念学习，但是在实际运用中，我们可能很难注意到不同特征之间的细微差别。如果要克服这一缺点，我们可以在开始教学的时候强调关键特征，使之明显突出，而在之后的教学中则不再对关键特征进行强调，使学生逐渐掌握无关特征，并使其获得的概念精确化。

3. 正例与反例

正面的例证，含有概念的关键特征，因此在概念学习中采用正面的例证，最有利于传递概念的关键信息。反面的例证，不包括概念的关键特征，因此在概念学习中采用反面的例证，最有利于传递概念的辨别信息。为了便于学生从例子中概括出共同的规律或特征，教师在教学过程中最好同时呈现若干个正例，适时呈现反例。因为反例对加深概念本质的认识起着极为重要的作用。恰当地运用反例可以排除概念学习中无关特征的干扰，加深学生对概念的认识，例如，“鸟”可以用蝙蝠作为反例，说明“会飞”是“鸟”这个概念的无关特征，使学生对这个概念的把握更加准确。

4. 变式与对比

变式是指概念的肯定例证在无关特征方面的变化，是从材料方面促进对概念的理解，例如，给学生提供各种“果实”这个概念的肯定例证，除了都具有种子这一关键特征之外，其他的非关键特征，如是否可食用、味道如何等特征可以是不同的。通过这样的变式，有利于学生掌握“果实”都具有种子这个关键特征，忽略是否可食用等许多无关特征。这种方法也可以让学生获得的概念更精确、稳定且易迁移。

对比是通过对有关特征与无关特征的比较，使概念更加清晰的方法，从方法方面促进对概念的理解，比较是理解的基础。例如，为了使学生掌握“平原”这个地理概念，可以先让学生观察各种平原地带的图片（变式材料），然后要求学生比较从这些图片中他们看到各个平原地带的特征有哪些，确定哪些是个别图片特有的、可以变化的无关特征，哪些是每个图片共有的关键特征。经过这样的比较，学生就比较容易理解到“地势平坦”是平原地带所共有的关键特征，而地面上的植物、沙漠、湖泊等，是个别地方才有的，不同地域的平原地带可能呈现不同的景象，这些特征则是平原的无关特征。

除了上述因素外，我们还可以通过提供概念范例、利用概念之间的联系构图、消除错误概念、在实践中运用概念，促进概念的学习，尤其是在实践中运用概念。概念的获得和运用一般是不可分割的，但是一个概念的最初获得与概念在之后的学习中的运用是不同的。

概念一旦被掌握，便可以在认知活动中为多种目的服务，对认知活动产生重大的影响。已经掌握的概念，可以在知觉水平上运用，也可以在思维水平上运用。

在知觉水平上，人的认知结构中已经获得同类事物的概念以后，再遇到这类事物的特例时，就能立即把它看作一类事物中的具体例子，并把它归入一定的知觉类型。例如，把特殊的房子看作一般的房子中的一个例子，这样就从直觉上理解了特殊的房子。然而有时候，我们可能会觉得有些东西不能被立刻理解，这是因为在我们的认知结构中缺乏相应的概念，难以找到同类事物作为参考，所以一时难以理解。如果我们头脑中已经有了相应的概念，那么就能快速地对新事物进行知觉的分类。

只有被理解了的事物，我们才能对它有更深刻的感知。当已经学过的概念出现在新的地方时，我们并不需要经历一系列的认知过程，而是可以直接觉察它们的意义。例如，如果我们掌握了生态学中“平衡”这个概念后，当“平衡”这个概念出现在心理学上时，我们也能直接觉察到“平衡”在心理学上所代表的意义，这是认知结构中已有的概念在知觉水平上的运用。

在思维水平上，在接受学习中，新的概念属于原有概念中其中一个类别时，原有概念得到了证实，这是概念在思维水平上的应用。例如，当我们已经知道“哺乳动物有胎生和乳养两个基本特征”之后，在学习“鲸鱼属于哺乳动物”时，原有的概念“哺乳动物的特征”在思维水平上就起到分类的作用，并且这些特征在“鲸鱼”这个新的概念中得到了验证。此外，在发现学习中，特别是在解决复杂的问题时，也常常会运用到原有的概念。例如，发现一个新的原理，那么原有的概念或者命题就需要重新进行组织，以满足解决当前问题的需要。这也是概念在思维水平上的运用。

三、原理的界定及影响因素

（一）原理的含义

原理，又称规则，是指对两个或两个以上的概念之间某种关系的表述，即对概念之间关系的说明。例如，比重＝重量/体积，这条原理就是比重与重量、体积之间的关系说明。

原理有很多种，在不同学科领域中表现不同。在一些学科当中，原理以定义性的概念表现出来，例如，数的运算；在某些学科中，原理是以科学公式的形式表现出来，例如，距离＝速度×时间；在某些情况下，原理则表现为使个人在特定情境中根据各种关系而做出反应的能力，例如，语言学习中的拼音、句法等语法规则。但无论原理以什么形式表现，一般来说，至少由语言命题和例证两个部分构成。

概念通常是以词或符号来代表其含义，原理则常常是通过语言命题或句子来表达。例如，“当昆虫的幼虫变成蛹时发生变态”就表达了一条生物学原理。一般来说，如果我们掌握了某个原理，就可以用科学的言语来表达这个原理。但在原理的学习中，掌握原理和表达原理并非构成对应关系。也就是说，有些学生确实掌握了某些原理，但他不能用言语进行表达；相对地，有些学生能够说出原理的言语命题，但他并不理解命题的含义。例如，一个学生能熟练进行算数四则运算，但他很难完整地表达出四则运算的法则。相反，另一个学生能够说出四则运算的法则，但他却不能够准确地运用到实际的计算当中。

原理是若干个概念之间的关系，原理的例证就是若干个概念之间关系的例证。例如，$S=a\times b$（S 代表长方形的面积，a 与 b 分别代表长方形的长与宽），可以找到无数例证来演示这种关系。掌握原理就意味着能用大量的例证来说明原理所反映的概念之间的关系，或者说，能将规则运用到规则所使用的各种情境当中。

除了原理的语言命题和例证两个组成要素外，原理还具有一些共同的特点：

第一，概念学习是原理学习的基础。因为原理表述的是概念之间相对持久不变的关系，所以学生对原理的掌握是建立在对概念掌握的基础上。

第二，原理具有层次性。原理跟概念一样具有上位与下位的关系，并且可以按照一定的方式组织起来。例如，长方体体积公式 $V=S\times h$（V 代表长方体体积，S 代表底面积，h 代表长方体的高），对于 $S=a\times b$ 来说就是上位规则。实际上，学生在学习过程当中，往往不是单一地使用某个原理，而会将一些具有层次性的原理综合起来运用。

第三，原理具有模糊性和精确性。由于概念本身具有模糊性和精确性之分，因此，建立在概念基础上的原理也具有了这一性质。一般来说，自然科学中的概念大多数是精确的，对应地，自然科学中的原理也大多数是精确的；语言和社会科学中的许多概念比较模糊，所以它们之间的关系也就具有模糊性。

(二) 原理学习的影响因素

要使学习者真正理解原理的意义，并且能自觉运用，不仅要考虑学习者本身，还需要考虑原理学习的过程。影响原理学习的因素来自学习者内部与外部两个方面。

1. 学习者的内部条件

第一，学习者对原理所涉及的概念的掌握。原理表达的是概念之间的关系，如果没有弄清楚概念的含义，也就无法真正理解原理。所以教师在讲解原理的时候，需要注意学生是否完全掌握原理所涉及的概念。

第二，学习者的认知发展水平制约其能否掌握原理。原理的学习涉及对概念之间关系的叙述，这就需要有一定的认知发展水平，越是抽象的原理，对概括水平要求越高，对低年级学生的学习限制就越大。

第三，学习者的语言表达能力。由于原理学习涉及对概念间关系的言语描述，所以学习者能否正确地表达原理直接影响其对原理的正确理解。

第四，学习者的动机也是重要的内部条件。

2. 原理学习的外部条件

原理学习的主要外部条件是言语指导。在指导学生掌握原理的过程中，言语指导有如下作用：

第一，为学习者描述掌握原理后所达到的行为表现。例如，老师想让学生掌握“圆的东西会滚动”这一原理，他可以在演示之前提问“什么东西能滚动”。这样学习者在学习过程中头脑里会带着这个问题，在达到目标行为时就能得到及时强化，知道什么时候获得了正确的原理。

第二，言语指导能唤起学习者头脑中已有的、原理所涉及的概念的回忆。因为概念是以词的形式存在于学习者的认知结构中，所以在言语指导中说出相关的词，就能激发学习过的概念回忆。当然除了言语指导之外，图片、积木等其他教具或者手段也可以起到同样的作用。

第三，言语指导可以提供关键的言语线索。有很多原理比较长，学习者只需要理解和运用，不需要死记硬背。只要给学习者提供一点言语线索就可以让他回忆起整个规则。例如，初中几何中的原理“两条直线相交形成一个角”，我们可以给学习者提供言语线索：“这里有两条直线，它们相交，有一个角。”这种叙述虽然不能与言语命题确切呼应，但是同样可以促进学生对这一原理的学习。

第四，言语指导时可以向学生提出问题，让他们演示或者证明原理。

四、促进原理学习的策略

促进原理学习的策略主要有两种：从例子到规则的学习，简称例—规法；从规则到例子的学习，简称规—例法。

（一）例—规法

从例子到规则的学习属于发现学习，是指从若干例证当中归纳出规则或者一般结论的方法。在这种方法的引导下，学生将进行发现学习。例如，教师采用例—规法讲授数学运算规则“几个连续奇数之和等于个数 n 的平方”，可以先让学生进行计算：

$$1=? \qquad (1)$$

$$1+3=? \qquad (2)$$

$$1+3+5=? \qquad (3)$$

$$1+3+5+7=? \qquad (4)$$

然后将计算结果用平方的形式表示出来（1^2，2^2，3^2，4^2），让学生比较等式两边的结果，引导学生提出假设“几个连续奇数之和等于奇数个数 n 的平方”。之后让学生进行假设检验：$1+3+5+7+9=?$ 当假设得到验证，就得出运算规则为“几个连续奇数之和等

于奇数个数 n 的平方”。

然而，采用这个方法是有前提的，就是学生已经掌握了规则中包含的所有概念，在上述例子中，学生需要掌握“奇数”“平方”的概念。在此前提下，加以指导，从而让学生掌握规则。这种方法对学生的认知要求高，而且比较费时，所以并不是所有的原理学习都适合采用这种方法。当问题不太复杂时，学生可以通过探究发现规则；当问题比较复杂时，这种方法很可能失败。

（二）规—例法

从规则到例子的学习属于接受学习，是先呈现要学习的规则，然后用例证来说明规则。这种学习和概念的同化过程是一致的。

当学生已经掌握了上位规则时，即可采用规—例法学习与之相关的下位规则。有些下位规则可以从上位规则派生出来，可以直接进行派生的下位规则学习。例如，学生已知“大数－小数＝相差数”这一规则，在学习计算环形面积时，只要将“大圆面积－小圆面积＝环形面积”这一规则纳入原有的规则，学生便容易理解新的规则。有些下位规则跟上位规则只是相关关系，不能完全从上位规则中派生出来，这时可以进行相关的下位学习。例如，已知平行四边形的面积计算公式为 $S=a\times h$（S 代表平行四边形面积，a 代表底，h 代表高），三角形的面积公式为 $S=(a\times h)\div 2$。三角形面积计算公式并不能完全从平行四边形面积计算公式中派生出来，必须加限制条件，即乘以 1/2 或者除以 2，二者只是相关关系，这时需要进行相关的下位学习。

与例—规法相似，进行规—例法的重要条件是要掌握构成规则的概念。例如，“圆的东西能滚动”是一条由“圆的东西”和“滚动”两个概念构成的规则。如果学生只认为球是圆的东西，而不认为盘子、铅笔也是圆的东西，或者分不清滚动、滑动等概念，学生则不能真正掌握这一规则。

例—规法和规—例法这两种方法经常结合在一起使用，应根据原理的特点、原理与学生认知结构的关系及学生认知水平来选择方法。无论采用哪种方法，都需要鼓励学生自己去发现原理，这样有助于学生对原理的理解和记忆。还要鼓励学生把原理应用于实践，这样更能检验学生对原理的理解和掌握情况。

第二节　问题解决的学习

一、问题解决概述

（一）问题解决的概念

问题解决最初是与动物和人的学习行为联系在一起的。19 世纪末，桑代克用猫的迷笼实验发现了动物解决问题的行为——试误法。苛勒通过对黑猩猩的研究发现，动物解决问题依赖于知觉情境的改组，表现出对整个情境的顿悟。那么人又是怎样进行问题解决的呢？我们首先来看一个经典的河内塔问题。

有一个古老的传说，一群越南的僧侣看护着三座塔，塔里有 64 个金戒指。僧侣们相信如果他们能把戒指从第一座塔移到第三座塔，那么我们所知道的世界将结束，如果你安于现状，那这个问题则无关紧要。在河内塔里，僧侣们遇到一个简化版的任务。有三个塔盘，三个不同大小的磁盘从上到下以从小到大的顺序放置在第一个塔盘，僧侣们要用最少的步数并设法将三个磁盘移到第三个塔盘，顺序不变。同时还需要满足两个条件：第一，一次只能移动一个磁盘；第二，大的磁盘需放置在小的磁盘下面（见图 4-1）。

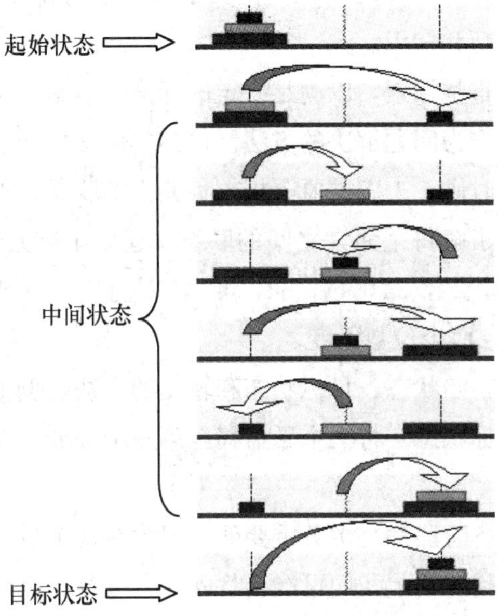

图 4-1　河内塔实验示意图

为什么认知心理学家对河内塔问题感兴趣呢？因为通过观察人们如何解决这个问题，便可以了解到人们是如何解决现实生活中复杂的问题的。

问题解决（problem solving）是指经过一系列认知操作完成某种思维任务，是一种复杂的认知技能。现代认知心理学将问题的结构成分分为问题的起始状态（original state）、目标状态（goal state）和中间状态（intermediate state）。例如，在河内塔问题中，第一个塔盘上顺序放置了三个磁盘，这是问题的初始状态；第三个塔盘上顺序放置三个磁盘，这就是问题的目标状态；从初始状态到目标状态的过程需要经过一系列的认知操作，中间状态就是这个过程中的不同阶段。这三种状态统称为问题空间（problem space）。因此，问题解决也可以理解为在问题空间进行搜索。从初始状态到目标状态的方法可能只有一种，也可能有很多种，方法越多，问题空间就越大，问题也就越复杂。

二、问题解决的一般过程

问题解决的一般过程包括初期准备、提出解决方法和评估解决方案。

（一）初期准备：理解问题和问题诊断

当我们遇到问题时，多数人会先从理解问题着手，如果现在这个问题是以前没有遇到过的，人们就会特别注意限制性条件，以便解决问题。例如，在河内塔问题中，人们会注重限制条件：一次只能移动一个磁盘；大的磁盘需要放在小的磁盘下面。如果之前遇到过类似的问题，人们往往会缩短前期准备的时间。

特别值得注意的是，针对不同的问题类型（重组、结构和转型），人们在解决问题的时候会运用不同的心理技巧和知识。

重组，即问题解决者重整元素，以满足一定的标准。通常重组方法有多种，但只有一种或少数的几种方法可以作为问题解决的方法。例如，回文构词法和拼图游戏。

结构，在引出结构的时候，人们需要分析每种元素的联系，然后重新建立一个新的联系。问题解决者不仅需要了解每个元素之间的联系，还要了解元素的结构和尺寸。例如，当数列是成双的时候（14，24，34，44，54，64），人们只有总结出规律，才能明白该数列的十位数是依次递增1，而个位数不变。

转型，这种问题包括初始状态、目标状态和转变的方法。例如，在河内塔问题中，初始状态是原来的外形，目标状态是将三个磁盘移至第三个桩处，而转变的方法则是移动的限制条件。

无论是哪种问题，准备阶段都是十分重要的。因为在这个过程中，我们会对问题形成自己的认知体系。为了简化问题，我们可能会将问题分成各个小部分再重现问题，并从这个过程中得到最终的解决方法，解决的方法可能取决于问题呈现的形式。例如，假设一个癌症病人需要从做手术和放射性治疗两者中做选择，当被告知做手术比放射性治疗存活率低时，只有18%的人选择做手术；当被告知做手术比放射性治疗的死亡率高时，则有44%选择做手术。尽管人们倾向于选择放射性治疗，但是不同的问题表现形式会导致不同程度的结果。

（二）提出解决方法

理解问题和问题诊断后，问题解决的下一个步骤就是形成解决问题的可行方法。如果问题比较简单，我们可以通过长期储存在记忆中的方法直接解决问题，我们要做的只是在我们的记忆中寻找合适的方法；如果我们无法重现信息或脑海里并无解决方法，那我们就必须在长期或者短期的记忆中提炼出各种可行的途径，然后比较这些可能的方法，最后形成解决方案。

对于比较简单的问题，我们可以采用试误法，在尝试和错误中寻找解决方法，就像爱迪生发明电灯泡之前尝试了上千种材料，最终才找到炭作为灯丝。这种解决方法的困难之处在于，如果遇到复杂的问题，那么可能需要用一辈子的时间去尝试。例如，据评估，国际象棋现存有 10^{120} 种布棋的顺序。

复杂问题的解决通常不采用试误法，而采用启发法，一种主观的片段切割可以获得问题解决的方法。在解决问题过程中最常运用的启发式方法是手段-目的分析法，这种分析方法是在想要得到的结果和目前所处状态直接的差距当中反复尝试。例如，我想送我儿子去幼儿园：我现在拥有的东西和我想要达到的目的的不同是什么？是距离。可以改变距离的是什么？我的汽车。如果我的汽车不能启动，我要用什么去启动？新的电池。我去哪里买新电池？汽车修理店。

在手段-目的分析方法中，每个步骤都会使我们更接近最终目的。虽然每个步骤通常都会有效，但是如果每个问题的解决都要这种非直接的解决步骤，就可能暂时增加现实状况中和最终问题解决的矛盾，对于需要采用"欲进先退"策略的问题，人们退回到起始状态可能更有利于问题解决，而此时若采用手段-目的分析法就会出现反效果。日常生活中，这种"欲进先退"的方法也并不少见。例如，在研究工作中，人们通常采用的步骤是：查找资料、确定方案、执行方案、编写报告。但是，当执行方案的结果不符合预期时，人们往往会退回去重新查找资料，对研究方案进行修订。此时采用"欲进先退"的方法有助于问题的解决。

案例分析

在一条河的左岸有三个矮子和三个海妖，他们必须划船渡到河的右岸，但是小船每次只能载两个人。不管渡河进行到哪个阶段，河的任何一侧海妖的数量都不能超过矮子，不然海妖就要吃掉矮子。现在要解决的问题是，不能让海妖吃掉矮子，如何使三个矮子和三个海妖都能到达河的右岸。

解决这个问题的步骤如下：

1. 两个海妖划船到右岸，一个海妖划船回到左岸；
2. 两个海妖划船到右岸，一个海妖划船回到左岸；
3. 两个矮子划船到右岸，一个矮子和一个海妖划船回到左岸；
4. 两个矮子划船到右岸，一个海妖划船回到左岸；
5. 两个海妖划船到右岸，一个海妖划船回到左岸；
6. 两个海妖划船到右岸。

解决这个问题的关键在于步骤3，让一个矮子和一个海妖划船回到左岸。从表面上看，这种做法使得目标状态和现有状态的差距变大了，但是如果我们不愿意做出这种移动，就不能解决问题。因而，从整体上来看，解决问题确实需要缩小目标状态和起始状态的差距，但在解决问题的过程中，暂时退回之前的状态，有时也是必要的。

另一种广泛运用的启发性方法是将问题分解成可以起媒介作用的次级问题，然后通过解决每一个次级问题，使目标问题得到解决，例如，在河内塔的修正过程中，我们可以选择几个明显的次级目标。

此外，对于某些问题来说，最佳的解决方法不是从起始状态出发，而是从目标状态出发，倒推回去，这种方法叫逆向搜索。例如，睡莲生长在蓝湖，其生长速度十分快，以每 24 小时双倍的增长速度生长，以至于湖面被睡莲覆盖。盛夏的第一天只有一朵睡莲，在第 90 天的时候，整个湖都被覆盖了，那么在第几天的时候睡莲覆盖了半个湖？如果从第一天算起（只有一朵睡莲），顺着往后数，那么试误法可能会让人失望。但是我们尝试不同的方法，从第 90 天算起（整个湖被睡莲覆盖）。假设睡莲每天以两倍的速度增长，在前一天只有半个湖被覆盖，那么答案则是在第 89 天的时候一半的湖被覆盖。这就是逆向搜索的方法。

（三）评估解决方案

解决问题的时候难免会遇到一些障碍，为什么问题最终能够解决？

首先，我们来看看一个问题解决的测试：现在你有一个盒子，里面放着一组大头针、一组蜡烛和一组火柴，你的目标是把三根蜡烛固定在门口，使蜡烛燃烧所融化的蜡不滴在地板上。你会如何完成这个挑战？

被试只需用大头针将盒子定在门上，然后将蜡烛放置在盒子里即可。然而，很多人在解决这个问题的时候遇到了困难。当物品被放在盒子里并以此方式展现出来时，大多数人并不能完成这个任务。但是当物品被放在盒子旁边并以此方式展现出来的时候，问题被解决的可能性却会高出很多。解决问题的过程中所遇到的困难可能源于问题的表述，因为问题呈现的方式就已经误导了我们。当一个人面对问题并思考有价值的解决方案时，尽管相对的、理性的、辩证的思路是被认同较多的问题解决思维，但具有创新性的、合适的、准确的因素却会被隐藏起来。

如果对问题解决方案进行错误的评估，则可能导致不同程度的结果。如果问题解决者只看重支持最初假定方案的信息，而忽略推翻既定方案的矛盾信息，甚至当我们发现了可以推翻既定方案的证据时，我们仍旧倾向于坚持最初假定的方案，那么就可能导致问题解决方案出现偏差。

案例分析

教师设置问题：讨论 A、B 两种肥料对某植物生长的影响，试拟一个实验计划，规划工作流程，以便了解它们是否合适及其使用方法。

这里除了要求学生提交详细的实验计划之外，还需要再加上实际的操作。因为仅仅通过书面的方式评估问题解决方案是不够的，还需要从实践中观测，这是问题解决评估的一个重要方面。从书面的计划虽然可以了解到学生对变量的控制情况，但以此为评估标准可能会因为忽略实际操作而出现错误评估。通过实际操作则可以观测到学生制造不同浓度的肥料以及确定种植技术的能力等，也可以从实践中对既定方案进行验证或者修正，只靠最初的书面方案则可能导致问题解决方案出现偏差，因此，应综合书面方案与实践进行问题解决的评估。

三、影响问题解决的因素

影响问题解决的因素有很多，同一个问题，有人觉得容易，有人觉得难，因为问题解决受到问题本身的难度和个体知识经验的影响，这些主观原因和客观原因是彼此交互作用的。

（一）问题的难度

问题难度既依赖于问题本身，也依赖于解题者的知识经验。这里，我们主要讨论关于问题本身的一些特点。

1. 问题空间的大小

问题难度的一个客观基础就是问题空间的大小。问题空间越大，搜索的路线越多，问题就越困难。例如，我们前面讲过，有 3 个圆盘的河内塔问题共有 27 种不同的状态，解决这个问题的最少步骤为 7 步。而有 5 个圆盘的河内塔共有 243 种不同的状态，解决这个问题的最少步骤为 31 步。后者比前者显然要难得多。同样解决 3 个字母的字谜问题比较容易，而解决 10 个字母的字谜要难。

西蒙指出，问题的难度不仅取决于问题空间的大小，而且取决于搜索路线的多少。国际象棋的棋盘有 64 格，搜索空间包括 10^{120} 种可能性，但这样的问题并不太难解决。而 5 个圆盘的河内塔题，搜索空间只有 243 种可能性，但实现这些可能性，大约有 10^{16} 条路线，解决起来并不容易。因此，不能仅仅从问题空间的大小来判断问题的难度。

2. 问题的结构特点

问题的结构特点会直接影响人们的知觉情境，进而改变问题的难度或复杂程度。一般而言，知觉情境越简单、越显著，解决一个问题所必需的各种条件都在人们的视野，问题就显得比较容易。相反，复杂、隐匿的知觉情境会增加问题的复杂程度，使问题难以解决。如图 4－2 所示，已知圆的半径，求外切正方形的面积。当所标记的圆的半径与正方形的边没有整齐排列时，人们不易发现圆的半径与正方形的关系，因而解决问题的时间较长；当圆的半径标记为与正方形的边平行时，人们则很容易发现圆的半径就是正方形边长的一半，知觉情境改变，问题的难度也随之改变。

图 4－2　圆的半径与正方形的关系

3. 无关信息的干扰

在问题中增加无关信息，会提高问题的难度，干扰问题的解决。斯拉文列举过一个问题：西尔维亚在早上 6:18 与三个朋友走进一家快餐店。他们买了四份汉堡包，每份 1.25 美元；两份法国油炸薯条，每份 65 美分；三杯苏打水，每杯 75 美分；另外还买了一份洋葱，55 美分。西尔维亚的母亲让他晚上 9:00 点前回家。但当他告别朋友离开快餐店时，已经晚了 25 分钟。西尔维亚按每小时 48 千米的速度，开了 4.8 千米回到家。问西尔维亚在快餐店停留多久。

这个问题本来很简单，计算西尔维亚在快餐店停留的时间只需要知道他到达和离开的时间，但是这些有用的数据和许多无关信息混杂在一起，因而增加了理解和解决问题的困难。当人们能顺利排除这些无关信息的干扰时，问题也就变得容易了。

（二）知识的积累

根据知识在问题解决中的作用，可以把问题分成两类。一类不需要具有专门领域的知识，如河内塔问题。另一类是语意丰富问题，解决这类问题需要大量语意知识或专门领域的知识，如数学问题等。

1. 知识的作用

人的知识经验在解决问题时起着重要作用。知识经验不仅能帮助人们理解问题，形成正确的内部表征，而且能缩小问题空间，指导搜索，采取正确的搜索策略。

欣斯里、海斯和西蒙研究了问题类型知识对表征问题的影响。实验一，他们从中学代数课本中选择了 76 道文字题目，要求大学生将这些题目分成不同的类别，结果发现，学生的分类标准相当一致。他们把其中的 64 道题分成 18 种类型。说明学过代数的学生已经在头脑中形成了关于问题类型的图式。实验二，他们选择了 8 种类型的问题，分别念给学生听，每次念题目的一部分，每念完一部分就要求学生对题目进行分类，预测后面的信息和问题应该怎样解决。结果发现，约一半的学生在听到不到题目的 20％就能将题目进行正确的分类。例如，听到“一艘江轮……”时，马上就判断这是一个关于顺水、逆水和静水的流速问题，要比较顺水和逆水所用的时间，如果时间不变，那就比较距离。可见，学生头脑中已经储存了关于代数知识的定型图式，而问题中的一些关键词能将某个适当的图式激活，并指导学生对问题空间进行搜索。

2. 专家和新手的区别

专家和新手在解决问题时存在明显的区别。对某个特定领域具有专门知识的人，总比没有专门知识的人在解决该方面的问题时要容易。专家与新手相比，不仅知识的种类和数量不同，而且应用知识的方法也不同。

诺尔曼、布鲁克斯和艾伦比较了医学专家和医科学生的差别。要求专家和学生解释病人的体检材料，并说出哪些结果对诊断重要，哪些不重要。然后让他们尽量回忆病人的体检材料。因为专家和学生事先不知道要对病人材料进行回忆，所以他们对材料的记忆是无意的，这是一种伴随学习测验。接下来给他们更多体检材料，并要求他们记住。此时专家和学生都进行有意学习。结果表明，在伴随学习条件下，专家的回忆成绩比新手好；而在有意学习条件下，两组被试没有区别。可见，在诊断病人时，专家比新手运用更多、更全面的信息。

3. 直觉与知识

专家的知识除了有一定的数量外，还有一个很重要的特点，即专家遇到问题时能很快地分析情境并做出反应。西蒙认为，这种对情境立即进行分析和做出反应的能力，就叫专家的直觉（intuition）。

直觉依赖于人的知识经验。一位物理学家把照相胶片放在抽屉里，偶然发现胶片感光，因此他认为某种光已透过桌面。这种直觉判断依赖于他所具有的物理学知识。一个没有这方面知识的人，是不会想到光穿透桌面使胶片感光。

（三）功能固着与定式

在解决问题中，除了特定领域的知识具有重要的作用外，人所具有的一般知识经验有一定作用。

1. 功能固着

功能固着（functional fixedness）是指日常生活中人们倾向于将某种功能固定地赋予某一物体，如硬币是买东西的，铅笔是写字的，等等。因而，在解决问题时，功能固着影响到灵活地运用各种物体。实验邓克尔的蜡烛问题时，很多人在规定时间内不能解决问题，是由对事物功能的固定性认知导致的，即认识某一事物时只根据它本身的典型功能加以判断。例如，对书的功能的固定认识可能会导致你只把书当成读物，而不是将其看成可以防止门关上的物品或用来点火的引燃物。在蜡烛问题中，因为物品在初次展示时被放在盒子中，固定性思维会让绝大多数人只简单地把盒子看成装物体的载体而不是作为解决方案的潜在部分之一。他们想不到可以用盒子做蜡烛的支持物，对他们而言，盒子的功能只是装东西。

克服功能固着依赖于被试的机智与灵活，同时也依赖于被试对物体不同功能的知识。在这方面，思维灵活性的训练有重要意义。当一个人能从各种不同的方向来选择和运用一个物体的功能时就叫功能变通（functional availability），它往往导致对问题的创造性解决。

2. 定式

固定性思维是一个广为人知的现象，这是心理定式的其中一种。心理定式（mental set）是指对活动的一种内部准备状态。它是重复某种态度、认知操作或行为方式时产生的。定式不仅能影响对事物的评价、对物体的知觉，而且能影响对问题的解决。

以陆钦斯的水罐问题为例：设想你有 3 个水罐：A、B 和 C。现在让你用 3 个水罐取水，使水的总量达到所要求的目标，如表 4－1 所示。取水时既可以将两罐水相加，也可以从一罐水中减去另一罐水。总共有 7 个问题，被试分为实验组和控制组。实验组解决问题 1～7，控制组解决问题 6～7。

表 4－1　　陆钦斯的水罐问题

问题	A	B	C	目标水量
1	21	127	3	100
2	14	163	25	99
3	18	43	10	5
4	9	42	6	21
5	20	59	4	31
6	23	49	3	20
7	15	39	3	18

结果发现，当实验组解决第一个问题时，被试先用 B 罐取水，然后减去一罐 A 和两罐 C 的水，就达到目标。接下去，他们就一直按照这种解题方式解决其余 6 个问题。尽管第 6 题和第 7 题还有更简便的办法：第 6 题可直接将 A 罐的水减去 C 罐的水，第 7 题可直接将 A 罐的水加上 C 罐的水。由于被试已经形成解题的定式，并未发现这些更为简便的方法。直接从第 6 题开始做的控制组，因为没有受到前面 5 道题的影响，因而大多数被试采用了较容易的方法解决问题。研究还发现，用相同方式解决的问题越多，定式的影响就越大。

功能固着和定式表现了过去经验在问题解决中的作用。一般来说，经验丰富有利于发现问题和解决问题。但如果一个人局限于固有的经验，那么经验也可能对解决问题产生不利的影响。有些经验多的人，对新问题的敏感程度反而不如经验少的人，他们的经验反而可能导致在解决问题上比经验少的人缺乏创新。

四、问题解决能力的培养

（一）教学中问题解决能力的培养

在实际的教学过程中，教师可以结合各学科的知识和特性来培养和提升学生解决问题的能力。问题解决能力的培养，可以从以下几个方面进行：

1. 培养学生主动质疑和解决问题的内在动机

在学生的学习过程中经常需要解决教师提出的问题，这些问题的已知条件、未知条件、目标状态都比较明确，学生在面临这些问题解决任务时，比较容易理解问题。但是，这类问题也存在弊端：第一，这些问题通常是教材中的规定项目，学生可能会把它当作外界强加的无可奈何的任务，尤其是对于成绩不良的学生，可能会增加他们解决问题的心理阻碍；第二，问题的很多信息已经明确，学生也就不需要辨别有关信息和无关信息，缺乏对学生辨别能力的锻炼；第三，不利于培养学生发现问题的能力。事实上，不管是在学习活动中，还是在生活实践中，发现问题、表述问题和明确问题的能力等并不比解决问题的能力次要，而且很多学习成绩不良的学生就是不善于发现问题，这直接影响到其解决问题的能力的发展。

2. 设置难度适中的问题

教师设置问题的难度应该从简单到复杂，从容易到困难，有一个循序渐进的过程。刚刚学习一个新知识点时，太难的问题会挫伤学生答题的积极性，因此需要从容易的问题开始，但是一直都解决容易的问题也不能提升学生问题解决的能力，所以问题难度需逐渐提高。

3. 帮助学生正确表征问题

问题表征的方式有很多种，鼓励学生采用不同的方式从各个角度对问题进行表征，例如画草图、列方程、列表格等。不同角度的问题表征可以使其获得灵活表征问题的经验，从而利于问题的解决。

4. 培养学生分析问题和对问题归类的习惯

分析问题的过程是一个知识激活、模式识别、辨别和分化的过程。不仅可以促进对知识本身的掌握，也可以在知识运用的过程中加强对其使用条件和适用环境的认识。在分析问题的基础上对问题进行归类，有利于获得不同种类问题解决的图式。

5. 指导学生善于从记忆中提取信息

问题解决需要从已有的知识经验中提取信息并加以组织，因此训练学生迅速有效地提取信息有利于问题解决。同时也要避免学生总是用同一种方法来解决相关问题，应鼓励他们尝试新的方法去解决问题。

6. 训练学生陈述自己的假设及步骤

训练学生陈述自己的假设及解题步骤是对认知策略的觉察和训练。如果学生能够清楚地意识到自己解题的过程，那么他也就能对自己的解题过程加以反思，能认识到自己对问题理解的错误和偏差，理清解题思路，有利于学生总结自己的解题经验和策略，进行自我指导和监察。在一项比较研究中发现，接受过问题解决和监控能力训练的五六年级学生的成绩比未接受该训练的同年级学生的成绩要好，而且，当问题解决训练和自学能力、元认知训练相结合时，训练效果最佳。

尽管在问题解决过程之中会遇到许多困难与阻碍，许多人依然善于发现问题解决的方法。问题解决能力除了与个体所拥有的知识技能和一般生活经验有关外，还跟个体的创造性有关。因此，培养个体问题解决能力，除了学习知识技能、增加一般生活经验之外，还有很重要的一点，即培养个体的创造性，使个体能结合自身的知识经验，发现创造性的问题解决方式。

（二）培养创造性

创造性（creativity）是指人们用新颖、独特的方式解决问题。创造性养成的因素是认知心理学家一直在探索的课题。

虽然评估问题解决方案能够帮助我们理解人们是如何解决问题的，但是这并不能解释为什么有些人总能比大部分人找到更好的解决问题的方法。不同人对一个简单问题的解决方法也可能存在巨大的差别。

案例分析

在一个小学三年级的课堂上，老师提出一个问题："你能想出多少种报纸的用处？"其中一个学生的答案如下：

"可以阅读这份报纸，可以在上面写字，拿来作为垫子或者画纸，还可以将它放到门上作为装饰，放在垃圾桶里垫着，盖着一张脏乱的椅子。如果有一只小狗，可以将报纸放在它的窝里或者是放在后院让它成为狗的玩具。当你完成某件手工而你又不想让别人看见的时候，可以用报纸盖着。可以用报纸垫着当床垫；可以用报纸隔热取东西；可以止血；可以吸走干衣服上的水滴。可以用报纸作为窗帘或者遮光布；可以放在鞋子里垫着以防异物伤害到脚；可以做一个风筝。可以用来包装一条鱼，可以擦窗，或者用来包一叠现金；洗干净的鞋子可以放到报纸堆中晾干，可以擦太阳眼镜，可以塞住正在滴水的水龙头，可以垫着植物和花盆，可以做纸碗，下雨的时候可以折一顶纸帽子，可以绑在你的脚上当拖鞋。可以把报纸当毛巾铺在沙滩上。报纸还可以做棒球游戏时的棒球，折纸飞机，扫地时作为簸箕，揉成球给猫玩，天冷时，可以把手包在报纸里取暖。"

这个回答展现了卓越的创造力。

我们很容易从生活中找出展现创造力的例子，但是该如何解释创造力的形成，我们可以从不同角度分析与创造力有关的因素。

发散思维是一种不寻常的能力，尽管不寻常但却又恰当的解决问题的反应。这种思维方式与以知识和逻辑为反应基础的聚合思维恰恰相反。就像有些人依靠聚合思维会对"你能够用报纸做什么”这一问题做出“阅读”的回答，而“你能将它用作簸箕”显然是一种更发散的、更有创造力的回应。

认知复杂性，即对详细、复杂的刺激物和思维模式的偏好。就像有创造力的人有着广泛的爱好，以及对哲学或是抽象问题有着比没有什么创造力的人更大的热情和更加独立的见解。

智力是与创造力相关但并不紧密的一个因素。传统的智力测试通常由只有一个正确答案的客观问题组成，考察被试的聚合思维能力。有高创造力的人或许会发现这种测试会对他们的发散思维不利。这或许能够解释当使用传统的智力测试时，研究人员能够一致地得出创造力与年龄和智力并没有什么关联。而有些非智力因素会对创造力产生影响。比如，思维游戏（the game of thinking）和社会支持（social support）能够对创造性地解决问题产生影响。当一个人逐渐意识到事情是如何进行的，而不是毫无逻辑地推理或者偏爱某一种类的方法解答问题，这种思维游戏有助于问题解决，同时也能激发个体创造力的发展。另外，获得他人的支持、鼓励以及与他人合作也有助于个体创造力的发挥。

（三）克服问题解决的心理障碍

培养创造性有利于问题解决，同时也需要克服解决问题的心理障碍。

人们在解决问题时，常常会遇到各种心理障碍，它们干扰了创造性的发挥。因此需要克服这些心理障碍。

首先，要养成探究问题的习惯。探究问题的态度是创造性的一个重要表现。养成探究问题的习惯，即对问题保持敏感的态度，积极主动地去发现问题，对已有的问题解决方案持怀疑态度。

其次，要发展发散思维。发散思维是与创造性息息相关的重要因素。发展发散思维，训练思维的流畅性和灵活性对克服创造性的心理障碍、培养创造性意义重大。在教学过程中，教师可以采用“一题多变”的练习方法，打破思维的功能固着和心理定式，发展学生思维的独特性。

再次，需要创造宽松的问题解决环境。对于复杂的问题，如果要提出创造性的假设，往往需要一段时间的探究，这个过程可能是几天、几个月甚至几年。如果一个问题一直得不到解决，可以暂时放一放，转而去做其他活动。很多富有创造性的问题解决方案就是在思维经过一段时间的放松以后产生的。

最后，可以采取各种行之有效的手段。问题解决的关键在于问题解决的方案，因此能否采取有效的手段直接关系问题能否解决。

本章小结

概念是知识和思维的元素，用概念来归类新物体，预期新物体性质。

促进概念学习要充分考虑概念获得的过程和影响概念学习的因素，其主要条件有提供概念范例、利用概念之间的联系、消除错误概念和在实践中运用概念。

原理，又称规则，是指对两个或两个以上的概念之间某种关系的表述，即对概念之间关系的说明。

促进原理学习要充分考虑学习者的内部条件并进行言语指导，概念学习的例—规法和规—例法也是原理学习的两种基本形式。

问题解决是指由目标指引的一系列认知操作。问题包括起始状态、中间状态和目标状态。问题解决是使问题由起始状态转变为目标状态的一系列认知活动。

问题解决的过程包括：理解和诊断问题的初期准备、提出解决方法和评估解决方案。

创造性是指人们应用新颖、独特的方式解决问题，并且与发散思维、复杂认知和非智力因素有关。

克服解决问题心理障碍的方法有：养成探究问题的习惯，发展发散思维，创造宽松的解决问题的环境，采取各种有效手段。

关键概念

概念　概念形成　概念同化　原理　例—规法　规—例法　问题解决　创造力

复习思考题

1. 概念的类型有哪些？
2. 列举促进概念学习方法。
3. 简述原理学习的基本方式。
4. 问题解决的一般过程是什么？
5. 影响问题解决的因素有哪些？
6. 创造力的培养需要注意什么问题？

本章阅读书目

1. 董奇．心理与教育研究方法．北京：北京师范大学出版社，2004.
2. 莫雷．教育心理学．广州：广东高等教育出版社，2002.
3. 张向葵．教育心理学．北京：中央广播电视大学出版社，2003.
4. 彭聃龄，张必隐．认知心理学．杭州：浙江教育出版社，2004.
5. 赵淑文．心理学．北京：首都师范大学出版社，1997.

6. 卢家楣. 学习心理与教学. 上海：上海教育出版社，1999.

7. 费尔德曼. 普通心理学. 北京：人民邮电出版社，2009.

8. FLAVELL. Cognitive Development. Englewood Cliffs，NJ：Prentice-Hall，1977.

9. MARGOLIS，LAURENCE. Concepts：Core Readings. Massachusetts Institute of Technology Press，1999.

10. NEWELL，SIMON. Human Problem Solving. Englewood Cliffs，NJ：Prentice-Hall，1972.

11. ANDERSON. Becoming a Nation of Readers：The Report of the Commission on Reading. Washington，D. C：National Inst of Education（ED），1985.

第五章

现代的知识学习观

本章导读

小学课堂上，玛丽老师给学生们讲关于乘坐飞机的课。玛丽老师首先以图片问答的方式，教授学生“飞机的种类、在哪里可以乘坐飞机、乘坐飞机的注意事项”等事实性知识；然后以观看视频和游戏活动的方式，教授学生关于“登机的步骤、机舱内如何正确就座和系安全带的方法”等程序性知识；最后，玛丽老师根据学生的学习情况，进一步向学生提示“在什么情况下执行什么登机步骤、什么时候必须系好安全带、什么时候可以解开安全带”等经验性、策略性知识。这样，玛丽老师才完成这节关于乘坐飞机的课程。

知识的教与学一直是教育心理学、认知心理学的重点研究课题，也是学校教育与学生学习的重要任务之一，引起了研究者、教师、家长与学生等社会公众的极大重视。因此，本章将从知识的心理本质与认知机制这一科学问题出发，重点分析什么是知识、知识可以如何分类、不同类型知识的学习机制如何等问题，并以此进一步探讨促进学生高效学习知识的条件与策略。

第一节　知识及知识的分类

一、知识的概念

个体在其学习与生活中会经常接触知识，也需要运用知识，但当我们要对知识进行准确定义的时候却发现并不容易。古往今来，人类关于知识内涵的探讨有着悠久的历史，众多哲学家、教育学家和心理学家等从各自的研究领域出发，对知识的概念进行了多层面的阐述与界定。从哲学的认识论角度看，知识可以被定义为“对事物属性与联系的认识”①，而这种认识的基本形式是存在于个体头脑中的主观映象。因此，可以认为，知识是个体主体与客观世界相互作用的产物，是个体对客观世界的主观反映。

心理学领域对知识的定义也有多种。布卢姆认为知识的心理本质是一种回忆，回忆的对象可以是具体事物和抽象原理，可以是完成某种或某些认知操作的方法和过程，也可以是一种思维的模式或表征客观事物的结构与框架。加涅认为知识是以语言符号为载体，对客观事物进行表征与表达的一种信息类型。

美国心理学家亚历山大（Alexander）基于学科知识学习与表征的角度对知识进行了界定②：首先，知识是具有个体差异的，同一类型的知识在不同的个体中，其表征的功能与意义各不相同。其次，知识可以是静态的，表现为其表征形态与结构是相对稳定的；知识也可以是动态的，表现为知识会伴随着个体的心理发展、学习经验的积累而变化。再次，个体所拥有的各种知识之间是相互影响的，对每种知识进行表征与激活都会直接或间接地影响其他的知识。最后，完整的知识架构应该包含陈述性知识（declarative knowledge）、程序性知识（procedural knowledge）和具有策略意义和调控功能的条件性知识（conditional knowledge）。

总的来说，当前心理学领域对知识内涵的界定可以从两方面进行理解。狭义知识观中的知识更多的是指以语言符号为载体，表征某一学科、某一领域的功能与意义的信息。例如，各门学科中的陈述性事实、概念和原理等。随着现代认知心理学的发展，从广义的角度对知识内涵进行界定越来越得到认可。广义知识观认为，知识是个体通过与其环境相互作用后获得的信息及其组织③，这意味着，并不是所有客观世界的信息都是知识，而知识的转化也不完全由个体的主观意识来决定。知识的本质是个体在头脑中经过有意义的认知加工与建构后，形成的关于客观事物特征与联系的主观表征。广义上的知识除了以语言符号为媒介，经过主客体相互作用后形成的信息外，还包括个体在信息获得与使用过程中所形成的技能与技巧、经验与策略。

二、知识的分类

长期以来，认知心理学、教育心理学的研究者一直关注如何更为合理地对知识进行分

① 顾明远．教育大辞典：第1卷．上海：上海教育出版社，1990：144.

② 蔡笑岳．学科领域知识的教学与认知机制研究．广州：广东高等教育出版社，2014：5-6.

③ 皮连生．教育心理学．上海：华东师范大学出版社，2004：90-91.

类这一问题。例如：根据学科领域的不同，可以把知识分为语文学科知识、数学学科知识、英语学科知识等；根据知识表征性质的不同，可以把知识分为语义性知识、图式性知识、程序性知识和策略性知识；根据知识表达和量化的难易程度，可以把知识分为隐性知识和显性知识等。一般而言，目前较为普遍使用的知识划分方法是如下两种：

（一）根据反映对象的深刻程度不同进行划分

知识是个体对客观世界的主观反映，这种反映有时候会表现为对客观世界的感性知觉，有时候则会表现为对客观世界的原理与规律的认识。因此，根据反映对象不同的深刻程度，可以将知识划分为感性知识和理性知识。

1. 感性知识

感性知识反映的是客观事物的外表特征与外在联系，是知识发展的初级阶段。对于感性知识而言，可以分为感性知觉和表象两种。感性知觉是大脑对当前从事活动和正在进行操作的对象的主观反映。例如，儿童观看幼儿教师在他们面前展示的图画，中学教师在学生面前进行的化学实验等。表象则是当个体之前感知过的客观事物不在眼前时，在头脑中储存的关于该事物形象的主观反映。例如，儿童观看过金鱼的图片，当老师再次提到金鱼这个名词时，儿童在头脑中浮现的金鱼的形象。

2. 理性知识

理性知识主要反映了客观世界的本质特征与内在联系，可以分为概念和命题两种形式。概念是人脑对客观事物的本质属性与联系的主观反映。例如，四边形的概念所反映的本质属性是“同一平面内，不在同一直线上的四条线段首尾相接所组成的封闭图形”。根据这个概念，我们可以推断，正方形、长方形、菱形和梯形等都属于四边形。命题则反映了不同概念、不同客观事物之间的本质联系与规律，即我们日常所说的原理、定律等。例如，长方形的周长＝(长＋宽)×2，反映了长方形的周长、长和宽三者之间的内部本质联系与规律。

（二）根据反映活动的形式不同进行划分

安德森（J. R. Anderson）以知识获得过程中所反映的心理加工性质与特点的不同为依据，将知识分为陈述性知识和程序性知识两类。

1. 陈述性知识

陈述性知识是个体通过言语信息直接描述客观事物特征与联系的知识，即关于“是什么”的知识，因此又称为描述性知识。例如，“水是透明的”“老虎是哺乳类动物”等。一般而言，陈述性知识可以用于区分和辨别不同的客观事物，同时，陈述性知识也是可言传的。在当前学校教学活动中，教师传授的主要是这种类型的知识。

2. 程序性知识

程序性知识是个体完成某项任务过程中需要运用的行为、操作等步骤的知识，即关于

"怎么做"的知识，因此也称为操作性知识。例如，儿童按照教师的指导折纸船，学生根据解题步骤解答数学应用题等。一般而言，绝大多数的程序性知识难以通过语言进行清晰的表述，因而也是难以言传的。

三、知识的学习

（一）知识学习的种类

知识的学习是个体对知识信息进行内部加工与操作的一种专门化活动。根据知识的存在形式及其加工的复杂程度以及新旧知识的不同关系，可以对知识学习的种类进行如下划分：

1. 奥苏贝尔根据知识信息的存在形式与加工的复杂程度不同，将知识学习分为符号学习、概念学习和命题学习

（1）符号学习是学习者通过学习一个或一组符号，获取符号所代表的意义的过程。符号学习可以针对汉语字词、英语单词等言语符号的学习，即词汇学习；可以针对图形、实物等非言语符号的学习；可以针对与各门学科相关的描述性、事实性知识的学习。

（2）概念学习是学习者通过学习与掌握某类客观事物的共同本质特征，获取该类事物概念的一般意义的过程。例如，"鸟"的本质特征是"有羽毛"和"卵生动物"，当我们掌握了"鸟"的这两个本质特征后，就可以认为我们掌握了"鸟"的概念。

（3）命题学习是学习者对不同概念之间的本质联系与规律进行的学习。由于命题是由不同的概念构成，概念则主要以符号为其基本单位，因而符号学习与概念学习是命题学习的基础。例如，对"长方形的面积＝长×宽"这一命题的学习，既需要学习"面积"的概念，也需要进行"长方形具体是一种怎样的图形"等非言语符号的学习。

2. 根据新旧知识的关系不同，可以将知识学习分为下位学习、上位学习与并列结合学习

（1）下位学习。

在学习中，如果能把新知识归到已有认知结构的某类知识中，且两者能发生相互联系时，这种学习称为下位学习或类属学习。一般来说，下位学习包括两种主要的形式：

第一种形式是派生类属学习。所谓派生类属学习是学习者所学习的新知识是已有知识的派生物，即新知识可以作为已有知识的进一步例证。例如，学生已经学习了"四边形"的相关知识，当学生需要进一步学习"正方形"和"长方形"时，通过派生类属学习，就能在获得"正方形"和"长方形"等新知识意义的同时，进一步补充和验证头脑中已有的关于"四边形"的相关知识。

第二种形式是相关类属学习。相关类属学习是基于新知识与已有知识架构并不是一种完全的从属关系，即已有知识架构并不能完全包含和代表新知识的一种知识学习类型。相

关类属学习需要对已有知识结构进行一定的调整、扩充、深化与组合。例如，过往的幼儿教育中，对儿童的健康成长更多的是关注儿童在身体、生理上的健康，但随着社会的发展，现代幼儿教育则把心理健康也作为儿童健康成长的重点关注内容，这种健康教育观念的改变，从形式上看就是一种相关类属学习。

（2）上位学习。

上位学习是指对头脑中已有的概括程度较低的知识概念与命题进行概括与总结，从而产生整合程度更高的知识概念与命题的知识学习类型。例如，儿童掌握了铅笔、蜡笔、粉笔、毛笔、钢笔等概念后，再通过抽象这些笔的共同特征，就能较好地理解“笔”的概念。

（3）并列结合学习。

当新知识与已有知识架构的内容既不相互类属，也不能进行概括总结，即两者是相互并列时所进行的知识学习过程称为并列结合学习。例如，加法结合律和乘法结合律两者间虽然不存在相互类属或概括总结的关系，但学生可以采用并列结合学习的方法，先学习和理解加法结合律，然后以此为基础进一步学习乘法结合律。再如，学生在学习比喻、排比、设问、反问等修辞手法时，也可以采用并列结合学习的方法进行。

（二）知识学习的一般过程

知识的学习是一个完整的过程，从宏观的角度看，这个过程可以划分为三个主要阶段：知识的获得阶段、知识的保持阶段和知识的运用阶段。

1. 知识的获得

知识的获得又称为知识的理解，是知识学习过程中的基础环节。根据信息加工的观点，知识的获得一般经历如下阶段：首先需要获得较为充分的感性经验并使其进入短时记忆；然后通过相应的思维加工，使其合理地与保持在长时记忆中的已有知识建立联系；最后，将新知识纳入已有的知识体系与架构。值得注意的是，由于个人已有经验的不同、知识表达深度的差异等，对知识的获得有可能是初步的、不完整的，但只要是经过了思维加工，而不是简单的感知觉体验，都可以认为是对知识的获得与理解。一般而言，对知识的获得与理解可以通过知识直观和知识概括两种途径来实现。

（1）知识直观。

知识直观主要用于感性知识的获得，也就是通过感知觉，直接对信息的表面特征进行加工，获取信息的表层意义，实现对客观事物具体的、感性的反映。任何知识类型的学习，都需要以一定的感性知识为基础，因而知识直观是知识学习中不可或缺的组成部分。根据直观活动中对象性质的不同，可以把知识直观分为三种：实物直观、模象直观和言语直观。

实物直观是通过直接接触与感知实际客体所进行的直观活动，例如，观察标本、现场演示、实地参观等。通过实物直观活动，学生能更为真实地获取对感性知识的理解和认识，更容易激发学习的兴趣和积极性。但仅通过实物直观活动难以准确、深入地认识客观事物的本质特征，且其容易受到时间和空间因素、个体感受器官及其感受性等因素的制约。

模象直观是通过观察事物的模拟形象而进行的直观活动，例如，观看结构模型、示意图、教学影片等。由于模拟形象是人为设计与制作的，能通过控制干扰因素的影响，从而更好地突出事物的本质特征，达到更好的观察与学习效果，因而模象直观已经成为当前教育教学的重要途径。但模象直观也有其不足，主要表现为：如果模拟形象的制作不当，容易引发学生的误解，使学生形成错误的感性知识。

言语直观是通过形象化的语言，使学生产生语音、字形的感知和语义想象，并以此获取感性知识的一种直观活动。例如，在语文教学中，可以通过生动的语言描述，引发学生对文中人物和情境的想象与领会。由于言语直观活动只需要借助口语或书面语言就能完成，因而受到物质的约束与限制条件较少；同时语言的可概括性使得通过言语直观活动获取的感性知识更易于整合与总括。言语直观的缺点是：由于需要学生根据言语描述进行回忆、想象，因而存在着较为明显的个体差异；另外，教师的语言描述与表达能力、学生的理解与想象能力也在很大程度上影响着言语直观活动的效果。

（2）知识概括。

知识概括主要用于理性知识的获得，也就是通过分析与综合、比较与分类、抽象与概括等一系列思维加工，获得对客观世界的本质特征与内在联系认识的活动。根据个体对知识的抽象概括程度不同，可以把知识概括分为感性概括和理性概括两种。

感性概括又称为直觉概括，是指基于直观活动自发进行的一种概括水平较低的活动形式。感性概括是基于事物表面特征与联系的概括，其过程是抽象化的，但其更多的是处于知觉水平的概括。

理性概括是基于先前认识，通过多次对感性知识的深入加工，揭示并获取事物本质特征与内在联系的活动形式。理性概括是基于事物共同与本质特征的概括，是一种更为高级的概括形式。

2. 知识的保持

在获取知识后，如何对知识进行保持、巩固是知识学习的第二个阶段。知识保持的实质是对知识进行记忆，即把学习过、理解过的知识长期保存下来。现代认知心理学将记忆分为瞬时记忆、短时记忆和长时记忆。

瞬时记忆是记忆系统的起始阶段，其信息量巨大且形象，但保持时间很短，当客观刺激消失后，相关信息一般只能保存 0.25～2 秒。只有受到注意，瞬时记忆才能进入短时记忆阶段，否则将会很快消退。短时记忆是记忆的中间阶段，又称为工作记忆。短时记忆的容量有限，一般为 7±2 个组块，其保存时间一般不超过 1 分钟，如果能及时进一步加工或复述，信息可以从短时记忆进入长时记忆阶段，否则将会消失。长时记忆是能在头脑中长久保持的记忆，也是知识保持与巩固的最终目标。长时记忆的保持时间一般在 1 分钟以上甚至终生不忘，其记忆容量几乎是无限的。

一般而言，能否进入长时记忆，在长时记忆中保存多长时间取决于对信息进行复习或复述的深度与精细度，信息加工越深刻、越精细，记忆与保持的效果越好。因而，知识的保持需要基于对知识的充分理解，不断增强新知识与已有知识的联系，优化已有的知识结构。

原理运用

如何提高记忆的效果

初中生松云的学习成绩不理想，他认为自己老是记不住东西，知识学完很快就忘记。如果你是松云的班主任，你应如何根据知识保持的相关原理，帮助他进行有效而持久的记忆呢?

分析：持久的记忆意味着要把记忆的材料储存在长时记忆层面，而对学习材料进行精细、深刻的加工，是其进入长时记忆的重要途径。

第一，深度加工学习材料。知识具有表面特征（音、形）与原理特征（语义、规律），深加工要求学习者在记忆过程中寻找并关注学习材料的原理特征，以增强新旧知识间的实质联系。

第二，善于运用精加工策略。当记忆材料本身的意义性不强时，可采用人为联想的策略（位置记忆、首字母连接等）；如果记忆材料的意义性较强，可采用关键词记忆、寻找联系法等。同时，使用精加工策略对记忆材料进行组织与整合，也意味着已学知识在工作记忆系统中组块容量的增大。

第三，适当的过度学习。过度学习指学习达到能正确背诵后，仍继续学习。一般认为，50%的过度学习（学习熟练程度达 150%）效果最好，也最为经济。

第四，合理安排复习。学习完成后进行复习对知识的保持十分重要。复习需要及时，安排需要合理，采用分散复习、阅读与回忆相结合的方法能达到理想的复习效果。

3. 知识的运用

运用是知识学习的最终阶段，学生能否运用、如何运用知识反映了其对知识的理解与保持程度。知识的运用，要求学生在理解与保持知识的基础上，对头脑中已经存在的知识进行提取，并进行相关问题的解决。在这个运用与提取的过程中，也进一步深化了学生对已有知识的理解与巩固。

在一般的学校教育环境下，学生对知识的运用更多的是进行学科问题的分析与解决。因此，学生运用知识的一般过程包括了审题、知识的联想与重现、题型归类、解答与检验四个环节。审题就是把握题目的基本条件与关系，并在头脑中对问题进行初始表征。知识的联想与重现是根据题目的初始表征，寻找并重现头脑中的有关知识，为进一步理解题意、寻找解决问题的方法做准备。题型归类是通过分析题目的各种关系与条件，将问题与已有知识进行比较并纳入知识结构的相应部分，形成解决问题的方法。解答与检验是运用具体的方法与步骤进行问题解决，并对问题解决的过程与结果进行检查与验证。

第二节　陈述性知识的教学

一、陈述性知识及其表征

如本章第一节所述，陈述性知识是关于“是什么”的知识，一般包括了事实性信息、对原理与规则的描述、个体对事物的态度等。因而，陈述性知识是一种描述性知识，也是一种相对静态的知识[①]。陈述性知识可以划分为哪些类型、其内部的表征机制如何等问题一直引发着认知与教育心理学家的极大兴趣与关注。

（一）陈述性知识的分类

1. 加涅根据言语信息组成的复杂程度划分

由于陈述性知识以言语信息为其主要的表达形式，因而加涅以言语信息组成的复杂程度不同为分类标准，将陈述性知识从简单到复杂依次划分为符号、事实和知识群[②]。

符号是用来指代客体事物的标记，即客体事物的名称。符号一般具有形符和音符两种，且两者可以相互分离。事实是用于描述两个或两个以上客观事物或事件之间的相互关系，与命题相类似。而知识群则是由多种事实、命题组成的集合，因而又可称为命题网络。可以认为，加涅对陈述性知识的三种划分是奥苏贝尔三类知识学习的结果。

2. 布卢姆对陈述性知识的划分

1956年，布卢姆基于测量的角度，在其认知领域教育目标分类系统中对陈述性知识进行了划分，并广泛应用于课程教育和教学测评上。2001年，安德森和克拉斯沃尔对布卢姆的教育目标分类系统进行了修订，将教育目标分为知识维度和认知历程维度，同时也对两个维度所包含的内容进行了细分。其中，知识维度中的事实知识和概念知识属于陈述

---

① 莫雷. 教育心理学. 广州：广东高等教育出版社，2005：196.

② 张大均，郭成. 教育心理学纲要. 北京：人民教育出版社，2006：224-225.

性知识范畴①。

(1) 事实知识。

事实知识是学生用于解决学科问题的基本元素。可以分为术语知识(knowledge of terminology)和特定细节与元素知识(knowledge of specific details and elements)。术语知识是指学科特定的言语或非言语符号，例如，国内生产总值、气象学中的等压线。特定细节与元素知识是指包括特定的时间、人物、数量、地点等精确的或估计性的信息，例如《马关条约》、温室效应等。

(2) 概念知识

概念知识则是能包含多个相互联系的基本元素的知识集合。可以分为分类与类别知识(knowledge of classifications and categories)、原理与通则知识(knowledge of principles and generalization)和理论、模式与结构知识(knowledge of theories, models, and structures)。分类与类别知识是用于区分客观事物的类别、等级、次序等方面的知识，例如中国的民族、三角形的类型等。原理与通则知识是对客观现实的摘要性描述，主要用于描述、预测、解释等，例如勾股定理、四边形的外角和为360°等，理论、模式与结构知识是针对复杂现象、问题和事物的系统性知识，一般以理论、模型等形式呈现，例如，心理学研究中各种关于个体思维发展的理论等。

(二) 陈述性知识的表征

知识的表征是指知识在头脑中储存和呈现的方式。一般而言，不同的知识类型具有不同的表征形式，同一知识类型也具有多种的表征形式。陈述性知识主要以命题、命题网络和图式进行表征。

如前所述，作为知识的基本单元，命题反映的是不同概念、不同客观事物之间的本质联系与规律。因而，对象及其关系是构成命题的两种基本成分。我们一般把命题中提及的各种对象，包括主体、客体、目标、工具等称为论题，论题主要由名词或代词构成；关系则是指论题的性质、特征或各种论题之间的关系，主要由动词、形容词、副词构成，例如，"人格是相对稳定的"这一命题中的论题是"人格"，关系则是"相对稳定的"。

由于某个陈述性知识可以包括一个或多个命题，多个命题的相互连接可以构成意义相互连接、关系更为复杂的命题网络。例如，"人格是相对稳定的"、"人格是独特的"和"人格具有整体性"三个命题可以构成如图5-1所示的命题网络。

一般认为，对于意义范畴较小的陈述性知识内容，以命题及命题网络的形式可以予以表征，但对于意义范畴较大的知识内容，通过图式的表征则显得更为适合。图式指的是一种更为结构化、更有组织的知识表征形式。图式包含了一个较大的主题，并根据不同

① ANDERSON, KRATHWOHL. A Taxonomy for Learning, Teaching, and Assessing: A Revision of Bloom's Taxonomy of Educational Objectives. Beaverton: Ringgold Inc, 2001.

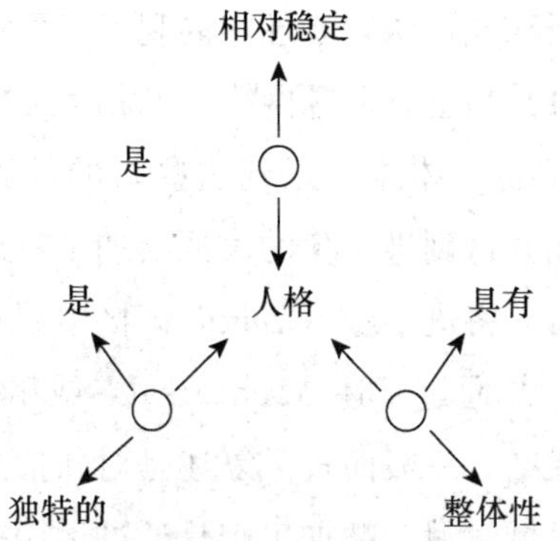

图 5-1 命题网络图示

的维度和逻辑将相关知识进行归类与串联。例如，“幼儿教师”这一主题可以包含的知识如表 5-1 所示：

表 5-1 “幼儿教师”主题的知识归类与串联

知识点	维度	知识内容
1	职业性质	幼儿教师是对学前儿童实施保育和教育的职业
2	职业要求	幼儿教师的职业要求：身心健康、具备相关专业学历、获得教师资格证书
3	职业能力组成	幼儿教师需要具有敏锐的观察能力、随机教育的能力、开展科学研究的能力和开展家长工作的能力
4	专业教学技能	幼儿教师需要掌握弹、唱、跳、画等专业能力

因而，图式是对一类事物的命题进行的组织编码与共性表征，这种知识结构往往潜藏在个体的头脑中，只有当个体处于一定的认知任务或进行一定的认知操作条件下，个体才能对其进行激活与提取。另外，当前认知心理学将图式划分为关于客体的图式和关于各类事件的图式。关于客体的图式主要是基于某类自然客体的综合性知识，如关于鱼、鸟等的图式。关于各类事件的图式则是指去学校上课、去体育场运动等事件的图式，这类图式也可以称为脚本。

二、陈述性知识的学习机制

与知识学习的一般过程类似，陈述性知识的学习同样经过了获得、保持和运用三个阶段。

(一) 陈述性知识的获得

关于知识学习的机制解释，以奥苏贝尔的有意义同化学习影响最为广泛。奥苏贝尔认为，同化就是新旧知识之间的相互作用，即已有知识结构对新知识的学习具有固定作用(anchoring)。新知识就是通过与起固定作用的知识结构发生相互同化而获得的。

结合奥苏贝尔的同化思想和现代认知心理学的观点，可以认为，陈述性知识的获得是通过对新命题进行感知，并将其与已有命题网络中的相关命题进行关系联结的过程。具体而言，对新信息的获取首先需要个体能注意到这些新的外界信息，只有这样，这些新信息、新命题才能进入工作记忆并得到进一步的表征与加工，形成新信息的心理表征。

新信息的心理表征形成后，将进一步激活长时记忆中原本处于静止状态的已有相关命题，使其进入工作记忆层面，并通过复述（rehearsal）或精加工（elaboration）产生新旧命题、新旧知识之间的关系联结，一般而言，复述是对新信息的机械重现，主要用于学习意义性不强的学习材料，即机械学习。精加工则是通过运用一系列的认知加工，对学习材料进行有意义的构建。因而，个体的大部分学习是基于精加工而获得的，而这个过程也就是我们平时所说的正在思考问题或正在学习与理解内容的过程。

这些被激活的命题能进一步激活命题网络中其他相关的命题，进一步将新知识、新命题储存在相关命题网络中，这个过程称为激活的扩散。可见，对新命题的感知与注意、新命题激活长时记忆中的相关命题、通过复述或精加工方式获取对新命题的理解并保存在已有命题网络的适当位置等环节共同构成了陈述性知识的获得过程。

（二）陈述性知识的保持

学习者获得的相关的陈述性知识如果长时间没有被激活或使用，就有可能被遗忘。遗忘可以分为积极遗忘和消极遗忘。积极遗忘是当新知识习得或通过上位学习获得一些命题后，已有的下位概念、具体事实所出现的遗忘。一般而言，积极遗忘并不会对知识产生实质性损伤；相反，还能在一定程度上减轻原有记忆的负担。而消极遗忘则是指对新知识或通过上位学习获得的命题产生了遗忘，或者是将这些新知识、新命题与原有知识结构混淆。与积极遗忘相比，消极遗忘会导致知识的实质性损伤。因而，对陈述性知识的保持就是与遗忘做抗争的过程。

当前，认知心理学研究对遗忘进行了大量的探讨，也形成了一些解释遗忘的理论观点。比如，消退说认为遗忘是由于记忆痕迹得不到及时的强化而出现逐渐减弱，以至于最终完全消失。干扰说则认为遗忘并不是记忆痕迹的完全消失，而是在学习与回忆之间受到了其他刺激的干扰。提取失败说则认为储存在长时记忆中的记忆信息并不会丢失，出现遗忘的原因是我们没有找到合适的提取线索。这里所指的提取线索是指知识间的联结点，它对回忆具有提示的作用。

以上三种学说主要解释了个体的被动性遗忘，即个体并不希望忘记但最终还是出现遗忘的现象。在现实生活中，还有主动遗忘的现象，因而有研究从动机与情绪的角度对遗忘进行解释。压抑说认为个体的主动遗忘主要由情绪或动机的压抑作用而引起，当压抑被解除了，记忆就可能恢复。

在陈述性知识的学习中出现的遗忘基本上以被动性遗忘为主，因而对抗遗忘的一个基本途径是进行主动的复习。主动复习要求学习者对学习过的知识首先要做到及时复习，同时尽可能地通过多感官的协同活动进行多样化复习；其次，要合理分配复习时间和复习的内容，即注意到分散复习的效果比集中复习的效果更好，先后复习两种内容不大相近的材料比先后复习两种内容相近的材料效果更好、干扰更少；最后，还需要注意采用阅读与尝试回忆交替进行的方法。

知识专栏

艾宾浩斯的遗忘规律研究及其启示

最早对遗忘现象及其规律进行实验研究的是德国著名心理学家艾宾浩斯。艾宾浩斯以无意义音节（nonsense syllable，即由若干字母组成的，能够读出但无任何语义的材料）为实验材料，通过设置不同的时间间隔对遗忘的发展进程进行考察。

艾宾浩斯的研究结果发现，遗忘在学习完成之后的很短时间内便立即出现，遗忘的进程是不均衡的，表现为先快后慢，即刚开始时遗忘得最快、最多，随着时间的推移，遗忘的趋势逐渐缓慢，过了相当长的时间后，基本上就不再发生遗忘了。艾宾浩斯将遗忘研究的成果绘制成曲线，就是至今一直被广泛引用的艾宾浩斯遗忘曲线。

后来，艾宾浩斯又进一步对比了无意义音节、散文和韵律诗三种学习材料的记忆效果。结果发现，三种材料在遗忘的趋势上基本一致，但总体的遗忘速度则明显不同：无意义音节的遗忘速度最快，其次是散文的遗忘速度，而韵律诗的遗忘速度最慢。

艾宾浩斯的遗忘曲线提示我们：在学习刚结束时，遗忘趋势最为明显，因而需要做到及时地安排复习；采用机械记忆方法进行材料学习的效果最差，遗忘速度也是最快的，因而在记忆过程中需要进行理解与联想。

（三）陈述性知识的运用

陈述性知识的运用涉及如何根据问题或认知任务提取相关的陈述性知识，并实现问题的解决。因而，对陈述性知识的运用首先需要有问题或认知任务，问题或认知任务可以由外界或他人提出，也可以由学习者本人提出。问题或认知任务被提出后，将被转化为命题表征，然后进入工作记忆，激活与该命题表征相关的命题，并通过激活的扩散在长时记忆中对命题网络中的其他相关命题进行搜索。如果激活的命题能直接解决所提出的问题或认知任务，提取过程将会结束，从而实现陈述性知识的运用。如果激活的命题不能直接解决提出的问题或认知任务，那么学习者则需要对已经激活的相关命题进行构建，从而得到一个合理的新命题作为问题解决的答案或依据。

可见，对陈述性知识的运用同样需要通过命题的激活与扩散来完成。根据激活与扩散理论，由于激活的扩散需要根据命题之间的联结来完成，因而潜藏的一个可能是，随着扩散所产生的命题数量增加以及与最初激活点距离的延长，对命题的提取速度可能会越来越慢。但现实并非如此，这是因为对陈述性知识的表征除了通过命题与命题网络来完成外，还会通过图式来完成。如前所述，图式作为一个更有组织化的综合性知识结构，可以引导学习者根据问题信息，有计划地激活其上一级或下一级的图式，从而提高信息激活与搜索的速度。在认知心理学中，把激活已有图式的下一级图式的加工过程称为概念驱动加工，把激活已有图式的上一级图式的加工过程称为数据驱动加工。通过这两种的激活与加工模式，可以实现对陈述性知识的高效提取。

三、促进陈述性知识学习的条件与教学策略

（一）促进陈述性知识学习的条件

根据现代认知心理学的观点，陈述性知识的学习可以被认为是一种有意义的符号信息加工的过程，而新旧信息之间的相互同化被认为是其基本的内部认知机制。在这个过程中，可以通过哪些条件、采取哪些措施进一步促进陈述性知识的学习？

1. 选择性地注意陈述性知识学习过程中的信息输入

有意义学习的一个基本前提是需要引发学习者对学习材料的有意注意。这是因为新知识、新的学习材料在学习的初期是以外部刺激的形式（视觉刺激或听觉刺激）向学习者呈现的。外界信息量是巨大的，而学习者处理信息的认知资源是有限的，因而学习者需要通过选择性注意对部分信息进行关注。如果这些陈述性的有意义外部刺激不能得到学习者的关注，将不能进入工作记忆，那么后续的知识同化、知识激活与扩散也将无法进行。

如何引发、唤起学习者对学习材料的积极关注？一方面需要教师通过有计划的课堂设计，结合言语指导和现代化的多媒体教学手段予以实现；另一方面也需要引导学习者形成有意义学习的心向，即通过形成知识学习的兴趣、培养良好的学习习惯等方式引导学习者积极地关注学习材料，使其主动地寻找新旧知识的结合点，对新知识进行转化并获取其心理意义。

案例分析

应该如何吸引幼儿的注意

幼儿的认知发展特点决定了幼儿的注意会随着外界情境与活动的变化而变化，并且容易被具体、生动、形象的物体所吸引。如何吸引幼儿的注意，并将其注意集中到相应的教学活动中是许多幼儿教师在开展教学过程中重点关注的问题。

有的幼儿教师发现，采用形象的语言，如使用神秘语、夸张语等，并辅以手势演示和表演模仿，能很好地吸引幼儿的注意。比如，在认识小动物的课程上，幼儿教师会采用生动的语言和神秘的语气进行内容引入："各位小朋友，今天老师给大家请来了几位客人，但它们胆子很小，各位小朋友要注意，不要发出声响，认真地看看谁来了？"这种形象的语言表达方式和接下来对于各种小动物的声音、动作模仿就能极大地调动幼儿的求知兴趣，吸引幼儿的注意。

2. 策略性地使用精加工和组织加工的信息编码方式

学习者注意到有意义的学习材料后，如何结合已有知识经验对学习材料进行信息编码以形成合理的心理表征并纳入已有知识结构中是整个陈述性知识学习过程的关键。一般而言，除了少数的陈述性知识需要采用机械记忆与学习的方式外，绝大多数的陈述性知识只有通过精加工的方式才能获取意义的理解。因而，教师在知识传授的过程中需要注意引导学习者梳理已有知识的结构、突出新知识的特征、建立新旧知识的联系。同时，对学习材料的精加工也不局限于以抽象的符号形式进行，对相应的陈述性知识进行表象联想、记忆关键词和寻找内在联系等方式都是开展精加工的形式。因此，教师也需要引导学习者注意在日常生活中积累感性知识与体验，从而更有利于进行陈述性知识的精加工。

另外，对陈述性知识的精加工与组织要求学习者激活新旧知识并在工作记忆层面对其进行认知操作，同一时间激活过多的知识、激活扩散的范围过大，容易造成工作记忆负荷的增加，影响信息加工的速度与质量。需要注意的是，虽然工作记忆的容量是有限的且其容量以组块为基本单位，但不同个体的工作记忆组块、同一个体对不同学习内容的记忆组块的容量却并不相同。工作记忆的组块容量可以是一个字母、一个数字、一个单词、一系列词组，甚至是一个句子。因而，教师需要引导学习者注重对学习内容的组织加工，通过列表对比和绘制关系图等概括与归类等组织加工的方法，更为高效地组织与整合工作记忆组块中的知识内容。

知识专栏

组织策略与儿童学习

约森等人探讨了儿童运用组织策略的能力与其图片记忆成绩的关系。实验中，约森让儿童记忆动物、交通工具和家具三类图片，通过其在回忆时能否将同类图片进行聚类来判断儿童的组织策略运用能力。

结果发现，儿童对图片的组织聚类的程度越高，其图片的回忆量就越大。这表明，儿童在记忆材料时，能运用系统化、组织化的策略进行知识材料的记忆，能形成结构清晰、易于检索的知识结构，这种精加工的信息编码方式有利于知识的融会贯通。

资料来源：莫雷．教育心理学．广州：广东高等教育出版社，2005：196．

3．多途径地促进知识信息的保持与提取

一个完整的陈述性知识学习过程要求学习者在把新知识通过编码纳入已有的知识体系后，还要学会对其进行保持、巩固与提取，否则新旧知识之间的不断同化、已有知识结构的不断调整很容易导致储存在长时记忆中新学习的知识被遗忘。因此，教师需要为学习者安排各种形式的复习，例如，在时间上的集中复习与分散复习、及时复习与延时复习，在形式上的反复阅读与尝试回忆，在手段上的眼看、口读与手写等。

另外，知识的学习还要求学习者能对已学习知识进行提取与运用，而知识的提取与运用过程也能进一步实现对知识的保持与巩固。因而，教师可以结合不同的问题情境，组织学生通过习题练习、完成作业或动手操作等形式合理地提取与运用知识，将知识学习的结果以外部的行为方式展现出来。同时，教师也需要在学生运用已学知识解决问题的过程中及时进行指导与反馈，提高学生运用知识的效率，促进学生的知识学习与迁移。

（二）促进陈述性知识学习的教学策略

在陈述性知识的学习过程中，学习者自身的学习心向、新旧信息间联系的紧密和匹配程度以及已有知识结构的稳定性和完整性等都是必不可少的条件。作为教师，可以根据以上陈述性知识的学习条件，运用如下的认知学习策略以进一步促进陈述性知识的教学。

1．动机性策略

动机性策略是指教师在教学过程中对学习者学习动机进行激发的手段与途径。由于陈述性知识主要以言语、文字符号予以呈现，因而对这些言语、文字符号能否进行积极关注将明显影响学习者的陈述性知识学习效果。一般而言，高学习动机水平的学习者，能拥有强烈的关注知识的愿望，在学习过程中也更善于思考使用何种精加工策略和组织加工的方法对新知识进行更优的学习、转化与表征，对陈述性知识学习的效果也会保持得更为牢固；相反，学习动机水平较低的学习者，其学习的主动性较低，容易出现机械的、简单重复的学习，因而对陈述性知识的表征层次较为表面，学习效率不高。因此，教师在课堂教学中需要合理运用动机性策略对学习者的学习动机进行激发。例如，教师对学习者的学习效果需要及时、清晰地予以反馈，在班级心理环境中营造适度紧张的学习氛围，都有利于学习者外部学习动机的激发。另外，教师还可以根据学习者的学习水平与个体特点，为其设定合适的目标，帮助其获得成功体验。在对待学习结果的态度上，可以引导其进行合理的归因，这能对其内部学习动机的激发产生积极影响。

2. 先行组织者策略

奥苏贝尔提出的先行组织者策略（advance organizer）要求教师在讲授新知识前，向学习者提供一些关于新知识的理解容易程度较高，概括性、整合性较强的学习材料，以便为学习者提供一个较好的知识固定点，从而促进新知识学习的效果。其中，使用说明性组织者主要向学习者提供关于新知识的上位类属概念，这有助于学习者在学习新知识的过程中对其进行系统归类；而采用比较性组织者则需要向学习者提供新旧知识间的比较，这有助于学习者明晰两者的异同，避免出现知识的混淆。

3. 多重表征策略

对知识的多重表征，要求学习者通过运用不同的语言形式，结合不同的知识表征形态对同一个知识进行表征。知识的多重表征，可以帮助学习者从多个角度对知识进行理解与建构，也更有利于学习者掌握新知识的原理性、深层的意义。对于陈述性知识而言，其表征的形态可以分为命题、命题网络与图式，三种表征形态的意义范畴各不相同，概括水平也存在差异。根据新知识的不同特点，采用不同的表征形态组合对陈述性知识进行多重表征，能有效促进知识学习的效果。

4. 多样化复习策略

复习是保持与巩固陈述性知识学习效果的重要途径，但复习并不是简单地对已学习知识进行复述，而是需要通过科学、合理的安排，实现对已学习知识的再加工和再组织。如前所述，有计划地安排复习时间和复习内容、通过多感觉通道的协同活动、阅读与尝试回忆交替结合等途径可使复习的效果更为高效，知识保持得更全面。同时，陈述性知识储存的主要形式是命题网络与图式结构，因而在复习的过程中也需要注重对已学习知识进行系统归类与划分，从而促进新知识与已有命题网络与图式结构的良好组织与构建，实现知识的融会贯通。

第三节　程序性知识的教学

一、程序性知识及其表征

与关于“是什么”的相对静态的陈述性知识相比，关于“怎么做”的程序性知识主要体现在个体的动态操作过程中，因而从信息的输入与输出角度上看，陈述性知识的输出往往是对其输入信息的再现，而程序性知识则需要对信息的输出进行运算和变式。那么，程序性知识一般包含哪些类型？其认知及表征机制与陈述性知识相比又有哪些不同？

（一）程序性知识的分类

1. 传统认知心理学的分类观点

在传统的认知与教育心理学中，对于程序性知识与技能的意义界定是相当的。传统的观点将程序性知识划分为动作技能知识和智慧技能知识两种。

动作技能知识是指用于指导个体执行系列的躯体动作、完成相关行为操作的知识。例如，驾驶车辆、折纸、打字等。而智慧技能知识则是指用于指导个体进行相关认知心理操作的知识。例如，个体解决各类代数计算题、应用题和对几何命题的求证等。

2. 现代认知心理学的分类观点

现代认知心理学将程序性知识分为模式识别程序和动作序列程序两种①。模式识别程序是关于识别特定的内部或外部刺激信息的过程。也就是说，个体需要掌握如何将输入的刺激信息与长时记忆中的有关信息进行匹配并予以识别。例如，当学习者需要根据图片回答“这是不是鸟类”或“图片中哪只动物是鸟”等问题时，需要采用模式识别这一程序性知识予以回答。

动作序列程序是指个体完成某项任务、执行某种操作的系列动作步骤。一般而言，个体所执行的动作步骤是基于其对相应模式的识别，即个体只有识别出某一情境模式中需要何种动作，才能执行相应的动作步骤。例如，儿童要完成拍皮球这一动作，需要识别出皮球向上弹起的情境，然后才能进一步执行手部向下拍打的动作。

此外，加涅把程序性知识区分为心智技能与认知策略两种。心智技能主要包括了上述的动作技能与智慧技能两种知识，指的是通过执行相应的动作与心理操作，实现对外部信息的加工与处理。因而，心智技能主要是针对人与外部客观现实的相互作用。而认知策略则主要针对个体自身的内心活动，是通过对个体认知过程的监控，实现对自身动作与操作的内在调节和控制。因此，从内部认知机制及其功能上看，加涅提出的认知策略这一程序性知识类型与前面提到的具有策略意义和调控功能的条件性知识密切相关。

（二）程序性知识的表征

信息加工论的创始人纽维尔和西蒙主张把人脑与计算机进行类比，认为两者都是对符号信息的加工与操作。计算机之所以具备运算的智能，是因为其中储存了一系列“如果（if）……，那么（then）……”的编码规则；同样地，个体在知识学习后，在头脑中也应该保存着类似的“如果/那么”的系列规则，这种规则称为产生式（production）。因而，产生式与产生式系统这两个源于计算机科学的专业术语被广泛认为是个体头脑中对程序性知识的表征形式。

一般认为，在个体头脑所储存的“如果/那么”产生式中，“如果”是一个条件项（condition），表征的是个体执行某种动作的前提条件或情境；“那么”则是动作项（ac-

① 何先友．青少年发展与教育心理学．北京：高等教育出版社，2009：149.

tion)，表征的是当与前提条件或情境匹配时需要执行的动作或操作。因而，也可以称为条件-活动规则（简称 C-A 规则）。比如，儿童在掌握如何安全通过马路的动作步骤时运用的产生式是：如果信号灯中的红灯亮，那么我们不能通过马路；如果信号灯中的绿灯亮，那么我们可以通过马路。

可见，产生式是表征程序性知识的基本单位。当表征的程序性知识比较复杂时，个体就需要采用产生式系统进行表征。

产生式系统由一系列相互联系的产生式所组成。也就是说，当前一个产生式的动作能为下一个产生式的动作提供条件时，这些相互联系的产生式就能构成产生式系统。因而，产生式系统具有闭合性，决定着系列行为操作从起点出发，根据产生式的目标导向，达到终点时停止。例如，对一元一次方程等式“$23+8x=12x+37$”的解答，其产生式系统如表 5－2 所示：

表 5－2　“$23+8x=12x+37$”解方程的产生式系统

产生式	条件项与动作项	
产生式 1	如果 那么	未知数项在方程等式的两边 需要将未知数项移动，使其位于等式的同一侧
产生式 2	如果 那么	常数项在方程等式的两边 需要将常数项移动，使其位于等式的另一侧
产生式 3	如果 那么	方程等式的两侧有同类项 需要对方程等式两侧的同类项进行合并
产生式 4	如果 那么	方程等式两侧的同类项合并完成且能进行运算时 对方程等式进行运算求值，求出未知数 x 的数值

可见，产生式系统中的各个产生式是环环相扣的，在前一个产生式完成后，后面的产生式才能依次执行。学习者对各个产生式的执行，可能是外显的认知操作，也可能是自动化的内隐认知活动。只有当条件与动作之间的联系经过不断的练习达到熟练程度后，各个产生式间的动作步骤才能实现自动化，学习者才能不用经过有意识的思考便顺畅地完成各个动作步骤，实现问题的解决。

二、程序性知识的学习机制

（一）程序性知识学习的一般过程

一般而言，学习者对于程序性知识的学习经历了从陈述性知识向自动化动作技能的转化，在这个转化过程中包含了如下三个阶段：

1. 陈述性阶段

在陈述性阶段中，学习者需要学习关于程序性知识的陈述性描述，包括理解相关原理、概念和操作流程等。通过对这些陈述性描述的理解，掌握与该程序性知识相关的知识概念。如对一元一次方程等式“$23+8x=12x+37$”的解答，学习者在进行方程求解前，首先需要理解“移项”和“合并同类项”的概念与规则。这个阶段的程序性知识还没有转化为实际操作中的行为动作，只是以可言传的形式呈现给学习者。

2. 程序化阶段

在程序化阶段中，学习者的主要任务是通过练习与反馈，将程序性知识的陈述性描述转化为实际操作中的动作。在练习的过程中，学习者逐步将各个产生式、各个操作流程串联起来，从而形成产生式系统，在行为上表现为能完整地开展整个动作流程。

3. 自动化阶段

在自动化阶段中，学习者在完整执行各个动作步骤的基础上，通过大量的练习使其达到自动化。在此过程中，学习者并不需要过多的意识控制就能顺利完成相关的动作步骤；同时，其行为执行的准确性和速度将会不断提高，最终表现为纯熟的技能与技巧。

可见，对于程序性知识的学习而言，借助反复的练习并根据练习效果的反馈对动作步骤进行调整是其得以实现的基本条件。如前所述，现代认知心理学将程序性知识区分为模式识别程序和动作序列程序。那么，这两种程序性知识类型的习得过程及认知机制又将是什么呢?

（二）模式识别程序的学习过程

在模式识别程序学习中，学习者主要是对产生式的条件项进行理解，其学习过程一般依靠概括化和分化来完成。

1. 概括化

概括化是指学习者对同类模式中的不同刺激做出相同的反应。例如，小学生把三条首尾相连的线段所组成的闭合图形统称为三角形就是对已有知识的概括。安德森认为，概括化就是将多个产生式中共同的条件项部分予以保留，把不同的条件项部分予以舍去的过程。这个过程需要在工作记忆层面才能完成，并且是一个自动发生的过程。概括化的结果是产生一个新的产生式，这个产生式的适用范围将会更大。

2. 分化

与概括化相反，分化需要学习者识别出不同刺激的差异。分化往往导致产生式条件项的增加，使产生式的适用范围变窄。例如，小学生理解三角形的概念后，进一步通过对比，能够识别“如果三角形有两边相等时，那么这个三角形为等腰三角形”和“如果三角形有三边相等时，那么这个三角形为等边三角形”等产生式的过程就是分化的过程。

总括而言，概括化过程常常通过提供正例来实现，而分化过程则需要通过提供反例来进行。模式识别的学习正是基于对概括化和分化、正例与反例的反复运用才能实现快速与准确的识别与判断。

（三）动作序列程序的学习过程

在动作序列程序学习中，学习者主要是对产生式的动作项进行学习，其学习过程一般依靠程序化和程序合成来完成。

1. 程序化

程序化是将各个动作序列或步骤从陈述性的知识表征向程序性的知识表征进行转化的过程。实现程序化后的动作在被执行时将不再需要激活与提取相关知识的陈述性描述。一般认为，程序化过程需要分如下两步来实现：

第一步是建立规则与步骤的命题表征。这个过程主要通过阅读、听讲、观看他人演示与操作等方式获取各个动作步骤的命题表征，并将其储存在长时记忆中，以便学习者在执行这些动作步骤时能以此为指导和依据，并依次激活动作步骤。例如，教师在讲授如何解一元一次方程等式时，往往会把解方程的各个步骤逐条写出来并讲解，以帮助小学生建立关于解方程各个步骤的正确命题表征。

第二步是将陈述性的命题表征转化为程序性的产生式表征。这个过程需要通过实际操作来实现，在实际操作的初期可能需要依靠讲授者的逐步提示，通过多次的动作步骤练习，可以逐步脱离对陈述性命题的检索、提取与监控。例如，教师在完成一元一次方程等式求解的讲授后，会结合习题带领小学生根据解题的步骤，逐步对习题进行解答，并通过反复的练习，熟悉各个执行步骤，顺利完成解方程的整个过程。

2. 程序合成

程序合成是将若干个产生式组合成一个产生式，将简单的产生式组合成复杂的产生式，以减少头脑中储存的产生式数量，缩短对产生式的激活时间，减轻工作记忆的负担，从而使行为操作流畅。其过程是：激活两个相互关联的产生式并使其进入工作记忆，在两个相互关联的产生式中，前一个产生式的动作项必须是后一个产生式的条件项。然后，通过保留前一个产生式的条件项，舍去后一个产生式的条件项，把两个产生式的动作项按照顺序进行合并，从而整合成一个动作技能组块，并通过多次练习，使新形成的动作技能组块得以保持与巩固。

虽然程序合成能使动作技能更为顺畅，但也可能导致操作的定式，从而影响个体在解决问题时的灵活性。因此，在教育教学过程中，一般要求把那些最为基础的、变化程度较低的动作步骤进行程序合成，如基本的阅读方式、写作方法和计算步骤等。对于那些需要基于特定问题情境进行组合的动作步骤，一般要求其保持一定的独立性，从而有利于根据具体问题进行拆分或重组，有利于提高问题解决的灵活性与变通性。

三、促进程序性知识学习的条件与教学策略

（一）促进程序性知识学习的条件

从上述程序性知识的学习机制可以发现，程序性知识的学习首先需要基于对相关陈述性知识的学习，因此，本章第二节中关于促进陈述性知识学习的条件在这里同样适用。此

外，促进程序性知识的学习还有一些其他的条件。

1. 提供充分的例证

例证，包括正例与反例，是进行模式识别程序学习的必要条件，缺乏足够的基于正例的分析与基于反例的对比，模式识别程序学习中的概括化和分化过程就无法完成。如果学习者无法准确地识别问题情境与模式，那么就无法选择合适的操作步骤，从而实现动作技能的完成和问题的解决。因此，也有研究者认为，这种影响动作技能选择与操作步骤运用的模式识别程序，其功能和意义与隶属元认知范畴的条件性知识相类似。张晓文等人曾在2011年以九年级（初中三年级）学生为被试，通过补充式的教学策略，以实例的形式将运用相关化学知识点的限制性条件向学生进行补充。结果发现，通过实例形式补充知识运用的限制性条件的实验组，其问题解决的成绩较没有接受补充式教学的对照组成绩明显更高①。这表明，在教学中通过提供充分的例证，能促进学习者对问题情境与模式的识别，从而进一步提高动作技能的掌握和实现问题的解决。

2. 提供练习与反馈

在程序性知识的学习过程中，需要学习者进行大量的练习，也需要知识讲授者根据学习者的练习情况给予及时的、充分的反馈。缺乏练习，相关陈述性知识只能以命题表征的方式储存在学习者的头脑中，无法进一步转化成程序性知识；对于已经学习的动作技能与操作步骤，也无法进一步变得纯熟、流畅甚至达到自动化水平。缺乏反馈，学习者可能无法发现动作技能与操作步骤形成过程中的细微偏差与错误，同样影响其动作技能与操作步骤形成的效果与效率。另外，在提供反馈时，也需要根据程序性知识类型的不同而有所侧重：对于模式识别程序的学习，需要重点对其是否正确、哪些地方出现错误提供反馈信息；对于动作序列程序的学习，在促进程序化上重点反馈正确性，在促进程序合成上重点反馈速度②。

（二）促进程序性知识学习的教学策略

基于上述程序性知识学习的条件，在日常的教学过程中，教师可以运用如下教学策略以进一步促进程序性知识的教学。

1. 示范与讲解策略

在程序性知识学习的起始阶段，教师对于动作技能与步骤的亲身示范与讲解影响着学习者对程序性知识的整体感知与把握。在示范时，教师应该降低示范的速度，避免学习者在初学阶段出现信息负担过重的情况；同时，在示范过程中辅以适当的讲解，有助初学者了解各个步骤的构成与特点。

---

① 张晓文，蔡笑岳，张维，赖淑贤. 学科领域知识教学对中学生化学学习效果的影响. 教育导刊，2011（11）.
② 张向葵. 教育心理学. 北京：中央广播电视大学出版社，2003：133.

2. 辅助辨别与比较策略

在建立陈述性的命题表征过程中，教师可以运用形象化的讲述、谐音记忆等辅助性方式促进学习者对刺激模式的记忆与识别。例如，在小学英语的音标教学中，教师对于单词中出现“oo”字母组合但发短音“u”的总结是“football book good look”（足球书好看），小学生很快就能学会对这些“oo”字母组合的单词进行辨别并准确地发音。同时，对于易混淆的感性材料，教师也可以通过比较的方式，呈现相关的正例及其典型反例，以促进分化的进行。另外，对例证的呈现可以采用多种变式，但变式的运用需要注意典型性与特殊性。

3. 程序的分解与展开策略

在对陈述性知识进行转化和程序合成的教学过程中，教师可以通过对操作程序进行分解，并对各个分程序和子步骤进行细致的展开，帮助学习者明确操作过程的细节。同时，也需要引导学习者总结各个程序与步骤的最佳操作方式，提高学习者对程序和步骤掌握的准确程度，避免不当、错误的操作程序。

4. 练习与反馈策略

教师在向学习者提供练习时，应注意数量上的充足、难度上的合理与多样。在学习的初期，可以安排难度较低、代表性较强的练习，在时间安排上采用分散练习的效果更好；在熟练掌握后，可以增加练习的时间与数量，提高练习的难度，使掌握的动作技能与操作步骤更为熟练、灵活。在反馈信息时，应该注意对操作过程细节的反馈，避免简单的正确与错误判断。

5. 条件性策略

学习程序性知识的最终目的是对程序性知识进行操作与运用。因而，在学习者掌握相应的动作技能与操作步骤后，教师应该进一步帮助学习者掌握运用相关程序性知识的条件项，即帮助学习者建立在何种条件与情境下使用何种程序性知识的联结。

本章小结

心理学中的狭义知识观认为知识是指以语言符号为载体，表征某一学科、某一领域的功能与意义的信息；而广义知识观则认为，知识是个体通过与其环境相互作用获得的信息及其组织。

对于知识类型的划分，可以有两种依据：第一，根据反映对象不同的深刻程度，可以将知识划分为感性知识和理性知识；第二，根据反映的心理加工性质与特点的不同，可以将知识分为陈述性知识和程序性知识。

根据知识信息的存在形式与加工的复杂程度不同，可以将知识学习分为符号学习、概念学习和命题学习。根据新旧知识的关系不同，可以将知识学习分为下位学习、上位学习与并列结合学习。

知识的学习一般包含知识获得、知识保持和知识运用三个主要阶段。

陈述性知识是关于“是什么”的知识，包括事实性信息、对原理与规则的描述、个体对事物的态度等。陈述性知识主要以命题、命题网络和图式进行表征。对于陈述性知识的分类，可以根据信息组成的复杂程度划分为符号、事实和知识群。另外，布卢姆基于测量的角度，将陈述性知识分为事实知识和概念知识。

陈述性知识的学习同样经过陈述性知识的获得、保持和运用三个阶段。这三个阶段是基于对命题的心理操作，包括命题的激活、扩散与保持。

程序性知识是关于“怎么做”的知识，主要体现了个体的动态操作过程。传统的观点将程序性知识划分为动作技能知识和智慧技能知识，而现代认知心理学的观点则将其分为模式识别程序和动作序列程序。根据信息加工论的观点，程序性知识以产生式与产生式系统进行表征。

程序性知识的学习一般经过陈述性、程序化和自动化三个阶段。模式识别程序的学习依靠概括化和分化来完成，而动作序列程序的学习则依靠程序化和程序合成来完成。

关键概念

陈述性知识　程序性知识　符号学习　概念学习　命题学习　下位学习　上位学习　并列结合学习　知识直观　知识概括

复习思考题

1. 根据遗忘的规律，谈谈如何促进知识的保持。
2. 运用命题的激活与扩散原理，试述陈述性知识的学习过程。
3. 简述模式识别程序和动作序列程序的学习机制。
4. 分别举例说明如何促进陈述性知识与程序性知识的学习。

本章阅读书目

1. 伍尔福克. 教育心理学：第 10 版. 北京：中国轻工业出版社，2008.
2. 卢家楣. 学习心理与教学. 上海：上海教育出版社，1999.
3. 莫雷. 教育心理学. 广州：广东高等教育出版社，2007.
4. 冯忠良，伍新春，姚梅林，王健敏. 教育心理学：第 2 版. 北京：人民教育出版社，2010.
5. 皮连生. 学与教的心理学. 上海：华东师范大学出版社，2009.

第六章

促进知识学习的有效途径

本章导读

小林是一名初中数学教师，最近一直苦恼于如何提高班级的学习效率。期中参加区模拟考试班上的总体成绩下滑后，整个班级的学习氛围就变得非常散漫，不少原来成绩中等的同学认为自己“不是学习的料”，觉得自己那么认真复习，居然也没取得好成绩，非常泄气。小林认为，此次期中考试由于题目难度较大，确实不易得高分，是班级总体成绩下降的原因之一。除此之外，他发现，班上不少同学重识记轻理解、运用，缺乏举一反三的能力。

如何鼓舞学生的士气，调动学生学习的积极性，如何促进学生对知识的理解、运用与迁移，如何教会学生适合的学习策略？这是很多教学工作者需要面对的问题，也是本章重点讨论的话题。

第一节　学习迁移

一、学习迁移概述

学习的目的不仅在于获得有关知识、技能，更重要的还在于能够将所学的知识、技能应用到新的情境中去，这就涉及学习的迁移（transfer of learning）。迁移是学习的一种普遍现象。平时我们所说的“举一反三”“触类旁通”都可以看作是迁移。迁移现象广泛存在于各种学习中，因而始终是心理学家研究的核心课题之一。

学习迁移指的是一种学习对另一种学习所产生的影响。这包括了先前学习对后继学习的影响，又包括后继学习对先前学习的影响；同时，所谓影响，既包括积极影响，也包括消极影响。

迁移广泛地存在于各种知识、技能与社会规范的学习中。比如说，学会骑自行车有助于学习驾驶摩托车，这是动作技能的迁移；学会一种外文有助于掌握另一种外文，这是知识的迁移；儿童从小在家养成的爱劳动的行为习惯会影响到其中学、大学乃至一生中的行为习惯，这是行为习惯的迁移。

个体现有的学习不能脱离以往的经验，即过去的经验影响着个体现在的学习，我们必须对迁移现象进行深入研究，了解其规律，从而更好地让有利于个体学习的迁移发生。

迁移的种类可以从许多角度来划分，不同的研究者从不同的角度对迁移进行分类。常见的划分角度有如下几种：

（一）从迁移的性质或者影响效果来看，可将迁移划分为正迁移与负迁移

正迁移（positive transfer）指一种学习对另一种学习起到积极的促进作用。如学会了平面几何，有助于学习立体几何；学习了数学的基础知识，有助于学习物理与化学知识。正迁移有助于个体具有积极的心理准备状态，减少新的学习活动的练习时间或者次数，进而提高学习效率。

负迁移（negative transfer）指一种学习阻碍和干扰了另一种学习。例如，学生在学习新的概念时，与原有的概念项目混淆，产生了干扰现象。在学习对数运算法则时，受先前所学的法则 $m(a+b)=ma+mb$ 的影响，错误地得到 $\lg(a+b)=\lg a+\lg b$。负迁移经常表现为产生僵化的思维，如反应定式等，导致对新的学习活动的练习时间和次数增加，学习效率和准确性下降。

（二）从迁移发生的层面来看，可将迁移分为水平迁移与垂直迁移

水平迁移（lateral transfer）又称作横向迁移，是指内容和难度上相似的两种学习之间相互影响。学习内容之间的逻辑关系是并列的。如在数学课上学习了直角后能促进钝角、锐角、平角的学习，因为这些概念之间的关系是并列的。垂直迁移（vertical transfer）又称纵向迁移，指处于不同难度、不同概括水平上的两种学习之间的相互影响。垂直迁移包括两个方面，一种是自下而上的迁移，即较具体、较低层次的学习对较抽象、较高层次的学习的影响。例如学习苹果、香蕉等具体概念，对学习水果这一概念会产生影响；二是自上而下的迁移，即较高层次、较抽象的概念的学习对较低层次、较具体的概念学习的影响，例如对“角”概念的掌握对学习直角、锐角等概念有一定的影响。

（三）根据迁移的时间顺序，可将迁移分为顺向迁移和逆向迁移

前面的学习影响着后面的学习，称为顺向迁移（forward transfer），大部分的迁移属

于顺向迁移，通常所说的“举一反三”“触类旁通”就是顺向迁移的例子；反之，后继学习对先前学习的影响，则称为逆向迁移（backward transfer），例如，学习了正方形和长方形之后对先前学习的平行四边形的理解产生影响，这就是逆向迁移。

（四）从迁移的内容来看，可将迁移分为一般迁移与特殊迁移

一般迁移（general transfer）是指一种学习中习得的一般原理、方法、策略和态度等迁移到另一种学习中去。布鲁纳认为，一般迁移能适用于许多表面特征不同但结构特征相同的多种情景①。特殊迁移（specific transfer）指将习得的具体、特殊的经验直接迁移到另一种学习中去。通俗地说，特殊迁移就是特定事实与技能的迁移，例如，在驾驶摩托车时，看前后视镜的习惯可以直接迁移到驾驶相关车辆的活动中去。

（五）从迁移作用的范围来看，可将迁移分为近迁移与远迁移

近迁移（near transfer）是指把所学的知识迁移到与原来学习情景比较相似的情景中，如掌握了某个语法规则后，利用该语法规则完成了一道语法题的解答。远迁移（far transfer）是指将所学的知识迁移到与原来的学习情景有很大不一致的情景中。如将学校学习的知识经验迁移到校外的实际生活中去。

除了上述几种常见的迁移类型外，研究者们还从其他角度提出了分类，比如所罗门与帕金斯根据迁移过程中意识参与的程度，把迁移分为低路迁移（low-road transfer）和高路迁移（high-road transfer），前者是自然的、自动化的，不需要或很少需要思维的参与，后者则需要意识的参与。

不同的迁移类型说明实现迁移的过程与条件也有所不同，因此对迁移进行划分，有助于探明产生迁移的最佳途径。

知识专栏

孔子的教育思想

我国古代学者对知识的迁移与学习曾有精辟的论述。

《论语》记录了孔子的一句话，“举一隅，不以三隅反，则不复也”。其中蕴含的意思是，在学生学习的过程中，可以先让他学习某一方面的知识，然后再让其充分地思考，最后通过启发、开导的方式引导他对这一方面知识的灵活运用，并推导出与之相关的其他方面来。这也是成语“举一反三”的典故。

可见，孔子这种“举一反三”的教学思想与当代关于知识迁移的学习思想是一致的，符合教学的基本规律，具有深远的意义。

---

① 冯忠良，伍新春，姚梅林，王健敏. 教育心理学. 北京：人民教育出版社，2000：262.

二、学习迁移理论

迁移是如何产生的？迁移是自动实现还是在一定条件下，通过一系列的认知活动实现的？研究者对迁移的本质及其过程进行了探讨，并形成了不同的学习迁移理论。

（一）形式训练说

“形式训练说”是最古老的迁移理论，它以“官能心理学”（faculty psychology）为基础。官能心理学认为个体心理的组成部分是各种官能，即注意、知觉、记忆力、思维、想象等，这些官能可以像肌肉一样通过训练而得到增强。这种官能得到训练后，能自动迁移到与这个官能有关的所有情景中。

形式训练说认为，教学的重要目标就是训练各种官能。通过适当的训练和练习，使学习者的官能得到改善。一旦官能得到了提高，日后在任何情境中都能立刻发生作用。某些学科可能具有训练某一或某些官能的价值，如学习拉丁语等古典语言和学习数学具有训练记忆、推理和判断的心理官能的作用，因此该理论主张学校里应重视古典语言和数学的教学，而不必重视使用知识的学习。这种观点认为，学习的具体内容是会忘却的，其作用是有限的、暂时的，重要在于形式的训练，而不在于学习的内容。

这种观点在欧美盛行了一两百年之久，后来形式训练说开始受到检验和挑战。詹姆斯与他的助手于 1890 年进行了一项记忆实验，他们发现记忆能力不受训练的影响，记忆的提高是由于记忆方法的改善。因此，詹姆斯对形式训练说提出了质疑。随后，桑代克的实验发现，高中生学习抽象的课程（如拉丁语、几何）后的推理能力并没有比学习实用课程（如算术）后强。其他人的研究结果也显示，对实验组被试进行解决代数问题的训练后，实验组被试在解决问题的能力上并没有比控制组有明显的改进。

因此，形式训练说主张通过某些学科的训练来提高心理官能的观点是行不通的。形式训练说的地位开始动摇，逐渐被其他迁移理论所取代。

（二）共同要素说

桑代克根据他所进行的一系列实验提出了共同要素说（identical elements theory），他起初用知觉方面的一系列实验对迁移进行研究。1901 年，他以大学生为被试，先对大学生进行训练。首先，让大学生估算 127 个不同形状的图形（如矩形、三角形、圆形和不规则图形）的面积，然后，再让他们估计 90 个大小不一的平行四边形的面积，接着进行两种测验。测验一要求被试判断 13 个与训练图形相似的长方形的面积，测验二要求被试判断 27 个在训练中出现过的三角形、圆和不规则图形的面积。结果发现，通过估算平行四边形面积的训练，被试对长方形面积的判断成绩提高了，但是他们对三角形、圆形和不规则图形的判断成绩与训练时相比，并没有提高。除此之外，桑代克在长度和重量方面也做了知觉实验，得到了类似的结论，当迁移任务与训练任务存在较大不同时，被试的估计能力并不因先前的训练而有所提高。因此，桑代克根据这些实验结果指出，迁移的原因是练习的活动与迁移的活动存在相似性。当练习活动与测验活动共有的要素越多，测验任务的成绩越好。实际上，桑代克认为，当两种情境中的刺激和反应都相似时，迁移才会发生，而且一个情境与另一个情境中相同的元素越多，迁移越大，因此，桑代克所谓的“共同要素”，实际是指两次学习在刺激-反应联结上的相同要素，指学习内容中元素间的一一对应。

桑代克的共同要素说在当时的教育界发挥了一定的作用，它使学校脱离了那种在形式训练说的影响下不注重实际而只考虑所谓的形式训练的教学状况。学校开始注意重视应用学科，教学内容也尽量与将来的实际应用结合。桑代克的共同要素说也对迁移理论研究做出了重大的贡献。然而，桑代克的理论只注重学习情景客观方面的特点对迁移的影响，而忽略了学习者的内在特点对迁移的影响。同时也有研究发现，即使学习情景与迁移情景之间存在一定的相同元素，前一种学习也可能会干扰后一种学习，而不是促进①。因此，相同要素不是学习迁移发生的充分必要条件。

（三）概括化理论

桑代克考察了刺激-反应之间的关系对迁移的影响，而贾德研究了原则和概括性的迁移。他认为，在经验中学到的原理原则是迁移发生的主要原因。贾德认为，桑代克提出的共同成分只是产生迁移的必要条件，而迁移产生的关键在于学习者能够概括出两组活动之间的共同原理，学习者的概括水平越高，迁移的可能性越大。

他通过著名的水下击靶实验证明了自己的观点。他以小学五、六年级学生为被试，让一组学生学习光学折射原理，另一组学生不学习该原理，然后让两组学生用标枪射击水下的靶子。最初，射击水下 30 厘米的靶子时，这两组的成绩大致相同，这说明理论不能代替实际的学习。但当情境改变，将靶子置于水下 10 厘米时，学习了光学原理的学生，其射击的准确性、速度都超过了另一组学生。贾德认为，这是由于事先经过训练的学生对不同深度的目标可以做出更适当的调整，将折射原理概括化，并运用到特殊情境中去。贾德说：“理论（指折射原理）曾经把有关的全部经验——水外的、深水的与浅水的经验——组织成为整体的思维体系。他们知道靶子在水中的深度不同，因而遇到第二种深度的水时就能有效应付了。”也就是说，他们学习了理论知识，理解了实际情况后，就能利用概括了的经验，迅速地解决需要按实际情况做分析和调整的新问题。

后来有些研究者做过类似实验，不仅进一步证实了贾德的理论，而且指出，概括化不是一个自动的过程，它与教学方法有密切的关系，同样的教材内容，教学的方法不同会使教学效果大为悬殊，迁移的效应也大不相同。

---

① 莫雷．教育心理学．广州：广东高等教育出版社，2005：285.

贾德的“概括说”指明了在学习情景中发生迁移的主要原因是学习者对学习情景共同原理的概括。这与学习材料的性质以及学生的能力因素密切相关。原则概括化的能力会随着年龄的增长而提高，年幼的学生要形成原则的概括不容易，因此有意识地培养概括能力的教学会有助于学生概括能力的提高和积极迁移的发生。同时，应注意到在对知识进行概括时常出现的两种错误：一是过度概括化，即夸大了两种学习情景之间的相同原则，忽略了差异，在学习中表现为把已学到的原则生搬硬套到新知识的学习中；二是错误的概括，造成对学习的机械的定式，导致负迁移的产生。

（四）格式塔关系转换理论

格式塔心理学家在概括说的基础上进一步发展了迁移的理论，他们重视学习者对学习情景内部关系的顿悟在迁移中的作用，也就是说，他们认为，迁移的关键不在于有多少共同的因素，而是学习者是否发现了两个学习经验之间存在的共同关系，因此，他们的理论被称为关系转换理论。

德国心理学家苛勒以小鸡、黑猩猩和 3 岁女孩为被试进行食物寻找的实验。他要求被试在两张深浅不同的灰色纸张上寻找食物，食物总是放在深灰色的纸上。他让被试学会在深灰色的纸张上拿到食物。当被试学会后，他用另一张灰色更深的纸替代浅灰色的一张，此时，原来是深灰色的纸张变成了现在的浅灰色。他的目的在于考查此刻被试会在哪一张纸上寻找，是在原来的那张深灰色（现在是浅灰色）的纸上，还是在灰色更深那张纸上寻找。结果表明，被试选择在灰色更深的那张纸上寻找食物，他认为，被试是根据情景中的关系产生了迁移而不是针对相同要素反应。

在迁移过程中，关系转换的视线会受到一些因素的影响，如练习量、诱因大小、训练时的刺激与现实刺激的差别程度。研究表明，训练时的成绩与现实的刺激越接近，越容易产生转换。练习越多，转换也较易发生。

关系转换理论虽然强调事件之间的关系，但并非与共同要素说、概括化理论相矛盾。如果把苛勒实验中“两个图片中颜色较深的一个”看作两个实验任务中的相同要素的话，则与共同要素说存在共同之处。此外，也可以把关系转换理论理解为概括化理论的深化或具体化，学习者越能概括事件之间的关系，就越有可能产生迁移。

（五）认知结构迁移理论

认知结构迁移理论是奥苏贝尔根据他的有意义言语学习理论（同化理论）发展而来的。奥苏贝尔认为，一切有意义学习都是在原有的学习基础上产生的。在意义学习中，学生积极主动地使新知识与认知结构中有关的旧知识发生相互作用，利用旧知识理解新知识，结果旧知识得到了充实或者改造，新知识获得了实际意义，进而产生了迁移。换句话说，学习者原有的认知结构始终影响着新的学习。

奥苏贝尔提出了三个影响有意义学习和迁移的认知结构变量：观念的可利用性，即面对新的学习任务时，其认知结构中应具有吸收并固定新知识的原有观念，这样才能产生意义学习；观念的可辨别性，指新的学习任务与同化它的知识的可分辨程度，两者的分辨程度越高，越有助于迁移并避免因新旧知识的混淆而带来干扰；观念的稳定性与清晰性，指学生面临新的学习任务时，其认知结构中原有知识是否稳定巩固、清晰，原有知识越巩固稳定，越有助于迁移，原有观念不稳定而且模糊不清，那么将不能为新的学习提供适当的关系和有力的固定点。

总的来说，奥苏贝尔认为，个体先前通过某次具体学习所获得的经验，是通过影响学习者原有认知结构中的有关特征来间接影响新的学习或迁移。

（六）产生式理论

安德森等人提出了迁移的产生式理论，认为迁移产生的原因是由于产生式规则的重叠，即已有学习经验和过往问题解决中个体形成的产生式规则与当前目标问题解决所需要的产生式规则有交叉重合。所谓的产生式规则是一个条件和行动的规则。这里的条件是指行为产生的条件，是学习者工作记忆中的认知内容，不是指外部刺激，而行动的规则不仅是指学习者外部的反应，也包括学习者头脑中的心理运算。

安德森认为，影响迁移的因素有两个：迁移量的多少取决于实验情景及两种材料之间的相关，即如果两个情景有共同的产生式，或者有产生式的交叉重叠，就可以产生迁移。此外，能否对知识进行深度的加工也对产生式能否实现迁移有影响。

案例分析

某病人腹部有一肿瘤，但不可开刀，只能用一种射线治疗。但射线容易损伤肿瘤周围的健康机体组织。如果用低强度的射线，虽无害于健康机体，但对肿瘤不起作用。那么，如何应用射线治疗肿瘤，同时又不伤害健康组织？

如果你现在还没有想到答案，请接着阅读下面的故事。

某城市中心有一要塞，从该要塞中延伸出许多条道路，并埋有地雷。若把部队集中起来从一条道路上进攻，则易触发地雷。将军成功地解决了这一问题。他将大队人马分成小分队，并派遣到各条道路上，最后同时聚集到要塞并攻占了要塞。

你现在想到了第一个问题的解决办法吗？

三、学习迁移的影响因素与教学策略

“为迁移而教”是教育界推崇的口号，要实现这个目标，就要了解迁移的影响因素并据此来促进教学。

(一)学习迁移的影响因素

1. 影响学习迁移的客观因素

(1)学习材料的相似性。学习材料的相似性是指前后两次学习的材料之间有无共同的要素或者成分，可以是学习材料表面内容、形式上的相似，也可以是深层结构、原理原则的相似。

(2)学习情境的相似性。学习情景如学习场所、环境的布置、教学或测验人员等条件越相似，学生越能利用有关的线索，促进学习中迁移的产生。

(3)教师的指导。教师在教学过程中，有意识地引导学生发现不同知识或情境中的共同点，启发学生去概括总结，指导学生举一反三，把已学到的原理知识运用到新的问题解决中，都有利于促进积极迁移的产生。

2. 影响学习迁移的主体因素

(1)学习者的分析概括能力。分析与概括能力高的学生，较容易发现两种学习情景之间的相同要素及其关系，概括出问题所隐含的原理原则，从而增强对新旧知识之间关系的识别，促进积极迁移的产生。

(2)学习者的迁移心向。心向也叫定式，是由先前的学习活动引起的对后续的学习活动产生影响的心理准备状态。迁移的心向是指学生随时将已学的知识经验迁移到新的情景中的心理准备状态。杜萨与霍布金斯曾经让大学生完成几种不同类型的测验，主试让实验组的学生在测验前接受与测验相关的训练，并建议他们在测验时运用训练所学知识。控制组被试接受同样内容的训练，但在测验前并未接受上述建议，因而没有把有关知识应用于当前测验的心理准备。结果，实验组的测验成绩大大超过控制组。这表明鼓励学生建立迁移的心向，寻求应用知识的机会对迁移有重要意义。

(3)原有的认知结构。认知结构一般是指个人先前的知识经验组成的心理结构。其质量，如知识经验的准确性、知识经验间的组织性等都影响学生在学习新知识、解决新问题时能否准确、快速提取已有的知识经验，从而影响迁移的发生。比如说诺维克对专家与新手的迁移问题进行了对比研究，发现专家比新手更容易产生正迁移。这是因为专家拥有组织合理的概括的认知结构，能够在抽象的结构水平上注意到问题间的相似性，较少受到表面特性的干扰①。

(二)学习迁移的教学策略

1. 注意教学材料和教学内容的编排

合理编排教学内容，即注意在各个教学单元相对独立的前提下，体现出各部分内容之间的内在逻辑联系和前后衔接，防止各部分内容之间相互割裂，或者干扰、重复。例如，在小学两步应用题教学中，教师应充分利用教材中两步应用题与一步应用题之间的逻辑关

① 冯忠良，伍新春，姚梅林，王健敏. 教育心理学. 北京：人民教育出版社，2000：277.

系，引导学生产生积极的迁移。

2. 促进基本概念、原理和科学规律的教学，提高学生对这些内容的总体理解水平

概括化理论表明，两种学习间的迁移部分是由于两种学习中的共同原理造成的，因此，一方面，教学中应注意讲解清楚原理原则，列举最大范围的例子和变式，使学生正确把握其内涵和外延。为了让学生理解基本原理，最初给予恰当的学习内容或者练习课堂，使学生充分掌握。接着，不但要演算基本原理、练习题，也要练习解答复杂的应用问题。另一方面，教学中也应有目的、有计划地指导学生自己总结规律。学生自己总结出来的规律或者方法也有助于学习的迁移，应鼓励学生自己总结、归纳和概括学过的知识，充分掌握运用基本原理的条件、方法，使基本原理达到有效的迁移。

3. 强调迁移的特征，引起学生的迁移心向

教师在教学中应指出教学的内容是何种共同要素的迁移，是内容的迁移，还是原理、原则的迁移，同时应明确地向学生提示学习的内容更适合应用到哪些情境中，学习内容在日常的实际生活中或者对以后的学习究竟有什么作用。这是引起学生兴趣的重要方法。

在已学习的内容与新学习的内容间有共同要素时，可引导学生利用这些共同要素进行学习，例如，小学学习的加、减、乘、除与初中代数中有关“0”和正数的知识是共同的，可以对代数的学习产生积极的迁移。在利用相同成分或要素进行教学迁移时，要了解学生是否已掌握这些知识和要素，除了正式的测验和考试外，教师教授新课前有针对性的提问既可以用于判断学生掌握这些知识的情况，又可以激发学生的有关知识，有助于学生新知识的学习。

原理运用

小学语文第一册识字《日月明》一课中，充分运用了共同要素说的学习迁移理论。比如，在课文中包括这样几句表述：“日月明，鱼羊鲜，小土尘，小大尖。一火灭，田力男，人木休，手目看。二木林，三木森，二人从，三人众。”

这种教学策略主要通过引导学生分析已学过的简单汉字（“日”和“月”）与新学习材料（“明”）之间的关系，通过把两者之间的共同要素进行迁移，使学生掌握了更多的新汉字。

第二节　学习策略

一、学习策略概述

（一）学习策略的界定

学习策略是什么？目前尚未有一致的定论，研究者从不同的角度和方法，提出了各自

的看法。学习策略的定义，概括起来有以下三种观点。

1. 学习策略是具体的学习方法或技能

持这种观点的研究者认为，学习策略属于信息加工部分，是学习者在学习过程中直接加工信息的方法或技能。如梅耶认为学习策略是“学习过程中用以提高学习效能的任何活动”。这些活动包括画线法、概述、复述等方法的使用。李格尼认为：“学习策略是学生用于获得、保持与提取知识和作业的各种操作与程序。”普雷斯利、威士顿和梅耶则认为学习策略是引导成功地执行学习任务的认知计划，它包括选择和组织信息、复述学习材料、提取记忆中的信息、增进理解材料的意义。这些学者基本上认为学习策略属于具体的方法或技能①。

2. 学习策略是学习的调节和控制技能

持这种观点的研究者认为学习策略是学习过程中对信息进行调控，具体指学习者在学习过程中，对上述信息加工过程实行调节与控制的一些技能。如在考试时，有的学生拿到试卷后，先浏览一下试卷，懂得调整和分配时间，先做容易的题，最后才做难题。这种对时间的调整和分配过程就是对信息加工的调节和监控。

3. 学习策略是学习方法和学习的调节与控制的有机统一体

一般而言，有效的学习策略包含了学习方法和学习的调控。学习方法直接作用于信息加工过程，用以编码、保持、提取和运用信息；学习的调控则作用于个体，用以维持、调节和控制学习者的内部状态，使学习方法能够有效发挥作用，例如，斯滕伯格指出，学习策略是由执行技能（executive skill）和非执行的技能（non-executive skill）整合而成。前者指学习的调控技能，是指学习者对学习进行规划、监控、修正的高级技能；后者指一般的学习方法，它是指用于对学习任务进行实际操作的技能。斯滕伯格认为，要完成高质量的学习活动，这两种技能都是必不可少的。

综上所述，西方研究者对学习策略的定义的角度不同，各有侧重。我国学者倾向于认同梅耶对学习策略的看法，认为学习策略是学习者在学习过程中积极操纵信息加工过程，以提高学习效率的任何活动；另外，也有研究者提出，学习策略是个体在学习过程中用来促进知识的获得与保存，以提高学习效率的一切活动。

（二）学习策略的特点

1. 操作性和监控性的统一

操作性和监控性是学习策略最基本的特性。操作性体现在学生认知过程中的各个阶段，实质在于进行各种认知加工，能够为有效认知提供各种方法和技能。监控性体现在内隐的认知操作之中，因为它具有实施监控的机制，如元认知。

---

① 张大均. 教育心理学. 北京：人民教育出版社，2005：168.

2. 外显性与内隐性的统一

学习策略的监控性特点意味着学生常常需要进行某些外部的学习操作，因而表现出外显性特点。同时，学习策略对学习的调控和元认知的意识是在学习者头脑中借助内部语言进行的内部意向活动，它支配和调节着外部操作，因而它又具有内隐性的特点。

3. 变通性与通用性的统一

学习策略在一定程度上不受学习材料和学习情境的制约，可以随时根据学习的需要，进行自我调整以适应不同的学习情景，具有变通性。但是学习策略也能通用于不同的学习活动中，比如在英语和语文的学习中可以使用 SQ3R 阅读法、记忆术等。

知识专栏

英国著名教育学家德瑞克·朗特里教授针对如何高效阅读总结了被称为 SQ3R 阅读法。

第一步：survey（浏览）。通过快速的预习或浏览掌握文章的大意。几个浏览重点：绪言、扉页、目录、浏览正文。

第二步：question（提问）。在浏览时，对值得仔细阅读的内容，提出你的问题。

第三步：read（阅读）。带着提出的问题仔细阅读全文。

第四步：recall（复述）。读完后，尽量复述出主要论点。

第五步：review（复习）。通过复习全文检查自己对该文的掌握程度。重复一遍上述四个步骤。

资料来源：高效阅读方法：SQ3R.（2010-04-20）. http://www.douban.com/note/68229777/.

二、认知策略及其培养

（一）认知策略的分类

认知策略是指学习者对学习材料进行认知加工的策略，可分为复述策略、精加工策略与组织策略。

1. 复述策略

复述策略是以言语重复识记过的材料，以巩固记忆的心理操作过程。经过复述，学习材料从短时记忆转向长时记忆。复述不是简单的重复，需要采用一定的方法才能达到最佳效果。

（1）注意复述方法，协同多种感官。

研究发现，读、背结合的方法有助于提高记忆效果。简单地重复背诵，容易分心，学习容易变得枯燥，不利于记忆。采用读、背结合，不仅有利于维持注意，而且也符合记忆的规律。另外，在复述过程中，要采用多种复习形式、协同多种感官的活动。古人提出读书要“眼到、口到、心到”，都说明了同样的道理。

（2）及时复习。

根据艾宾浩斯揭示的“遗忘是先快后慢、先多后少”的规律，复述要及时，越是难以记忆的材料，越需要及时复述。例如，当天学习了8个英语单词，当天就要复述10分钟，第二天再复述5分钟，第三天再复述2分钟。

（3）过度学习。

过度学习是指对某知识的学习程度超过了全部正确回忆的程度，即一般学习程度达到原初学习程度的150%时，学习效果达到最佳。比如，原来用1个小时刚好记住某一个知识点，最佳的记忆效果应该是再增加半小时来记忆这一内容。如果原来记忆某内容需要10次，那么再记5次就可以达到最佳的记忆效果。

复述除了运用重复的形式进行外，还可以运用其他形式，如下划线和写摘要等。下划线是在需要复述的信息较多时采用的一种复述形式，适用于各个年级学生的学习活动。写摘要则要求学生用自己的语言表达文章的主要意思，这样促使学习者形成文章清晰的结构表征，利于信息的提取。

2. 精加工策略

精加工策略是一种深度加工策略，是指学习者为了更好地记住所学的东西，利用表象、意义联系或人为联想等方法对学习材料做有意义的加工。其核心在于把所学的新信息与已有知识联系起来，以此来增加新信息的意义。例如，“小王讨厌上学”，如果补充“小王不喜欢数学老师”，则新信息更容易记忆。一般来说，精加工越深入、细致，回忆就越容易。在适当的原有知识水平下，精加工策略通过在新知识与原有知识之间建立有效的联系，使新知识牢牢地固定在原有知识的相应点上，极大地提高了新知识的稳定性，促进了新知识在长时记忆中的保持。常用的精加工策略有位置记忆法、首字母连接法、关键词法、谐音法。

（1）位置记忆法。

位置记忆法是指学习者在头脑中确定一幅熟悉的场景，在这个场景中确定一条明确的路线，在这条路线上确定一些特定的点，把所要记的项目全部视觉化，并按顺序和这条路线上的各个点联系起来。例如，从学校到超市要经过宿舍楼、草地、足球场、游泳池，这些都是学生在日常生活中非常熟悉的地点，现在要记住的内容是衣服、汽车、巧克力、荔枝。在特定位置和要记住的项目之间可进行如下联想：宿舍楼里挂满了衣服，草地两旁的路边停满了汽车，去足球场踢球前吃点巧克力补充能量，游泳池周围都是清一色的荔枝树。联想越有趣越利于记忆，回忆时只需要按路线上的特定位置提取所记项目。

（2）首字母连接法。

首字母连接法是指将材料的首写字母组合成有意义的词或者句。例如，“VIP”是由“very important person”的首写字母组合而成的，“SOHO”是“small office home office”的各个首字母的组合词。

（3）关键词法。

这种方法将新词或者概念与相似的声音线索词，通过视觉表象联系起来。例如，英文单词“tiger”可以联想成“泰山上一只虎”。这种方法在教外语词汇时非常有用。例如，学习英语中的“gas”（煤气）一词时，可以联想成“该死——煤气中毒死人”，从而使关键词“该死”与“gas”的词义建立联系。

（4）谐音法。

谐音法就是用相同或相似的读音将无意义材料变成有意义的材料以帮助记忆。运用这种方法的例子很多，例如，中日甲午战争爆发于1894年，可用谐音“一拔就死”来记忆。这种方法比较适用于无意义材料，对本身就有严密逻辑关系的有意义材料并不适用。

3. 组织策略

组织策略是指对学习材料按照特征、类别进行整理、归类或者编码，以便于学习、理解的一种基本学习策略。其优点在于：使学习内容精简、有条理，从而帮助学生理解学习内容，形成较为清晰的知识网络。例如，上街买菜，东西很多很杂，你难免丢三落四，这是因为短时记忆一时难以承受如此多的信息。但如果用某种逻辑的方式将这些东西组织起来，如将这些具体的食物可以归入主食、蔬菜、肉类、水果、饮料、调味品之中，这些东西就会变得有意义，容易记住。大量的研究表明，组织是对信息进行有效编码的又一重要方式，它能有效地提高对材料的理解、记忆与表述。常用的组织策略类型有列提纲和作关系图：

（1）列提纲。

列提纲是以简要的语词写下主要和次要的观点，也就是以金字塔的形式呈现材料的要点，每一具体的细节都包含在高一级水平的类别中。如图6-1所示：

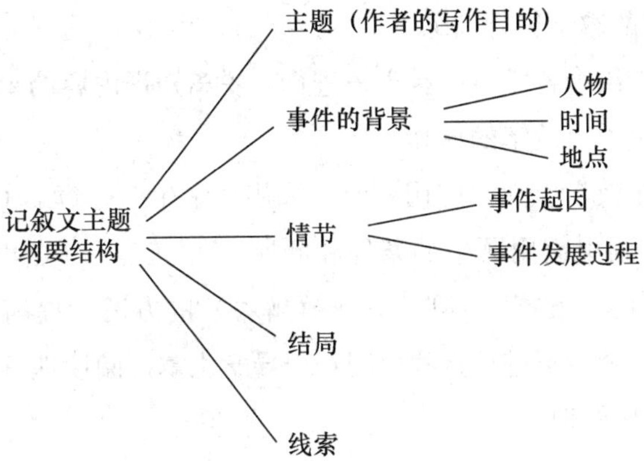

图6-1 列提纲图示

（2）作关系图。

作关系图是指图解各种观点是如何相互联系的，也就是先指出中心思想然后图解它们之间的关系。作关系图可以用来替代作笔记和列提纲。在作关系图时，应先识别课文的主要观点，然后识别次要的观点或者支持主要观点的部分，接着标出这些部分，然后将次要的观点和主要的观点联系起来，最后的成果就好似一张关系图。如图 6-2 所示：

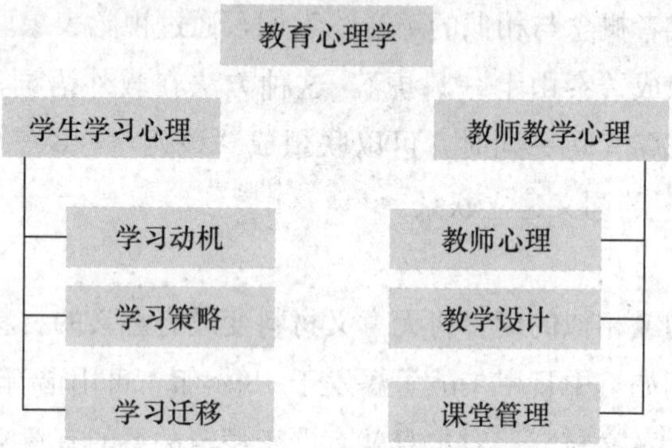

图 6-2　教育心理学知识关系图

（二）认知策略的培养

学习策略本身也属于一种知识，它既是促进学生学习的条件，又是学校教育的重要目标，因而学校教育也应该注重学习策略的培养。

1. 教师直接指导

虽然目前对学习策略的定义尚未有明确的定论，但可以肯定的是学习策略是存在的，是可教的，因此学习策略可被视为像数学、化学等课程，由教师讲解一样，用直接说明的方式教导学生。教师可以描述：什么是学习策略；学习学习策略的理由和好处；如何使用一些有效的学习技巧，应用时需要注意的事项；等等。如在语文阅读教学中，可以教导学生如下的步骤及技巧：浏览大标题、背诵次标题、阅读重要的资料内容、重新阅读次标题和背诵重要细节。

2. 结合学科知识的教学进行训练

学生的学习策略应结合各学科的教学来进行，脱离知识内容的单纯训练容易导致形式化倾向，难以保证学生学习效率的提高。

如一位小学老师在教学生学习应用题时，采用让学生“一读”（读一下题目讲了一件什么事情）、“二画”（画出应用题中的条件和问题）、“三点”（点出关键词语）、“四想”（想出正确的数量关系）、“五算”（列算式正确解答）的方法，提高学生解答应用题的能力。他让学生用以上几个步骤进行自我提问，引导学生掌握阅读理解应用题的操作程序。

3. 注重元认知策略的训练

教师除教学生获得学习策略外，还应让学生懂得为什么（why）、何时（when）、何处

（where）运用策略。一般来说，学习能力强的学生，其元认知发展水平较高，具有较多有关学习策略方面的知识，善于监控自己的学习过程，会灵活运用各种策略去达到特定的目标。对于学习能力一般的学生，教师需要教会学生何时、何处、为何运用这些策略，即教会学生反思方法、培养反思习惯，增强学生对本身学习策略运用的调控。

三、元认知策略及其培养

（一）元认知的定义

在众多元认知定义中，以元认知研究的开创者弗拉维尔的定义最具代表性。他认为，元认知（meta-cognition）就是对认知的认知，即个体关于自己认知过程的知识以及调节认知过程的能力，是对思维和学习活动的知识和控制。

（二）元认知的成分

具体来说，元认知包含了三个独立却又互相联系的成分：对认知过程的认识、对认知过程的体验以及对认知过程的监控。

1. 对认知过程的认识

对认知过程的认识是有关认知的知识，即人们对于什么因素影响人的认知活动的过程与结果、这些因素是如何起作用的、它们之间又是怎么相互作用等问题的认识。如我们具有的关于自己和他人作为认知加工者的一切知识，关于完成认知活动有哪些策略的认识等。

2. 对认知过程的体验

对认知过程的体验是指伴随认知活动产生的认知体验和情感体验，既包括知道的体验，也包括不知道的体验，体验既可以发生在认知活动前，也可以在认知活动后、认知活动中产生。

3. 对认知过程的监控

对认知过程的监控是指个体在认知活动过程中，将自己正在进行的认知活动作为意识对象，不断地对其进行积极、自觉的监视、控制和调节。对认知过程的监控包括以下几个方面：制订计划；实行控制，及时评价、反馈认知活动进行的各种情况；检验结果；采取补救措施。

（三）元认知策略

元认知策略，主要是学习者对认知过程进行监控、评价与调节的策略。具体包含以下几种：

1. 计划策略

计划策略包括设置学习目标、浏览阅读材料、产生待回答的问题以及分析如何完成学习任务。成功的学习者并不只是被动地听课、做笔记和等待教师布置作业。他们会预测完成作业需要多长时间，在考试前复习笔记，在必要时组织学习小组。换言之，成功的学习者是一个积极的而不是被动的学习者。

2. 监控策略

监控策略包括阅读时对注意加以跟踪、对材料进行自我提问、考试时监视自己的速度和时间。这些策略有助于提醒学习者在注意和理解方面可能出现的问题，以便找出来加以修改。一般有两种监控策略：目标监控和注意监控。

目标监控是指学习者在学习过程中有明确的目标，在整个学习过程中始终注重实现这个目标，并根据这个目标监控学习过程，包括寻找重要细节，找出要点等。有几种具体方法可以提高学习者的目标监控：

(1) 改变阅读的速度。针对不同难度的阅读材料及不同阅读者的个体差异，阅读过程中可以改变阅读速度，如对于比较容易的章节快速阅读，抓住作者的整体观点；对于较难的章节，则放慢速度。

(2) 容忍模糊。如果某些陈述不够清楚，要继续读下去，不要中止，作者可能会在后面对此加以补充说明。

(3) 猜测。当不太理解某些内容时，要养成猜测的习惯，猜测其含义，并且读下去，看自己的猜测是否正确。

(4) 重读较难的段落。当信息似乎自相矛盾或者模棱两可时，此时运用重读往往是最有效的。

注意监控是指学习者在学习过程中对自己的注意力或者行为进行自我管理与自我调节，如注意此刻正在做什么，如何避免接触能分散注意力的事情，如何克服分心等。在课堂中，有些学生往往很难把注意力集中在教学任务上。有研究表明，课堂中的学生能使用某种控制过程来引导自己的注意，并有选择地去知觉他们所读的内容。那么，在教学中，教师应如何充分利用这一点来唤起学生的注意呢?

(1) 讲授新内容前，告知学生这一节课的教学目标。

(2) 使用标示重点的线索，如声音高低的变化、手势的变化。

(3) 增加材料的情绪性，带有情绪色彩的词比中性词更能引起学生的注意。

(4) 利用新奇、变化、动态的刺激，引起学生的注意。

(5) 直接告知学生所学内容的重要性，这对集中学生的注意有显著作用。

3. 调节策略

调节策略与监控策略有关。例如，当学习者不理解某一部分知识时，他们就会退回去再次阅读困难的段落；在阅读困难或者不熟的材料时放慢速度；考试时跳过某些难题，先做简单的题目。调节策略能帮助学生及时调整他们的学习行为，使学习效果最大化。例如，某学生正在学习历史知识，这个学生意识到这些知识将会以简答题和论述题的形式进行测验，于是其制订了一个学习计划来理解要点。他首先复述了重要的历史事件，在复述过程中意识到自己在回忆一些战争和条约时有困难，于是他决定写下这些知识点，并通过列提纲的方式进行记忆。他这种对自己的学习进行监控并想出对策来解决问题的能力，正是成功学生的一个重要特征。

（四）元认知策略的培养

1. 提高学生对元认知的重要意义的认识

学习过程其实是观察、记忆、思维、想象的认知过程，认知过程的好坏直接影响着学习的效果，而学生的学习方法反映了认知过程。因此，要注意学习方法是否与学习任务的要求相适应，这样一旦发现问题，就能迅速调整与改进。

2. 在教学中重视元认知的教学示范

在教学工作中，教师不应该将自己在解决问题时的计划、监控与评价隐藏起来，而要展现解决问题的全过程，即以自言自语式的出声思维，将自己的思维过程展现给学生。这样，可以使学生更直观地学会关于问题解决的技巧，用实际行动做出元认知活动的示范，使学生逐步体验到“这样做”的道理与意义。

3. 强化对元认知能力的训练

元认知能力是在元认知知识的基础上，通过实际训练逐步培养起来的。其中，训练是培养元认知能力的重要途径。元认知能力的训练应该贯穿教学的始终，比如说教师在解题前告诉学生审题、求解与总结的策略，解题后要求学生说说自己是怎样审题、求解和总结的，并对这个过程进行自我评价，对自己的学习结果进行检查、反馈，及时纠正错误，提出补救方法。表 6－1 是研究者金在他的实验中所用的供元认知训练用的问题单。

表 6－1　　元认知训练问题单

计划
这个问题是什么？现在我们打算干什么？
关于这个问题我们目前知道了些什么？已给了我们哪些信息？这些信息对我们有什么用？
我们的计划是什么？
还有其他的办法吗？如果……，将会怎样？
下一步我们做什么？
监控
我们遵照了我们的计划或策略吗？我们需要一个新的计划吗？我们需要一个新的不同策略吗？
我们的目标变了吗？现在的目标是什么？
我们是否按照已有计划进行问题解决？我们正逐步接近目标吗？
评价
哪些措施起了作用？
哪些措施没有起作用？
下一次我们应该有什么不同的措施？

四、资源管理策略及其培养

资源管理策略是一种支持性的学习策略，一般来说，包含了以下三种：学习计划与学习时间的自我管理、学习环境的自我管理、学习资源的充分利用。

（一）学习计划与学习时间的自我管理

凡事预则立，不预则废。学习计划是提高学习效率的重要一环。按照计划行事，能使自己的学习生活节奏分明，同时减少了时间浪费，提高了学习效率。学习计划的实行也是意志力的体现。坚持实行计划有助于磨炼学生的意志力。通过对意志力的磨炼，使个体排除学习中各种困难和干扰，专心学习。

制订学习计划是学生自我管理的一项重要技能，但由于中小学生缺乏自我管理意识，也欠缺计划管理的经验与能力，因此，帮助学生学会制订计划并管理好时间是十分必要的。

一般来说，辅导者协助学生制订学习计划时，应注意以下几方面内容：

1. 协助学生结合自身实际，制定学习目标

制订的计划不要脱离学习实际，要找出自己的长处和短处，依据自己的知识和能力的实际，确定适合自己的学习目标，不要定得太高或太低。有些同学制订计划时，满腔热情，计划得非常完美，可执行起来却寸步难行。这是因为目标定得太高，计划制订得太死，脱离实际。学习目标也有远近之分，包括近期目标和长远目标，比如说长远目标是背诵出本学期英语课本的所有单词。短期目标可以是每天背诵 5 到 10 个单词，日积月累，逐渐逼近长远目标。

2. 培养学生良好的时间管理能力

时间安排也称时间管理。一般可把学生的学习时间分为常规学习时间和自由学习时间。常规学习时间指按学校规定的学习时间，主要用来完成老师布置的学习任务，消化当天所学的知识。而自由学习时间指除常规学习时间外的归学生自己支配的时间，学生可以用来弥补自己学习中欠缺的，或者用来发展自己的优势和特长，或者用来深入钻研一件有意义的事情。自由学习时间的安排是学习计划的重点。抓住了和合理利用自由学习时间，对学生的学习和成长都会有极大的好处。所以教师应该注重提高常规学习时间的效率，增加学生的自由学习时间，让学生掌握自己的学习主动权。

3. 提醒学生对重点突出学习

学习时间是有限的，学生的精力也是有限的，所以学习要有重点。第一个重点是指学生学习中的弱科，第二个重点是指知识体系中的重点内容。在时间、精力有限的情况下，只有抓住重点才能取得更好的学习效率。

（二）学习环境的自我管理

学习环境的好坏会直接影响学习的效果。学习环境分为自然环境、物质环境与心理环

境三个方面。

学习的自然环境方面，包括空气、温度、光线、噪声等。舒适的温度有利于人体各部分机能的正常发挥，最适宜的脑力劳动的温度是16℃～21℃。学习环境中的光线应均匀分布，切忌刺眼或者明暗反差强烈的光。一般而言，桌面上的光照度应以200～500勒克斯为宜，即一盏30～40瓦的白炽灯即可满足照明要求。此外，学习环境也要保证空气的流通，让学生养成定时到户外去呼吸新鲜空气的良好习惯。

学习的物质环境包括学习的空间范围、室内布置、摆设等。条件允许的话，家庭应为孩子准备一间书房，这样可减少家庭成员之间的相互干扰，也让孩子有个相对安静的学习环境。

学习的心理环境主要是学生的心理状态。一般来说，积极情绪如高兴、喜悦、快乐有助于促进学习，而焦虑、痛苦、忧伤、愤怒、冷漠等负性情绪则起阻碍作用。

（三）学习资源的充分利用

学习资源的充分利用是提高学习效率的有效途径。然而，许多中小学生却不懂得如何正确利用学习资源。有些学生面对多如牛毛的参考资料，不懂得如何选择；有的学生或者干脆不用。这不仅仅是学习资源的浪费，也是资源使用不当产生的负面影响的表现，因此教师有必要对学生进行指导。

首先，参考资料的选择与利用。现在市场上充斥着各种参考资料，参差不齐，非常有必要给学生提供指导，教师应提醒学生注意参考资料的难度和数量。参考资料的作用是对书本内容的深化，要能启发、拓展学生的思维，但也不能过分超越学生的已有水平；此外，现在学生的学业负担本来就不轻，参考资料宜少不宜多，要选择由权威机构或权威人士编写的参考资料。

其次，网络资源的充分利用。随着科技的发展，因特网在我们学习生活中扮演着越来越重要的角色。我们足不出户也可以周游世界，学习各种知识。然而，网络上不健康的信息比比皆是，中小学生的辨别能力和自控能力相对较差，因此特别需要成人的正确指导。教师、家长应协助中小学生选择有利于学习的网络资源，对上网时间和内容要实行监控，以免学生沉溺于网络。

案例分析

小李在读高一，他很不自信，尽管他上课时总是全神贯注，并且认真完成作业，但是化学和物理的成绩一直不是很理想，其他功课也不太好。他的成绩总是与他所付出的努力不成正比。老师们都觉得他很认真，然而他的成绩总是没有起色。你觉得小李的主要问题在哪儿？老师们应该如何协助？

分析：学习动机、学习策略、学习迁移是促进知识获得的主要途径。案例中的小李学习态度认真，不存在动机的问题。小李最主要问题可能在于他本人的学习策略不当，其次可能是学习迁移能力较欠缺。根据本章节所学，教师应该着力培养小李的认知策略、元认知策略、资源管理策略。除此之外，教师也应培养小李的学习迁移能力。

第三节　学习动机

一、学习动机概述

（一）学习动机的概念

学习动机是引起和维持个体进行学习活动，并使活动朝向一定的学习目标的一种内部心理状态。学习动机一旦形成，它就会贯穿于某一学习活动的全过程，它是直接推动学习行为的原因和内部动力。

（二）学习动机的分类

学习活动中动机的作用是复杂的。研究者从不同角度对动机进行了分类。对于广大教师来说，了解和掌握学习动机的类型和特点，有利于进行有效教学。

1. 内部动机和外部动机

根据学习动机的动力来源，可以分为内部动机和外部动机，内部动机（intrinsic motivation）是指由个体内在的需要引起的动机，例如学生的学习兴趣、求知欲、改善和提高自己能力的愿望等。外部动机指由外部诱因所引起的动机，例如，有的学生是为了得到奖励，避免惩罚而努力学习。

具有内部动机的学生能在学习活动中得到满足，能有效地进行学校中的学习活动。他们具有好奇心，喜欢挑战，善于解决问题。具有外部动机的学生往往在困难面前容易退缩，回避具有挑战性的任务。

当然，内部动机和外部动机的划分不是绝对的。由于学习动机是推动个体从事学习活动的内部心理动力，因此，任何外界的要求、外在的力量都必须转化为个体内在的需要，才能成为学习的推动力。当外部动机起作用时，个体的学习活动较多地依赖于责任感、义务感或者希望得到奖赏和避免受到惩罚的意念。因此，尽管我们在教育中强调内部动机，但也不能忽视外部动机的作用。教师应使外部动机转化为内部动机，还要利用外部动机使学生已经形成的内部动机处于持续的激起状态。

2. 认知内驱力、自我提高内驱力和附属内驱力

这是由奥苏贝尔提出的分类。他认为，学生的所有与学业有关的行为都可以从这三方面的内驱力加以解释。认知内驱力，即一种要求获得知识以及系统地阐述问题并解决问题

的需要。这种内驱力，通常由于个体的好奇而产生，是一种最重要和最稳定的动机。这种动机指向学习任务本身，是个体自身为了获得知识而产生的，因此是一种内部动机。

自我提高内驱力，是个体通过胜任某些活动而获得相应地位的需要。这种内驱力，从儿童入学开始日益重要，成为成就动机的主要组成部分。与认知内驱力不同，它的目标是赢得某种名次、地位，从而满足个体的自尊心。自我提高内驱力把成就看作是赢得地位与自尊心的根源，显然是一种外部动机。

附属内驱力，是在个体希望获得或者保持他人的认可、赞许的一种需要。它产生于后天环境，需具备以下三个条件：第一，学生对他人在感情上具有依附性；第二，能从他人的赞许或者认可中获得一种派生地位（不是由学生本身的成就水平决定，而是从他自居和效仿的某个人不断给予的赞许或者认可中引申出来的地位）；第三，享受到派生地位乐趣的学生会有意识地使自己的行为符合他人的标准，借以获得并保持他人的赞许，这种赞许往往能使一个人的地位更确定、更巩固。

（三）学习动机对学习的作用

研究表明，学习动机可以促进学习活动。主要表现在以下几个方面：

1. 使个体的学习行为有了方向

动机的作用之一是导向，而学习动机是以学习目的为出发点，其首要作用在于使学生具有明确的学习目标，知道自己为何学习。

2. 使个体的努力程度得到增强

动机的另一个作用是激发和维持。学习动机决定了学生在多大程度上主动投入时间、精力从事某种活动并坚持下去。大量实践经验和研究结果都证实，动机水平高的学生能够在长时间的学习活动中保持认真的学习态度、克服困难坚持完成学习任务。

3. 学习动机影响学习效果

尽管学习动机有利于学习活动的激发和保持，然而，动机与学习效果的关系并非线性关系。有些学生学习动机水平高，学习成绩却不如人意，因为学习动机只是影响学习效果的众多因素之一。耶克斯和多德森的研究表明，动机水平与学习效果之间是一种曲线关系。他们的研究表明，总体而言，动机越强，效果越好。但在具体活动中，动机强度与活动效率之间不是线性关系，而是倒 U 形曲线关系，即中等强度的动机，活动效率最高。动机强度过低或过高，均会导致活动效率下降。另外，各种活动都存在一个最佳的动机水平，它随任务性质的不同而变化。在较容易的任务中，效率随动机的提高而上升；随着任务难度的增加，动机的最佳水平有逐渐下降的趋势。

二、学习动机理论

动机的实质是什么？心理学家从不同的角度提出了不同的理论来解释人类的学习

动机。

（一）本能论

本能是指先天的、在进化过程中形成、由遗传固定下来的一种不学而能的行为模式。如蜘蛛结网、海狸筑坝等，都是在进化过程中形成的本能行为。本能论主要是用本能来解释人的行为的动因。

著名的精神分析学家弗洛伊德认为，人的一切行为源自人类的两种本能：一是生的本能，如进食、性行为等日常生活行为；二是死的本能，如自杀、杀人、攻击等。他认为本能的冲动引发人类的各种行为。美国的心理学家詹姆斯认为人类比动物更多地依赖于本能行为，包括生理本能和社会本能，如同情、谦虚、社交和爱。他认为人类的本能与动物一样，都是为了适应环境。

根据本能论，我们可以为每一种行为找到一种相应的本能，那就等于根本没有说明行为产生的根源。因此，本能论受到了很多人的诘难。

（二）驱力论

面对本能论的困境，心理学家们试图运用其他的理论来解释行为的动因，驱力论便应运而生。驱力是一种假设的内部状态。当有机体的需要得不到满足时，便会在机体内部产生驱力，这种驱力又引起机体的反应，结果使需要得到满足。行为因内驱力的推动而产生，行为的目的在于消除内驱力。假如行为成功地满足了生理需求，身体便自然恢复平衡。行为的产生遵循以下过程：某种需要—引发心理紧张—唤醒驱力—采取行动消除紧张。例如：饥饿—感到不舒服—驱力被唤醒—寻找食物—饱腹感。

驱力论认为，引起驱力刺激的原因仅局限于人的生理需要，这种说法能解释所有个体行为吗？显然不能。人类有不少行为是由生理需要引起的，但把一切行为的原因归之于生理需要显然是不正确的。比如，一群饥饿的老鼠被放在一个全新的环境中，四处都是食物，但它们却四处探寻，直到好奇心被满足才开始进食。若按照驱力论，人类满足了一切生理需要之后便不再有其他行为，但实际上并非如此，人类生活中有相当一部分的行为不一定以生理需要为起因，如阅读、写作。因此，用驱力来解释人类所有的行为是以偏概全、失之偏颇的。

（三）强化论

强化是指有机体在学习过程中增强某种反应重复出现可能性的力量。能起强化作用的所有刺激物都是强化物。强化论认为行为不是由驱力所推动，该理论认为身体本身只提供了反应的基础，行为是由外在环境提供的各种强化物所决定。比如说，在学习中受到强化（如因为优异的成绩获得教师或者家长称赞）的学生，就进一步增强了他们努力学习的动机，而没有得到强化的学生（如没有因为好成绩受到师长的称赞）就缺乏进一步用功学习的动机。在学习中受到惩罚的学生就会设法逃避学习。

动机的强化论把行为的原因归结为外部强化物的作用，在一定程度上弥补了本能论过分强调个体本能的不足。然而，把人类行为的原因完全归结为外部强化，实际上等于否定人的主动性。

（四）需要层次论

人本主义心理学家马斯洛认为人本身有一种自发的成长潜力，教师的任务不只是教学生知识，更主要的是为学生设置良好的学习环境，让学生发挥自己的潜能自行学习。

马斯洛的需求层次论认为人类所有的行为都是由一定的需要所驱使的。他认为人类的需要包括生理需要、安全需要、归属和爱的需要、尊重需要与自我实现的需要。只有低级的需要满足后，才会产生高一级的需要。低层次的需要没有满足时，人就会设法去满足它，这些需要驱动着人的不同行为。生理需要，指维持机体生存及延续种族的需要，如对水、食物、休息、性等的需要，它驱动人的觅食、睡眠、求偶等行为；安全需要，指希望受到保护、免于危险从而获得安全的需要，它驱动人寻求帮助，避免疾病等行为；归属和爱的需要，指个体对归属感和被人关爱的需要，它驱动人寻求他人和社会的认同、关注、鼓励等行为；尊重需要，包括自尊和他尊，前者驱动如自信、自强、独立、胜任等行为，后者驱动如尊重他人、注重礼貌等行为；自我实现的需要，它驱动人通过创造和追求自我理想，充分发挥和表现自己潜能的行为。

马斯洛的需要层次论把学习的内部动机和外部动机结合起来，对实践极具指导意义。显然，当学生处于极度饥饿状态或者在危险的处境中，是很难有较强的学习动机的。而在真正的学习活动中，学生最缺的不是生理需要，而是尊重的需要。如果学生感受不到他是被教师或者他人尊重的，他们就不可能有更高级的需要，如追求成功、实现潜能的成长需要。教师如果能够尊重学生，让学生感受到归属与爱，那么学生就更容易产生较高的学习动机。

然而，该理论也有不足之处：首先，该理论提倡人追求成长的需要是先天固有的，说到底是遗传决定的，这是不合理的。其次，该理论认为只有满足低一级的需要后，才能出现高一级的需要，这一观点与许多事实相去甚远。它忽视了人的主观能动性对行为的调节作用。最后，需要层次论的观点缺乏客观、科学的验证。

（五）认知失调理论

认知失调理论最早是由费斯廷格提出的。他认为，人有很多关于自我、自己行为以及环境方面的看法、观念。如果这些因素之间出现不协调，个体就会产生认知不协调，这种不协调会让个体产生心理上的不舒适，使个人去改变有关的态度或观念，从而改变行为来减少或者避免这种不协调。

为了证明认知失调理论，费斯廷格进行了一项经典研究。他把大学生分成三组，即高奖赏组（工作结束后给 20 美元报酬）、低奖赏组（工作结束后给 1 美元报酬）、控制组

(无报酬)，要求三组被试在实验室里进行长达 1 小时的单调、枯燥的绕线工作。工作结束后要求高、低奖赏组的被试对等在门外的一个“被试”(其实是研究者的同谋)说“这个任务是非常有趣而愉快的”。最后，所有被试要填写一个问卷，回答他们在多大程度上喜欢这个任务。结果发现，多数高奖赏组和控制组的被试认为这项工作枯燥无味；而低奖赏组的被试大多认为从事这项工作是有趣的、愉快的，即他们改变了自己对这项任务的认知。

认知失调理论作为一种动机理论，在教育实践中也有重要的应用价值。当一个学生因为学习成绩不理想得到不愉快的反馈时，就会出现不协调，产生紧张感。为了消除紧张感，他既可以选择努力学习以取得好成绩，也可以选择把自己的不良成绩归因为自己没有学习的天分、题目太难等理由。此时，教师就应该帮助学生寻找一个合理的认知改变因素，避免寻找那些不利于学习的借口。

认知失调理论从认知的角度探索了人类行为可能的原因，强调了主体的认知调控对行为的影响，突出了主体的能动性，颇有新意。然而，人类行为的改变有许多更深层、更复杂的原因，仅通过认知方面的因素难以揭示其本质成因。

(六) 自我效能论

自我效能论最早由班杜拉于 1977 年提出，它是指个体对自己是否能够成功地进行某一成就行为的主观判断。班杜拉认为，人类的行为受行为结果的结果因素以及对结果的期望的先行因素的影响。结果因素就是通常所说的强化。因此，他认为行为出现的概率是强化的函数，这个观点是不确切的。行为的出现不是由于随后的强化，而是由于人认识了行为与行为的关系后对下一步强化的期望。班杜拉认为的“期望”，除了指对结果的期望之外，还有一种“效能期望”。结果期望指的是人对自己某一种行为会导致某一结果的推测。而效能期望，即人对自己能否进行某种行为的推测或判断，比如说，学生虽然知道认真听讲就会获得他所希望取得的成绩，但是学生还需要感到自己有能力听懂教师所讲的内容才会认真听课。班杜拉的研究表明，自我效能感形成的因素主要有：

1. 个体的成败经验

该因素对自我效能感的影响最大，因为它基于个人的直接经验。一般来说，成功的经验会提高自我效能感，反复的失败会降低自我效能感。但除此之外，成败经验对自我效能感的影响还受个体归因方式的左右。如果归因为外部不可控的因素就不会增强自我效能，把失败归因为内部的可控因素也不一定就降低自我效能。

2. 替代经验

人类的许多效能感就是来源于观察他人的替代经验。能否成功获得这种经验，一个关键因素是观察者和榜样能否保持一致性。

3. 言语劝说

在众多影响自我效能的因素中，言语劝说因其简便、有效而得到广泛应用，但由于它缺乏经验基础，其所形成的自我效能不是十分牢固。

4. 情绪唤醒

班杜拉在“去敏感性”的研究中发现，高水平的唤醒使成绩降低而影响自我效能，只有当人们不为厌恶刺激所困扰时，才更可能期望成功。

班杜拉等人的研究表明，自我效能具有以下功能：(1) 决定人们对活动的选择以及对活动的坚持性；(2) 影响人们在困难面前的态度；(3) 影响新行为的获得和习得行为的表现；(4) 影响活动时的情绪。高效能者在活动时充满信心，而低效能者则充满恐惧和焦虑。

自我效能感理论作为一种动机理论，把人的需要、认知、情感有机地结合起来，提出了人类行为动机的综合理论。尤为可贵的是，它强调了人的认知因素和自我调节等中介因素在人类行为中的重要作用。这是该理论对整个动机理论最大的贡献之处。此外，该理论始终采用科学、严谨的研究方法，研究结论具有很强的理论价值和实际应用价值。然而，他的动机理论在一定程度上带有循环论的色彩。

(七) 成就动机论

成就动机这一概念源自20世纪30年代默里的有关研究，四五十年代，麦克利兰和阿特金森等接受默里的思想，并将其发展为成就动机理论。

成就动机是指人们在完成任务中力求获得成功的内部动因，即个体乐于从事自己认为重要的、有价值的工作，并力求获得成功的一种内在驱动力。个人的成就动机可以分成两个部分：一个是力求成功的意向，另一个是避免失败的意向。通常这两种倾向在完成一个任务时是同时起作用的。若两种力量势均力敌，个体就会感到心理冲突的痛苦。如果力求成功的倾向强于回避失败的倾向，会促使人奋发上进；反之，会导致犹豫退缩。如果用 Ts 来表示追求成功的倾向，那它是由以下三个因素所决定：(1) 对成就的需要（成功的动机）Ms；(2) 在该项任务中将会成功的可能性 Ps；(3) 成功的诱因值 Is。用公式表示为

$Ts=Ms\times Ps\times Is$。

式中，Ms 表示长期的、稳定的追求成功的需要；Ps 表示成功的可能性；Is 为成功的诱因价值，这一项被认为与 Ps 有相反的关系，也就是 $Is=1-Ps$，即当 Ps 值降低，成功的诱因值增加。成功诱因值是一种叫作对成绩自豪的感情。一个困难任务取得成功以后所体验的自豪感比一个容易任务成功后体验的自豪感更强。比如说，在易学的科目上的高分，并不感到自豪，但在难学的科目上得高分，就会体验到自豪和胜任感。

与成就有关的情景既能引起对成功的期望，也能引起对失败的担心。回避失败的倾向是回避失败的动机（Maf）、失败的可能性（Pf）和失败诱因值的函数（If）。

$Taf=Maf\times Pf\times If$。

同前面一样，失败的可能性减少，失败的诱因值就增加。失败的诱因值可理解为一种

消极的情感，如羞愧、消沉。因此，在一种容易的任务失败后所体验到的羞愧感比一种困难任务失败后的羞愧感要强。

根据成就动机理论，作为结果的成就动机由力求成功的倾向的强度减去避免失败的倾向的强度得到，即 $Ta=(Ms\times Ps\times Is)-Maf\times Pf\times If$。由此得知，如果一个人在任务中获得成功的需要大于避免失败的需要，那么他就敢于冒风险尝试并追求成功。按此类推，如果学生遭遇一定的失败之后，反而会提高他们去解决这一问题的动机。此外，如果获得成功太容易，反而会减弱这些学生的动机。研究表明，任务处于中等难度水平时，力求成功者的成就动机值最大。因为成功概率约为50%的任务，能给他们提供最大的现实挑战，有助于他们通过努力来提高自尊心和获得心理上的满足。当面对难度太大的任务时，动机水平反而会下降。相反，避免失败者则倾向于选择非常容易或非常困难的任务，如果成功的概率大约是50%，他们会回避这项任务，以防止自尊心受损和产生心理烦恼。选择容易的任务可以保证成功，使自己免遭失败；选择极其困难的任务，即使失败，也可以找到适当的借口，得到自己和他人的原谅，从而减少失败感。

成就动机理论丰富了动机理论的研究，通过综合个体的需要、期望、诱因等，把人的动机的情感方面和认知方面统一起来，这对动机理论是一种突破性的进展，对更完整的动机理论的建立和发展有深远的理论意义。此外，该理论对教育实践有着重大的实践指导意义。比如说，针对学习任务的难度问题，对于力求成功者，应给予一定难度的任务，安排竞争的情境；而对于避免失败者，则要安排缺少竞争或者竞争性不强的情景，取得成功时及时表扬，给予强化。然而，这一理论并不能很好地说明成就动机的本质及其影响成就动机的各种变量。

(八) 归因理论

完成一项工作后，人们往往喜欢寻找自己或他人之所以取得成功或者遭受失败的原因，这就是心理学研究中所谓的归因。最早提出归因理论的是海德，后来维纳对此进行了系统探讨，发现人们倾向于将活动成败的原因归为以下6个因素：能力高低、努力程度、任务难易、运气好坏、身心状态、外界环境等。这6个因素可以归为3个维度，即稳定、不稳定，内在、外在，可控、不可控。3个维度和6个因素就组成了表6-2。

表6-2　动机的归因模式

因素	稳定性		内在性		可控性	
	稳定	不稳定	内在	外在	可控	不可控
能力高低	√		√			√
努力程度		√	√		√	
任务难易	√			√		√
运气好坏		√		√		√
身心状态		√	√			√
外界环境		√		√		√

维纳通过一系列的研究，得出了归因的最基本结论：个人将成功归因于能力和努力等内部因素时，他会感到骄傲、满意，而将成功归因为任务容易和运气好等外部原因，产生的满意感则较少。相反，如果一个人将失败归因为缺少能力或努力，则会产生羞愧和内疚，而将失败归因为任务太难或运气不好时，产生的羞愧则较少。但总的来说，归因为努力比归因为能力会产生更强烈的情绪体验，因此，内在、稳定、可控的维度是维纳强调的维度。

维纳的归因理论把人们成败的原因按照可控性、稳定性、内外部等维度进行分类，具有很大的概括性，是对成就动机理论的重要发展。它也为教育实践提供了可行的方法和途径。归因理论强调在教育教学中应培养学生的内在、稳定、可控的归因模式，让学生学会正确地认识失败，应对失败，具有重要的实践价值。然而，成就行为的来源是非常复杂的，仅从归因的角度来探讨其来源有待商榷。另外，按照哪些维度对归因进行分类也是值得讨论的。

三、学习动机的激发

学习动机的激发是指把潜在的学习动机转化为学习的行动，以提高学习积极性的过程。激发学生的学习动机有多种具体的技术与方法，以下从内外部动机这两个方面谈谈动机的激发。

（一）内部动机的激发

1. 创设“问题情境”，激发和维持学生的求知欲和好奇心

内部动机是由个体内在的需要引起的动机，其最核心的部分就是求知欲和好奇心，它们是激发学生内部动机的基础。实践证明，创设问题情境是激发学生兴趣和求知欲的有效方法和手段。创设问题情境是指提供的学习材料、条件让学生产生疑问，引起他们的好奇心与思考，使学生通过一定的努力能够成功地解决问题，其关键在于制造教材内容和学生的求知心理之间的“不协调”，进而产生不协调—探究—深思—发现—解决问题的过程。如在中学物理课或化学课上，教师先做实验，然后从中提出问题，激发学生的动机。

原理运用

一个小学数学老师要教“求四边形内角和”这节课内容，如何创设问题情境？

首先，让学生在准备好的白纸上随意画出四边形，然后用量角器度量其内角和。先量出四边形的四个角的大小，再将这些结果加起来。

其次，让学生汇报量角度的总和。有的是361°，有的是360°，有的是359°，有的是359°多一点点，提出三个问题供学生参考，为什么结论不一样呢？虽然每个人将自己画出

的四边形的四个角加起来后结果不一样，但为何结果却这么接近呢？我们的测量过程有些什么问题呢？

一席话激起学生们的探究欲望。尝试、观察、讨论、交流，终于发现：在量角的时候，由于都是取整数，所以就会有误差，而且每量一次，都会有一次误差，量了四次，误差就更大些。

此时，教师又顺势询问：有没有更好的办法来减少这种误差？学生自然就想到了只量一次。可是怎么才能做到只量一次呢？又是尝试、观察、讨论和交流。当学生们试图将四边形的四个角拼在一起去度量的时候，特征也就发现了：四个角拼成了一个“圆周”（其和为 360°）。

资料来源：韦秀红. 如何创设问题情境：激发学生学习兴趣. 现代教育教学探索，2014（3）.

2. 帮助学生正确认识自我，形成恰当的自我效能

班杜拉的研究发现，自我效能与学习兴趣存在正相关，且经过训练，学生的自我效能和成绩能显著提高。那如何提升学生的自我效能？尤其是学业不良的学生，由于对自己的能力持怀疑态度，表现出很低的自我效能水平，导致在学习中轻易放弃尝试、遇难而退。针对这一群体，教师可以通过增进学生的成功体验，来提高他们的自我效能水平。另外，根据自我效能的影响因素，替代性经验能影响个体的自我效能，因此，可以通过让学生获得替代性经验来提高他们的自我效能。比如说，可以通过榜样的作用让学生确信自己也有能力完成。

3. 通过归因训练，培养学生进行“努力”归因

动机的归因理论把学习成败的原因归为：能力高低、努力程度、任务难易、运气好坏、身心状态、外界环境。不同的归因方式会影响学生的动机，进而对学习行为产生影响。如前面提到的，内在、不稳定、可控的因素，如努力程度，是维纳所提倡、强调的，而归因为努力程度比归因为能力高低更能产生较强的情绪体验。当把成功归因为能力程度和努力程度，个体会产生自豪感，有助于增强自我效能，也有利于以后的学习和归因；然而，如果将失败归于能力低，学生则容易放弃努力，久而久之，就会产生习得性无助感。若把失败归因为自己的努力不够，学生可能会产生羞愧、内疚感，进而在未来的学习中投入更多的努力。因此，在教学中训练学生正确、积极的归因是十分有必要的，即训练学生进行“努力归因”，把成败都归因于是否努力学习，当学业不理想时，学生不会因为一时的失败而降低成功的期望。

（二）外部动机的激发

1. 提供学习结果及时的反馈，给予恰当的评定

老师提供学习结果的反馈，对学习效果有明显的改进作用。通过反馈，学习者可以及

时了解自己学习的结果，根据反馈信息调整学习活动，改进学习策略。当知道自己的正面的学习结果，看到自己的成功，会增加学习的信心，提高学习兴趣；知道自己的缺点和错误，可以及时改正，调整策略，获得成功。

反馈要及时，利用学生刚刚留下的鲜明的印象，满足其进一步提高学习的愿望。评定是常用的反馈方式。评定是指教师在分数的基础上进行的等级评价和评估。研究表明，通过评定等级可以表明学生进步的大小，但要注意评定的分数或等级并非表明个体的能力而是评定其进步快慢的指标。让学生明白等级评定的作用。

2. 有效进行表扬和奖励

表扬的目的在于强化学生合适的行为。与批评、惩罚相比，教师的鼓励能让学生奋发向上，特别是对年龄较小的学生和学业不良的学生。

美国心理学家赫洛克对表扬的效果进行了研究。他把 106 名四五年级的学生分成 4 组，要求每组学生连续 5 天，每天练习 15 分钟，做难度相同的算术加法。对第一组的学生成绩不给予任何信息，其他三组给予不同的反馈。第二组是受表扬的组，每次练习后，由主试宣布受表扬儿童的名字；第三组为受批评的组，主试从不表扬他们，而对他们在练习中的错误严加指责；第四组为受忽视组，每次练习后从不表扬也不批评，但让他们看到其他两组被表扬或者批评的反馈。结果表明，受表扬组的成绩提高，受批评组、受忽视组次之，第一组的学生最差。受忽视组的学生成绩略好于第一组，有可能因为他们本身虽然没有被直接强化，但还是间接地得到了一些信息，但成绩不如受表扬组和受批评组好。这个实验说明，教育中表扬的作用优于批评，批评又优于忽视。

虽然表扬和奖励对学习具有促进作用，但使用过多或者不当也会产生消极作用。布洛菲总结了有关表扬的文献，提出了使用表扬应注意的事项：(1) 表扬应针对学生的良性行为；(2) 教师应明确学生的何种行为值得表扬，应强调导致表扬的那种行为；(3) 表扬应真诚，体现教师对学生成就的关心；(4) 表扬应该指向学生努力的行为，即让学生意识到投入适当的努力，将来是有可能成功的。

3. 合理营造课堂的竞争气氛，调动学生的好胜心

竞争或竞赛活动有助于激发学生的斗志，是提高学生学习积极性的一种有效手段。因为在竞赛过程中，学生的好胜心动机和求成的需要会更加强烈，学习的兴趣会更加浓厚，克服困难的决心和毅力也会大大增强。研究表明，学校中开展适当的竞赛，对提高学生的积极性具有促进作用。

然而，过多的竞赛有可能不仅会失去激励的作用，还会造成紧张气氛，加重学生负担，适得其反。竞赛的效果受诸多因素影响，如学生本身的水平、竞赛形式。学习竞赛对成绩中上者的成绩影响最大，因为成绩中上者通过努力可以不断提高名次，而对成绩极优或极差者，学习竞赛的影响甚微。因为优等生每次都名列前茅，激励作用对他们而言不

大，而后进生则认为自己根本没有成功的希望，所以竞赛对他们也没有什么作用。竞赛形式也会影响竞赛效果。建议不要只搞个人间的竞赛，还要多开展团体间的竞赛，并鼓励学生开展“自我竞赛”，鼓励学生自己与自己比。

本章小结

学习迁移、学习策略、学习动机是促进知识学习的有效途径。

学习迁移指的是一种学习对另一种学习所产生的影响，学习迁移的理论主要有形式训练说、共同要素说、概括化理论、认知结构迁移理论。学习迁移的影响因素包含了主客观因素。教学中应培养学生的学习迁移能力。

学习策略是个体在学习过程中用来促进知识的获得与保存，以提高学习效率的一切活动。学习策略包含了认知策略、元认知策略、资源管理策略。教学中应促进不同学习策略的培养。

学习动机是引起和维持个体进行学习活动，并使活动朝向一定的学习目标的一种内部心理状态。主要的动机理论包括本能论、驱力论、强化论、需要层次论、认知失调理论、自我效能论、成就动机论、归因理论。内外部学习动机的激发需要通过不同的方式达成。

关键概念

学习迁移　学习策略　学习动机

复习思考题

1. 学习迁移是什么?
2. 学习迁移的理论有哪些？不同理论的主要观点是什么？
3. 学习迁移的教学策略有哪些？
4. 学习策略是什么？如何培养学生的学习策略？
5. 学习动机有何作用？有哪些主要的理论？
6. 观察你身边的教师，他们关于学习迁移的教学策略、激发学生的学习动机、培养学生学习策略的教学方法有哪些？

本章阅读书目

1. 莫雷. 教育心理学. 广州：广东高等教育出版社，2005.

2. 陈琦，刘儒德. 当代教育心理学. 北京：北京师范大学出版社，2004.
3. 冯忠良，伍新春，姚梅林，王健敏. 教育心理学. 北京：人民教育出版社，2000.
4. 张大均. 教育心理学. 北京：人民教育出版社，2005.

第七章

智力与创造力的培养

本章导读

实验小学正在举行知识竞赛，题目大多涉及一些常识性问题。当主持人提问“为什么先看见闪电后听到雷声”时，凯丽想起在自然课上老师曾经讲过这个知识，马上回答：“因为光波在空气中的传播速度比声速快。”接下来主持人又问：“中国的四大发明是什么?”凯丽曾经在课外书上看到过这个知识，但有些记不清了，回答得也不是很确定：“有指南针，火药……造纸术，还有……印刷术?”经过回忆，最终回答出来。后来，在附加分环节，主持人提出一分钟内说出筷子的十个用途，凯丽一边快速思考一边回答：“吃饭、制造模型、抽签、敲鼓、表演、串东西、疏通管道、指挥棒、做支架、当尺子……”

智力和创造力一直是心理学、教育学以及教学实践领域研究的热点问题之一。他们是影响学生学习的主要因素，也是个体差异和个性化的重要表现。尤其是创造力更是人的综合素质的一种体现，如何培养学生的智力和创造力更是教师教学的重中之重。本章节将重点分析什么是智力，什么是创造力以及如何对二者进行测量等问题，并探讨创造力形成的条件与培养的方法。

第一节　智力概述

一、智力概念与智力理论

关于智力的定义一直是众说纷纭，迄今为止，心理学界对于智力的认识仍然没有形成统一的定义，心理学家分别从各个不同的角度对智力进行了阐述。西方心理学家科尔文认为智力是一种学习能力，比奈将智力界定为判断能力、理解能力、推理能力以及适应环境的能力，推孟认为智力可以通过人的抽象思维能力来体现，加德纳认为智力是个体解决实际问题的能力和生产创造有效产品的能力。中国的心理学家同样也对智力给出了不同的理解：林传鼎教授认为智力即学习和思维的能力；林崇德教授认为“智力是成功地解决某种问题（或完成任务）所表现出的、具有良好适应性的个性心理特征，包括言语、感知、记忆、想象、思维和操作技能等因素，其中，思维是智力的核心”；朱智贤教授认为“智力是一种综合的认识方面的心理特性，主要包括感知记忆能力、抽象概括能力和创造力”。综合中西方学者的观点，可以得出智力是一种个性心理特征，是认知活动中最一般、最基本的能力，主要包括学习能力、抽象思维能力以及解决问题的能力。

因为智力涉及的问题较多，取向太多，衡量不同个体和不同群体的指标太多，所以给智力下一个大家都认可的定义比较难。随着智力本质研究的发展和深入，学者们提出了不同的智力理论，主要有因素说、结构理论、信息加工理论。

（一）因素说

1. 二因素说

英国心理学家斯皮尔曼认为智力由一般因素（G 因素）和特殊因素（S 因素）两种因素组成。G 因素是人们在完成所有智力作业时所共有的能力，影响着个体在不同智力活动中的表现。S 因素则是人们完成某一项特殊的智力作业所必需的，只影响个体在某一项特殊的智力活动中的表现。完成任何一种智力活动或者作业都需要这两种因素的共同作用。比如，我们在解答一道数学题时需要的是 G 因素和数学的 S 因素共同发生作用，我们在学习绘画时则是 G 因素和美术的 S 因素共同发生作用。G 因素使人们在完成不同的智力作业时的成绩出现正相关，而 S 因素的存在，又使人们的成绩不会完全相关。斯皮尔曼认为，智力测验所要测量的就是 G 因素，G 因素是智力结构的基础。

2. 群因素说

美国心理学家瑟斯顿于 1938 年提出智力的群因素说。他认为基本能力并不是一个，而是由一组不同的能力组合而成。这些能力主要包括 7 种：

（1）语词理解能力：通过语词和一般知识的测验来测量；

（2）一般推理能力：通过类比和系列填充测验来测量；

（3）语言流畅性：通过给出一个特定的词，迅速联想出尽可能多的词来测量；

（4）计算能力：通过计数和解决简单的数学问题来测量；

（5）记忆能力：通过图片和词语的回忆测验来测量；

（6）空间关系：通过对图像的心理旋转测验来测量；

（7）知觉速度：通过对图形、名称和数字之间的微小差异来测量①。

（二）结构理论

1. 智力的三维结构理论

美国心理学家吉尔福特把智力分为3个维度，即内容、操作和产品，每一个维度都由不同的项目组成。其中，内容是智力活动的对象或材料，由视觉、听觉、符号、语义和行为5个项目组成；操作是智力活动的过程，包括认知、记忆、发散思维、聚合思维和评价；产品是智力活动的结果，包括单元、分类、关系、转换、系统和推测。按照吉尔福特的三维智力模型，一共可以产生5×5×6＝150种智力，他认为这些不同的智力可以通过不同的测验进行检验，如对符号的认知能力的测量，对视觉的记忆能力的测量，对语义的发散思维的测量等。

2. 智力的层次结构理论

英国心理学家弗农继承和发展了斯皮尔曼的两因素说，他在斯皮尔曼两因素的G因素和S因素的基础上又加入了大因素群和小因素群。他认为，智力是按照层级排列的：最高层次是G因素；第二层次是大因素群，分为言语和教育因素群与操作和机械因素群；第三层次是小因素群，包括言语和教育因素群中分出的言语、数量和教育，以及从操作和机械因素群中分出的操作信息、空间信息和手工操作；最低层级为S因素，即各种各样的特殊能力。

（三）信息加工理论

1. 智力三元论

美国耶鲁大学的心理学家斯滕伯格从信息加工的角度提出了智力的三元理论，包括智力成分亚理论、智力经验亚理论和智力情境亚理论。

智力成分亚理论指的是加工初级信息的能力，包括元成分、操作成分和知识获得成分。元成分是计划、控制和决策智力活动的高级管理成分，是智力成分中的核心。它首先决定做什么样的智力活动，然后监督执行智力活动的过程，并在智力活动完成后进行评价。操作成分即执行成分，用于完成具体任务。它加工元成分的决策，进行编码、提取、应用、储存等具体的认知加工操作。知识获得成分负责获取和保存新信息，它接受新刺激，做出判断与反应，并对新信息进行编码和存储。

智力经验亚理论指个体运用已有经验处理新问题时，能统合不同的观念而形成顿悟或者创造性地解决问题。该理论认为，智力包括两种能力：一种是处理新任务和新环境的能力，当遇到新问题时，有人能够应付自如，而有的人则不能很好地运用已有的知识经验解决问题，显得不知所措；另一种是信息加工的自动化能力，当遇到复杂问题时，只有当许

① 莫雷．教育心理学．北京：教育科学出版社，2007：148.

多操作自动化以后，才能更好地将资源运用于问题的关键方面，才能解决复杂问题。

智力情境亚理论指的是个体运用知识经验处理日常事务、适应环境的能力。该理论认为智力是获得与情境拟合的心理活动。情境智力主要指人对新环境的适应，包括有目的地适应环境、塑造环境和选择新环境的能力。一般情况下，个体总是努力地适应周围的环境，以取得个体与环境的和谐。

2. 智力的PASS模型

PASS模型是加拿大心理学家达斯等人在鲁利亚的大脑的三个机能系统学说的基础上提出的。PASS指的是四个英文词的首字母的缩写，即“计划（planning）—注意（attention）—同时性加工（simultaneous process）—继时性加工（successive process）”，代表了三层认知系统和四种加工过程。三层认知系统包括计划系统、注意系统和信息加工系统。注意系统是整个系统的基础，信息加工系统处于中间层次，计划系统则处于最高层次，三个系统协调活动，才能保证智力活动的运行。四种加工过程包括计划过程、注意过程、同时性加工过程和继时性加工过程。

3. 多元智力理论

多元智力理论由美国心理学家加德纳提出。他认为，现在的智力测验偏重于对知识的测量，曲解了人类的智力。智力是指在某种文化环境的价值标准之下，个体解决问题和生产创造所需要的能力。智力应该是多元的，由八种相对独立的成分构成，每种智力都是一个单独的功能系统，这些系统相互作用，从而产生智力活动。

（1）言语智力，包括阅读、书写以及说话的能力。

（2）逻辑-数学智力，包括数学运算及逻辑推理思考的能力。

（3）空间智力，包括认识环境、辨别方向的能力。

（4）音乐智力，包括对声音的辨别和音律的表达能力。

（5）身体运动智力，包括支配肢体完成精密操作的能力。

（6）社交智力，包括与人交往并且能和睦相处的能力。

（7）自知智力，包括认识自己并选择自己生活方式的能力。

（8）自然智力，包括识别理解自然界中的各种模式的能力。

知识专栏

成功智力与情绪智力

成功智力是美国心理学家斯滕伯格在1997年提出的，他认为成功智力是用以实现人生中主要目标的智力。成功智力与学业智力有着本质的区别，这也意味着一个高学业成绩的人并不一定会成功，例如，在现实生活中我们通常会发现，有时候学习成绩最好的学生在工作中却不一定是表现最出色的那个人。斯滕伯格认为，成功智力是在现实生活中真正产生举足轻重影响的智力，包括分析性智力、创造性智力和实践性智力三个方面。只有在分析、创造和实践智力三者协调平衡时，成功智力才最有效。

情绪智力最早是由巴步娜·柳纳在1960年提出的。1990年，美国耶鲁大学的塞拉维和新罕布什尔大学的梅耶将情绪智力定义为“个体监控自己及他人的情绪和情感，并识别、利用这些信息指导自己的思想和行为的能力”。哈佛大学的丹尼尔·高曼教授在他的《情绪智力》一书中指出，情绪智力对一个人的职场发展有着非常重要的影响。在该书中，他揭示了情绪智力的五个方面，分别包括：(1) 认识自身情绪；(2) 妥善管理情绪；(3) 自我激励；(4) 认识他人情绪；(5) 人际关系管理。

资料来源：卢家楣. 对情绪智力概念的探讨. 心理科学，2005 (5).

二、个体的智力发展趋势

个体智力是在不断发展的，虽然每个人的智力发展都不同，但是也存在着共同的趋势。

(一) 智力在不同时期发展速度不同

从三四岁到十二三岁是智力发展的最重要的时期，在这期间，智力发展的速度与年龄增长几乎等速。以后随着年龄的增长，智力发展渐渐趋于缓和，甚至开始下降（见图7-1）。总而言之，童年期和少年期是智力发展的快速时期，成年期则是智力发展的最稳定时期。

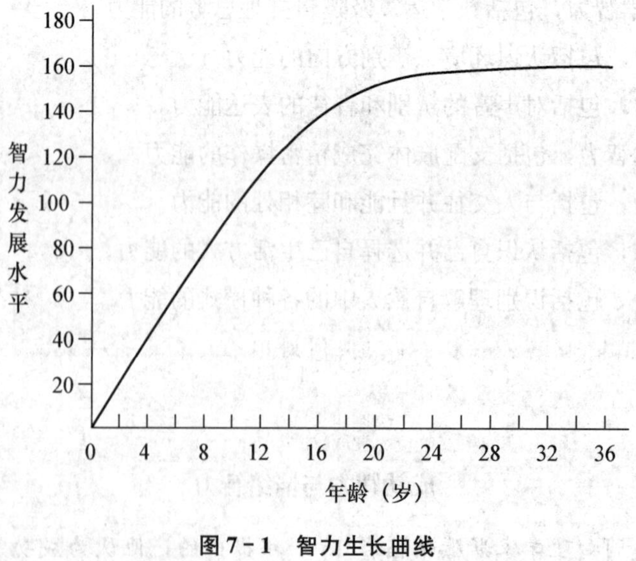

图7-1 智力生长曲线

(二) 智力在18—25岁达到顶峰

智力的不同成分达到顶峰的时间是不同的，但是基本都在18—25岁之间达到顶峰

（见图 7－2）。

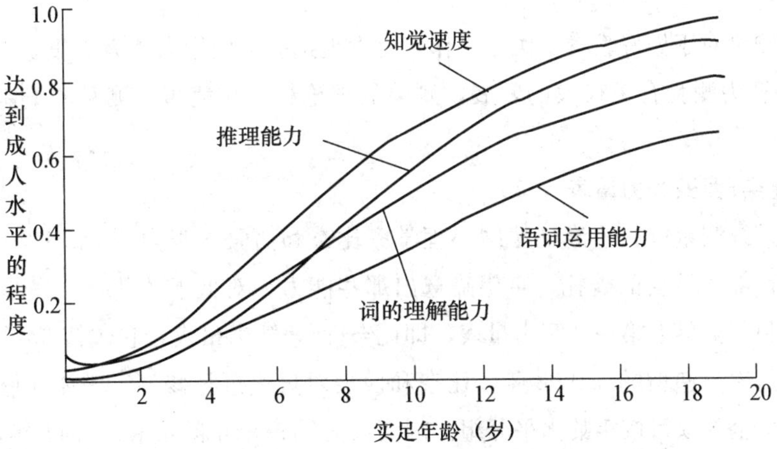

图 7－2　智力不同成分的发展曲线

（三）智力发展表现为种类的增多和水平的提高

人刚刚出生时，只有少量的能力，随着年龄增长和教育训练的影响，个体的能力种类不断地扩大，呈现出多样化的局面，而不同能力的水平也在不断地提高。

（四）不同智力发展趋势不同

美国心理测验学家卡特尔将人的智力分为流体智力和晶体智力。流体智力指的是受先天遗传影响较大的智力。晶体智力指的是受后天学习因素影响较大的智力。一般来讲，流体智力在中年以后有下降的趋势，而晶体智力却是一直稳步上升的（见图 7－3）。

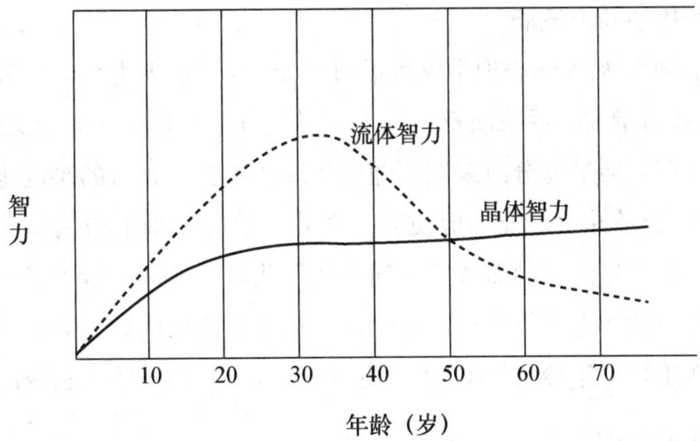

图 7－3　流体智力与晶体智力的发展趋势

（五）智力发展的趋势存在个体差异

一般认为，智力高的人发展比较快，达到顶峰的时间晚，而智力低的人发展比较慢，但达到顶峰的时间早。

三、智力的测量

智力的测量对于做好教育、医疗工作，合理地选拔、使用人才有着重要的意义。进入20世纪后，智力测验有了很大的发展，测验的理论越来越完善，测验的编制方法也越来越科学。

（一）比奈-西蒙智力量表

智力的系统测量可以追溯到法国心理学家比奈和西蒙的智力测验。1904年，比奈受法国公共教育部委员会的委托，希望筛选出那些能力相对低下的儿童。1905年，比奈和西蒙成功编制了世界上第一个智力量表，即比奈-西蒙智力量表，它包括30个项目，每个项目的难度是逐步递增的。1908年，比奈和西蒙对量表进行修订，增加并修改了测验的项目，并且将全部项目按年龄水平分组，因而成为第一个年龄量表。1911年，比奈-西蒙量表再次获得修订，量表的适用范围延伸到成人。

比奈和西蒙在该量表中首次提出了智力年龄（智龄）表示个体的智力水平，他们的基本假设是儿童的智力水平是随着实足年龄的增长而增长。一般认为，聪明的儿童，其智力年龄高于实足年龄；愚笨的儿童，其智力年龄低于实足年龄；普通儿童，其智力年龄与实足年龄相当。

在比奈-西蒙量表中，每个年龄组都有6个测验项目，每个项目代表两个月的智力。如果一个儿童通过了5岁组的全部测验项目，而6岁组的测验项目一个都没有通过，该儿童的智龄为5岁；如果该儿童通过了5岁组的全部项目、6岁组的4个项目、7岁组的1个项目，则他的智龄为5岁10个月。

（二）斯坦福-比奈智力量表

1916年，美国斯坦福大学心理学家推孟对比奈-西蒙量表进行修订并加以标准化，改名为斯坦福-比奈智力量表。后来该量表在1937年、1960年、1986年又经过了数次修订。量表中的题目是按照年龄进行分组编制，随着年龄的增长，题目的难度也逐渐增加（见表7-1）。推孟认为，智龄并不能准确地说明一个儿童的智力水平与其他儿童之间的智力水平的差异。例如，实足年龄不同而智龄相同的两个儿童，他们的智力是不同的。智龄并不能对不同年龄的儿童的智力进行比较。基于此，推孟开始采用智力商数（智商）来表达智力水平的高低。他用智力年龄（MA）与实足年龄（CA）的比率表示智商，公式为

$$IQ=MA/CA\times 100$$

根据这个公式，如果一个儿童的智龄和实足年龄相同，比如都是5岁，那么他的智商就是100，这也说明他的智商达到了5岁儿童的平均水平。如果一个儿童的智龄为6岁，实足年龄为5岁，那么他的智商就是120，说明该儿童的智力水平比5岁儿童的平均水平要高。反之，如果一个儿童的智商低于100，则说明该儿童的智力水平比同龄儿童的平均

水平要低。

表 7-1　　斯坦福-比奈智力量表（1960 年）

年龄组	测验题目
5 岁组	1. 画一张缺腿的人的画。
	2. 在测验者表演后，将一张方纸叠成两层，成为一个三角形。
	3. 给下列单词下定义：球、帽子、炉子。
	4. 描出一个正方形。
	5. 辨认两张画片的异同。
	6. 把两个三角形组成一个正方形。
8 岁组	1. 从一张标准词汇表上给八个单词下定义：橘子、稻草、顶上等。
	2. 尽可能回忆一个简单故事的内容。发现故事表述上的荒唐、不合理。如一人得了两次感冒，第一次使他一命呜呼，第二次很快就好了。
	3. 分辨一下单词：飞机与风筝，海洋和河流。
	4. 知道轮船为什么会开动；如果见到一个迷了路的 3 岁儿童，应该怎么办？
	5. 列举一周内每天的名字。
12 岁组	1. 给 14 个单词下定义：如急速、功课、技能等。
	2. 看出下文的荒唐处：比尔·琼斯的脚太大，以至于他必须从头上套下他的裤子。理解在一个复杂图片上所描述的情景。
	3. 按相反顺序重复五个数字。
	4. 给抽象单词下定义：如遗憾、惊奇。
	5. 在不完整的句子中填入遗漏的单词，如一个人不能是英雄……一个人总可以是个人。

（三）韦克斯勒智力量表

用比率智商表示人的智力水平也同样有一定的缺陷，因为它假定人的智力年龄随实足年龄一起增长，但实际情况是，人的实足年龄在不断增长，而在到达一定年龄后其智力发展却会稳定在一个水平上，此时如果继续用比率智商表示人的智力，就不一定准确。因此，美国心理学家韦克斯勒在此基础上又提出了离差智商的概念，用一个人的测验分数与同龄人的平均测验分数之比表示智商。离差智商假设，从人类总体来看，人的智力测验分数是呈正态分布的。离差智商是以平均数为 100、标准差为 15 来计算的：

$$IQ=100+15Z$$

$$Z=(X-\overline{X})/SD$$

式中，X 代表个体的测验分数，$\overline{X}$ 代表同年龄组的总体平均数，SD 为标准差。由此可见，离差智商表示的是个体的智力在同年龄组中的相对位置。

此外，韦克斯勒在 1939 年编写了《韦氏成人智力量表》（见表 7-2）以后，又陆续完成了《韦氏儿童智力量表》《韦氏学前儿童智力量表》，每个量表均包含言语和操作两个分量表，改变了原先的智力测验只适用于儿童和青少年的状况。韦氏智力量表是目前国际上最流行的智力量表。

表 7-2 韦氏成人智力量表

测验名称		测验内容	测验实例
言语量表	常识	知识的广度	水蒸气是怎样来的？
			什么是胡椒？
	理解	实际知识和理解能力	为什么电线常用铜制成？
			为什么有人不给售货收据？
	心算	算术推理能力	刷一间房子 3 个人需用 9 天，如果 3 天内要完成粉刷，需用多少人？
			一辆汽车 45 分钟行驶 25 里，20 分钟它走了多少里？
	两物相似	抽象概括能力	圈和三角形有何相似？
			蛋和种子有何相似？
	背数	注意力和机械记忆能力	按次序复述以下的数：1，3，7，5，4；
			倒数以下的数：5，8，2，4，9，6。
	词汇	语词知识	什么是河马？
			“类似”是什么意思？
操作量表	图像组合	处理部分与整体关系的能力	将拼图小板拼成一个物体，如人手、半身像等。
	填图	视觉记忆及视觉的理解性	指出每张画缺了什么，并说出名称。
	图片排序	对社会情境的理解能力	把三张以上的图片按正确顺序排序，并说出一个故事。
	积木拼图	视觉与分析模式能力	在看一种图案之后，用小木块拼成相同的样子。
	译码	学习和书写速度	学会将每个数字与不同的符号连在一起，然后在某个数字的空格内填上正确的符号。

（四）瑞文标准推理测验

以上的智力测验都属于个别智力测验，要求主试严格按照测验手册的说明对被试进行施测。若在人员的选拔或者招聘中以及大规模的智力普查时使用这样的个体测验，无疑会加大工作量。瑞文标准推理测验则是团体测验，是由英国心理学家瑞文在 1938 年编制的非文字智力测验。其测验对象不受文化、种族与语言的限制，并且使用方便，施测时间短，结果使用百分等级解释，直观简单。

为了扩大该测验的使用范围，瑞文于 1947 年又编制了适用于更小年龄儿童和智力落后者的彩色推理测验，还有适用于高智力水平者的瑞文高级推理测验，主要测量人的推理能力、清晰知觉和思维以及发现和利用自己所需信息等与人们有效地适应社会生活有关的能力。

第二节　创造力概述

一、创造力的概念

目前，大多数心理学家主要从三个方面来定义创造力：第一个方面强调的是创造的过程；第二个方面强调的是创造的产品，比如德雷夫达尔认为，创造力是产生新颖、奇特的看法或者制作作品的能力；第三个方面强调的是创造主体之间的差异。基于这三个方面，朱智贤和林崇德将创造力定义为：个体根据一定的目的，运用已知信息解决问题，并能产生新颖、独特、具有社会价值的产品的能力。这里的“产品”不仅仅表示物质产品，也表示精神产品，既可以是新技术、新工艺和新作品，也可以是新观念、新设想、新理论。从定义中可以看出，新颖性和价值性是创造力的重要特征。

美国心理学家吉尔福特认为创造力的主要特征包括 6 个方面：敏感性、流畅性、灵活性、独创性、再定义性和洞察性。敏感性指的是容易发现新事物，发现新问题；流畅性指的是思维敏捷，反应迅速；灵活性指的是有较强的应变能力和适应性；独创性指的是产生非凡思想的能力；再定义性指的是擅长发现特定事物的多种使用方法；洞察性指的是通过事物的表面现象认清其内在含义。美国心理学家哈奇森在对创造力的成果进行研究分析后，提出创造力的主要特征为：独创性、新颖性、流畅性、灵活性和精密性。可见，独创性、流畅性和灵活性普遍被视为创造力的主要特征。

二、创造力与智力、人格的关系

(一) 创造力与智力的关系

可以说，创造力是智力发展的结果，是一种特殊的智力品质。一般认为，高智商者比中等智商者更有可能成为高创造力者，而低智商者则比较难以表现出高创造力。但是，创造力和智力之间的关系并不是线性关系，并不是智力越高，创造力就越高。当智力达到一定的阈值以后，即使人的智商再增加，也不会对个体的创造力有明显促进。

心理学家曾做过大规模研究，得出比较一致的结论：(1) 低智力者比较难以有创造力；(2) 智商高的人也未必会有高创造力；(3) 创造力高的人，其智商多数在 100—130 之间（见图 7-4）。可见，智力是创造力的必要条件，但不是充分条件。

(二) 创造力与人格的关系

个体的创造力与其人格特质密不可分，可以说，人格是创造力不可缺少的构成要素。虽然个体的人格特质并不像认知因素一样对一个人的创造力起决定作用，但是却为其创造力的发挥提供了一定的条件。一般来讲，高创造力的个体具有以下人格特征：

(1) 好奇心强。好奇是创造的萌芽，很多创造发明是从好奇心开始的。有了好奇心，就会促使个体去探索未知的世界，并且在遇到困难时，能够促使个体努力克服困难，坚持到底。

(2) 自信心强。自信是创造的保证，创造力高的人往往比较自信，他们能够坚持自己独到的见解，能够扬长避短，充分挖掘自己的潜力，保证工作的顺利开展。

(3) 独立性强。有高度的自主性和独立性，常独自从事活动，很少依附众议。

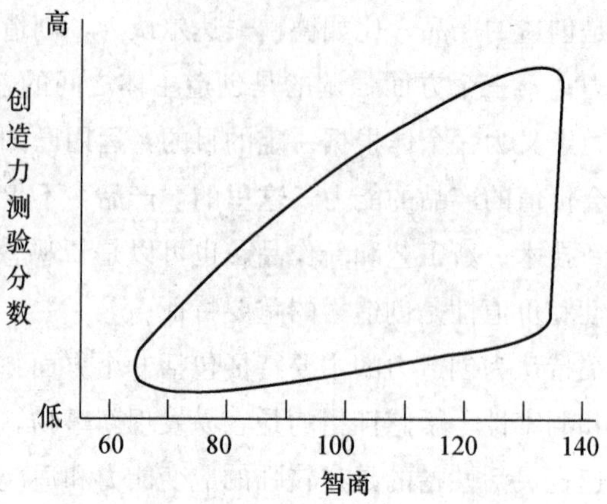

图 7－4　智力与创造力的关系

（4）主动性强。有旺盛的求知欲，能刻苦钻研，汲取各种知识，并善于观察生活。

（5）富有冒险精神。创造的过程中难免会遇到各种风险，想要探索事物的原理原因，就必须要有冒险精神，但是冒险精神的前提是以理智分析为指导。

（6）有较大的坚持性。创造不是一帆风顺的，过程中经常会遇到各种困难，只有具备一定的恒心，才能不断地尝试，才有可能获得成功。

（7）有丰富的想象力和直觉能力。只有具备了一定的想象力，才能对事物或者问题提出超乎寻常的见解。

（8）富有幽默感。一般认为，高创造力的人幽默感较强，多数表现出文艺天赋。

创造性的人格特征多种多样，而不利于创造力发展的人格特点也有很多，比如从众、刻板、狭隘、武断等。

三、创造力的测量

（一）创造性思维测验

创造性思维测验通常是给被试一些活动或者问题情境，根据被试的反应来判断其创造性思维能力。目前应用较广泛的测验主要有以下几种：

1. 托兰斯的创造性思维测验

该测验由美国明尼苏达大学的心理学家托兰斯于 1966 年编制，是目前应用最广泛的关于创造力的测验。测验适用群体为从幼儿园儿童到大学研究生的个体，四年级以上的可以进行集体施测，四年级以下的儿童则需要进行个别口头施测。全部测验包括言语创造性思维测验、图画创造性思维测验及听觉形象方面的创造性思维测验三套创造力测验。所有测验均以游戏的形式组织，显得轻松愉快，符合儿童的身心特点。

言语创造性思维测验共包括 7 项活动，前 3 项是呈现一张图片，让被试提问题、猜原因及猜后果。提问题指的是要被试列出他看到图片以后所想到的一切问题。猜原因指的是要被试列出图片中的事件的一切的可能原因。猜后果指的是要被试列出图片中的事件的一切可能的后果。后 4 项分别是产品改造测验、非常用途测验、非常问题测验及猜想测验。产品改造测验要求被试列出所有对呈现的玩具图形的改造方法。非常用途测验要求被试对物体提出尽可能多的不同寻常的用途。非常问题测验要求被试对物体提出尽可能多的不同寻常的问题。猜想测验要求被试推断一件不可能发生的事件的一切可能的后果。

图画创造性思维测验包括 3 项活动，分别为图画构造测验、未完成图画测验及圆圈（平行线）测验。图画构造测验即给被试一个彩图，要求他贴在一张白纸的任何位置，以此为基础去构建图画。未完成图画测验即给被试呈现由简单线条构成的抽象图形，要求被试完成一幅图画并加以命名。圆圈（平行线）测验是指给被试呈现成对的圆圈或者平行线，要求被试画出尽可能多的不同的图。

听觉形象方面的创造性思维测验包括 2 项活动，分别为音响想象和象声词想象。测验指导语和刺激都用录音磁带方式呈现。音响想象采用被试熟悉和不熟悉的音响，各呈现三次，要求被试听到后写出所联想到的物体或活动。象声词想象采用模仿自然声响的象声词，同样呈现三次，要求被试听到后说出联想到的事物。

三套测验的计分标准有所不同，言语测验从流畅性、变通性和独特性三方面计分，图画测验除了对这三方面计分以外，还对精致性计分，而听觉形象方面的测验则只从独特性方面计分。

2. 南加利福尼亚大学测验

该测验是吉尔福特根据其提出的智力三维结构模型编制的发散性思维测验。主要依据观点为发散思维是创造力的核心。测验由言语测验和图形测验两部分组成，共 14 个分测验。其中，言语测验包括 10 个分测验，图形测验包括 4 个分测验，具体测验如下：

言语测验：

（1）词汇流畅性测验：迅速写出包含某一字母的词。

（2）观念流畅性测验：迅速列出属于某一类事物的名词。

（3）联想流畅性测验：迅速列出某个词的近义词。

（4）表达流畅性测验：列出每个字都用指定字母开头的语句。

（5）非常用途测验：列出某一物体不同寻常的用途。

（6）解释比喻测验：使用不同形式完成包含比喻的句子。

（7）功能测验：列出某一物品尽可能多的用途。

（8）故事命名测验：对某一故事进行命名。

（9）推断结果测验：列出某一事物的一切可能的后果。

(10) 职业象征测验：列出某个符号或物体所象征的职业。

图形测验：

(1) 组成对象测验：根据给出的图形画出指定的物体。

(2) 略图测验：将简单的线条复杂化，使其成为某一物体的略图。

(3) 火柴问题测验：通过活动一定数量的火柴完成各种指定任务。

(4) 装饰测验：修饰物体的轮廓图。

该测验适用群体为初中生，另一套包含 5 个言语分测验和图形分测验的测验则适用于初中以下的学生。这两套测验都主要从反应的流畅性、变通性和独特性等方面依照计分手册的标准进行计分。

3. 芝加哥大学的创造力测验

该测验由芝加哥大学的心理学家盖泽尔斯和杰克逊编制，共包括 5 个分测验，部分内容源自吉尔福特的创造力测验。分测验内容如下：

(1) 语词联想测验：要求被试对某一词语说出尽可能多的并且尽可能新颖的定义。

(2) 物体用途测验：要求被试对某一物品说出尽可能多的用途。

(3) 隐蔽图形测验：要求被试从一张含有隐蔽图形的卡片上找出隐蔽的图形。

(4) 完成寓言测验：要求被试对几个没有结尾的寓言进行补充，写出不同的结尾。

(5) 组成问题测验：要求被试用几节短文组成多种数学问题。

该测验主要适用于小学高年级到高中阶段的学生，可进行个别施测，也可进行集体施测，集体施测时有时间限制，一般采用测验或者学业考试的形式施测。

(二) 创造性人格测验

创造性人格测验主要是针对被试的态度、人格、兴趣的测量。一般分为自我陈述式测验和投射式测验。

1. 自我陈述式测验

自我陈述式测验是指由个体自我报告进行人格的评定。当前应用较为广泛的自陈式测验有：卡特尔编制的人格调查表、威廉斯设计的创造力倾向测验、美国加利福尼亚心理调查表、托兰斯等人设计的创造性思维测验、马斯洛的安全感-无安全感量表、菲尔德豪森编制的创造力自陈量表、高夫编制的创造性人格量表、戴维斯和里姆编制的发现创造性才能的团体调查表、方德塞编制的创造性个性测试题等。下面主要介绍威廉斯创造力倾向测验和方德塞的创造性个性测试题。

威廉斯创造力倾向测验又称发散性情意测验，包括 50 道题，测量的是被试的创造性格，分别是冒险性、挑战性、好奇心和想象力 4 种人格特质。其中，14 道题用于评价好奇心，比如"我喜欢仔细观察我没有看过的东西，以了解详细情况"；13 道题用于评价想象性，比如"我喜欢幻想一下我想知道或想做的事"；12 道题用于评价挑战性，比如"我喜欢听变化多端和富有想象力的故事”；11 道题用于评价冒险性，比如“在学校里，我喜欢试着对事情或问题进行猜测，即使不一定都猜对也无所谓”。

方德塞创造性个性测试题共有 50 道题，一般要求被试在 10 分钟内回答结束。对于每一道测试题，被试需要回答同意 A、不同意 C、拿不准或者不知道 B 中的任意一项。比如，对于测试题“无论什么事情，要我发生兴趣，总比别人困难”，如果被试认为自己符合这一描述，就需要在这句话的后面写出字母 A；如果认为自己不符合这一描述，就需要写出字母 C；拿不准的情况就写字母 B。

2. 投射式测验

投射式测验是指在被试不了解测验目的的情况下，通过对模棱两可的测验材料表达知觉和情感，而将自己的人格特征外显出来。创造性人格的投射式测验包括主题统觉测验和罗夏墨迹测验等。

主题统觉测验由美国心理学家莫瑞编制。全套测验由 30 张模棱两可的图片构成，另有一张空白图片。图片内容多为人物，也有部分景物，不过每张图片中至少有一个人物。其测验的性质与看图说故事的形式很相似。测验时，每次给被试一张图片，让他根据所看到的内容编出一个故事。故事的内容不受限制，但必须回答以下四个问题：“图中发生了什么事情?”“为什么会出现这种情境?”“图中的人物正在想些什么?”“故事的结局会怎样?”

罗夏墨迹测验是让被试解释一套形状不同、颜色不同的墨迹图片，依此判定被试的观察能力、组织能力、抽象能力、创造能力、社交能力及性格倾向性与气质类型等方面的特点。测验共包括 10 张图片，其中 5 张为黑白图片，墨迹深浅不一，2 张主要是黑白图片，加了红色斑点，3 张为彩色图片。这 10 张图片都是对称图形，且毫无意义。

第三节 创造力的培养与形成

一、创造力的发展特点与影响因素

(一) 创造力的发展特点

1. 幼儿创造力的发展

研究表明，幼儿就有创造力的萌芽，主要表现在动作、言语、感知觉、想象、思维及个性特征等各方面的发展中。其中，幼儿的好奇心和创造性想象的发展是他们创造力形成和发展的两个最重要的表现。一般来说，幼儿主要通过绘画、音乐、舞蹈、制作、游戏等活动来表现他们的创造力。游戏对其创造力的发展起着重要作用，它能以独特的方式把想象和现实生活结合起来，极大地促进其创造力的发展。安德鲁斯曾采用图画、墨迹图片和不完全物体图片研究幼儿的创造性想象情况。结果发现，4 岁幼儿的创造性想象得分最高，5 岁则是幼儿创造力发展的一个下降期。托兰斯对 15 000 多名幼儿进行研究，发现 3—5 岁的幼儿的创造性随着年龄增高而升高，5 岁以后幼儿的创造性就表现出下降的趋势。另外，各种对幼儿的绘画、音乐、故事讲述及创造性思维测验的研究表明，幼儿的创造性想象随着年龄的增长而增多，创造性想象的精细性也不断提高。

2. 小学生创造力的发展

小学生的创造力已经有了明显的表现。与幼儿时期相比，这一阶段的创造力发展有了质的飞跃，不仅创造性想象有了较大的提高，而且创造性思维也获得了初步的完善和发展。小学生的创造力发展主要有以下特点：（1）小学生的创造力的发展是一个动态的过程：一年级到三年级呈直线上升趋势，到了四年级开始下降，而到了五年级就又开始回复上升，六年级则再次下降。（2）小学阶段男女学生的创造力发展基本同步，性别差异不明显。（3）整个小学阶段的创造力呈发展趋势，其中小学生的流畅性发展最好，变通性次之，独创性则得分最低。

3. 中学生创造力的发展

中学生是儿童向成人过渡的时期，他们的身心发展日益成熟，想象和思维水平都得到了极大的发展，因而相比于前两个阶段，其创造力水平也有了极大的不同。其创造力发展主要有以下特点：（1）中学生的创造力不断提高，呈波浪式前进，他们的创造性思维品质有了极大的提高，逐渐转变为以发散思维为主，聚合思维和发散思维协同发展。（2）中学生创造力的个体差异不断增大，不仅表现在总体创造力的成绩上，也表现在创造力发展的不同维度上。（3）中学生的创造力往往更具有现实性，他们的创造行为往往是为了解决现实中遇到的问题或者困难情境而引起的。（4）中学生的创造力具有更大的主动性和有意性，他们不仅能主动地提出问题，而且能主动地寻求解决问题的方法，能根据日常生活的需要创造性地解决问题。（5）虽然相比于成年人，中学生的创造还不具有严密的科学性和巨大的经济价值，但是因为其知识结构尚不完善，由已有的知识导致的思维定式较少，因此其思维较开阔、灵活，想法也较独特、新颖。（6）随着知识经验的不断增长，中学生比儿童具有更多的创造意识和更高的创造热情。他们对新事物充满了好奇心，不畏艰难，勇于探索。

4. 青年人创造力的发展

青年时期个体的创造力发展最为活跃。此时，他们的身体机能和人格特征已经逐渐成熟，智力及基本认知能力也达到全盛时期，性格稳定，乐于接受新事物，善于迎接挑战，具有高度的自我管理能力，因此青年的创造力水平较高。王极盛的研究表明，青年的创造力表现出以下特点：（1）处在创造心理的大觉醒时期，对创造充满渴望和憧憬；（2）受传统的习惯力束缚较少，敢想敢说敢做，不被权威、名人所吓倒，有一种“初生牛犊不怕虎”的创造精神；（3）创新意识强，敢于标新立异，思维活跃，心灵手巧，富有创造性，灵感丰富；（4）在创造中已崭露头角，孕育着更大的创造性。

由于青年知识结构的不完善以及社会实践经验的缺乏，他们的创造力还存在着一些不足。他们想象丰富，但有时会脱离实际；他们思维敏捷，但不善于掌握创造性思维的方式；他们经常会迸发灵感，但不善于捕捉；他们具有创造的勇气，但不善于利用周围有利的条件。

5. 成年人创造力的发展

虽然成年人在生理和心理的各项机能上都有所变化，比如，生理功能衰退，记忆力明显下降，兴趣爱好的重点发生转移等，但是随着他们知识经验、社会阅历的不断增加及各项技能的不断完善，成年人的创造力仍然保持着较高的水平。

大量研究表明，成年期是人的一生中创造成果最多的时期，个体最能发挥创造性的时期主要集中在 30—40 岁。但是各个领域的创造高峰存在差异：数学、物理学是 30—40 岁，心理学是 30—39 岁，技术发明是 30—40 岁，管弦乐、歌剧的作曲是 35—39 岁，绘画是 35—39 岁，小说创作（长篇小说）是 40—44 岁。

（二）影响创造力发展的因素

创造力的发展受很多因素影响，一般可分为个人因素和环境因素。

1. 个人因素

（1）生理因素。

神经系统为创造力的发展提供了可能性，大脑固有的结构和功能作为创造力产生的物质基础，对创造力的高低具有重要影响。具体表现在以下几个方面：第一，神经元精密的结构以及复杂的神经网络为创造力的产生提供了可能性。第二，大脑左右半球的功能高度分化，在创造的不同阶段起着不同的作用。一般来说，创造过程可分为准备、酝酿、明朗和验证四个时期，前两个时期大脑左半球起着主导作用，运用抽象逻辑思维对资料进行分析、比较、概括和演绎，寻找问题的症结，并进一步形成理论假设或概念。后两个时期大脑右半球则起主导作用，运用想象、直觉和灵感等具体形象思维形成新的思想和观念。第三，创造力不仅与大脑皮质的基本激活水平有关，而且与激活水平的可变性有关。第四，注意是否集中是造成创造力高低差异的原因之一，曾有研究表明，低创造力者的注意内容比高创造力者的更狭窄。

（2）智力因素。

智力是创造力的必要条件，但不是充分条件。智力影响着个体的创造力，一个人的智力决定了这个人是否能够具有创造力。一般认为，低智商的人是不会产生创造力的；但是一个高智商的人却不一定具有高创造力，高智商既可能有高创造力，也可能有低创造力。从创造力的角度讲，一个低创造力的人智商可能高，也可能低；但是高创造力的人一定不会是低智商。

（3）知识基础。

知识也是影响创造力的因素之一，个体的知识储备是创造的前提和基础，没有一定的知识作为基础，就谈不上创造。但是具有了知识也不一定就具有创造力，僵死、混乱的知识不仅不利于创造，反而会阻碍创造。因此，对待知识一定要灵活和善于变通，只有这样，才能有利于创造。

（4）人格特征。

人格特征虽然对创造活动不起直接决定作用，但是为创造活动提供了心理状态和背景，而个体在创造活动时的心理状态和背景是否良好又对创造活动起着重要作用。高创造力的人一般具有某些典型的人格特征，比如强烈的好奇心、独立自信、坚持不懈等等。

（5）动机。

动机是个体进行创造活动的驱动力，创造活动离不开动机的维持和激发。从动机来源上看，动机可分为内部动机和外部动机，研究表明，内部动机更利于创造活动的产生和发展。当个体是被完成创造活动本身所带来的满足感和挑战感而激发，而不是被外在的压力等其他因素激发时，个体最有创造力。

2. 环境因素

（1）家庭。

家庭环境、父母的教养方式、父母的榜样行为等对个体的创造力发展起着重要的作用。查子秀的研究发现，有利于儿童创造力发展的家庭因素主要有以下几个方面：第一，家庭比较民主，父母对孩子不专制；第二，家庭对儿童好奇、探求精神和行动给予鼓励和支持；第三，父母信任孩子的能力，给予引导并提供独立锻炼的机会；第四，儿童在家里与父母之间无拘无束，不怕犯错误，有安全感；第五，父母具有独立性和创造性，儿童在家受父母潜移默化的影响。当然，与此相对应，家庭中不利于儿童创造性发展的因素就是家庭缺乏民主氛围、父母专制、对孩子的好奇心和探求精神进行简单粗暴的处理、父母不能给孩子树立好榜样等。

（2）学校。

学校教育对个体的创造力发展也起着至关重要的作用。教师的态度、课堂气氛、课程设置、教学模式、学校环境等都对学生的创造性有着深刻的影响。其中，教师对学生的创造力发展起着核心主导作用，可以说，其他因素都是通过教师这一因素起作用的。一方面，教师本身的创造性对学生产生潜移默化的影响；另一方面，教师在学生将创造潜能转化为现实的过程中起着重要作用。另外，学校有关创造性课程和活动的设置以及学校整体的创新氛围都会对学生的创造力发展产生重要作用。

（3）社会文化环境。

除了学校和家庭之外，社会文化环境也影响着个体的创造性。许多研究表明：如果社会环境是倡导和鼓励独立自主、创新精神的民主型开放环境，儿童的创造力普遍发展较好；如果社会环境是强调专制、服从的封闭式环境，儿童的创造力则普遍比较缺乏。另外，个体的创造力发展必然会受到科技与学术环境的影响。实践表明，只有国家的政策鼓励了科学创造，才能更好地促进个体的创造活动。物质条件和科学的人才管理制度等都会影响个体的创造力的发展。

二、创造性思维的培养

吉尔福特曾把思维分为发散思维和集中思维两种类型，并认为发散思维是创造性的主要成分。现今，心理学家越来越倾向于认为创造性思维是多种思维的有机结合，需要多种思维成分的共同参与，一般认为，发散思维、直觉思维、形象思维等是创造性思维的核心。

1. 发散思维的培养

吉尔福特认为发散思维主要从流畅性、变通性和独特性三个方面来测量，因此，对于发散思维的培养应该从这三个方面入手。流畅性指的是单位时间内发散项目的数量，比如列举某一物品的用途，一分钟之内说得越多表明流畅性越好；变通性指的是发散项目的范围或维度，范围越大，维度越多，表明思维的变通性越强；独特性指的是对问题的独特新颖的见解，比如给一段故事起题目，题目越奇特表明独特性越强。

具体的发散思维的培养方法有多种，包括：用途扩散、结构扩散、方法扩散及形态扩散等。用途扩散即尽可能多地设想某一物品（如钥匙）的用途；结构扩散即尽可能多地设想出利用某种结构的各种可能性，比如尽可能画出包含“□”结构的东西，并说出它们的名字，或者在“○”的基础上加线形成不同的物体等；方法扩散即尽可能多地想到某种方法的可能性，如列举用“推”可以完成的事情；形态扩散即尽可能多地设想某种形态（如颜色、形状等）的可能性，比如，列举任何圆形的物体，或者列举有关红色的物体等。

原理应用

在课堂上，教师让学生列举砖头的用处时，学生A的回答是：盖房子、盖教室、建教堂、造仓库、铺路，学生B的回答是：盖房子、钉钉子、压纸、打狗、支书架。请问学生A和学生B的回答如何？你更欣赏哪种回答？为什么？请根据创造性思维的原理进行分析。

分析：学生A回答砖头的用途都是沿着将其用作建筑材料这一方向发散出来的，这些用途的变化范围极小，说明其变通性比较差。学生B的回答显示他不仅想到了砖头可用作建筑材料，还可用作防身的武器、敲打的工具等，这样的发散思维变通性较好，其新的思路和想法，有利于创造性思维的发展。

2. 直觉思维的培养

直觉思维是指未经过逐步分析而迅速地对问题的答案做出判断猜想的思维形式。它在创造活动中起着极为重要的作用，许多科学发现来源于直觉，比如，著名的“阿基米德定律”：阿基米德在跨入澡盆洗澡时，发现澡盆溢出的水的体积和他自己身体入水部分的体积一样大，从而悟出了这一著名的定律。直觉思维在学习中主要表现为大胆猜测，当然，猜测要以丰富的知识经验为基础，一个人的经验越丰富，直觉才会越准确。可以通过以下几个方面培养直觉思维：（1）鼓励学生大胆猜测，提问时鼓励学生直接说出答案，即使学生猜测错误也不能讽刺嘲笑。（2）鼓励学生及时捕捉直觉，及时记下一些偶然出现的新奇想法。（3）加大思维的联想跨度，鼓励学生在创造思考时把不同的甚至是不相干的事物联系起来。（4）加大思维的前进跨度，当学生具备了一定的知识基础或者达到一定的熟练程度，可以进行跨越性思维，而无须进行一步步分析。

知识专栏

头脑体操法

头脑体操是训练直觉思维的有效方法，即当问题被提出来，你可以马上凭借自己的直觉想出正确答案。具体举例如下：

当你看完以下题目，请马上给出答案。

（1）一只西瓜，一只椰子，用它们打在头上，哪个疼？

（2）一块地毯上有一本书，用手拿不到，但是不准踩毯子，不准用其他东西来取，怎样拿到书？

（3）一条白狗，一条黑狗，在40℃的室外奔跑，哪条狗身上出的汗多？

（4）有一只瓶子装满了绿豆和红豆，怎样才能把混合在一起的绿豆和红豆分开？

（5）一瓶水，一瓶油，不用第三个瓶子，怎么能把油换到水瓶中，把水换到油瓶中？

（6）桌上有十根点燃的蜡烛，风吹灭了两根，过一会又吹灭一根，这时把窗户关起来，一根也没有再被吹灭，最后还剩下几根蜡烛呢？

（7）小明的妈妈有三个孩子，老大叫大毛，老二叫二毛，老三叫什么？

（8）一只凶狠的饿猫看到一只老鼠，为什么拔腿就跑？

3. 形象思维的培养

形象思维是指人们用直观形象的表象解决问题的思维方法。形象思维同样对创造活动具有重要的作用，许多发明创造是依靠形象思维，建立在对前人或自然界事物的模仿的基础上，如模仿鸟发明了飞机，模仿蝙蝠发明了雷达等。培养学生的形象思维需要不断引导学生观察，丰富其感性经验，发展其表象系统。比如，可以让学生多观察大自然中的事物，在教学中多使用直观的教具等。

三、创造性人格的培养

创造性人格是个体的创造力发展的内在驱动力。创造性人格的培养目的在于让个体形成有利于创造的人格品质。一方面，我们要培养自信、独立、勤奋、好奇心强等有利于创造力发展的人格；另一方面，还要克服一些不利于创造力发展的人格因素，比如：怯懦、自卑、粗心、从众等。具体的创造性人格的培养可以从以下几个方面着手：

培养学生的好奇心。在课堂教学中，可以多设置一些能激起学生好奇心、新异感的问题情境，促使他们去思考探索。同时，可以引导学生进行大自然观察和社会观察，启发他们自己发现问题并寻找问题的答案。

培养学生的自信心。教师对于学生的行为的评价应以鼓励和赞美为主，多做肯定性评价，只要学生有值得鼓励的地方，都应该加以肯定、赞扬，激起他们的自尊和自信。另外，不能单纯用学习成绩来评价学生，要多角度评价学生，使学生能够正确看待自己的优点和缺点，能发扬自己的优点，改正不足，增强自信心。其次，教师还可以帮助每一个学生找到适合自己发展的空间，最大限度地开发出每个学生的内在潜能，树立其自信心。

案例分析

艾文是一个爱提问题的孩子。有一天，老师在课堂上教学生学习古诗《春晓》，艾文觉得有疑问，就问道："老师，诗人春天好睡觉，连天亮都不晓得，那他夜里怎么能听见风雨声呢?"老师很不以为然地说："这有什么奇怪的，早上起床到外面一看不就知道了吗?"艾文还想再问，老师挥手让他坐下了，环视一下全班同学，多少带点嘲笑口吻说道："大家说说看，老师说的对不对?"同学们毫不犹豫地回答："对！老师说得对！"当时艾文感到很尴尬，突然也对自己的判断产生了无端的怀疑。后来，艾文渐渐不愿意提问了，他特别担心自己如果再次提问这样的"理所当然"的问题会遭到老师和同学的嘲笑。

分析：该案例中的老师对于学生的提问进行了"不以为然"的回答，并让全班同学判断谁对谁错，打击了学生的积极性，挫伤了学生的自尊心和自信心，也影响了学生创造性的发展。这个案例告诉我们：教师对待学生要多鼓励，少批评；多指导，少冷落。无论何时都不能打击学生的积极性，要注意说话的艺术，要善于保护学生的自尊心。另外，要发掘学生的闪光点，放大闪光点，让激励唤起学生的自信。只有这样，才能更好地培养学生的创造性人格。

培养学生的独立性。课堂上，应鼓励学生独立思考，大胆发表自己的意见。

给学生提供创造性的榜样。通过创造性的榜样，学生会看到创造的喜悦，看到创造对人类的贡献，受到创造者优良品质的潜移默化的影响。

案例分析

在学习《灰姑娘》一文的课堂上，老师提了一个很有意思的问题，她问："这个故事里有一处错误，谁能把它找出来？"大家纷纷打开课本，开始认真地阅读，过了一会儿，一个孩子高高举起手说："老师，我发现了错误。明明说好到午夜十二点的时候，一切东西都变回原来的样子，可灰姑娘的水晶鞋却没有变，这就是错误。""太棒了！"老师示意他坐下后，又对全班同学说："孩子们，你们看，伟大的作家也会犯错误。我敢肯定，将来你们中间如果有人成为作家，一定比他还要棒，我期待着那一天的到来。"同学们频频点头。

分析：该案例中的老师与前一个案例中的老师做法不一样，前一个案例中的老师对于学生的质疑表现得不以为然，否定了学生的批判性，而本案例中的老师却充分鼓励学生质疑，并让学生独立思考找到答案，她给予了学生充分的尊重与信心。两种教育方式形成了鲜明的对比，学生只有在充满尊重和鼓励的教育方式下才会真正提高创造性。

四、创造力训练的具体方法与技术

（一）类比模拟法

类比法是从一类事物的某种属性推测到另一类与其相似的事物也具有这种属性的推理方法。类比模拟法是在类比的基础上，进一步模拟参与类比的事物的某种属性或功能，从而获得有益的启发，达到创造目的。这是一种简单有效的创造法。

类比模拟法可以分为直接类比、因果类比、对称类比、综合类比、仿生类比等，例如，仿生类比是仿照自然界的生物所具有的某种特殊结构或功能而创造新事物，如，人类仿照鱼的形态创造潜水艇，仿照蝙蝠创造雷达，仿照蒲公英创造降落伞。

（二）缺点列举法

缺点列举法是列举某一事物的缺点，并对列举出来的缺点加以克服，从而有所创造的方法。巴甫洛夫曾说过："怀疑是发现的设想，是探索的动力，是创新的前提。"对于某一个事物存在的缺点不满意，往往是创造的先导。缺点列举法一般可以按照下列程序进行：选定事物或者事件—列举其缺点—针对主要缺点提出改进措施。

例如，请尽可能列举长柄弯把雨伞的缺点：伞太长，不便于携带；伞尖易伤人；伞面遮挡视线，容易发生事故；抗风能力差，容易被大风吹起向上开口成喇叭形；弯把手容易钩住衣服口袋；太重，长时间打伞手会疼；骑自行车时打伞容易出事故。

（三）希望点列举法

希望点列举法是把对事物的美好希望、愿望、梦想等都列举出来的方法。人们的美好愿望，往往会成为创造发明的强大动力。很多东西都是根据人们的希望创造出来的。比如，人们希望冬暖夏凉，于是就发明了空调；人们希望夜如白昼，于是就发明了电灯。希望点列举法的一般步骤为：选定事物与主题—列出该事物与主题的希望点—根据主要的希望点进行发明创造。

例如，列举对手机的希望：一定要轻薄便利；运行速度快；手机容量大；软件兼容性好；支持所有信号；核燃料电池，终生免充电；高清晰度变焦摄像头；立体声音乐播放；多蓝牙立体声耳机支持；可以通过蓝牙、Wi-Fi 连接打印机进行无线打印；具有投影功能；耐摔；防水；辐射频率对人体有益，有助睡眠。

（四）特征点列举法

特征点列举法是通过列举对象的特征，然后分析、探讨用更好的特性进行替代，实现改革的方法。在创造发明的过程中，有的时候从整体对象上考虑往往难以找到改进的方法，但如果把问题分解，将对象的特征进行列举，就容易得出解决问题的方案。特征点列举法的一般步骤为：选定需要改进的对象—列举出创造对象的特征—针对列举的每个特征确定改进方向及改进措施。

特征点列举法中的特性一般可分为三种：（1）名词特征：采用名词表达的特征，如整体或者部分的一些结构的名称、材料的名称等。（2）形容词特征：采用形容词表达的特征，一般用来描述事物的性质，如颜色、形状、大小等。（3）动词特征：采用动词表达的特征，一般用来描述事物的功能，如东西是用来做什么的。

（五）头脑风暴法

头脑风暴法是由奥斯本提出的，它采用座谈会的方式，让参与者对问题进行讨论，通过相互启发、相互补充，引起有创意的连锁反应，获得创造性设想。类似于"集思广益"的做法。其具体的组织方法如下：确定明确的会议目标—确定与会人数—与会者围绕议题任意发表自己的想法。

头脑风暴法需要遵循如下原则：第一，提倡自由思考，参与者需要尽可能多的提出自己的想法，设想越多越好；第二，不批评他人的观点，被提出的设想无论是否可行，都不做出判断性评价；第三，求量为先，以量求质，以获得的想法的数量而非质量为目标，想法越多，越可能获得有价值的灵感；第四，寻求组合与改进，鼓励参与者整合自己或他人的想法。

（六）快速联想法

联想指的是见到一事物的形象、语词或动作后而想起另一事物的形象、语词或动作。在现有知识经验的基础上训练联想能力，能够更好地促进创造力发展。

例如，在两个不同意义的词语中间再写出两个与原先词语意义有联系的词。如钢笔—书桌—窗帘—月亮。

（七）移植法

移植法是指将某一学科或者某一领域的概念理论、技术发明和方法等应用于其他学科和领域，从而获得新发明和创造的方法。这是创造中最有效、最简单的方法。移植法按内容可分为实物移植、方法移植、材料移植和原理移植等。按方法可分为局部移植和综合移植。

移植不是简单的仿制，移植时不仅数量可以发生变化，而且可以产生质的飞跃。移植不是简单的不同领域的科学技术交叉，还包括了不同领域之间的相互渗透、相互启发。运用移植法应当采用最佳方法和先进技术，只有这样，才能更好地产生具有新优点和新功能的事物，比如因 X 射线技术在不同领域的移植，促成重大发现、发明而荣获诺贝尔奖的至少有 6 人。

（八）逆向求索法

逆向求索法是从事物、现象相反的功能、状态、位置、方向、方式、顺序等方面进行反向思考和创新的一种方法。比如，美国迪士尼公园建成之后，始终没有确定园内路线该如何设计，后来他们采用了逆向求索法，在公园内撒上草种，使整个乐园被绿草覆盖。几个月过去了，游客将路踩了出来，于是迪士尼乐园就按照游客踩出的痕迹铺设了人行道。

原理运用

教师在实际教学中该怎样进行创造性的培养呢？

语文课上，可以进行成语接龙游戏，可以让学生放开思维写关于未来的作文，可以鼓励学生大胆地对文章进行改写、续写；

数学课上，可以通过一题多解的练习，在解题的过程中鼓励学生讲出所想到的全部方法；

英语课上，可以在英汉互译的过程中鼓励学生进行不同的表达，可以给学生一幅图片，让学生发挥想象力，每人一句编故事；

历史课上，可以让学生尽可能多地列举以少胜多的战例；

地理课上，可以让学生尽可能多地列举世界著名的石油出产国；

手工制作课上，可以鼓励学生根据自己的想象制作物品。

本章小结

智力的概念一直是众说纷纭，目前对智力比较一致的看法是：智力是一种个性心理特征，是认知活动中最一般、最基本的能力，主要包括学习能力、抽象思维能力、解决问题的能力。关于智力的理论大致可分为因素说、结构理论、信息加工理论等。其中，因素说包括二因素说和群因素说，结构理论包括智力的三维结构理论和智力的层次结构理论，信息加工理论包括智力三元论、智力的PASS模型和多元智力理论。

对于智力的测量量表主要包括比奈-西蒙智力量表、斯坦福-比奈智力量表、韦克斯勒智力量表以及瑞文标准推理测验。韦氏智力量表是目前国际上最流行的智力量表，采用离差智商表示智力。

目前对于创造力比较一致的定义是个体根据一定的目的，运用已知信息解决问题，并能产生新颖、独特、具有社会价值的产品的能力。创造力与智力、人格的关系密切。

创造力的测量主要分为创造性思维测验和创造性人格测验。思维测验包括托兰斯的创造性思维测验、南加利福尼亚大学测验以及芝加哥大学的创造力测验，人格测验包括自我陈述式测验和投射式测验。

影响创造力发展的因素有很多，有个人因素和环境因素。对于创造力的培养可以分别从创造性思维和创造性人格两方面入手。创造力训练的具体方法有类比模拟法、缺点列举法、希望点列举法、特征点列举法、头脑风暴法、快速联想法、移植法、逆向求索法等。

关键概念

智力　创造力　智力理论　智力测量　创造力测量　创造力培养

复习思考题

1. 什么是智力？什么是创造力？你认为二者的关系如何？
2. 关于智力的主要理论有哪些？试阐述各种理论的主要观点。
3. 常用的智力测验和创造力测验有哪些？各自的优缺点是什么？
4. 有些成绩好的学生长大后却少有成就，你认为是什么原因造成的？
5. 智力和创造力是可以培养的吗？影响智力和创造力的因素有哪些？

6. 创造力与人格有关吗？如何培养学生的创造性人格？

7. 结合教学实际，谈谈如何在教学中培养学生的创造性？

8. 尝试运用一种或几种创造法对某一日常生活用品进行改造。

本章阅读书目

1. 莫雷. 教育心理学. 北京：教育科学出版社，2007.

2. 教师资格认定考试编写组. 教育心理学. 北京：北京师范大学出版社，2008.

3. 学习考试用书研发中心. 教师资格认定考试系列教材·小学教育心理学. 北京：清华大学出版社，2013.

4. 张积家. 普通心理学. 广州：广东高等教育出版社，2008.

5. 何先友. 青少年发展与教育心理学. 北京：高等教育出版社，2009.

6. 张向葵. 教育心理学. 北京：中央广播电视大学出版社，2003.

7. 张大均，郭成. 教育心理学纲要. 北京：人民教育出版社，2006.

8. 岑国桢. 教育心理学：第2版. 北京：中国人民大学出版社，2011.

第八章

品德的形成与培养

本章导读

宋老师在给新班级上课时发现徐冰同学在课堂上较为活跃，回答问题也积极，但是他与同学关系较差。宋老师通过班主任张老师了解到徐冰同学经常说谎，一旦谎言被其他同学揭穿，他就恼羞成怒，甚至会与其他同学发生肢体冲突，因此，同学们对他都“敬而远之”。宋老师看着这个活泼但是苦恼于人际关系的同学，思考着应该怎样对他进行品德教育。

学生的品德教育和培养既是我国素质教育的重要任务，也是培养学生全面发展的重要组成部分。在社会快速发展、信息渠道增加、物质日益优越、知识猛增的环境下，如何让学生的品德与思想素质能够与社会发展同步，如何培养学生高尚的品德已成为广大教育工作者关注的主要问题。要解决这一问题，我们首先要认识什么是品德，了解品德的基本理论有哪些；然后在此基础上掌握品德形成的过程及其教育策略；进而探讨不良品德的预防与矫正的方法与技术。

第一节　品德概述

一、品德的概念与心理结构

（一）品德的概念

1. 品德

品德即道德品质，是指个人依据一定的社会道德准则和规范行动时所表现出来的稳定的心理特征或倾向。通常，品德又称德行、品行，是社会道德准则和行为规范在个体身上内化的结果，是一种较为稳定的心理特征。例如，热爱祖国、尊老爱幼、助人为乐等就是我国倡导的高尚品德。

2. 品德和道德的区别

(1) 二者所属范畴不同。道德是一个社会中调整人们相互关系的各种准则和行为规范的总和。道德是一种社会现象，随着社会发展而改变。通常人们依据道德所规定的准则及行为规范对个体行为做出评价，遵守了这些准则便称之为"善"，否则便称之为"恶"。人们依据道德规范来辨别是非、善恶和美丑，进而指导行为。

品德是一种个体现象，是社会道德在个体头脑中的主观映象。品德的形成、发展及变化既受社会环境、社会规律的影响，又受个体性格、知识经验、先天因素等影响。品德是个体在社会行为中对道德的理解及践行。

(2) 二者反映的内容不同。道德的内容体现社会生活的总体要求，是对社会关系的理性反映，是对全社会成员的准则与行为规范，是调节社会的行为规范的一种完整体系。其反映的内容比品德更加全面、系统。品德的内容则是道德在个体身上的体现，是经过个体的主观加工后对道德的部分体现，反映了个体道德觉悟与社会道德要求之间的关系。

(3) 二者形成和发展所受制约不同。道德是某个特定社会生活的产物，社会需要是其发展的动力源泉。在社会生活中，整个社会的生存及发展需要、社会发展规律、特定社会需求等都制约着品德的形成和发展。品德的形成和发展除了受社会生存、发展需要及发展规律的制约外，还要受个体生理、心理发展规律的制约。

(4) 二者表现形式不同。道德主要是以社会规范、舆论、公德及传统美德等方式表现出来，对于维持和促进社会良心发展起着重要作用。品德则是以个人的理想、信念和对自己较高要求的稳定行为倾向表现出来，对个体的品行起着指导和调节的作用。

(5) 二者研究归属不同。道德是哲学、社会学和伦理学的研究对象，而品德是心理学和教育学的研究对象。

3. 品德和道德的联系

(1) 品德是个体对道德的内化。个人品德的形成是依据个人对社会道德的认识、学习逐渐内化成个体稳定的心理特征或倾向，是特定的社会道德在个体头脑中的反映和个体行为的具体体现。

(2) 道德影响着品德的形成和发展。个人的品德不是生来具有的，而是个体在成长过程中，在社会及教育的影响下，在学习和适应社会的实践活动中逐步明晰并发展起来的，因此，个人的品德面貌会因其所处社会道德风气不同而有所区别。品德的形成和发展离不开道德。

(3) 个人品德反作用于社会道德。个人品德在道德的影响下形成和发展，但是个人品德对社会道德风气的形成也起着一定的反作用，即社会大多数个体的品德能构成并影响社会的道德面貌和社会风气，尤其是优秀的、典型的代表人物所具有的品德，往往可以作为一定社会范围内道德品质的模范，通过社会宣扬和个体模范而外化为社会道德，对社会道德风气产生较大的影响。另外，社会道德是以个人品德为基础，如果离开了社会中具体个体品德，道德就只能成为被架空的行为规范，也失去了本来的制约作用。

（二）品德的心理结构

品德的心理结构是指品德的各组成部分及各部分之间的关联和制约的关系。研究个体品德的心理结构有助于了解品德的实质，进而有效地进行品德教育与品德培养。品德的心理结构非常复杂，是多种因素交互作用的综合结果，是多层次、多水平的完整体系。我们主要从品德的组成部分及其相互关系来进行研究。

1. 品德的心理结构

目前，国内大部分学者认为品德的心理结构由道德认识、道德情感、道德意志和道德行为四个部分构成。

（1）道德认识。

道德认识也称为道德观念，是个体对于社会道德现象、道德规范及其制约作用和履行意义的认识。道德认识包括道德观念、道德概念、道德信念的形成以及运用这些观念去分析个体所处的道德环境，然后对他人、对自己、对社会做出是非、美丑、善恶等的道德评价。衡量青少年学生道德认识的形成和发展，以道德概念的掌握、道德信念的形成和道德评价能力的发展为主要标志。

（2）道德情感。

道德情感是伴随着道德认识而产生的个体内心体验，即人们的道德需要是否能够被满足而产生的情绪体验，它伴随道德认识产生并影响道德行为。符合自己的道德认识或道德观念时，就会产生积极的、肯定的情绪体验，否则就会产生消极的、否定的情绪体验。例如，我们对高尚任务的崇敬之心，对道德败坏之人的厌恶之情，对自己取得不易成绩的自豪之感等。由此可见，道德情感是一种个体品德的自我监督和自我调节的成分，对个体品德的形成和发展有着重要的作用。

（3）道德意志。

道德意志是人们在履行道德义务时，自觉地确定道德行为目的、克服困难支配道德行为，以实现道德目的的作用。道德意志主要体现在个体实现道德目标过程中通过意志有目的、自觉的一系列行为中，是调节道德行为的内部动力和制约物。

一个人具有了清晰的道德认识，也在此基础上产生了相应的道德体验，那么最终是否能够做出相应的道德行为往往就取决于道德意志的调节。所以说道德意志是个体从道德认识到实现道德行为的桥梁和保障。如果没有坚强的道德意志，个体可能在实现道德目标的过程中遇到困难就退缩、犹豫，最终半途而废；一旦个体具有坚强的道德意志，个体就会在实现道德目标的过程中不轻易向各种困难和阻力妥协，坚持道德行为，最终达成目标。

（4）道德行为。

道德行为是指个体在实现道德目标过程中依照道德规范所采取的行为意向和外部表现，是品德的外显成分，是实现道德目标的手段。当外界对个体的品德做出评价时，不仅仅是看个体具备什么样的道德观念和道德情感，更重要的是看个体道德行为的结果。

道德行为包括道德行为技能和道德行为习惯。道德行为技能是个体通过练习或实践而掌握的技能，这些技能与一般技能并无实质区别，只是他们在完成道德任务，便具有了道德的性质。道德技能的掌握有利于实现道德目标，它将指导道德行为做出对他人和社会有道德意义的事情。道德行为习惯是一种自动化的道德行为，是个体在道德规范的影响下对他人和社会做出的习惯性的道德行为。道德意志调节和控制着道德行为，个体经过多次的反复和实践，便形成道德行为习惯。道德行为习惯的形成是个体道德品质形成的重要标志。

2. 品德心理成分的相互关系

在品德的心理结构中，品德的四种成分是相互作用、相互制约、密不可分的。四个成分的发展虽然有阶段性，但又是相互联系、密不可分的。道德认识是品德及道德情感产生的思想基础，在很大程度上决定着品德发展的方向及道德意志与道德行为的形成和发展。道德情感是个体对道德认识而产生的内在情绪体验，是在道德认识的基础上形成和发展起来的。道德情感又反作用于道德认识，影响着道德认识倾向。例如，积极的道德情感会使得个体对相应的道德认识印象更加深刻；反之，消极的道德情感会使个体适当调整道德认识的内容。道德意志是通过个体的道德行为体现出来，它是在道德情感的基础上产生加强或促进道德行为、确保道德目标顺利实现的心理过程。也就是说，道德意志是在道德认识、道德情感的基础上产生，指导和规范道德行为的一种内在力量。道德行为是道德认识、道德情感和道德意志的具体表现和外显行为，它是在前三者的共同影响和引导下，通过多次的练习和训练掌握道德行为技能、养成道德行为习惯的结果。道德行为作为个体品德形成的最后环节，它又反过来巩固和深化道德认识，加强和丰富道德情感，促进和坚定道德意志。

因此，品德的形成和发展是四种心理成分相互作用、相互制约、均衡发展的综合过程，其中任一成分的偏离都会影响到个人品德协调统一的发展，削弱品德心理结构的整体效能，影响品德的形成。

二、品德形成的基本理论

品德是如何发展的？这是教育心理学和品德心理学研究的重要问题之一。国内外的教育学家和心理学家都对此进行了深入的研究，提出了许多有价值的品德发展理论。目前最有代表性的关于品德形成的基本理论是皮亚杰的品德发展阶段论和科尔伯格的品德发展阶段论。

（一）皮亚杰的品德发展阶段论

瑞士心理学家、发生认识论的创始人皮亚杰在研究儿童品德方面做出了杰出的贡献，他以4—12岁儿童对对偶故事的评价为研究手段，探讨个体品德形成和发展的阶段。皮亚杰关于儿童及青少年道德判断问题的研究，为品德发展研究提供了一个理论框架和一套研究方法，初步奠定了品德心理发展的科学基础。

知识专栏

皮亚杰生于瑞士纳沙特尔，自幼聪慧过人，11岁便发表科学论文。1918年，皮亚杰在纳沙特尔大学获得自然科学博士学位，同年又在苏黎世大学荣格的指导下研究弗洛伊德和荣格的精神分析说。1923年获得法国国家科学博士学位。随后他开始在比奈测验中心研究儿童的智力测验，并将测验方法实现标准化。他对测验中儿童的一些似乎毫无逻辑、可笑的回答进行深入的研究，这些成为他后来在儿童心理学上取得的重大成果的基础。皮亚杰关于儿童道德发展的研究深受美国心理学家鲍德温的影响。

资料来源：彭聃龄. 普通心理学. 北京：北京师范大学出版社，2012：517.

经过大量的研究，皮亚杰发现儿童道德判断能力遵循从早期的他律阶段到成熟期的自律阶段的发展顺序，这个顺序是固定不变的，任何个体的道德发展都遵循这个规律。他律阶段是指儿童对道德行为的判断主要依据行为的客观结果，不考虑也不关心个体行为的主观动机，是受自身以外的价值标准所支配的道德判断，具有客体性。处于他律阶段的儿童，其道德判断是片面、固执的，他们只依据行为的结果而不考虑主观动机展开行动；他们简单地将人的行为理解为要么全对，要么全错；他们认为规则是由父母或者权威人物制订的，是绝对不能改变的。这种规则必须服从，否则就会受到严厉的惩罚。自律阶段的儿童能够尝试站在他人的立场，做出道德判断时不仅仅依据行为结果，更多是依据行为的动机。他们逐渐开始认识到，规则是同伴之间为了保障共同利益而制订的、大家都需要自觉遵守，且规则是可以改变的。

1. 自我中心阶段（2—5岁）

这一阶段的儿童开始接受并学习外在的规则，但规则对个体行为并没有约束力，他们的行为常常是以自己的想象去执行规则。此时，儿童还不能把自己和外界清晰地区分开，他们常常把自己的想法等同于他人的想法。这一阶段的儿童，由于认识的局限性，还不理解、不重视外界对他们的要求，他们的行为是以自我为中心的。例如，妈妈问：“什么样的宝宝是乖宝宝?”宝宝答:“听妈妈话的宝宝是乖宝宝,我是乖宝宝。”但是话音刚落,宝宝就不顾妈妈的反对,非要吃糖。妈妈反问:“你不是听妈妈话的乖宝宝吗?”但是儿童不理会妈妈的话,坚持要吃。这说明,儿童即使知道规则,但是规则对他们的行为是没有约束力的,此时的规则是被架空的、单纯的规则。

2. 权威阶段(6—8岁)

在这一阶段,儿童的道德判断是以服从权威为特征,对外在权威表现出绝对的尊敬和顺从的愿望。他们认为权威是父母或其他权威人物制订的规则,是不可以改变的,服从权威的力量是约束他们行为、做出道德判断的唯一标准。他们认为,服从权威就是好孩子,否则就是坏孩子,会受到惩罚。处于此阶段的儿童对公平、公正的概念尚不理解,对于他们来说,公正还没有从服从中分化出来,所以,服从成人、服从权威是此阶段儿童道德判断的特征。他们对权威的服从主要表现在常常把成人的话理解为解决问题的标准,如“妈妈说……”“老师说……”此时,儿童对行为的判断仍是根据行为的客观结果,而不考虑主观动机,处于严格的他律阶段。

3. 可逆性阶段(9—10岁)

在这一阶段,儿童已经逐渐开始认识规则的意义,他们不再把规则认为是成人规定的、不可改变的。他们通过游戏已经逐渐认识到规则是同伴之间的相互关系,是同伴之间为了保障大家权益而共同制订的、自觉遵守的契约关系。如果有需要且大家都同意改变的话,规则是可以改变的。这一阶段的儿童不再根据是否权威来判断行为的好坏,而是以公平与否来判断行为的好坏。皮亚杰认为,此阶段儿童的思维发展已经进入具体运算阶段,已经具有了守恒性和可逆性的概念。同伴间可逆关系的出现,标志着儿童具有一定的判断是非的能力,他们的道德判断已经摆脱了外界的约束,儿童道德判断的发展逐渐开始由他律阶段转入自律阶段。

4. 公正阶段(11—12岁)

在这一阶段,儿童的道德观念的发展倾向于公平、公正,他们在解决问题时倾向于站在较为公正的立场上从正反两个方面进行分析,他们学会根据实际情况进行判断,尽量按照公平、公正原则解决问题。他们对成人权威的理解从权威性过渡到了平等性。皮亚杰认为,公正观念是一种高级的平等关系,这种道德观念已经能够从内部对儿童的道德判断起关键性作用。

(二)科尔伯格的品德发展阶段论

美国教育心理学家科尔伯格在皮亚杰儿童道德判断研究的基础上,以儿童对道德两难故事中主人公的道德判断为依据,以研究儿童进行道德判断所依据的原则及其道德发展水平为研究手段,经过30多年的追踪研究和跨文化研究,提出了系统的品德发展阶段理论。

知识专栏

一个典型的道德两难故事是“海因兹偷药”故事。故事的大致内容如下：有一个叫海因兹的人，他的妻子因患有一种罕见的癌症而生命垂危。医生说只有一种特效药可以救治她的性命，那就是一位药剂师刚刚发明的一种化学制剂——镭。因为这个药是刚刚研制出来、效果显著且独家出售，这位药剂师以成本价的10倍出售镭制剂。海因兹家里因为妻子的医疗费已欠债累累，海因兹为了给妻子买这种药到处找人借钱，最后也只借到了这种药价的一半。海因兹迫不得已，找到这位药剂师，说他的妻子已经快死了，希望药剂师能够低价出售这种药，或者是先付药价的一半，剩余的钱延期付款。但是药剂师不同意：“不行！我辛苦发明镭制剂就是为了赚钱。”海因兹为了救妻子的性命，迫不得已半夜撬开了药剂师家房门偷走了镭制剂，为妻子治病。

当被试读完这个故事之后，要求他们回答一系列问题，如：海因兹该不该偷药？为什么？海因兹如若因为偷药而被捕，法官该不该给他判刑？为什么？药剂师坚持高价出售镭制剂对不对？为什么？

资料来源：格里格，津巴多．心理学与生活．北京：人民邮电出版社，2008：319.

以道德两难故事为研究材料，科尔伯格进行了长期的跨文化、跨种族研究，他发现，尽管种族、文化、社会规范不尽相同，但是个体的道德判断能力随着年龄增长而发展的趋势却是一致的。基于此，他提出了儿童道德发展的“三水平六阶段”理论。

1．前习俗水平

这个水平的主要特征是：儿童的道德观念是外在的、不容置疑的，他们为了避免受到惩罚或者能够获得奖赏而顺从权威人物规定的行为准则。这一水平包括两个阶段：第一阶段是服从与惩罚的定向阶段。在这一阶段，儿童判断行为的好坏，是根据是否受到惩罚、是否服从权威，相信客观的责任，而不考虑行为结果对主人公有什么意义和价值。此时，儿童做出判断仅仅是为了避免惩罚，例如，受到惩罚就是坏的行为，获得奖赏就是好的行为。例如，他们认为海因兹不应该偷药，因为偷药是坏的行为，会受到惩罚。也有儿童认为，海因兹可以偷药，因为他偷的是成本价并不太高的药。这个时期的儿童做出道德判断时，没有考虑到海因兹为什么偷药，偷药后他妻子的性命就可以获得救治。第二阶段是朴素的利己主义定向阶段。在这一阶段，儿童为了获得奖赏或者达到个人目的、满足个人需要而遵循行为准则，偶尔也会满足他人的需要。处于此阶段的儿童认为，如果行为个体最终受到了奖赏、取得成功、满足了相互间的需要，那么就是对的；如果他最终受到了惩罚、没有得到利益，那么就是错的。他们判断是非的标准与自身利益息息相关，带有浓重的互利交换的实用主义色彩。他们不再把规则视为绝对的、固定不变的。他们开始尝试根据行为者的目的来判断过错行为的严重程度。比如，有儿童认为海因兹偷药是对的，因为他要救治妻子的性命；也有儿童认为药剂师坚持高价售药是对的，因为药剂师辛苦研制药就是为了赚钱。

2. 习俗水平

这一水平的主要特征：儿童为了获得奖赏、表扬或者维护社会秩序而服从父母、同伴、社会所确立的准则。处于此阶段的儿童，规则已经被他们认可、接受和内化，他们都能够顺从现有的社会秩序，有维护现有秩序的自觉性。处于此水平的儿童着眼于他人愿望与社会要求，行为目的是维护社会秩序，这一水平包括两个阶段：

第三阶段："好孩子"的定向阶段。这一阶段是儿童使他人愉快和帮助他人的阶段，他们行为的目的就是取悦于人、有助于人，其判断道德行为的标准就是是否受到别人的表扬、是否对他人有帮助，且开始根据个体行为的动机和情感来分析个体行为。他们希望能够与他人保持良好的、和谐的关系，希望别人视自己为"好孩子"，在行为中也常常提醒自己不能辜负父母、教师等人的期望，保持相互尊重和信任。如有的儿童认为，海因兹偷药没有错误，因为他不是为了自己，而是为了帮助他的妻子；也有儿童认为，海因兹不应该偷药，因为他的偷药行为会让他的家庭蒙羞。

第四阶段：权威和秩序的定向阶段。这一阶段的儿童相信准则和法律维护着社会秩序，认为每一个人都应当承担社会义务和责任，不能因为特殊情况而不遵从权威和有关法则、不得感情用事。这个阶段的儿童对个体行为的道德判断，主要是看个体行为是否遵从权威和维护社会秩序。此时，儿童已经学会根据个体行为的动机和情感进行道德判断，但是依然把是否遵从权威和维护社会秩序作为唯一的判断标准。例如，有的儿童觉得海因兹不应该偷药，虽然他是为了救治妻子的性命，但是偷窃是不对的。

3. 后习俗水平

这一水平的主要特征是：个体认为道德行为是由社会责任和道德准则共同支配，外界的法律和权威标准只是判断依据之一，道德标准已经内化为他们自己内部的道德命令，表现为义务感和责任感。这一水平包括两个阶段：社会契约取向阶段和普遍道德的取向阶段。

第五阶段：社会契约取向阶段。这一阶段的道德判断具有灵活性，他们认为道德准则是为了让人们能够和睦共处、在大家商讨的基础上建立起来的，因此，如果道德准则不再符合人们的需要，就可以通过共同协商改变。这个阶段的个体认为，反映大多数人意愿或者最大程度使社会受益的行为就是好的行为、道德的行为。此时，他们对海因兹偷药的问题能够从行为结果和行为动机两方面去分析，例如，他们认为，虽然海因兹偷药是不对的，但是他的意图是善良的，我们应该原谅他这种行为。

第六阶段：普遍道德的取向阶段。这一阶段的个体已经有了抽象的以尊重个人、维护个人良心为基础的道德概念。他们对道德行为判断的标准是适合多种情况的抽象的社会准则和普遍的公众原则。他们已经形成了自身固有的道德评判标准，如果背离了自身道德标准，就会产生内疚感。他们对海因兹偷药的问题，能够在服从法律与拯救生命之间做出判断和选择，认为海因兹应该偷药则是认为应该以救人为先；认为海因兹偷药错误的个体则认为海因兹不应该因为个人的一时之急而破坏大家所维护的社会准则。

科尔伯格通过研究认为，道德发展的阶段是由个体的认知能力决定的，个体道德发展的速度和水平不是同步的，但道德发展是一个连续变化的过程，其发展顺序是固定不变的。

知识专栏

中国古代的品德发展理论

（1）内求说：该理论认为品德生来就存在于人的心中，只要向内心寻求就可以得到他们。孔子认为："为仁由己，而由乎人哉?"即实践仁德要靠自己亲身躬行，难道要靠别人达成吗？孟子也认为，人生下来就有"良知良能"，如仁、义、礼、智。

（2）外铄说：认为人的品德并非内心所固有，只有在外界条件的影响下，人才可以得到它们。例如，荀子提出，"人性恶，其善者伪也"。这里的"伪"是人为的意思。

资料来源：张积家. 高等教育心理学. 北京：高等教育出版社，2009：248.

第二节　品德形成的过程与教育策略

一、品德形成的过程

品德的形成是一个复杂的过程，心理学家往往从品德构成的要素——认识、情感、意志和行为四个成分的形成分别进行探讨。

（一）道德认识的形成

学生对道德知识的掌握，常常是以道德概念的形式体现出来，是人的认识在品德上的表现。个体通过生活和学习掌握了道德概念，分清事物的是非、美丑和善恶的界限和区别，就可以根据对道德知识的理解程度调节和支配自己的行动，并能以内心的道德标准对自己和他人的道德行为做出正确的评价。个体对道德认识的掌握是随着年龄的增长和认识水平的提高而发展的，研究表明：小学生对道德概念的理解是一种外在的、肤浅的理解；随着年龄和认识水平的增加，个体的道德认识逐渐精确化，在掌握形式上更加抽象、深刻。道德知识的掌握和其他知识一样，但把道德知识内化为个人道德品质，并进而影响个体的思想和行为则比掌握其他自然知识要复杂和困难得多。因此，道德知识的讲授既需要个体深刻领悟道德概念的意义，又要将抽象的道德领悟及具体的案例分析结合起来，这样个体的道德知识学习才能更加深刻和有效。

（二）道德情感的形成

道德情感是伴随道德认识产生的一种个体内在体验，它既反映了个体的道德需要，又反映了客观现实是否满足自身道德认识而产生的一种情感体验。对道德情感可以从内容和形式上进行划分。

内容上可以分为：正义感、责任感、荣誉感、自豪感、爱国主义情感和集体主义情感等。

在形式上可以分为：直觉的道德情感、想象性的道德情感和伦理性的道德情感。直觉的道德情感是通过某种具体情境而引起的情感体验，其特点是：产生迅速、道德意识不明显、自觉性较低。这种道德情感看起来是偶发的，但实际上受到个体以往的道德环境、已有的道德行为积累和习惯养成的影响。想象性的道德情感是个体通过对某种道德形象的想象而引起的情感体验，例如，人们想起岳飞便产生了对英雄人物的敬慕和爱国主义情感。伦理性的道德情感是把道德的感性和理性认识结合在一起，对道德要求及其意义有深刻认识的最概括的情感体验。例如爱国主义情感，它是和爱母亲、爱家乡、爱人民和爱祖国的高度责任感等情感密切联系，并在它们的基础上形成的。

培养和激发学生的道德情感有多种途径：（1）丰富学生的有关道德观念，并使个体产生相应的情绪体验，以激发他们的道德情感；（2）利用榜样的形象和力量，引起学生情感上的共鸣，丰富他们的想象性道德情感；（3）培养学生对情感的自我调控能力，激发和保持学生健康的情感体验。

（三）道德意志的形成

道德意志是个体将道德认识、道德情感转化为道德行为的重要因素，是调控人们道德行为的内部力量，其形成包括道德动机的确立和道德目的的实现两个方面，其特点是个体在实现道德目标过程中，能够自觉抵制外在阻力和克服各种困难，用道德动机战胜非道德动机，经过个人努力最终实现道德目标。在教育中可以通过设立困难情境，引发学生自我锻炼的意向，树立道德意志的榜样，激发学生道德意志的培养；在教学活动中通过情景模拟，提高学生自制力和抗诱惑能力，有助于学生坚强道德意志的培养；另外，要注意培养学生的自我强化和自我教育，让学生学会自我管理和自我坚持。

（四）道德行为的形成

道德行为是实现道德目标的手段，也是个体品德形成的最终环节。道德行为的形成主要包括道德行为方式的掌握和道德行为习惯的养成，道德行为方式的掌握是产生道德行为的必要条件，我们可以通过对道德行为规范的讲解、辨析、演示及实践等方式引导学生掌握正确的道德行为。道德行为习惯主要是通过对道德规范的内化和多次道德行为的产生而形成的一种自动化道德行为，我们可以通过对个体道德行为的奖励和惩罚、提供榜样示范等方式培养道德行为习惯。

值得注意的是，品德的四个重要结构成分相互联系，而非彼此独立（见图 8-1）。

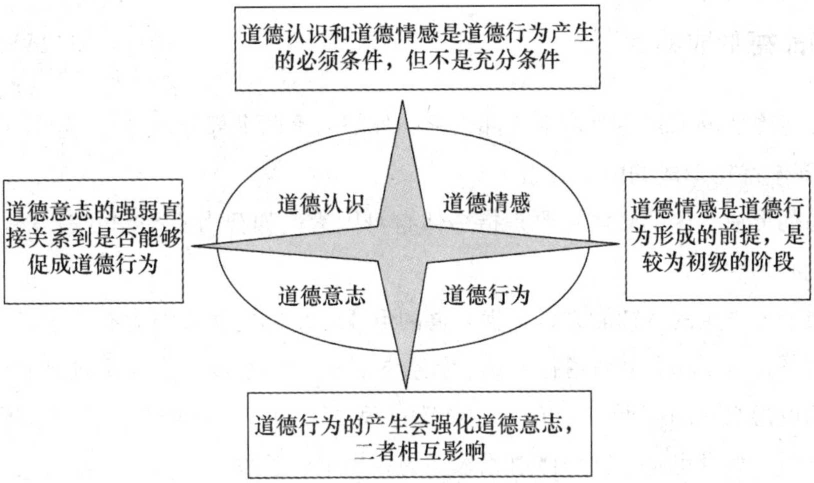

图 8-1 品德四个结构成分的相互关系

品德的形成与培养需要基于上述四个重要成分予以开展。同时，也需要意识到，学生优良品德的培养需要学生、学校、社会及家庭的共同参与，使学生了解到道德行为的社会意义，产生自愿练习的愿望；创设良好的教育环境，促使良好的道德行为重复出现；合理利用奖励和惩罚，培养学生良好的道德行为习惯；针对个体实际，采取不同的训练措施，做到从“知、情、意、行”四个方面有效促进学生优良品德的形成。

案例分析

尊老爱幼、谦虚礼让是中华民族的传统美德。根据道德行为形成的过程，我们如何分析公交车上是否应该给老人让座的问题呢?

对于公交车上是否为老人让座普遍存在着以下三种观点：一是“同样花钱买票，凭什么要我让位置”，二是“虽然应该给老人让位置，可这么多人为什么要我让呢”，三是“老人身体和运动各方面机能都比较弱，我应该主动让位置”。结合道德的心理构成进行分析：第一种观念可能反映着道德认识的缺失，因此自然无法产生相应的道德行为；第二种观念则是道德认识已经产生，但由于缺乏道德意志和道德情感，因而还是无法产生道德行为；第三种观念则反映着道德认识、道德意志与道德情感都已经产生，因而能产生相应的道德行为。

因此，道德认识、道德意志和道德情感对于道德行为的形成起着关键的作用，没有道德认识、道德意志和道德情感，自然也不能做出道德行为；有道德认识，但道德意志和情感比较薄弱，也可能不会做出道德行为；只有道德认识在较强道德意志和道德情感的基础上，才能达成良好的道德行为。

二、影响品德形成的因素

影响品德形成的因素主要包括内部因素和外部因素两个部分。

（一）影响品德形成的内部因素

影响品德形成的内部因素主要是指个体自身因素，如智力水平和受教育程度、年龄、性别及其他心理因素。

智力水平即学生的认知能力，学生品德的形成与个体的认知能力有着密切的关系，学生的认知水平直接影响着其对道德规则和社会规范的理解程度，进而影响到其做出的道德判断和自身道德水平的高低。一方面，受教育程度影响着个体最终达到什么样的道德水平；另一方面，教育也是提升个体道德水平的一个重要手段。

（二）影响品德形成的外部因素

影响品德形成的外部因素是指学生自身以外影响其品德形成的其他因素，主要是指家庭、学校和社会等方面的影响因素。

家庭氛围及父母的道德水平会对学生产生潜移默化的影响，如和睦的家庭有助于形成良好的品德；父母品德不良则影响孩子良好品德的形成和发展。另外，父母的教育方式、文化水平和职业类型也会影响个体品德的形成和发展。学校教育是有目的、有计划、系统地对学生进行品德教育，是学生品德形成和发展的重要外部条件。学校教育主要通过学校品德教育开展的实际情况、校风校纪和教师的言传身教三个方面来影响学生品德的形成和发展。社会环境的优劣对个体品德的影响是不可低估的，主要包括社会风气和民族文化。学生的学习和成长过程是一个逐渐社会化的过程，因此，他们对社会生活、社会信息较为敏感，接受较快，因此，个体所处的社会环境直接影响其品德发展水平。处于不同民族的个体虽然品德发展的顺序是相同的，但是在公正、惩罚、责任与义务等判断的发展上，处于不同民族文化背景下的个体有着显著的差异。

三、品德培养的教育策略

美国社会心理学家凯尔曼在 1961 年提出，品德形成的过程包括顺从、认同和内化三个阶段。顺从是指个体依从社会规则和道德规范而采取表现为服从的行为的阶段；认同是指个体自觉接受他人的观念和行为影响，使自己的态度和行为与外界保持一致；内化阶段是指个体从内心接受社会规则和道德观念，使其真正成为道德体系的一部分。学校品德培养的教育应该从道德认识、道德情感、道德意志和道德行为四个方面入手。

（一）道德认识培养的教育策略

道德认识的形成包括道德观念的形成、道德评价能力的发展和道德信念的确立三个过程，其中，道德观念的形成是前提，道德评价能力的发展是主要标志，道德信念的确立是道德认识形成的关键。在对学生进行道德认识的培养方面，主要是进行言语上的指导，通过说服教育法提高学生的道德认知水平。具体教育策略如下：（1）价值澄清法：这是一种诱导式的品德教育方式，尊重学生的主体意识和价值选择，注重对学生价值判断和选择能力的培养，有助于提高学生的自我认识，引发积极的道德行为。（2）道德两难故事法：科尔伯格研究发现，个体的道德判断能力处于不断发展之中，矛盾冲突情境最适合促进个体道德判断力的发展。所以，在品德教育过程中应该形成相应的道德两难故事情境，在课堂中与学生一起讨论，在其现有道德认识的基础上促进道德发展。两难故事法的实质是诱发个体认知冲突和积极思维，学生通过对道德两难故事的讨论，能够理解和同化高于自己阶段的同伴的道德认知。

（二）道德情感培养的教育策略

道德情感的形成和发展经历三个水平阶段：直觉的道德情感、想象性的道德情感和伦理性的道德情感。培养道德情感的教育策略主要包括：（1）丰富学生有关的道德观念，结合各种情感体验，通过提高道德认识水平来促进道德情感的升华。（2）创设教育情境，激发学生相应的道德情感体验，强化典型人物的榜样作用，引起学生的情感共鸣，丰富学生间接的道德经验和情感体验。（3）根据实际案例，激发学生的直接情感体验，引导学生在具体、直接情感体验的基础上不断深化、概括情感体验。（4）教师要善于利用自身情感的感染作用，在德育过程中，教师要以真挚的感情对待学生，使学生愿意亲近和信任老师，乐于接受老师所讲授的道理。（5）教师要注重组织良好、健康的舆论环境，帮助学生树立健康的道德情感。

（三）道德意志培养的教育策略

道德意志是品德的意志特征，其形成包含道德动机的确立和道德目的的实现两方面，形成特点是抵抗诱惑能力逐渐变强。培养道德意志需要从道德意志的自觉性、坚持性、果断性和自制力四个方面进行教育。具体做法可以通过提供克服困难的情境，引发学生自发锻炼的意向；树立榜样激发学生锻炼意志的愿望；在教育活动中组织学生参加道德行为训练，提高自制能力和抗诱惑能力。另外，教师还需注重学生的自我强化和自我教育，让学生学会自我管理、自我奖励和自我惩罚。

（四）道德行为培养的教育策略

道德行为的形成包括道德行为方式的掌握和道德行为习惯的形成，教师要注重学生良好道德行为方式、道德行为习惯的培养，可以采用两种方式进行：（1）适当的奖励和惩罚：对符合道德的行为给予奖励，对不符合道德的行为给予惩罚，使学生懂得什么行为是正确和道德的，什么行为是错误和不道德的，以此促使道德由外在的行为规范和准则向学生自身的内在需要转化，是一种有效的强化方法。（2）提供榜样示范：班杜拉的观察学习实验表明，儿童对成人榜样的模仿程度是极高的，当榜样做出道德行为时，儿童就会大力模仿。榜样与学生的相似行为越多，其行为发生的情境越接近真实生活情境，所发挥的影响作用就越大。

原理运用

教师根据课堂上对学生品德培养教育策略的讲解，在课堂中加入角色扮演游戏，通过情景剧的方式让同学们更加直观、形象地学习和体验，教师再引导同学们对情景剧进行评价，活跃课堂气氛，改善教学效果。

游戏名称：谁是坏孩子？

学生年龄：4—10 岁

游戏情境：（1）大卫趁妈妈外出，偷偷地爬到凳子上伸手去拿橱柜上的糖果，糖果好甜啊，大卫忍不住笑了起来。但是因为手臂不够长，所以在拿糖果的过程中把一只碗弄在地上摔碎了。（2）汤姆看到妈妈做家务很辛苦，他想帮妈妈洗碗。由于从来没有洗过碗，他发现碗好像小鱼一样，好滑啊！他总是抓不住碗，在洗碗的过程中，汤姆打破了三只碗。

游戏讨论：在观看完同学们的角色扮演游戏后，教师让观看的同学进行讨论，并根据同学们的讨论结果进行引导，进行品德培养。

游戏结论：年龄与个体的认知发展水平密切相关，它是影响学生对情景剧中谁是坏孩子进行评判的主要因素。

第三节　不良品德的预防与矫正

品德不良是指个体具有不符合道德要求的道德品质，经常发生违反道德准则的行为或发生较严重的道德过错，甚至有些个体处在违法犯罪的边缘或者有轻微的违法犯罪行为。品德不良的学生虽然只是少数，但危害极大。因此，关心这些学生的不良品德行为表现，研究不良品德产生的原因，对矫正他们的不良品德有着积极的意义。关注学生品德不良并及时矫正是学校一项重要的德育工作。

一、不良品德的表现

不良品德主要表现在道德认识、道德情感、道德意志和道德行为方面均出现偏差，我们主要从品德不良学生的道德认识特征、道德情感特征、道德意志特征和道德行为特征四个方面进行分析。

（一）道德认识肤浅，道德观念模糊

品德不良学生在道德认识上往往是非观念模糊甚至黑白颠倒，缺乏正确的道德观念和道德判断能力，往往对现实行为的好坏、是非、善恶分不清楚，形成一些错误的处事态度和观点。如把打架斗殴看成英雄行为，把吃喝玩乐当成人生目标，奉行英雄主义、哥们义气，甚至有学生养成了反动的道德认识，沾染了坑蒙拐骗等恶习。

（二）道德情感扭曲，贪恋低级趣味

品德不良的学生一般缺乏积极正确的道德情感体验，在不正确，甚至对错颠倒的道德认识观念的基础上产生扭曲的、爱憎颠倒、荣辱不分的情感体验，贪恋低级趣味，看重江湖义气，缺乏正义感，情绪外露多变，容易被激惹，自我约束能力较差，经常会因为一点小事而做出过激行为。

（三）道德意志薄弱，缺乏自我控制能力

道德意志薄弱、缺乏自制能力是品德不良学生道德意志的典型特征。例如，很多品德不良的学生通过家庭和学校的教育，也知道道德行为准则，知道什么样的行为才是道德允许和社会认可的，但是其道德意志较为薄弱，在实施道德目标时惯有的不良道德思想和观念占据上风，因而产生品德不良的行为。品德不良的学生在受到教育时，也能认识到自身错误，产生“改过自新”的想法，但往往经不住诱惑，出现不良行为的反复。

（四）行为习惯不良，无视规章制度

品德不良的学生在行为习惯上养成不少坏的习惯，如说谎、抽烟、赌博、好逸恶劳等。在学习上，他们往往没有明确的学习目标和正确的学习态度；在与人相处时攻击性强，对他人态度粗暴，不遵守规章制度，我行我素。但是，品德不良学生对自身认可的不良行为习惯和行为规范却是极为遵守。

品德不良的学生在具体行为上的表现主要有：（1）怠惰性行为：具体表现为对学习不感兴趣，学校表现不积极，上课打瞌睡，不按时交作业，不积极参加学校活动，对学校生活置之度外、毫无兴趣。（2）攻击性行为：表现为在校园欺压他人、打人骂人等行为，对同学们好意帮助、老师的善意指导故意报以敌对，甚至正面冲突等不良行为。（3）欺骗性行为：表现为说谎、抄作业、考试作弊、偷窃等不良行为，这主要是由他们的不劳而获、不开动脑筋等错误认识导致的。（4）逆反性行为：表现在不服老师和家长的管教，有错不改，对于老师和家长的要求故意对着干，我行我素，不服他人管教。（5）破坏性行为：表现为有意破坏公用物品和公共设施，如故意践踏草坪、破坏公物、在公共设施上乱写乱

画、破坏桌椅板凳等，这说明他们的文明意识较差。（6）其他不良行为方面：表现为抽烟、奇装异服等，借此表现自己与他人的不同。

案例分析

很多青少年在求学和生活过程中，由于受到错误的道德观念引导和影响，形成了不良品德，并在生活中表现出相应的错误行为。校园暴力、未成年人暴力行为、拉帮结派等负面的新闻在网络上日益增多，也引起了全社会和教育工作者的广泛关注。

2015 年 6 月 22 日，江西省永新县一名初中女生被几名同学围殴，几人轮流对该女生扇耳光，持续殴打。其间，围观者对此不仅没有劝阻，反而用手机拍下视频，更有甚者，微笑着与挨打女生玩自拍。这些品德不良的学生将视频和照片放在网上炫耀。该视频引发了网友的激烈讨论，也引起了教育者的深思。然而，此类事件并不少见，如何对未成年人的品德形成进行教育，如何杜绝青少年不良品德的产生，是我们教育者及社会亟待解决的问题。

二、不良品德产生的原因

学生品德的形成是一个复杂的过程，是个体在社会道德舆论及教育等的影响下，在后天的社会实践和学习生活中逐步将道德规范内化形成道德行为习惯的过程。对于学生品德不良的原因，可以从主观和客观两个方面进行分析，以利于品德不良的预防和矫正。

（一）学生品德不良的客观原因

1. 家庭原因

家庭是学生生活的主要场所，家庭成员的关系及他们的品德发展对学生的品德形成和发展有着重要的影响。家庭成员品行不端，会对生活在一起的学生产生极大的影响，容易把孩子引入歧途；父母教养方式不当，简单粗暴或放纵迁就，对学生的品德发展和形成有着直接的影响。品行不良的学生的家庭基本可以归为以下几种情况：（1）父母缺乏正确的教育观念，教育方式不当，或粗暴专制，或娇惯溺爱；（2）家长对孩子的教育态度不一致，使孩子无所适从，甚至养成见风使舵的坏习惯；（3）家庭结构不良，孩子成长环境缺乏亲人关爱，容易造成心理创伤；（4）家长的不良品行对孩子起到坏的带头作用。

2. 学校原因

学校是学生学知识、受教育的主要场所，学校教育是学生品德形成和培养的重要途径，学校如果教育方式不当、教育观念失误，则会给学生思想品德的形成造成不良的影响。例如，学校重考试轻德育，有的老师对成绩差、品行差的学生缺乏耐心和爱心，使学生在品行不良的路上越走越远。教育方式不当、学校和家庭教育步调不一致，都有可能直接或间接地妨碍学生良好品德的形成。

3. 社会原因

社会对学生品德形成和发展的影响不仅包括社会风气和社会环境，也包括学生在家庭和社会以外的社交活动。随着学生年龄的增长，他们逐渐深入接触社会，道德认识尚未成型、自制能力较差，因此容易受到社会上种种不良因素（如拜金主义、享乐主义、低俗文化、网络垃圾等）的影响。另外，也有学生因为交友不慎，受到不正当利益的诱惑，以致形成了不良的品德。

（二）学生品德不良的主观原因

学生品德不良的主观原因主要从道德认识、道德情感、道德意志和道德行为四个方面进行分析，一般来说，品德不良学生主要存在缺乏正确的道德认识引导，缺乏积极、正面的情感，且意志力较为薄弱、自控能力较差。长期形成的不良行为习惯要彻底改正也较为困难。另外，个体自身的某些因素，如性格因素、文化水平及同伴关系也是学生品德不良的主观原因。

1. 缺乏正确的道德认识引导

道德认识是个人品德形成和发展的基础，有了正确的道德认识和道德观念，学生才能做出道德行为，并进行分析和判断。由于他们的道德认识比较肤浅、道德观念模糊、缺乏独立成熟的道德判断能力，他们不能按照社会行为准则和道德规范来调节和控制自己的行为。品行不良的学生往往有着道德认识上的偏差甚至错误，他们误以为讲义气、为朋友两肋插刀是可以置国家法律、社会道德于不顾，认为打架斗殴是应该追随的英雄主义等。也有学生的出发点是好的，但是他们由于没有正确的道德观念，分不清是非，便出现了“好心办坏事”的现象。

2. 缺乏积极、正面的情感体验

品行不良的学生因为他们的一些行为不被认可，在日常生活和学习中经常会听到批评的声音，尽管这些批评是善意的，但有时候因为缺乏技巧或者是他们没有理解到老师和家长的良苦用心，便产生了负面的情感体验，譬如：觉得自尊心受到伤害、不被肯定、自暴自弃等。他们在这种消极、负面的情感体验的基础上，产生了故意与老师或家长做对、寻求其他品行不良学生的认可等想法和行为。

3. 意志力薄弱，缺乏自制能力

通过学校教育和自身学习，有些学生能够有正确的道德认识，能够清楚认识到道德行为准则和规范，但面对实现道德目标过程中的一些困难甚至负面诱惑时，由于意志力较薄弱，自我控制和自我约束能力较差，做出了违背社会道德规范、侵犯他人或集体利益的不道德行为。如有的学生在老师和家长的教育下，能够认识到错误并且也决心改正错误，但是在道德行为实施过程中总是照旧，或者不能坚持正确行为。这并不是学生不愿意去改正错误，主要是其自控能力较差，总是管不住自己。

4. 不良行为习惯的惯性作用

不良行为习惯和其他习惯一样，是在生活中逐渐养成的，是个体在生活中多次采取不符合道德要求的行为方式以满足个人欲求的情况下逐步形成的。不良的行为习惯一旦形成，学生在面对相似情境时自动地做出习惯化的行为，并产生肯定的、高兴的情绪体验，而这种情绪体验又无形强化了这种不良行为习惯，长此以往，恶性循环，如有偷窃行为的同学总是管不住自己，偷到东西后产生兴奋、愉悦的情绪，这种情绪又促使了下一次偷窃行为，如此循环。

5. 自身性格存在某些缺陷

性格是一个人在对自己、对别人、对事物的态度和行为方式上稳定的心理特征，性格表现了一个人的品德。大学生的性格已经趋于稳定，并制约着他们的行为，因此其性格上的某些缺陷（如自私自利、敏感多疑、执拗偏执）会使他们在应对问题时出现行为偏差，很容易忽视他人和集体的利益，甚至做出违反集体纪律和社会公德的行为。

另外，我们在平常教育过程中，某些品行不良的学生容易受到教师和其他同学的排斥，这就会使他们感受不到集体的温暖。根据马斯洛的需要层次理论，爱和尊重的需要是个体重要的社会需要之一，当这些需要不能得到有效满足时，他们就会产生孤独、挫败的心理感受，导致要么自暴自弃、重复出现品行不良行为，要么去寻找品行不良行为团体，找到团体归属感。

品德不良在各个年龄段都会出现，但是较多出现在青少年时期，这和青少年心理发展特点有一定关系，青少年缺乏独立成熟的道德判断能力，但这并不会直接导致品德不良行为的发生。品德不良是在内部错误认知因素和外部不良环境等因素相互作用下出现的，因此，我们从事道德教育时，应找准个体道德认识上的错误观念并加以矫正和引导。另外，也要加强对不良外界因素的预防和控制，为学生优良品德的形成和发展提供优良的外部条件。

三、不良品德的矫正

品行不良学生的心理发展尚处于不成熟向成熟的过渡阶段，思想还未定型，可塑性较强，但他们并不是生来如此，也不是没有改过的可能性。品行不良学生的行为习惯和行为方式是在成长过程中受到种种内外因素影响而逐渐形成的，因此，品行不良的矫正是个循序渐进的过程。不良品德的矫正包括两个方面：一是不良品德矫正的心理过程，二是不良品德的矫正途径。

（一）不良品德的矫正过程

不良品德的矫正是指个体认识到自身品行所存在的错误，找出这些错误的行为方式和行为习惯，并改变道德认识和道德情感体验，提高自我控制能力，进而达到改变不良行为方式和不良行为习惯的目的。这个过程包括醒悟、转变和自新三个阶段。

1. 醒悟阶段

品德不良的学生开始认识到自己的错误，并产生改过自新的意愿，这就是品行不良矫正的醒悟阶段。也就是说，在日常生活和学习中，一些品德不良的学生有时会在教师、家长的教导下或者受到一些事情的启发，而开始思考并认识到自己某些行为是不恰当的，与社会规则和道德规范是相违背的，自己的行为结果有可能会对他人、对社会造成伤害，于是便产生了想改变自己这些不恰当、不正确行为的想法和念头。学生自己认识到自身行为不正确且想改变这种行为，一旦有了这种想法，品德不良学生就处于醒悟阶段了。这种现象一般在两种情况下发生：一是他人的真诚关怀和耐心教育，让品德不良学生愿意接受他们的教育；二是品德不良学生开始认识到坚持不良行为的危害。从道德认识角度来讲，醒悟阶段是以往错误的道德认识受挫、新的正确的道德认识萌生的过程。

在醒悟阶段，教育工作者要注意鼓励学生产生新的、正确的自新意向，要注意以下两点：一是全面接纳、点燃希望。品德不良的学生常常不被家长、老师和同学们认同，但他们内心深处非常渴望得到他人的肯定和接纳，如果我们对他们的教育只是说教而没有发自内心地接纳和认同他们，那么很难达到教育的效果。由于常常得不到关爱和认可，他们会采用不当的方式来发泄内心的不满和失望。当他们做出恰当的行为时，应及时给予肯定与接纳，消除他们内心的孤独和疑虑，点燃他们向上的希望，产生改变不良行为的意愿。二是激发动机、改变认识。许多品德不良的学生在思想上没有认识到自己的不良行为会给自己、给他人带来很大的危害，教育者要在学生不良行为出现时及时地加以教育和启发，使他们认识到不良行为的危害性，产生内疚感，另外，教育者要激发学生正确情感的需要和动机，如受到尊重的需要、归属感等方面的动机，在此基础上使学生产生改过自新的需要。

2. 转变阶段

当品德不良学生开始认识到自己不当行为带来的危害，且产生改变这些行为的想法后，在行为上发生一定的转变，这就是品行不良矫正的转变阶段。但行为转变远不止于此，这仅仅是行为改变的开始，是否能够坚持、是否能够彻底改变不良行为，则需要不断经历正确和错误道德认识的斗争及新旧行为习惯的交替，直至形成新的符合道德规范和社会规则的行为方式和行为习惯。这个过程是对品德不良学生意志力的极大考验，很多品德不良学生也意识到自己行为的不当之处，也有改过自新的想法，但是在惯有的、不良的行为方式和行为习惯引导下，很难坚持下去。发生转变是矫正品德不良的第一步，但是还有可能出现反复，反复分为两种情况：一是前行中因遇到挫折而出现的暂时的倒退；二是教育过程中遇到失败而出现的大倒退，这可能预示着转变的失败。要减少和避免行为的反复，可以采取以下教育方式：一是使学生离开原有的不良环境，以减少不良行为反复的诱发因素，如网络成瘾的学生，离开那些经常与他一起上网的学生、离开网吧，结交新的学习上的同伴可以降低其上网的欲望。二是根据个人实际，让其在原来环境中增加新的影响因素，如网络成瘾的学生，虽然仍然和以前一起上网的同学在一起上课，但是由于新的同伴关系的建立、新的学校生活方式的产生，会使他们注意力转移、产生新的行为目标、自觉抵制不良行为等，从而达成行为方式的转变。

3. 自新阶段

品德不良的学生经过长期的转变之后，如果品德不良行为没有再出现、再反复，那就说明品德不良矫正进入了自新阶段。在这个阶段，学生在学习和生活中基本上没有品德不良行为出现，以崭新的道德行为方式和行为习惯出现在日常学习和生活中。这个阶段是态度发生质变的结果，在这个阶段，教育过程应避免翻旧账等不当教育方式出现，而是给予更多的关注和肯定，以维护其新建立的信心和希望，坚持新的行为方式和行为习惯。另外，也要在以后的教育中注意培养健康完整的道德认识、强化其道德情感体验，以强大的道德意志去面对自己的过去和未来，敢于为自己的行为负责。

（二）不良品德的矫正途径

品德不良学生的心理尚处于发展时期、尚未定型，只要我们深入了解其内心需求及心理特点，采取他们可以接受的教育措施，真诚地关怀和引导他们，他们的不良行为是完全可以得到纠正或改变的。

深入了解他们的行为动机，创建全面接纳的教育环境。品德不良的学生的行为动机是内外各种因素综合作用的结果，同样的品德不良行为却有不同的行为动机。例如，攻击性学生的行为动机，可能是想引起他人关注、希望他人关心、可能是愤怒转移而引起的“踢猫效应”，也可能是受到委屈后不会正确表达个人情感，只有全面了解学生不良行为的内部原因，才能对症下药，采取有效的教育措施。对学生的教育，尤其是品德不良学生的教育要以全面接纳、认可他们为前提，品德不良的学生由于长期不被接纳和尊重，甚至受到了排斥，因此内心渴望他人的肯定和接纳。所以对他们开展工作必须创建全面接纳的教育环境，让他们在新的环境中逐步建立正确的道德认识和正面的情感体验，并在全面接纳的环境中提高自我控制能力，增强意志力。

及时给予肯定，善于挖掘他们的闪光点。品德不良的学生在某些道德行为方面表现出不符合甚至违反社会规则和道德规范，但并非一无是处。例如，在教室乱写乱画的学生，虽然在公共场所乱涂乱画是不对的，但是教育者可以在对其进行批评教育的同时，表扬他们的涂鸦有新意，并推荐他为宣传板报做初稿。这样既满足了他们涂鸦的心理需求，又让他们看到自己是被需要的、能力是被认可的。多鼓励、勤表扬是对品德不良学生的重要教育方式，可以培养他们克服困难的勇气和信心。

把握行为转变的关键时机，开展耐心细致的工作。不良品德的矫正是一个长期的过程，是一个螺旋上升的过程，一般要经过醒悟、转变和自新三个过程。教育者要善于把握每一个关键时机，给予及时的肯定、表扬、鼓励和帮助，耐心进行引导，强化他们的每一个进步，使他们愿意去改变、能够坚持去改变。但是，当学生在不良品德的矫正过程中出现反复，教育者也不能操之过急，要对他们进行耐心细致的教育，允许前进过程中出现反复，找出反复的根源和原因，并且要把每一次反复作为矫正的契机，从而达到自新的目的。

学校要加强学生思想政治教育、心理健康教育和法制教育。学校是学生接受品德教育的主要场所，学校在矫正品德不良行为时应该要加强其思想政治教育，培养正确的人生观、世界观和价值观，从思想根源处抵制错误的思想观念；加强心理健康教育，及时解决因为个人心理问题或者心理某些缺陷（如自卑、敏感多疑等）引起的品德不良行为；加强大学生的法制教育，让他们能够清晰地认识到自身品德不良行为对自己和他人造成的危害及所需要承担的法律责任，避免他们因品德不良行为而走向犯罪的道路。

学校教育结合家庭教育，减少不良家庭模式对学生的影响。学校是对学生进行品德教育的重要场所，但是家庭是他们生活的起点，家长是他们的启蒙和终身老师，因此，家庭对学生品德的形成和发展有着重大的影响。家长对学生的脾气秉性、性格爱好最为了解，家庭教育能够在学生不良品德转变中起着深刻、重要的作用。学校和家庭应该结合教育，与学生家长通过各种信息建立起紧密的联系，共同促进学生不良品德的矫正，预防大学生品德不良行为的发生。

培养学生优良的道德品质是需要学生、家庭、学校和社会共同努力的一项艰巨任务，品德教育工作需要我们教育工作者根据品德形成的规律和心理特点，采用多样化的方法和途径来进行。同时也要关注品德不良的学生，不良品德的矫正需要我们有认真、正确的态度和持之以恒的耐心，掌握行之有效的矫正策略，从改变对品德不良的学生的错误认识入手，有的放矢地开展教育工作。

本章小结

品德即道德品质，是指个人依据一定的社会道德准则和规范行动时所表现出来的稳定的心理特征或倾向。

品德的心理结构由道德认识、道德情感、道德意志和道德行为四个部分构成。

品德形成的基本理论目前最有代表性的是皮亚杰的品德发展阶段论和科尔伯格的品德发展阶段论。

品德形成是一个复杂的过程，心理学家往往从道德认识、道德情感、道德意志和道德行为方面进行研究。影响品德形成的因素主要包括内部因素和外部因素。

品德不良是指个体具有不符合道德要求的道德品质，经常发生违反道德准则的行为或发生较严重的道德过错，甚至有些个体处在违法犯罪的边缘或者有轻微的违法犯罪行为。

不良品德的矫正是指个体认识到自身品行所存在的错误，找出这些错误的行为方式和行为习惯，并改变道德认识和道德情感体验，提高自我控制能力，进而达到改变不良行为方式和不良行为习惯的目的。这个过程包括醒悟、转变和自新三个阶段。

关键概念

品德　品德心理结构　品德发展阶段理论　品德形成　教育策略　品德不良　不良品德的矫正

复习思考题

1. 品德形成的基本理论是什么？主要包括哪几个方面？
2. 试述品德形成的过程。
3. 品德形成的影响因素有哪些？
4. 不良品德的矫正主要包括哪几个方面？

本章阅读书目

1. 石林．健康心理学．北京：北京师范大学出版社，2001.
2. 陈琦．教育心理学．北京：高等教育出版社，2001.
3. 莫雷．教育心理学．北京：教育科学出版社，2007.

第九章

心理健康教育

本章导读

丽贝卡是幼儿园小班的小朋友，刚入园时，与其他新入园的小朋友一样，都表现出明显的不适应。然而，一个学期快要过去了，丽贝卡结识的伙伴依然很少，平常不怎么愿意主动参与团体游戏活动，也很少与老师进行沟通，常常表现出很不开心的样子。幼儿园负责儿童心理健康教育与咨询的老师对丽贝卡进行了一段长时间的观察和询问，初步判断丽贝卡可能产生了一定程度的心理适应性问题。

提到心理健康的概念，许多人脑海里闪现出的是心理门诊、精神病院等词语。对于什么是心理健康，如何判断心理健康与不健康，得了心理疾病该怎么办等问题，大部分人对这些知识没有一个正确的、系统的认识。本章是关于心理健康教育的整体概述，通过本章的学习能了解到心理健康教育的概念、标准、常见心理问题和解决办法以及一些基本的心理调节技巧。

第一节 心理健康概述

一、心理健康的概念

随着社会的不断发展与进步，人们越来越重视心理健康问题了。社会发展程度越高，人们所承受的社会压力越大，心理健康问题就越突出。目前，心理健康教育日益为人们所重视，这是社会发展的必然结果，反映了社会发展对教育提出的必然要求。

一个人的健康包括身体、精神和社会等方面的健康。传统的健康观认为没有生病就是健康，现代的健康观认为健康是指整体健康。联合国世界卫生组织指出：健康不仅指没有身体缺陷和疾病，还包括生理上、心理上和社会关系上的完好状态。由此可见，心理上的健康与生理上的健康一样重要。

对于心理健康的概念，国内外许多学者都给出了定义。心理学家认为："心理健康是指一种持续的心理状况，当事者能良好地适应，具有生命的活力，而且能充分发展其身心的潜能；这是一种积极发展的心理状态，不仅是免于心理疾病而已。"门宁格（Menninger）认为："心理健康是指人们对于环境及相互间具有最高效率及快乐的适应情况。不仅要有效率，也不仅要能有满足之感，或能愉快地接受生活的规范，而需要三者皆备。心理健康的人应能保持平静的情绪、敏锐的智能、适于社会环境的行为和愉快的气质。"

心理健康是指个体能够适应发展着的环境，具有完善的个性特征，且其认知、情绪反应、意志行为处于积极状态，并能保持正常的调控能力。从广义上讲，心理健康是指一种高效而满意的、持续的心理状态。从狭义上讲，心理健康是指人的基本心理活动的过程内容完整、协调一致，即认识、情感、意志、行为、人格完整和协调，能适应社会，与社会保持同步。与心理健康密切相关的另一个概念是心理健康教育，心理健康教育又可以称为心理素质教育，简称为"心理教育"或"心育"。心理健康教育主要是教育者运用心理科学的方法，对教育对象心理的各个层面施加积极的影响，以促进其心理发展与适应、维护其心理健康的教育实践活动。

二、心理健康的标准

了解什么是心理健康，对于增强与维护人们的整体健康水平有重要意义。掌握心理健康的标准，以此为依据对照自己，进行心理健康的自我诊断。如果发现自己的心理状况的某个或某几个方面与心理健康标准存在差距，就可以针对性地加强心理锻炼，如果发现自己的心理状态严重地偏离心理健康标准，就要及时求医，以便诊断与治疗。

心理健康的标准并没有统一的表述，国内外学者对心理健康的判断标准也不同。根据不同研究者的观点，可以归纳出以下六条主要标准[①]：（1）对现实的有效知觉；（2）自知自尊与自我接纳；（3）自我调控能力；（4）与人建立亲密关系的能力；（5）人格结构的稳定与协调；（6）生活热情与工作高效率。我们也可以通俗地将人的心理健康表述为如图 9－1 所示的 7 个方面。

① 教师资格认定考试编写组．教育心理学．北京：北京师范大学出版社，2008：232.

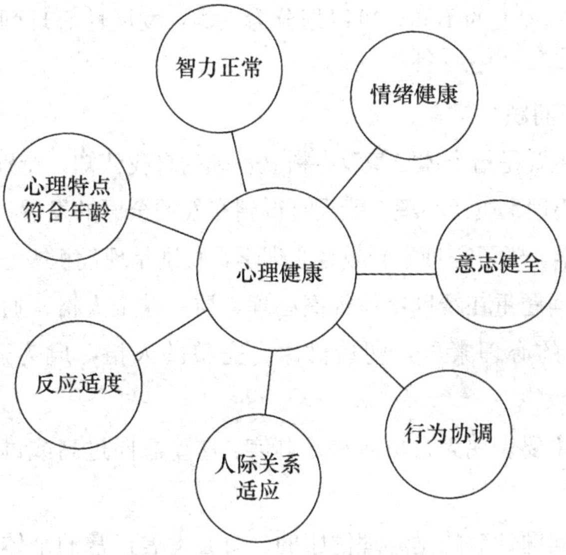

图 9-1　心理健康的标准

案例分析

小学三年级的小丁，上课总是搞小动作，不肯写作业，常干扰别的同学上课，爱拿别人东西，同学们都不喜欢他。老师将他的情况反映给他的父母，父母便把小丁打了一顿，但小丁还是不改。最后，老师将他带到学校的心理咨询中心，心理咨询中心的老师根据小丁的年龄特点，给老师提出了一些实用的建议，如：老师上课时多采用新鲜、有趣、生动、形象的事物来吸引他的注意力，适当增加活动性的内容，让他参加，使他的注意力集中到课堂上；也可以通过评价、外部奖赏来激发他的学习动机，并给予及时、积极的反馈；鼓励小学生提各种问题等。咨询中心的老师还建议让家长监督小丁的课前学习、课后复习，最后，小丁的情况有了好转。

第二节　常见心理健康问题

一、心理问题的概念与分类

心理问题又可以称为心理失衡，是正常心理活动中的局部异常状态，不存在心理状态的病理性变化，具有明显的偶发性和暂时性，并且常与一定的情境相联系，常被一定的情境诱发，若脱离特定的情境，个体的心理活动则可恢复正常。

个体心理问题按照程度的不同，可以划分为三类：发展性心理问题、适应性心理问题与障碍性心理问题。

（一）发展性心理问题

发展性心理问题主要是指个体自身没有树立正确的自我认知，特别是对自我能力和自我素质方面的认知，其心理素质及心理潜能没有得到有效的全面的发展。发展性心理问题是管理心理学、发展心理学、学习心理学、教育心理学，特别是现代积极心理学等研究的范畴。

解决发展性心理问题重在帮助个体提高心理素质、健全人格，通过有针对性的教育和训练，培养个体良好的心理素质，塑造健康、完整的人格，成为适应社会需要的合格个体。

发展性心理问题主要表现为自负或缺乏自信、愿望志向过高或过低、目标责任缺失等方面：

（1）发展性心理问题针对的是心理健康的、身心发展正常的个体，但在个人发展方面仍有潜力可以挖掘，心理素质还需完善。

（2）解决发展性心理问题，重在引导个体在一个新的层面上认识自我，发掘自我潜能。而这种潜能的开发可以使自我突破认识的局限性，使个体在能力发展、信心重建等方面实现飞跃，得到更充分的发展。

（3）发展性心理问题强调发展的原则，解决发展性心理问题，对个体的工作、适应、发展等方面给予指导与帮助，但更侧重于“发展”，也就是促进心理素质的发展。它对个体所做的一切工作包括指导个体控制和调节情绪、改善精神状况、建立自信心等，都是以个体能够得到更好的更充分的发展为目标的。

案例分析

四年级的学生谷某在刚进入小学时，就表现出比其他同学反应慢，学习程度和效率比较低的特点，她的学习成绩也一直处于班级中下游，家长认为她是一个比较笨的孩子。

谷某胆小、自卑、不爱动，在交往方面，比较腼腆，不太合群，平时不愿意跟别人打交道，上课也是闭口不言，即使偶尔被老师提问，她的声音也小得几乎像蚊子声。她做作业速度很慢，质量不高，学习成绩也一直停滞不前。

通过心理教师的观察，该学生长期受自卑、羞怯、焦虑和恐惧等负面状态的影响，过重的心理负担使她不能正确评价自己的能力，一直怀疑自己的优点。即使获得成功也难以体验喜悦，不断陷入失败的恶性循环，这严重影响到了她身心的健康发展。

（二）适应性心理问题

适应是指个体通过不断的身心调整，在现实生活中维持一种良好和有效的生存状态的过程，而适应性心理问题则是个人与现实生活环境不能取得协调一致所带来的心理困扰。适应性心理问题主要是健康心理学、发展心理学、社会心理学、工程心理学、咨询心理学、管理心理学、环境心理学等研究的范畴。

适应是个体维护心理平衡的一个持续过程，以不太大的代价去处理一个具有一般性及可预期性的环境。由此可见，适应是个体与环境在相互作用中发生不断改变的过程，既然是相互作用，发生改变的也应该是双方。但人们在谈到适应时，心中想的主要是个体的改变，是个体改变自己去适应环境的变化。个人与环境的关系可以体现为一种状态，即个人与环境之间的一种和谐、平衡的状态，这种平衡是个体在不断运动变化中与环境相适应所取得的，这种平衡并不是绝对静止的，某一个水平的平衡会成为另一个水平平衡运动的开始。如果有机体与环境失去平衡，就需要改变自身以重建平衡。

适应性心理问题表现为以下特点：

(1) 适应性心理问题一般出现在身心发展正常，但带有一定的心理或行为问题的个体身上，这类人也可以称为“在适应方面发生困难的正常人”。

(2) 解决适应性心理问题，要重点解决个体的正常需要与其现实环境之间的矛盾冲突，主要的解决方法是改变个体的认识水平。

(3) 适应性心理问题的解决强调教育的原则，要重视个体自身的作用，教育者并不是要直接帮助个体解决问题、满足个体需要，而是要帮助其分析现状，提出解决问题的合理途径与方法。强调发掘并利用个体潜在积极因素，使个体能自己解决问题。对于环境的改善，也是在现有条件的基础上提出合适的改进意见。

(4) 适应性心理问题的内容，侧重于工作、交往、生活等方面，要帮助个体解决在这些方面所遇到的心理问题。

案例分析

4岁的小男孩天天自出生后，就是全家的中心。爷爷奶奶、姥姥姥爷、爸爸妈妈都对他宠爱得不得了，只要天天有一点病痛，一家人都非常紧张。家境优越的天天没有吃过一点苦。

但是自上幼儿园后，天天开始变得很奇怪：他在家里非常活泼好动，但是到了幼儿园门口就开始哭闹，不愿意上幼儿园；老师反映天天在幼儿园里不怎么说话，喜欢独自玩玩具，不喜欢与其他小朋友分享，没拿到自己喜欢的玩具时便会哭闹，老师怎么劝说他也不听。

天天就是一个比较典型的出现适应性不良心理问题的孩子。

(三) 障碍性心理问题

障碍性心理问题有时候也称为“心理障碍”“心理疾病”。障碍性心理问题是变态心理学、临床心理学、健康心理学、咨询心理学等研究的范畴。

障碍性心理问题的特征：一是个体持久地感受到痛苦，一般达到 6 个月以上；二是社会功能受损，主要表现为人际关系糟糕，容易产生对抗甚至敌对行为；三是表现出一些特殊行为。

当个体遭遇人际关系的严重冲突、重大挫折、重大创伤或面临重大选择时，一般会表现出情绪焦虑、恐惧或抑郁，有的表现出沮丧、退缩、自暴自弃，或者异常愤怒甚至冲动报复，有的会使用过度的防御机制来自我保护，且表现出一系列适应不良的行为。如果长期持续的心理障碍得不到适当的调适或解脱，就可能导致严重精神疾病的产生，进而造成相对严重的后果。个体障碍性心理问题表现形式多种多样，常见的有以下几种类型：

1. 焦虑性障碍

焦虑是一种没有明确对象和具体观念内容的忐忑不安和提心吊胆，是不能达到目标和不能克服障碍时所表现的紧张不安、心烦意乱、忧心忡忡。焦虑的人时常怨天尤人、顾影自怜、毫无缘由地悲叹不已；遇到一点小事，往往坐立不安；经常慌张地不知所措，难以集中注意力，难以完成工作任务，并伴有身体上的不适感，例如口干、心悸、出汗、嗓子有堵塞感、失眠等。

焦虑症和焦虑的概念不同。有的人把自己的紧张或焦虑称为神经衰弱。紧张是在面对现实时产生的状态，而焦虑是在面对未来时产生的状态。什么情况下可能产生焦虑呢？一般来说，当未来事件有 50%以上的不确定性时，人就容易产生焦虑。广泛性的焦虑症一般指持续时间超过 6 个月，总是对可能性不高的事情表现出无理由的担忧。其特征主要有：第一，思维狭窄、紊乱；第二，长时间地过分担忧；第三，情绪急躁、过于紧张激动（有时候会出现歇斯底里）；第四，往往伴随失眠、反复做噩梦等现象。广泛性的焦虑症几乎是一切精神心理障碍问题的一般特征。恐怖症也是一种以焦虑为基础的心理障碍。例如“创伤和应激障碍”，亲临车祸、凶杀、战争、地震等现场都容易产生类似的后遗症。

当今学术界还认为，焦虑性障碍还可以包括十分典型的病态“完美主义”人格心理障碍。主要表现为：第一，过多的失败体验、过度的自我批评、自我强加的过高标准或过高的目标追求；第二，十分恐惧失败；第三，不顾一切后果地追求成功；第四，饱受应该得到的目标的折磨；第五，一般很难有幸福的家庭生活感受；第六，喜欢把自己的意志强加给别人。

2. 抑郁性障碍

抑郁性障碍的主要表现是情绪持续不断低落，郁郁寡欢，悲观厌世，心理功能降低，自我评价下降，不愿与别人交往，情绪呆板，总是以“灰色”的心情看待周围的一切，对什么事情都不感兴趣，自罪自责，内心体验大多是不幸、苦闷、无助、无望，总感觉活着没意思。主要表现有：第一，心境恶劣；第二，对事物不感兴趣；第三，人际关系相对紧张，看别人不顺眼，缺乏亲情感；第四，自我评价低，无自我价值感。

3. 恐怖性障碍

患有恐怖性障碍的个体，所害怕的对象在其他人看来并没有什么可怕之处，但仍表现强制性的回避意愿和紧张、焦虑、眩晕等心理反应，例如恐高症、利器恐怖、动物恐怖、广场恐怖及社交恐怖等。其中，社交恐怖较为常见，主要表现为赤面恐怖，也就是在众人面前会脸红，面部表情惊慌失措，不敢正视对方，害怕别人看透自己的心理而难堪，会产生紧张不安、心慌、胸闷、气短等症状。

4. 强迫性障碍

做事情反复思考，犹豫不决，明知道不必多想的事情仍然会反复想，不该做的事情仍然会反复做，因此感到紧张、痛苦。强迫性障碍常见的症状有：第一，强迫观念，如强迫怀疑、强迫回忆等；第二，强迫冲动或强迫意向等；第三，强迫动作，如反复洗手、反复检查门锁等。

强迫症状几乎每个人都可能出现过，但只要不妨碍正常的工作、生活，不成为精神负担，就不算出现强迫性障碍。

5. 疑病性障碍

疑病性障碍主要表现为对自己的健康状况过分关注，深信自己患了某种疾病，经常倾诉身体不适，顽固地担心、怀疑自己有病，不断地寻求帮助，经医学检查和医生的多次解释后仍不相信，反复就医。这种对自己身体健康过度担忧的心理倾向就是疑病性障碍的表现。

几乎人人都可能会产生心理障碍，长时间存在不良心境就有可能会造成生活节奏乱、兴趣减退，甚至行为异常、性格偏离、行为怪异等，这些都需要寻求心理咨询的帮助。心理咨询也适用神经症患者，主要包括强迫症、焦虑症、恐怖症、疑病症等，还可适用于生理心理障碍（身心疾病）、神经系统器质性疾病引起的心理障碍、各种智力发育异常等。

案例分析

刘某，男，10 岁，小学五年级学生，智力正常，思维活跃，口头表达力强，性格活泼开朗，善于沟通，人际关系较好。喜欢玩电脑游戏，学习习惯不太好，上课注意力不集中，易开小差，经常不交家庭作业，每次考试成绩排名在班级中倒数。近两个月以来，刘某每次考试时手心就不停地出汗，并出现心慌气短和胸闷的感觉，考前一天没精神、疲乏、易怒。孩子的父母曾多次带他去医院检查，结果均显示无躯体性疾病。最后来到了心理咨询中心，咨询老师决定运用合理情绪疗法和系统脱敏法，对刘某进行考试焦虑的行为矫正，以期缓解他的焦虑感，并对他进行心理疏导，帮助他找到较好的解决方法，以利于他今后健康、快乐地成长。

二、常见心理问题及其识别

一般而言，幼儿园儿童、中小学生的心理问题主要表现在以下两个方面：

（一）情绪方面的表现

由于幼儿园儿童、中小学生正处于行为学习、心理发展的阶段，因此，他们的心理问题主要属于适应性与发展性的心理问题层面。这些心理问题在情绪上有着较为明显的表现，一般表现为负面性情绪，如焦虑、恐惧、抑郁等。例如，对上幼儿园或上学表现得较为抗拒，幼儿园儿童具体表现为恐惧、哭闹，中小学生则容易出现焦虑、愤怒、兴趣减退等情绪。具体如下：

（1）焦虑异常：焦虑心理是一种以紧张、担心或忧虑为特点的，复杂而延续的情绪状态。当个体预期某种危险和痛苦境遇即将发生时，常常会产生焦虑反应，这种焦虑反应是普遍的正常的适应性反应。然而，当焦虑的程度过于严重时，就变成了惧怕，人就会变得紧张不安，容易产生不愉快感。

（2）恐惧：是指对某种特定对象或境遇产生了强烈的、非理性的害怕，而事实上这类引起害怕的对象或境遇，一般并不会导致危险或威胁的产生。对某一特定事物或现象的害怕，是幼儿园儿童、中小学生较为普遍的恐惧心理。

（3）易怒：是指容易急躁、冲动，爱发脾气，脾气喜怒无常，报复性强，常会有做危险、愚蠢事情的冲动，等事后冷静下来又后悔。在现实生活中，有些幼儿园儿童和中小学生常常会出现这样的情况，本来只是一些鸡毛蒜皮的小事，其他人可能不以为然，而易怒的人却会因此大发雷霆、火冒三丈。

（4）抑郁：这是中小学生较常见的一种心理失调现象，是中小学生感到无法应对外界压力而产生的一种消极情绪。处于抑郁情绪中的学生，时常生活在焦虑的心境中，他们的内心孤独却不愿向同学、老师和家长倾诉。

（5）孤僻：主要表现为喜欢独处，不愿与他人接触，沉默少语，内心压抑、苦闷。孤僻心理会严重影响学生与同学、老师以及家长的正常交流，影响人际交往，使学生陷入孤独无助的境地。

（二）行为方面的表现

除了情绪表现外，幼儿园儿童、中小学生常见的心理问题往往也伴随着明显的外部行为表现，例如，幼儿园儿童的多动、注意力欠缺、离群独处、沉默寡言，中小学生的成瘾行为、暴力倾向、自伤自残行为等都是存在明显的心理问题与障碍的行为表现。具体来说，包括以下几个方面：

1. 依赖心理与行为

目前，越来越多的独生子女学生日益成为在校生的主体，有些孩子从小就受到父母的溺爱，像温室里的花朵一样，缺乏独立意识，不管什么事情都要依赖家长，在生活、学习、人际交往等方面产生了依赖行为，并由此产生了各种心理问题。

2. 自负心理与行为

父母过分溺爱的独生子女一般是整个家庭的核心，这种情况下，这种孩子总以为自己比别人强，比别人优秀，想事事抢占先头，不容别人超过自己，意识不到“山外青山楼外楼”“强中更有强中手”。他们一旦遭遇挫折失败或受到委屈，往往表现得意志力薄弱脆弱，承受能力差，陷入痛苦不能自拔，甚至会走上绝路。

3. 自私心理与行为

主要表现为心胸狭窄、自私自利，常常会为一点小事而斤斤计较，把个人利益看得太重，经常感到吃亏和委屈，闷闷不乐，具有较强的报复心理。

4. 自卑心理与行为

自卑心理是指学生由于种种原因而对自己的品质、智力、能力等感到怀疑并对自己做出低评价所产生的心理感受。自卑心理一旦形成并不断发展，就会对个人的心理过程和个性心理产生日益显著的消极影响，特别是中小学生的心理发展不稳定，自我否定意识更容易引起情绪情感的较大波动和思想观念的急剧变化，产生行为退缩，严重影响他们的学习和生活。

5. 逆反心理与行为

由于自我意识的不断形成，成长中的个体既需要形成依恋和依赖，也希望能在一定程度上实现独立。但由于教育者采用的教育方式和手段、个体心理品质差异等因素的作用，一些儿童或学生容易对外界的刺激产生与常人不同的心理反应，出现逆反心理，并表现为与别人交往时采取不合作的对抗态度，对家长、老师的教育感到厌恶甚至会顶撞长辈。

6. 嫉妒心理与行为

嫉妒是一种恐惧或害怕他人比自己优秀的心理状态。在幼儿园儿童当中主要表现为由于物质上的对比产生的嫉妒心理，而中小学生则更多地表现为因精神上的对比而产生的嫉妒心理。从本质上来说，嫉妒是个体潜意识对自己的不满，是一种心理投射，因此，对嫉妒心理的合理利用有助于个体的进一步成长与发展。但由于幼儿园儿童、中小学生的自我意识尚不完善，有的时候，他们的嫉妒心理及其行为会造成比较消极的影响。

7. 猜疑强迫

主要表现是遇事多疑、猜忌心太重。这类同学不能与其他同学正常交往、和睦相处，久而久之，容易出现情绪不稳定、意志消沉、缺乏自信等。

8. 厌学

目前，中小学生学习负担过重，学习的压力越来越大，面对升学难、就业难、出路窄的现象，心理压力也越来越大，有的学生深感前途渺茫，因此精神上出现萎靡不振，进而出现食欲不振、神经衰弱、失眠、思维迟缓、记忆力下降、害怕考试等一系列问题。

第三节 心理健康辅导的主要方法

一、行为主义的方法与技术

行为主义主张心理学应该研究可以被直接观察和测量的行为，反对研究不能被直接观察的意识，这是20世纪初起源于美国的心理学流派的主张。行为主义否定一切关于精神的重要性的观点，是唯物主义的一种形式。行为主义的创始人是华生，他主张用纯实验的方法研究心理学，反对内省的研究方法。对行为主义影响较大的还有巴甫洛夫和斯金纳。

在研究方法上，行为主义主张采用客观的实验方法，而不使用内省法。行为主义认为，学习是刺激（S）与反应（R）的联结，学习过程是渐进式的尝试的过程，最终形成固定的S-R联结。行为主义特别强调“强化”的作用。行为主义学派有许多技术方法被心理咨询治疗界广泛使用，并取得了一定的效果，常用的技术方法包括：

（一）强化法

强化一般被人们用来建立新的行为，尤其是使用连续的“即时强化”，接着使用“间隔强化”，对于行为的快速建立有一定的效果。强化除了即时强化和间隔强化外，还有其他方式：“固定比率强化”，如做完20个俯卧撑，就可以休息2分钟；“不固定比率强化”，如妈妈规定有时写完10行字就可以看电视，有时则要先写15行字才可以看电视；“定期强化”，如定期表扬；“不定期强化”，如不定期发奖品；“部分强化”，如小孩子发脾气要玩具，父母本来想严守原则不给，后来看孩子可怜就妥协了，结果，孩子发脾气的行为被强化了。

强化物也有不同的类型：“初级强化物”，如食物、水或糖果；“次级强化物”，如金钱、礼物或代币；可以替代或者换取初级强化物的，也可以是所谓的“社会性强化物”，即人与人互动中的一些温暖关心的举动，也许是一个温暖鼓励的眼神、夸奖、拍肩、拥抱等，这些可以让人感觉自己受到了关爱与重视；当然，教育的最终目的是希望孩子能够不借外力或外物的肯定，就能够自己督促自己、自己肯定自己，也就是所谓的“自我强化”，如许多人会在公交车上主动让座，从事自己喜爱的事业。

（二）系统脱敏疗法

系统脱敏疗法是由雅各布森（Jacobson）开创，经沃尔普（Wolpe）继续研发而成的，是根据古典条件反射的原理所创造的治疗法，其基本观点是行为是经由条件学习而获得，同时也可以根据反条件的方式让学习解除。让紧张焦虑的当事人，先学会娴熟放松的动作，然后让当事人把会引起焦虑的情境或事件，依焦虑程度的高低做适当排序（例如，从零焦虑——自己在浴室唱歌，到100%焦虑——在400人面前演讲），最后就要求当事人在每次治疗时，先做放松动作，然后按照咨询师指导，依焦虑最低的情境加以想象，如果想象中途有焦虑情绪产生，当事人表示立即停止，这是配合当事人的个人情况与步调而循序进行的，所以一般说来，“系统脱敏法”需要相对长的时间才能看到效果。

（三）塑造

塑造是对于达成目标行为的“连续接近”的一连串动作的设计。举例来说，初进小学一年级的小学生，可能不太懂教室规矩，要他们坐下来乖乖听课，对于老师来说是一个挑战。老师们时常使用的方法是：小朋友在教室内玩累了，靠近自己座位时，就给予奖励，这样小朋友可能会慢慢学着多“靠近”自己座位几次，然后，再把标准提高，等小朋友坐下来时才给予奖励，接着就要小朋友坐在位子上的时间慢慢加长，最后的目标是让小朋友坐下来专心听课。这一连串的动作，也就是所谓的“塑造”。

（四）行为改变技术

行为改变技术是结合了“强化”原理的运用，在明确具体的行为目标之下，研究适当可行的改变行为的策略（主要包括强化次数、强化物、可能的阻碍、可用资源的考虑等），然后再一步步执行。特别需要注意的是，强化物的设计与使用要符合当事人的“动机”与“喜好”，不能吸引当事人的强化物，根本不能引起行动的动机，而且同一强化物用久了，也可能让当事人失去兴趣，并且要小心不要让强化物成了下一个需要改变的行为目标，例如，用孩子喜爱的炸鸡腿作为强化物，改变了做作业拖沓的习惯，后来却发现当事人体重增加太多，要减肥了。行为改变技术的另一种形式是和当事人拟定一个契约，由当事人自己去执行、评价、记录，然后由咨询师与当事人一起讨论实施的情形、遭遇的困难，并思考解决的方法，这也叫作“自我管理”方案。

（五）模仿与预演

观察与模仿可以说是相对简单的学习方式，咨询师的示范或典范人物的演讲，甚至是利用影音播放的方式，让当事人去观察、依循，学会一些良好的行为。“预演”是咨询师将当事人在咨询情境中所学的技巧知识运用于实际的生活之前，让当事人与咨询师在治疗时间内先做一些练习，使当事人熟悉即将使用的技巧，预防可能出现的问题，提出解决办法，以减少当事人在实际接触世界及采取实际行动时的失败概率。

（六）代币制

“代币制”是行为主义重要技巧之一，像“好孩子”贴纸：同学们获得一定数量的贴纸后就可以获得一个“特权”或“礼物”，它是一种象征性的东西。现在许多商店为了招揽顾客，也会用“盖章”或“积分”的方式，顾客可以在盖满或集满之后换得折扣或赠品。我们的生活中也有许多代币制的延伸，像发奖状、休假等制度。

案例分析

一所收治智残儿童的医院根据智残程度将接受治疗的儿童分为若干班级，对每一班的儿童的日常生活和学习活动都有一定的规则要求。如对一中等智残儿童的班级，要求每个儿童在老师或教养员的带引指导下，早晨按时起床，起床后要叠被子，要自己穿好衣服、裤子、袜子和鞋子，自己刷牙、洗脸，将洗漱用具放在规定的地方，在院内做早操，早餐时要坐在指定的位置上，所发的食物必须吃完，不能将食物遗留在桌上等。医院将儿童从早晨起床到晚上入睡一日生活中所进行的每项活动，根据难度的不同，规定每完成一项活动就给予0.1元至1元的奖励（或给予若干“红星”）。每一病室都设有小卖部，陈设各种糖果、点心等食品，小人书、图画书、练习本、铅笔、橡皮等学习用品，洋娃娃、小熊猫等玩具以及其他日用品，每一种物品都标明价钱（或需要多少“红星”来兑换）。

智残儿童用自己每日得到或积存的钱或“红星”购买自己喜爱的物品。除了这些物质的奖励外，还有精神奖励，积存一定量的钱或“红星”就可以被允许傍晚看电视或电影，在每周的探视日，积存一定量的钱或“红星”就可以让父母或亲人带到院外去游玩或团聚半日。这些精神上的奖励也是多数儿童所渴望的，为此，大多数儿童在每日各项活动中能做到规范的要求，以期获得钱或“红星”。标记奖励也使儿童学会了计数和计算。

二、认知疗法的方法与技术

认知疗法是一种通过改变信念或思维和行为的方法来改变不良认知，达到消除不良情绪和行为的短期心理治疗方法。它主要着眼于患者的非功能性认知问题，意图通过改变患者对己、对人或对事的态度与看法来解决心理问题。认知疗法的基本观点是：认知过程及错误观念是行为和情感的中介，不良行为和不良情感与不良认知有关。认知疗法常常采用认知重建、心理应付、问题解决等技术进行心理辅导和治疗，其中，认知重建最为关键。

由于文化、知识水平及周围环境的不同，人们对问题往往有不同的理解和认知。所谓认知一般是指认识活动或认识过程，包括信念和信念体系、思维与想象。具体来说，“认知”是指一个人对一件事或某个对象的认识和看法，如对自己的看法，对别人的想法，对环境的认识和对事情的见解等。例如，同样是一所医院，小孩可能根据自己的认识和经验，把它看成是一个“可怕的场所”，因为一不小心就会被针扎；一般人会把它看成是救死扶伤之地，可帮人减轻痛苦；而一些老年人则可能会把医院看成是“进入坟墓之门”。所以，关键不在于医院客观上是什么，而是被不同的人认识或者看成是什么，不同的认知就会产生不同的情绪，从而影响人们的行为。因此，认知疗法强调，一个人的非适应性或非功能性的心理状态与行为，常常是因为受到不正确的认知而不是适应不良的行为。正如认知疗法的主要代表人物贝克（Beck）所说：“适应不良的行为与情绪，都源于适应不良的认知，因此，行为矫正疗法不如认知疗法。”比如，一个人一直认为自己表现得不够好，连自己的父母也不喜欢他，因此，做什么事都没有信心，自卑，心情也很差。认知疗法的策略是帮助他重新建立认知结构，重新评价自己，重建对自己的信心，改变他认为自己“不好”的认知。认知理论认为，人的情绪来自人对所遇到的事情的信念、评价、解释或哲学观点，而并非来自事情本身。情绪和行为受制于认知，认知是个人心理活动的决定因素，认知疗法就是通过改变个人的认知过程和由这一过程中产生的观念来改变个人适应不良的情绪或行为。治疗的目标不仅仅是改善行为、情绪这些外在表现，还包括分析个体的思维活动和应对现实的策略，找出错误的认知加以纠正。

认知疗法主要运用认知重建、心理应付、问题解决等技术进行心理辅导和治疗，其中，认知重建的关键在于如何重建人们的认知结构，从而达到治疗的目的，认知疗法的大师们也都提出了自己的看法。最具有代表性的认知疗法是艾利斯（Ellis）的合理情绪行为疗法（REBT），艾利斯认为，经历某一事件的个体对此事件的认知与信念、解释与评价，是其产生不良情绪和行为的根源，人们的情绪来自人对所遭遇的事情的信念、评价、解释或哲学观点，而非来自事情本身。因此，不合理的认知和信念会引起不良的情绪和行为反应，只有通过疏导、辩论来改变和重建不合理的认知与信念，才能达到治疗目的。

艾利斯将上述观点概括为 ABC 理论，A 代表诱发事件（activating event），B 代表信念（belief），是指人们对 A 的信念、认知、评价或看法，C 代表结果，即症状（consequence）。艾利斯认为，并不是诱发事件 A 直接引起症状 C，A 与 C 之间还有中介因素在起作用，这个中介因素是人们对 A 的信念、认知、评价或看法，即信念 B。艾利斯认为，极少数人能够纯粹客观地知觉经验 A，大部分人会根据已有信念、期待、价值观、意愿、欲求、动机、偏好等来知觉经验 A。因此，人们对经验 A 的知觉总是主观的，因人而异的，同样的 A 对不同的人会引起不同的 C，主要是因为他们的信念千差万别，即 B 不同。换言之，事件本身的刺激情境并非引起情绪反应的直接原因，个人对刺激情境的认知解释和评价才是引起情绪反应的直接原因。

在 ABC 理论中，还有 D 和 E，D 代表质疑与驳斥（disputing），通过 D 来影响 B，认识偏差被纠正了，情绪和行为上的困扰就会在很大程度上减轻或解除，最后达到 E，即效果（effect），也就是不良情绪和行为得到纠正。

三、人本主义的方法与技术

人本主义疗法是通过为求助者创造无条件的积极关注、支持与鼓励的氛围，使患者能够深化自我认识、发现自我潜能并回归本我的一种方法，患者通过改变“自知”或自我意识来充分发挥积极向上、自我肯定、无限成长和自我实现的潜力，进而改变个体的适应不良行为，矫正自身的心理问题。人本主义疗法的创始人是美国心理学家罗杰斯与马斯洛，他们认为，治疗不应仅着眼于眼前的问题，还应该支持求助者的成长过程，以便使求助者可以更好地解决未来可能会面临的困难。

人本主义理论将心理障碍的成因解释为自我概念与个体经验之间的不协调。一旦自我概念不是由个人有机体的评价来产生的，而是因内化了别人的价值并把别人的价值当作自己的价值的一部分而形成的，为迎合别人的接受与需求而否定自己的经验，自我概念与经验之间就会形成冲突，产生不和谐。此时，这种不和谐会使人越发感觉不能适应环境，从而出现烦躁、焦虑等异常心理状况并产生心理障碍。

人本主义治疗的实质就是重塑真实的自我，从而达到自我概念与经验的协调统一。治疗的目的是帮助患者祛除那些为了适应社会、他人的需要而偏离自我经验的思想及行为，使个体找回真实的自我，能够为自我的价值而活，而不再为迎合他人而生。

当人们因自我价值与理想无法实现而产生悲观、消极的想法，当领导不满意或工作不顺心时便会产生异常情绪甚至导致各种心理障碍。人本主义疗法就是帮助个体深化自我的认识，以鼓励和关爱使患者找到自我价值并发现自我的需求，为实现自我的理想而努力的过程。

人本主义认为人有自我实现的需求。当人们满足了吃饭、穿衣、安全等基本需求后便会有诸如爱情、尊重与自我实现的高级需求。当满足了低层次需求而高层次的需求无法获得满足时，人们就会产生一些不良的情绪并感到痛苦，形成心理障碍。自我实现的趋势是一个引导人们努力认识、实践、自治、自我决定、完善的过程。此外，人本主义的观点认为人是有智慧的，并且有能力解决自身的心理问题。心理治疗并不需要对患者进行指导与控制，只要对患者提供足够的尊重与信任，他们便会有能力去解决自身的心理问题。

人本主义疗法没有固定的技术模式，但应把握以下三个原则：

理解：这是治疗成功与否的基础。设身处地地从患者角度去思考问题，切实地理解他们的想法。真实的理解会令患者感到温暖与尊重。理解的表达可以是语言或非语言的，甚至有时候沉默也可以表达对患者的理解。

沟通：坦诚的沟通交流是深入研究问题从而使患者自由表达感受的前提。医患应处于平等的地位，以朋友的方式进行无设防的交谈。

关注：治疗师对患者的关注应是无条件的。对于患者的心理问题不应该以批评的态度来对待，而是应该表达无限的关爱与准确的共情。

本章小结

心理健康是指个体能够适应发展着的环境，具有完善的个性特征；且其认知、情绪反应、意志行为处于积极状态，并能保持正常的调控能力。

心理健康的标准主要可以归纳为以下六条：(1) 对现实的有效知觉。(2) 自知自尊与自我接纳。(3) 自我调控能力。(4) 与人建立亲密关系的能力。(5) 人格结构的稳定与协调。(6) 生活热情与工作高效率。

心理问题是正常心理活动中的局部异常状态，不存在心理状态的病理性变化，具有明显的偶发性和暂时性，并且常与一定的情境相联系，常伴有一定的情境诱发，脱离原来的情境，个体的心理活动则完全正常。

个体心理问题按照程度的不同，可以划分为三类：发展性心理问题、适应性心理问题与障碍性心理问题。

幼儿与中小学生的心理问题主要表现在情绪和行为两个方面。具体表现为依赖心理、自负心理、自私心理、自卑心理、抑郁心理、孤僻心理、焦虑异常心理、恐惧心理、易怒心理、逆反心理、嫉妒心理、猜疑强迫心理、厌学心理等。

行为主义主张采用客观的实验方法，认为学习是刺激与反应的联结，学习过程是渐进式的尝试与错误的过程，形成固定的 S-R 联结，直到最后成功。

具有代表性的认知疗法是艾利斯的合理情绪行为疗法，艾利斯认为，人的情绪来自人对所遭遇的事情的信念、评价、解释或哲学观点，而非来自事情本身。

人本主义疗法的创始人是美国心理学家罗杰斯与马斯洛。他们认为，治疗不应仅仅着眼于眼前的问题，还应该支持求助者的成长过程，以便使他们更好地解决未来可能面临的问题。该疗法的实质就是帮助患者去掉那些用于应付生活的面具，恢复真实的自我。

关键概念

心理健康　心理问题　标准与识别方法　心理辅导的主要方法

复习思考题

1. 心理健康的概念是什么？
2. 心理健康的标准是什么？
3. 常见的心理问题有哪些？
4. 如何识别心理问题？
5. 心理健康辅导的主要方法包括哪些？
6. 艾利斯的合理情绪行为疗法的主要观点是什么？

本章阅读书目

1. 教师资格认定考试编写组. 教育心理学. 北京：北京师范大学出版社，2008.

2. 莫雷. 教育心理学. 广州：广东高等教育出版社，2005.

3. 中小学教师心理健康教育教程编写组. 心理健康教育教程. 北京：人民教育出版社，2013.

第十章

教师心理

本章导读

俞正强，浙江省小学数学特级教师，浙江省“春蚕奖”获得者，全国著名的“低头找幸福的人”。俞正强刚做老师时，学生在课堂上总有些吵，他的对策是放学后罚全班学生静坐 15 分钟。有一个学生给他写信：“如果你能让我们忘记吵，算你厉害!”俞正强看了这句话，心情复杂，想了很多。学生给他的警示是：老师不要凭着自己的权威一味地要求学生“你要听，你要听”，老师应该思考自己的课到底教得好不好。因为学生还是未成年人，自律能力很差，他们是要吵的、要动的。如果老师讲课很精彩，学生就会在课堂上忘记吵，就是因为讲得不精彩他们才会吵。这件事对他的影响实在是太大了，他以前从来没这样反思过。于是，“把课讲得让学生忘记吵”成为俞正强的教学理想，对这一理想的不懈追求成就了俞正强。

教师的主要职责是教书育人，教师在教育活动中起主导作用。教师只有充分发挥这种主导作用，学生才能实现德、智、体全面发展。教师主导作用的发挥，依赖于教师自身的条件，即教师所具有的基本素质。教师素质就是从事教师职业的从业者自身所必须具备的与教师职业有关的基本品质的总和。教师素质包括生理素质、科学文化素质和心理素质等。心理素质作为其他要素赖以形成和发展的基础与动力，以其广泛的内容深刻地影响和制约着教师其他素质的发展水平。因此，探究教师的心理素质，对培养和造就合格的教师及评价教师的工作有重要的现实意义。

本章介绍了应具备哪些心理素质才能成为一名合格的教师，其中包括一般心理素质及职业心理素质。教师为了完成教书育人的使命，就必须掌握心理学的基本知识和原理，懂得教师心理对学生心理的感染作用，把自己对学生的人格感召力渗透于培养学生的整个过程中，促进教育教学。

第一节 教师的心理素质

教师心理素质一般被认为是教师在教育和教学工作中表现出来的直接影响学生身心发展以及教育教学效果的比较稳定的各种心理特性①。教师的心理素质是由先天生理因素和后天环境因素交互作用决定的，是教师素质结构中的核心成分，也是教师职业功能的具体体现。教师心理素质又可分为一般心理素质和职业心理素质。

一、教师的一般心理素质及其构成

教师的一般心理素质是指教师应具备的基本心理品质，其中最主要的成分是认知能力。认知能力是一个人感知、认识、分析、判断、评价客观事物的能力，是保持个体具有健康的心智结构的基础。教师认知能力的发展是提高教育教学工作质量的必要条件和重要基础。教师工作是一种复杂的脑力劳动，为了使教学工作有效进行，教师必须智力正常，具备相应的观察力、判断力、记忆力、想象力和思维力等②。在此基础上，由于工作对象和工作环境的特殊性，对教师的认知能力还有较高的要求，比如口头表达能力、教学活动组织能力及创新思维能力等。

（一）高超的口头表达能力

阿贝尔基金会的一项针对教师资格认证的研究发现，“始终和提高学生成绩最密切相关的教师特质是口头表达能力”。

语言是思想交流的工具，是教师向学生传播知识信息的载体和媒介。口头语言表达的能力是教师从事教育教学工作的基础，是教师必备的语言能力之一。

从心理学的角度看，幼儿与小学阶段的孩子的模仿能力强，教师的语言习惯、语言素质都会在他们的心里留下深刻的烙印。同时，教师的语言还能够启发学生积极思考，对学生产生心理、感情上的催动和激励作用。教师一句激励的话，能让学生铭刻心底，甚至让他产生令人意想不到的变化。

在课堂教学中，教师口头语言的表达方式和质量直接关系到学生的听课效率和教师的教学质量。一堂成功的课，教师应做到声情并茂，用自己引人入胜的语言引领学生步入知

---

① 林崇德，申继亮，辛涛．教师素质的构成及其培养途径．中国教育学刊，1996 (6).

② 张大均，江琦．教师心理素质与专业性发展．北京：人民教育出版社，2005：47-49.

识的殿堂，遨游于知识的海洋，激发学生强烈的求知欲望，促使学生主动积极地去汲取知识的营养，构建他们美好的内心世界和高尚的人格修养。达到这个境界不是一朝一夕之功，必须靠平时的学习积累和实践，进行长时间的培养。

案例分析

四年级的数学课

老师：这个不知道的数我们称之为未知数，通常用一个字母来表示，同学们学了英语，这个字母读……

学生：x

老师：读一下.

学生：x

老师：怎么写的？先看我写一下，第一笔有点像你们音乐课上学的高音符号，另一边这么写，不能写成一个叉，它相当于一个叉的四周弯了起来。还有一种写法，括号是这么写，把括号背靠背也成了一个 x，这两边千万不能离得太远。

老师对于未知数 x 的介绍让学生们对此很感兴趣，他们跟着老师比画了起来，这样一个符号，跟学生的英语知识、音乐知识，还与别的数学符号的形象变异联系了起来，这样日常语言的解释让学生在当时就牢牢记住了，或许很多年后都会是一种温情的回忆。

（二）有效组织教学活动的能力

教学活动是学习的载体、互动的平台、认知的过程，随着课程改革的不断深入，有效教学也越来越多地被关注、重视。有效地组织教学活动是指教师按照一定的教学思路向学生传授知识、培养学生能力、发展学生智力、陶冶学生情操，在教和学的过程中，教师管理和调控学生参与到教学活动中来，组织引导学生发挥学习的主动性，为实现教学目标而做出种种努力。总之，有效教学的实质就是关注学生，关注学生的认知水平和学习的需求，充分调动学生的主观能动性，引导学生探究知识的形成过程，促进学生的可持续发展。

知识专栏

什么是有效教学行为

教师的教学行为应该是一种有意识的、深思熟虑的行为，这种行为是在对教什么、学生怎样才能学得最好做出深思熟虑的决定后产生的。

美国教学效能研究专家鲍里奇归纳了教学效能或高效能教师的 10 种行为特征，其中，

5 种属于关键行为（教学清晰、多样化教学、任务导向、引导学生投入学习过程和确保学生成功率），5 种属于辅助行为（利用学生的思想和力量、组织、提问、探询、施加教师影响）。埃利奥特等重申了理想教师的 9 大行为：创造积极的学习环境、有效地运用语言、坦诚地对待学生、谨慎地使用表扬、公平地对待每一个学生、综合运用各种技术、组织实在的互动、清楚地教授、完满地解决问题。

众多的研究所辨别出的教师的有效教学行为集中体现在：对工作饱含热情，知道该教什么、如何教、如何提高自己，擅长与学生交流和活跃课堂气氛，能激励学生挖掘自己的潜力，教学效果超过规定的标准等方面。

（三）灵活的创新思维能力

思维的创造性是人类思维的高级形态，是在新异情况或困难面前采取对策，独特地和新颖地解决问题的过程中表现出来的智力品质。任何创造、发明、革新、发现等实践活动，都是与思维的创造性联系在一起的。

传统的教学观认为，教学的主要任务就是传授知识，根本认识不到进行思维训练的必要性，或者是把训练思维、培养思维能力看作是学习知识的副产品，忽视思维训练的相对独立性和重要性。早在 1961 年，美国国家教育协会在《美国教育的中心目的》一文中就已声明："强化并贯穿于所有教育目的的中心目的——教育的基本思路——就是培养思维能力。"随着新课改教育理念的渗透，培养学生良好的思维品质、发展学生的思维能力逐渐进入了我国教师的教学观念之中。现在，许多学校和教师积极开展学科思维训练，在向学生传授知识的同时，注重并加强了对学生能力的培养，把传授具体学科的知识和培养学生的思维能力结合起来进行教学，以期达到培养学生聪明才智的最佳效果，实现从应试教育向素质教育的转变。

教育工作不能千篇一律，教育条件以及教育对象也不是固定不变或毫无差异地重复出现的，而是具有复杂多变性，教学实质上是一种创造性的劳动，一个思维能力水平不高的教师不但很难驾驭变化多端的教学，同时禁锢的思维将严重地影响到学生的思维和能力的发展。由此可见，教师只有勤于思考、勇于创新、不断探索，才能胜任复杂的教育教学工作。

教师创新思维的基本特征主要表现在：第一，积极的求异性。创新思维实际上是一种求异性思维，它与其他传统常规思维活动有不同的创新意义和独到之处。这个特征贯穿于创新思维活动的始终。第二，系统的整体性，具体表现在创新思维结构的层次性。第三，动态灵活性，能及时转变思维角度和方式，举一反三，触类旁通。

案例分析

有人问郭思乐教授：什么是教学？他答："如果你告诉学生，3 乘 5 等于 15，这不是教学。如果你说，3 乘 5 等于什么，这就有一点是教学了。如果你有胆量说 3 乘 5 等于 14，那就更是教学了。这时候，打瞌睡的学生睁开了眼睛，玩橡皮泥的学生也不玩了，‘什么？什么？等于 14?!’然后，他们就用各种方法，来论证等于 15 而不是 14。比如 4 个 3 是 12，再多加一个 3，是 15；数一数，5 个 3 是 15；等等。”

为什么说如果教师有胆量说 3 乘 5 等于 14，那就更是教学了？因为这样激发了学生的兴趣，学生开始由被动转为主动，思维由平静转为活跃。

时代的发展要求教师不再只是知识的搬运工，而是思维的启发者、观念的引导者、情感的发动者，无论是启发思想、引导观念还是交流情感都需要在教师与学生之间进行创造性的思想及情感的良性有效互动。简单的知识传播是无法实现教育的使命的。教师应善于创造性地营造教育教学情境和创造个性化的教育教学手段，创造性地开展教育教学实践活动。

二、教师的职业心理素质及其构成

如果把一般心理素质视为教师心理素质的基础，那么职业心理素质就是教师在职业上不断走向专业化的支柱和动力，是教师的一般心理素质和特定职业结合的产物。

教师职业心理素质主要是指个体为适应特定职业的需要而必须具备的心理品质的总和，这种需要并不是简单地由从事相关职业的知识和技能等心理品质构成，还包括从事特定职业所需要的职业价值观等社会心理因素，它是个体职业心理素质的调节成分，可以有效地为个体适应职业、获取职业所需知识技能做准备，也为高效完成相应职业活动提供心理动力支持，这些动力和调节成分总称为职业意识。

职业意识是指个体形成与保持同教师职业活动有关的自我概念与自我意识。职业意识不仅包括个体对为什么要从事教师职业活动和达到何种职业目标的认识，还包括对怎样实现职业目标，选择何种手段、方法和途径等方面的思考和选择倾向。职业意识不仅可以为职业活动的顺利进行提供动力支持，而且能够在完成职业活动的外在要求与实现自我价值与自我满足的内在需要之间找到很好的契合点，最终达到职业与人的和谐统一①。

个体的职业意识系统主要包括职业需要、职业价值观、职业道德和职业气质等方面，又可以细分为很多因素。研究表明，有两个重要因素对教学效果有显著影响：一是教师的爱心，二是教师的期待。

（一）教师的爱心

夏丏尊指出：“教育没有爱，就如同池塘没有水一样。没有水就不能称其为池塘，没

① 张大均，江琦．教师心理素质与专业性发展．北京：人民教育出版社，2005：56-58．

有爱，就没有教育。”

一个好老师意味着什么？苏霍姆林斯基认为，这意味着他是这样一个人，他热爱孩子，感到和孩子交往是一种乐趣，相信每个孩子都能成为好人，善于跟他们交朋友，关心孩子们的快乐和悲伤，了解孩子的心灵。

案例分析

2012 年教师节，《重庆晨报》的记者和相关调查机构进行了“什么样的老师才是好老师”的调查。

市民黄女士说，女儿的班主任老师很有爱心。在学习、生活上，她像慈母一样去关心每一个学生。“每次放学，王老师作为班主任都带领孩子出校门，直到每个学生都被家长接走。记得有一次放学时下雨，我因为工作上有些事耽搁了，没有及时赶到学校接孩子。在去学校的路上，我心里非常不安和着急。当我心急火燎地来到学校，远远地就看到王老师正牵着女儿的小手站在校门口躲雨。为了不让女儿淋着雨，王老师把孩子揽在胸前。看到这一幕，我真的感动了。”

网友“babati”是一名初三学生的家长，她认为，好老师最重要的就是要有爱心，平等对待每个孩子，让每个孩子都有均衡发展的机会，不能老是偏向聪明听话的孩子。

在孩子们的心目中，教学水平的高低，显然不是评判好老师的重要标准。在接受调查的学生中，特别是中学生们，将老师的“爱心”看得特别重要，这个比例占到了 78.3%。

南坪中学的小欣说，小学一名班主任老师的“爱”，几乎改变了她的性格。在小学五年级的一天，班主任杨老师把小欣叫到办公室，拿了一件冬天的衣服给她。而之前，因为家庭原因，很长时间没有人如此关心她穿的衣服是否合身，是否能抵挡严寒。“从那以后，我变了一个人！”

由此可见，教师的爱心是能够挖掘学生无限潜能的。

教育是培育生命的事业，爱学生是教师职业道德的核心，它具有强大的教育力量。一方面，师爱造福学生。建立和谐的师生关系，架起师生间的感情桥梁，打开学生心灵的大门，使学生将教师要求自觉转化为自身的行为，茁壮成长。另一方面，师爱也造福教师自己。教师只有爱学生，才会投入真挚热烈的感情，才能做到积极向上、甘于奉献，对自己的工作精益求精，并以此为幸福追求，爱学生的教师最轻松、最快乐！

富有爱心的教师一般表现为：

(1) 为人师表。“爱心”要和“爱行”结合起来。教师要培养出优秀的学生，自己必须先是成功的学习者，他应成为学习的榜样，要让学生看到可能遇到的各种问题的解决方法，就要求教师自己不断地在有关的领域发展自己，“教学相长”。

（2）责任感强。对教师而言，责任感不是在轰轰烈烈中展示，而是在平凡、普通、细微甚至琐碎中体现。具有责任感的教师不需要强制，不需要责难，甚至不需要监督。他们将教书育人内化为自身需要，把职业的责任升华为博大的爱心，于细微中发现丰富，于琐碎中寻找欢乐，于平凡中创造奇迹。

（3）与学生建立友好信任关系。新时期的学生思维活跃，接收信息广泛快速，他们不希望束缚在传统的等级观念中，更期待平等与尊重，传统的家长式教育已经完全行不通，因此，必须注意以正确的方式去体现对学生的尊重、关心和爱护，建立民主、平等、和谐的师生关系。

（二）教师的期待

在与学生互动的过程中，教师的期待会对学生的自我意识、自信心、学习成绩、师生关系等方面产生不同程度的影响，使学生形成自我期待并在行动中表现出来，而学生的行为表现又进一步影响教师的期待。教师的期待正确而积极，对学生成长无疑起着积极的促进作用，产生期待的正效应。如果教师的期待错误或消极，对学生成长的促进作用就会大打折扣，甚至产生负效应。那么，工作在教育第一线的广大教师该如何形成正确的期待并表现它们呢?

（1）教师应该形成合理的期待。所谓合理，是指教师的期待要符合社会发展的需要、时代的要求和学生的智能发展水平。在我国现实条件下，由于片面追求升学率，许多教师常常形成对成绩的过高期待。所以在教学过程中，教师往往忽视学生的客观条件，表现出急于求成、恨铁不成钢的心态，他们希望所有的学生都能考上大学。也就是说，教师提出的是高于学生实际的期待。另一种情况是教师对学生采取过低的期待。教师对学习成绩低下、升学无望的学生往往会采取放任自流的态度。即使学生出现进步，教师也不加以鼓励。这些不合理的期待都会伤害学生学习的积极性，由此可见，教师期待形成合理与否是至关重要的。

（2）教师要善于表现自己对学生的期待，从而激发学生学习的积极性。在与学生互动的过程中，教师要通过各种方式，用具体的行动来表现对学生的期待。比如，运用体态语言传达对学生的关爱，使师生间的互动能够在融洽的气氛中发生。正确运用奖罚手段，对学生的反应，应以多表扬少惩罚为原则。确保每个学生都具有挑战性，让所有的学生都参与到学习中来。

知识专栏

皮格马利翁是古希腊神话中塞浦路斯的国王，他对自己倾注全副心血雕塑的一尊象牙少女像十分钟爱，对它产生了深厚的感情，他的深情感动了上帝，上帝使雕塑的少女获得了生命。美国哈佛大学的心理学家罗森塔尔将这个神话引入教育学和心理学的研究领域，认为教师的期待也能激发学生的潜能，使学生朝着教师期待的方向发展，并用实验验证了这一效应。因此，“皮格马利翁效应”又被称为“罗森塔尔效应”。

第二节 教师的心理健康与维护

一、教师的心理健康及其标准

对于不同的职业和群体，心理健康有不同的含义和特点。所谓教师心理健康是指教师在内外环境允许的条件下所保持的最佳心理状态，即教师的内心世界与客观环境的一种平衡关系，是教师自我与他人之间的一种良好关系的维持，不仅是自我安定感和安心感的获得和确保，还具有为他人的健康服务的能力①。

在现实生活中，一个人的心理同生理一样，很难做到任何时候连一点小毛病都没有，教师也是这样。我们生活在一个充满矛盾、竞争异常激烈的时代，侵扰人心理的令人不安的因素多得数不胜数，任何人出现一些心理问题都没有必要大惊小怪。但教师因其工作的特殊性，其心理健康显得尤为重要，职业的特殊性对教师的心理健康应提出更高的要求。

（一）教师心理健康的重要性

教师的心理健康不仅是其完成正常教育、教学的重要前提，也是学生心理健康的重要保障。

（1）健康的教师心理，有利于充分发挥教师的职业道德、知识结构和教育技能的效能。在教学过程中，一个成功的教师应该具有以下的品质特点：善于追求真理；重德才、轻名利；自尊自重；独立性强；爱生爱才，启发善诱；勤学敬业；以身作则。而在生活中，教师又是社会的代表者、社会道德实践者，担负着做好楷模的任务。这些都要求教师具有健康的心理品质，因此提高心理素质，维护心理健康，对于做好教师职业具有至关重要的意义。

（2）健康的教师心理，有利于培养学生身心的健康发展。教师是学生生活中的重要他人，学生生活中的大部分时间是在学校中和教师一起度过的，有长时间的面对面的直接接触机会，教师的行为会很自然地、潜移默化地影响学生，教师是学生行动的参照和模仿的对象。因此，教师保持健康的心理可以对学生学习进步、能力提高和人格塑造提供巨大的帮助。反之，教师会因为人格不健全或心理问题而采取不恰当的职业行为，如喜怒无常、辱骂、施暴、体罚等，给学生造成不良影响，使学生产生攻击、自卑等师源性心理和行为

---

① 刘晓明，孙文影. 教师心理健康教育. 北京：中国轻工业出版社，2009：48.

问题。研究表明，90%的学校恐怖症是由教师的不当行为引起的①。

(3) 健康的教师心理，有利于提高自身的生理健康水平。现代健康观念既包括身体健康，又包括心理健康，两者相互制约、不可分割，其中，心理健康对身体健康有巨大影响。积极愉快的情绪和良好的心态可以提高机体的免疫力，使人能够有效抵御疾病的侵袭或提高与疾病斗争的能力。消极情绪和不良心态会通过神经系统，使内分泌系统紊乱，抑制消化系统的功能，降低免疫力，使心血管疾病的患病概率上升，导致一系列身心疾病，一些教师的躯体疾病往往是心理问题的躯体化表现。

总之，健康的心理有利于教师采取更现实、更积极的态度来对待工作和生活中的矛盾与困惑，使其能够与他人建立起良好的人际关系，实现高效率工作。

案例分析

2012 年 10 月，一段发生在山西省太原市蓝天蒙特梭利幼儿园的视频让无数人愤慨，在视频里，一位女老师对着年仅五岁的孩子扇耳光、揪脸，下手毫不留情。据调查，女教师施暴的原因仅仅是因为孩子们不会做“10+1”的算术。

2013 年 9 月，成都金牛实验中学年轻教师杨柳，工作才 11 天，无法承担学校强加的超额班主任工作，在出租房上吊自杀了。

一边是学生因小过失招来教师残酷的体罚与辱骂；一边是教师自己不堪重负，英年早逝……太多不可思议的事情发生在我们的校园里。每个案例背后的原因可能是错综复杂的，但有一点是可以肯定的：这些教师都存在不同程度的心理问题。

(二) 教师心理健康的标准

教师心理健康的标准不仅具有一般人心理健康标准的成分，同时也具有一些与教育职业有关的特殊成分。

1. 良好的教育认知水平

一个心理健康的教师，能够正确地认识和对待周围的事物和客观环境，使个人的行为符合社会的要求，与自然环境和社会环境保持平衡，能正确地生活、学习和工作，将自己的智慧和能力发挥出来，取得一定的成绩。

2. 悦纳教师职业

正确地了解自己并能愉快地接受自己的职业，这是教师心理健康标准的基本标准之一。只有对自己的职业角色形成正确的认知，接纳并喜欢它，教师才能真正地成为学生学习的指导者、行为的示范者、心理的辅导者、活动的组织者，才能真正地做好教育工作。

① 姚本先，方双虎. 学校心理健康教育导论. 合肥：中国科学技术大学出版社，2002：323.

3. 稳定而积极的教育心境

心境是一种比较微弱的、平静而持久的情感状态。作为教师的内部心理基础的教育心境是否稳定，是否乐观和积极，将影响教师的整个心理状态，左右其行动，关系教育和教学效果。如果一个教师具有乐观积极的教育心境并长期稳定下来，其潜在的心理能量就会在整个心理生活中迸发出来，他们会对教育充满信心，对教育顽皮的孩子有了直接兴趣，以培养孩子为乐趣，整个教育工作有了朝气，教师的生活也更加充实和有意义。

4. 健全的教育意志

教师要将学生培养成才，在教育实践中必须克服许多困难。繁重艰巨的教育工作要求教师有坚强的意志，具有各种良好的意志品质。比如：明确的目的性和坚定性，决策的果断性和坚持性，沉着冷静的自制力。

5. 和谐的教育人际关系

教师的人际关系，主要表现在教师与学生的人际关系、教师与学校领导的人际关系、教师与学生家长的人际关系以及教师之间的人际关系。这种教育人际关系构成教师工作、生活的特殊环境，对教师的工作和心理状态产生影响。教师要获得良好的人际关系，必须努力完善自己的心理品质。心理品质是人际吸引中深层的稳定的因素。人们一般都喜欢与热情开朗、富有幽默感和同情心、具有高度社会责任感的人交往，而不喜欢与冷漠、古板、心胸狭窄、动摇不定、自私自利之人交往。因此，教师要改变人际关系中的不利因素，提高自己的人际交往水平。

6. 教育环境的适应和改造

总的来说，教师的教育环境是不断发展与改变的，心理健康的教师，应能不断地适应这种发展与改变，能接受教育事业中出现的新事物，能够积极改造不良的教育教学环境，不被环境所左右。多姿多彩的社会要求教师有较强的适应能力，这种适应能力表现为：能和集体保持良好的接触，在行为上保持同步；当个人需要与社会、集体需要发生矛盾时，能及时调节自己，努力谋求一致；掌握一些解决矛盾、排解心理困扰、减轻自身心理压力的方法；学习过程中掌握优良的学习方法及策略，会调控自己的学习心理状态，会开发自己的潜能；等等。

二、教师心理问题的表现

近20年来，国内研究者对各个层次的教师心理健康状况进行了广泛的调查。调查对象涉及幼儿教师、中小学教师、中职教师、高校教师；涉及上海、广州、杭州等经济发达地区的教师，也涉及中西部经济欠发达地区的教师。研究者大多选用国际通用的 SCL-90 量表作为测量工具，通过数据收集、整理、分析，探讨了教师心理健康的基本状况、影响因素和干预机制。

从众多学者的调查研究中可以看出，从20世纪90年代至今，我国教师心理健康总体状况有明显下降的趋势（见图10－1）。

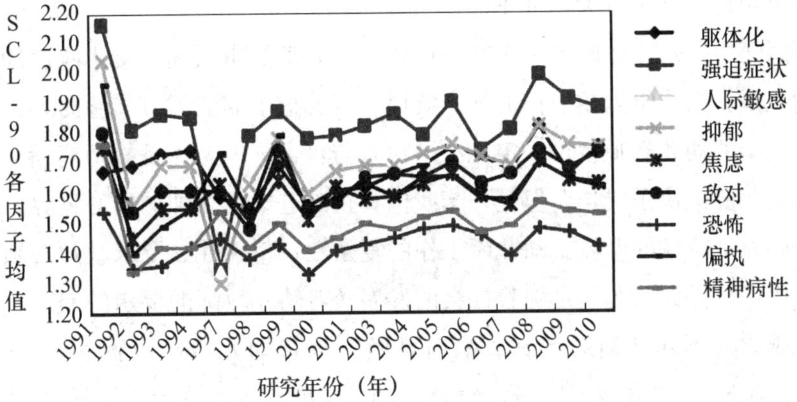

图10－1　中小学教师SCL-90各因子均值年代变化图

李作佳通过调查山东某市520名中小学教师，得出结论：中小学教师焦虑症的发生率低于其他群体①。贾林祥、宋广文对陕西省铜乡市9所学校的320名专任教师的心理健康状况调查显示，教师的心理健康状况比全国普通人群要好②。2000年以来的调查结果表明，教师心理健康检出率出现10%～52%的升幅。国家中小学生心理健康教育课题组于2000年用SCL-90量表对辽宁省14个地市168所城乡中小学的1 191名教师进行的抽样检测结果表明：有51.2%的教师存在心理问题，其中32.18%的教师属于轻度心理障碍，而2.49%的教师已经出现心理疾病。另外，嫉妒情绪明显、焦虑水平偏高等也是较突出的问题③。董文军采用SCL-90问卷及查阅相关文献等方式，对陕南地区178名中小学教师的心理健康状况进行调查研究的结果表明，经济欠发达地区中小学教师心理症状检出率是34.8%，主要表现在强迫、人际关系敏感、偏执、抑郁和焦虑等症状上④。2011年的调查显示，北京朝阳区30所中小学幼儿园1 253名教职工，心理健康状态欠佳的教师高达60%以上，轻度症状者为48.18%，中度症状者为11.95%，重度症状者为2.72%，表现为焦虑、抑郁、强迫症等症状的也不少⑤。2013年李霞等人的调查结果是：68%的幼儿教师感觉到压力大，其中1/4的骨干幼儿教师感受到压力极大，主要在于待遇环境、工作职责、个人能力、外部期望和角色任务等，他们在激励性、进取心、自我调控和坚韧性方面比较欠缺⑥。

---

① 李作佳．中小学教师焦虑症状及相关因素的研究．中国民政医学，1998（5）.
② 贾林祥，宋广文．中小学教师心理健康的调查研究．上海教育科研，1999（6）.
③ 王加绵．辽宁省中小学教师心理健康状况的监测报告．辽宁教育，2000（9）.
④ 董文军．关于经济欠发达地区中小学教师心理卫生现状的调查与思考．中国教育学刊，2002（3）.
⑤ 教师心理健康状况调查．人民日报，2011-05-06.
⑥ 李霞，陈水平，郑洁．骨干幼儿教师职业压力与心理素质的调查与研究．教育探索，2013（2）.

可见，随着我国社会主义市场经济体制的建立和发展，社会发生了复杂而深刻的变化，教师作为中国社会文化层次较高的群体，承载的社会责任和公众期望日趋沉重，其身心健康不可避免地受到了巨大的冲击。

在教师队伍中，幼儿教师是一个特殊群体，其心理健康状况直接影响着幼儿的身心发展。走进幼儿园，当你听到孩子们的欢声笑语，看着孩子们的天真笑脸时，自然会想到生活和工作在其中的幼儿教师，也一定充满了快乐与自豪。因为正是教师充满爱心的看护和教育，才使幼儿健康快乐成长。但是，当我们真正走进幼儿教师的内心世界，才发现其实这是一个身心充满疲惫的群体。幼儿园工作的复杂性、特殊性，要求教师必须全身心地付出，才能完成保教任务。尤其是随着社会的发展及对幼儿教师的要求的提高，幼儿教师感到压力越来越大。不知从何时起，我们时常听到来自幼儿教师的抱怨："工作真没劲""这些孩子太调皮了""太吵了""家长素质太低""园长水平太差，无法调动我们的积极性"等，"烦死了""累死了"几乎成了口头语。据了解，幼儿教师心理健康状况不佳的情况，不仅存在于某个幼儿园，而是已经演变为一种社会现象。这种状况不仅影响到教师自身的身心发展、生活学习和工作事业，更对幼儿的心理健康发展产生直接的影响。

幼儿教师的心理问题主要集中在以下几个方面：自卑心理严重，嫉妒情绪突出，虚荣心理明显，焦虑水平偏高，性格忧郁孤僻，逆反心理较强，人际交往障碍，心理压力大等。在中小学教师群体中也表现出很多类似的不正确的认识、情感和行为，不符合教育教学规律或违反教师职业道德，不利于学生全面发展及教师自身心理健康。总之，教师心理问题，就是指因职业活动和多种其他因素造成的有损于教师心理健康的问题。

一般来说，教师在漫长的职业生涯中，都会不同程度地产生一些心理健康问题，而对教育和学生影响较大的主要有以下几个方面：

(1) 明显不适应学校生活。随着教育改革的不断深入发展，一些来自国外的教育理念和教学方法不断涌入，观念的更新、课程的改变，大有让人目不暇接之势。目前第一线的幼儿教师、中小学教师，毕业于各级师范类院校，在校学习期间依然沿用传统的课程标准、训练方式，其能力结构远远不能满足实际工作的需要。这种难当其任的感觉给部分教师带来了很大的心理压力，他们在教师角色、学校人际关系、工作方式、生活环境、学生心理等方面存在着诸多的不适应。

(2) 不了解学生，不理解学生。不少教师受"师道尊严"的影响，总认为自己一切都是正确的，习惯于"高高在上"，不愿深入了解学生，更不能设身处地地体验学生的想法。

(3) 情绪不稳定、紧张、焦虑。部分教师不热爱教育工作，没有积极投入工作，也无法由此获得成就感和满足感，于是常常处于心境不佳的状况，不能控制和调节自己不协调的情绪，有的甚至借题发挥，把幼儿、学生当作发泄个人不良情绪的"出气筒"。

(4) 处理不好人际关系。在学校，教师日常交往的对象主要是学生，由于交往对象的不对等，教师长期处于一种优势状态之中。有些教师在与人相处时，缺乏良好的沟通方式与能力，无法适应环境变化的需求，因此产生身心失控的现象，不仅影响工作，而且有碍心理健康，甚至出现人格异常。

案例分析

小梁老师的烦恼（一）

小梁是一名刚从学校毕业的新教师，担任一年级班主任。在教学过程中，他经常感到力不从心：不知道怎么管理学生，整个班级比较混乱，小梁急于求成，稍不满意就在班上大发雷霆，吓得小朋友不敢和他亲近；不知道怎么和家长沟通，每次叫班上一个调皮学生的家长来学校，对方总是推托；不知道怎么和领导相处，见到领导就紧张；种种问题使小梁很烦恼，甚至有时一天下来不想和任何人说话。

小梁老师出现了人际交往障碍，即人与人交往接触中的受挫。主要表现有：害羞、孤僻、自卑、敌对、封闭、干涉癖、强迫癖等。在人际关系交往中，心理状态不健康者，往往无法拥有和谐、友好和可信赖的人际关系，在与人相处中，既无法得到快乐满足，也无法给予别人有益的帮助。

三、教师心理问题的成因

造成教师心理问题的原因是多方面的，既有他们的心理素质方面的原因，也有职业性质、工作任务、社会舆论等有关因素的影响，而他们所处的特殊生活环境对其心理健康也有很大影响。

（一）自身压力过大

一个人如果长期处于紧张状态，其自身的免疫系统很容易被破坏，导致心理、生理上的失衡和失调，教师更是如此。同其他职业相比，教师职业具有一定的特殊性，这就决定了他们要承受更多的压力。首先，工作强度大。一般来讲，中小学教师平均每周 15 节课，除了讲课之外，教师还要拿出大量时间完成备课、批阅作业、查阅资料等工作，加之时常需要与学生谈话和组织各种教学活动，其每天实际的劳动时间远不止 8 小时，而每天睡眠时间却不足 7 小时。其次，精神压力大。随着我国教育体制的全面改革，教师还要面对评定职称、末位淘汰、按绩取酬等，一个又一个的重担让教师的心理常常超负荷，不利于其健康心理的形成。

（二）学校体制不完善

从目前的教学现状来看，很多学校的体制尚不完善，尤其是对教师工作方式的评价，往往过于注重学生学业成绩，而忽视了教师在改变学生兴趣、行为、品德、心理等方面的努力，有的学校甚至将学生的考试成绩直接作为评价教师的标准，并将评价结果与奖励相结合，这无疑在很大程度上加重了教师的心理负担。如果教师能得到积极的评价，他们便会以饱满的情绪投入工作；相反，如果教师在评价中受到误解和不信任，则会感到气愤。这些现象，同样是影响教师心理健康的重要因素。

（三）社会环境的冲击

不可否认，在社会转型时期，人们的价值观念会发生巨大变化，各种差距的存在极易造成人们的利益失衡、生活失衡、心态失衡，教师也不例外。诚然，随着社会的不断发展，中小学教师的社会地位有了大幅度的提高，但实际的经济收入仍处于中下水平。加之竞争机制的引入，教师职业早已不是传统的"铁饭碗"，优胜劣汰的阴影时刻笼罩在教师的心头。这些现象使教师产生巨大的危机感和不平衡感。与此同时，社会又对教师有很高的期待，认为教师作为知识的传授者，必须做到知识渊博、无所不知，这种思维定式同样让广大教师的心理压力倍增。

案例分析

小梁老师的烦恼（二）

小梁出现人际交往障碍的原因是多方面的：

刚从学校毕业，对于从学生到老师的角色转换还不能适应。缺乏时间进行自我心理调节，一旦心理出现问题，极容易在人际关系中表现出不适应。如在与他人的交往中沉溺于倾诉自己的不满，没有耐心听取他人的劝告和建议，拒绝从另一个角度看问题；表现出攻击性行为，如冲家人、学生发脾气等。

新教师应对各种事情的经验不足，往往会感到力不从心，而且面对的是一群一年级的小朋友，他们刚刚从以玩为主的幼儿园过渡到以学为主的小学阶段，对各种课堂常规极不在意，小梁老师付出很多精力来应对学生，却不能收到好的效果。

在家长心目中，自己的孩子总是优秀的，如果老师一味数落孩子的缺点，家长肯定有不满情绪，不愿意配合老师的工作。

由于觉得自己工作做得不够好，小梁产生了害怕和领导沟通的心理。

人际关系紧张，小梁束手无策，产生挫折感，常常处于抑郁、焦虑的情绪状态。

四、教师心理健康的维护

近年来，教师面对飞速发展的社会和急剧变化的形势，或多或少有着某种适应问题。

呼吁社会重视教师心理健康，改进教师生活环境，创设良好心理氛围，已成为当前各级各类教育管理部门必须去做的一件头等大事。全面提高教师心理健康水平是一项系统工程，需要社会、学校和个人的共同努力。

（一）教师要学会减轻自身的心理负担

“给教师一个宽松的工作空间”是继“给学生减负”之后的又一个“减负工程”。从某种程度上说，教师必须先学会自己排解压力，这样才能更好地投入工作中去。首先，悦纳自我。作为教师，我们必须接受自己的角色，懂得在繁重、琐碎的教育教学中寻找乐趣。因为一个厌烦教学工作的人，是无法在平时的教学工作中取得成绩的，所以广大教师必须学会悦纳自我，摆正心态，把自己的工作当作乐事而不是负担，时刻保持健康的心理状态。其次，培养兴趣爱好。当自己的工作压力过大时，教师不妨到户外运动一下，或者跟朋友爬爬山、喝喝茶等，让自己的身心彻底放松下来，有了这样的状态，才能更好地投入教学中去。

（二）学校应进一步完善管理机制

不可否认，当前的一些学校已经意识到了自身管理机制的不足，开始逐步进行相应的完善，努力为教师营造有利于其心理健康的内在环境和管理机制，并取得了一定的成效。具体来讲，主要有三个方面：首先，以人为本。研究表明，学校领导的支持与关心能有效减轻教师的心理压力。因此，学校管理者在管理过程中应当以人为本，倾听教师心声，关心教师生活，让教师置身于一种和谐、温馨的校园环境中，从而心情舒畅地开展工作。其次，完善激励机制。学校应建立有效的激励机制，对教师的教学进行公平、科学的评估，并对优秀教师给予一定的奖励，通过对教师自身价值的肯定，促进其心理的健康发展。最后，建立和谐的教师集体。各学校应帮助广大教师建立一种互助友爱、轻松和谐的人际关系，通过彼此的相互帮助与开解，减少和避免教师出现因心理压力过大而产生的孤独无援之感。

（三）社会应为教师的心理健康提供保障

对于社会而言，必须通过相应的制度调整，建立起维护教师心理健康的支持系统。因为缺乏社会支援的人往往存在一些不良的行为方式，所以要想提高教师的心理健康水平，社会就要将教师纳入支援系统，从政策、管理各方面尽可能地为教师创造宽松、愉快的工作环境，提高教师待遇，开设“教师心理咨询室”“咨询热线”等，对教师的心理健康状况进行动态观察，定期进行各项检测及相关培训，努力为教师的心理健康提供保障。

总之，在当前的学校教育中，教师的心理状况如何，已不仅是教师个人的问题，更是关系学生发展和素质教育可否顺利实施的关键问题。无论是教师自身，还是在学校与社会层面，都应当引起高度重视，将维护教师的心理健康当作一个系统工程来完成。只有这样，才能为教育教学的顺利开展打下坚实的基础。

案例分析

小梁老师的烦恼（三）

如何消除人际交往障碍呢？小梁老师要努力做到以下几点：

加强理论学习，尤其是心理学理论的学习，了解自身和学生的心理活动规律，克服偏见认识。多和其他老师特别是搭档交流，从其他老师身上吸取经验，提高自身业务水平。

多换位思考，体察学生心理。教师与学生交往中常出现的一个问题是教师以自我为中心，即从自己的角度来思考和认识学生的问题，这样难免会与学生产生冲突而导致师生人际关系问题。

充分体谅并尊重家长，不可盛气凌人。家长普遍都有“望子成龙”“望女成凤”的愿望，他们都希望教师能对他们的孩子给予更多的教育和关注。

面对领导要尊重但不要畏惧，适当地和领导交流，他们会有更多好的建议。

本章小结

教师心理素质一般被认为是教师在教育和教学工作中表现出来的直接影响学生身心发展以及教育教学效果的比较稳定的各种心理特性。

教师心理素质又可分为一般心理素质和职业心理素质。

教师一般心理素质是指教师应具备的基本的心理品质，其中最主要的成分是认知能力。

教师职业心理素质主要是指个体为适应特定职业的需要而必须具备的心理品质的总和。其中有两个重要因素对教学效果有显著影响：一是教师的爱心，二是教师的期望。

教师心理健康是指教师在内外环境允许的条件下所保持的最佳心理状态，即教师的内心世界与客观环境的一种平衡关系，是教师自我与他人之间的一种良好关系的维持，不仅是自我安定感和安心感的获得和确保，还具有为他人的健康服务的能力。

教师心理健康的标准：良好的教育认知水平，悦纳教师职业，稳定而积极的教育心境，健全的教育意志，和谐的教育人际关系，教育环境的适应和改造。

教师心理问题，就是指教师由于职业活动和多种其他因素造成的有损于教师心理健康的问题。

全面提高教师心理健康水平是一项系统工程，需要社会、学校和个人的共同努力。

关键概念

教师心理素质　教师职业心理素质　教师心理问题　教师心理健康

复习思考题

1. 简述教师心理的主要特质。

2. 分析虐童事件中的教师心理，谈谈如何培养教师的爱心？

3. 现代教师心理健康的标准有哪些？

4. 举例说明教师如何减轻自身的心理负担。

本章阅读书目

1. 冯塔纳. 教师心理学：第 3 版. 北京：北京大学出版社，2000.

2. 傅道春. 教师的成长与发展. 北京：教育科学出版社，2001.

3. 柳友荣. 教师心理保健：第 2 编. 合肥：安徽人民出版社，2000.

4. 赵世明. 教师的心理健康素养：第 2 讲. 福州：福建教育出版社，2011.

5. 于淑云，黄友安. 教师职业道德、心理健康和专业发展：第 2 编. 北京：首都师范大学出版社，2010.

第十一章

教学设计与评价

本章导读

下课了，新老师李芳回想着刚刚上课的情景，小组讨论并没有像预想的那样开展起来，情景演练过程中学生都比较兴奋，秩序比较乱。她分析了一下，可能是由于指令不清晰、没有组织周密。她打算重新调整上课的过程，简单复习上次课的主要内容后缩短视频时间并引入新课，细化小组讨论步骤，先进行两分钟组内成员独立思考并写下想法，再让小组长组织轮流发言，最后把小组想法总结和分享讨论成果。在情景演练的过程中，安排5个同学上台表演时间太久，可减为3人，另外，要使台下的同学也参与到活动中而不是闲着没事干，所以请台下的同学认真观察，当裁判评选出表演最到位的一个同学……李老师在头脑里构想着下次的课堂，这就是正在进行着教学设计。

设计一词的使用很广，我们常听到室内设计、工业设计、海报设计。设计一词既有规划的意思，即在正式做某项工作之前，先确定方法、流程等，也有开发新事物的意思。它需要创造性，也要有专门化的知识与技能。教学设计就是这样，由任课教师在课前对学习目标、学生当前情况、学习材料等进行分析，在此基础上根据目标制订具体策略，并在实施的过程中不断进行评价、总结和调整。本章系统介绍教学设计是什么，以此为基础具体探讨怎么进行教学设计，并进一步探讨如何针对教学过程进行评价。

第一节 教学设计概述

一、教学设计的内涵

没有老师教，我们自己可以学到东西吗？当然可以，事实上，很多东西是我们自己观察和体验学来的，有些学习进行得自然而然，我们都没有察觉，但有些却需要我们花费九牛二虎之力、投入大量时间和精力，乃至要承担摸索过程中错误的代价。这时，我们就会体会到，若是有个老师、有个有经验的人来教就好了。教学的目的就是帮助人们学习，教育系统集中教学的一个功能就是促进有目的的学习，缩短学习时间，节约大量的社会资源。

教学包括教师的教和学生的学，教师的教包括材料的选择、对学生原有知识的了解、课堂安排等；学生的学也包含了丰富的内容，例如：学生本身的学习能力、学习时间、学习动机等。要整合各个方面使教学顺利开展并取得更好的效果，就要在课程开始之前进行系统的规划和安排，这就是教学设计。教学设计是在教学之前对教学过程中的各环节进行预先筹划，从而安排教学情境，以期达成教学目标的系统性设计。

二、教学设计的流程

教学设计是一个系统的工程，有关其流程的阐述，不同的学者有不同的观点，但都包括了主要的三个方面（见图 11－1）。

首先是分析，回答当前的情况如何及我们要达到怎样的目标等问题，这需要对学习需要、教学内容和教学对象进行深入分析。

其次是设计，我们应该怎样达到目标？这就需要确定好教学目标，选择恰当的教学策略和教学媒体，形成一个教学设计方案。

最后是评价，检验有没有达到目标以及该如何修正，对前面的分析是否准确、设计是否合理有效进行检验。

（一）分析

（1）学习需要，也就是为什么而学，学生当前的情况与要求达到的状态即学习目标之间的差距就是学习需要。换言之，学习需要就是我们应该是怎样的与我们现实是怎样的之间的差距。应该是怎样的教学目标有两种：一种是教育机构之前所制定的目标，如教学大纲、教科书上的要求，普通学校教育一般参照此标准；另一种是以社会需求为标准，分析职业岗位任务和招聘要求，一般职业技术培训机构采用此标准。

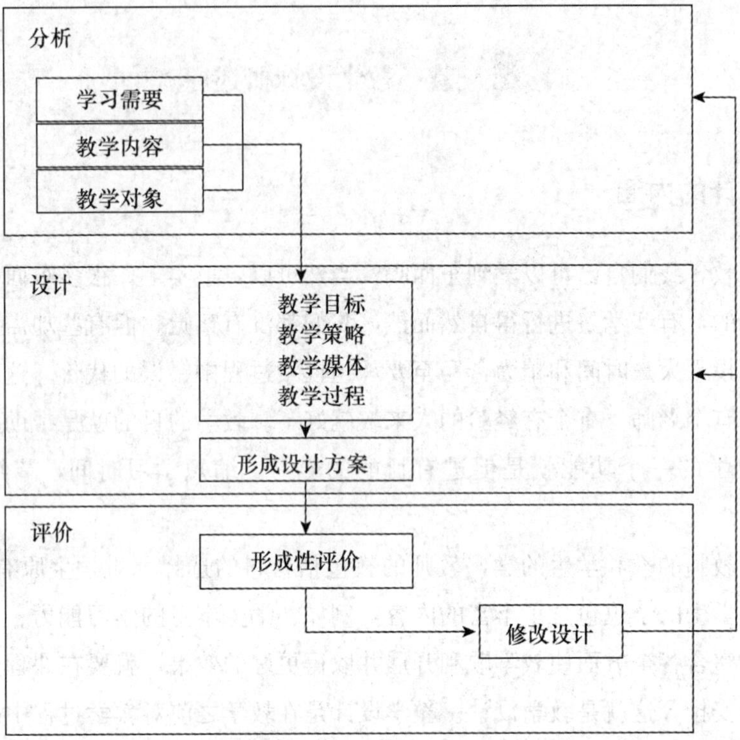

图 11-1 教学设计流程图

通过调查研究，了解到学习需要，同时要对问题的性质进行分析，依据不同情况选用不同途径解决。不是所有问题都可以通过调整教学设计来解决，有些问题如管理制度、思想认识方面的问题则要对症下药，先转变思想认识、改革管理制度再看是否需要在教学设计方面也做调整。

（2）教学内容，学生从当前状态到目标状态需要系统学习的知识、技能和行为经验的总和就是教学内容。教学内容有一定的结构体系，各组成部分之间有内在的联系。如生物进化从简单到复杂，历史发展按先后时间顺序。教学内容既说明“要教什么”，同时也解决“怎么教”的问题。

（3）教学对象，学生是教学活动的主体，充分了解学习的情况，才能有针对性地制订教学设计，对学生的分析主要从以下几个方面展开：

1）起始能力，学生在学习之前已经具备了哪些能力，对所要学习的知识有多少了解；

2）一般特征，指与所要学习的内容没有直接联系的学生个体生理心理发展特点，包括认知发展水平、思维发展水平、语言发展等；

3）学习风格，是指学生在学习过程中总是喜欢采用某些特殊策略的倾向。如有人喜欢听讲座，有人喜欢与同伴讨论，有人喜欢从整体上来分析问题，有人喜欢一步一步地分析。因学生个性特征而异，没有好坏之分。虽然学习领域包括认知、情感和动作技能等多方面，但主要集中在认知领域的学习。在认知领域，学习风格也称认知风格，主要有场独立性和场依存性、沉思型和冲动型、整体型和序列型这几种。

此外，还需要对学生的动机、态度等因素进行分析。

案例分析

王老师是位小学数学教师，他在教学生数学中的百分数问题。知识讲授完成后，他拿一些百分数的问题给学生做，并观察他们的反应。有些学生立即就解决了问题；有些学生边想边尝试做，还自言自语；有些学生眉头紧皱，放弃努力。后来，数学老师请一些马上能解决问题的学生对问题进行讲解，又有一部分学生明白了，但还有一些学生显得犹豫不决，感觉还有很多困惑。

这是教学过程中的常态，同一个班级的学生，他们在起始能力上大体是相同的，但具体的能力表现、认知特点和风格也会存在明显的个体差异，因此，教师在备课时要考虑到不同层次学生的需要。

（二）设计

设计包括教学目标设计、教学策略设计、教学媒体设计和教学过程设计。所谓教学目标设计，是在对学习需要、学习内容和学习者进行分析的基础之上确定具体明确的教学目标，并在学习之前告知学习者。教学目标的确立不仅使师生都明确教学活动的目的，做到心中有数，有的放矢，也为教学评价提供了依据。教学策略设计，即教学目标确定后，教师如何教、学生如何学能达到教学目标的要求，教与学的方法、形式、时空安排和活动等都属于教学策略设计，如直接讲解、实验演示、课堂问答、讨论、游戏、实验、参观等就是一些常用的教学策略与方法。教学媒体是教学信息的载体，能使教学更有效，而教学媒体设计即教师权衡学生认知特点、学习内容性质、教学形式和媒体本身的特点进行媒体选择和安排，如年龄小的学生处在直接经验水平，更倾向于用感官和动作进行学习，因此，教师可以多安排实物让学生在做中学，如学习“坚硬”和“柔软”两个词时可以分别触摸木头和绒毛玩具来直观感受。随着年龄增加，儿童逐步可在图片和模型中获得经验，对于成熟的学习者，可用语言符号进行有效的学习。教学过程设计即将前三个设计有机地组合起来，用流程图的方式简明扼要地表示各要素间的相互关系，直观地表达教学过程，给教师一个可供参考的教学方案。

案例分析

一名乡村物理老师在琢磨如何上“力的知识”探究课时灵机一动想起了久违的雪橇。

当他将几辆雪橇拉到学校操场上时，同学们都很惊喜。老师设计以分组拉雪橇的方式探究力的有关知识。策划了运人竞赛、“拖后腿”等游戏比较1人拉3人、2人、1人、空载时的用力程度，分别在冰雪路面和沙土路面拉雪橇探究接触面粗糙程度与滑动摩擦力……同学们亲身体验不同情况下力的变化，在游戏中思考，在欢笑奔忙中有惊喜的发现。这节课的学习给同学们留下了深刻的印象，学生们更感受到了生活处处有物理，养成留心周围事物，注意观察思考的好习惯。

（三）评价

评价属于教学设计的后期工作，但它实际上贯穿在教学设计的全过程。对学习需要、学习内容、学习者的分析是否准确？教学目标的制定是否合理明确，教学策略的选择是否适合，教学媒体的考虑是否全面？回答这些问题都需要对教学成果进行评价。在初步的设计拟定出来，进行推广使用之前，我们需对其进行小范围内的试用，以了解设计的可行性、有效性及可能存在的问题。根据试用的情况和教学效果的达成度来进一步探讨存在的问题，并对设计方案进行修改，再进行试用和再修改，直到得到满意的效果。

第二节　教学目标的设计

对学习需要、教学内容和教学对象进行分析后，就基本确定了教学的起点及整体教与学的框架，接下来就是要使学习者在学习后所达到的最终行为通过具体的、明确的、可测量的目标表达出来，这就是教学目标的设计，这是教学设计的重要环节，也为后续教学活动的开展和评价提供了依据。

一、教学目标的含义与作用

（一）教学目标的含义

教学目标是预期学生通过教学活动获得的学习结果，是教学设计的出发点，也是最终归宿。教学目标所表述的教学对象最终达到的状态应该是详细具体的，需要用明确的语言来阐述。如果表达不清，则容易影响教学策略的选择、教学过程的安排以至影响最终的教学效果。

人们常将教学目标与教育目的、培养目标等有关概念混淆。教育目的是国家制定的教育工作的总的出发点和最终目标，会因社会性质、经济、政治、文化和科学技术生产力发展水平的不同而不同。培养目标是各级各类学校根据国家教育目的，结合自身学校的性质和任务对培养对象提出的特定要求，如小学与初中的培养目标不同，技工学校与普通学校的培养目标不同。教学目标则包括课程教学目标、单元教学目标和课堂教学目标三个层级。课程教学目标相对培养目标而言更为清晰而明确，单元教学目标是课程教学目标的具体化，课堂教学目标是可操作性最强的子目标，如图 11－2 所示。

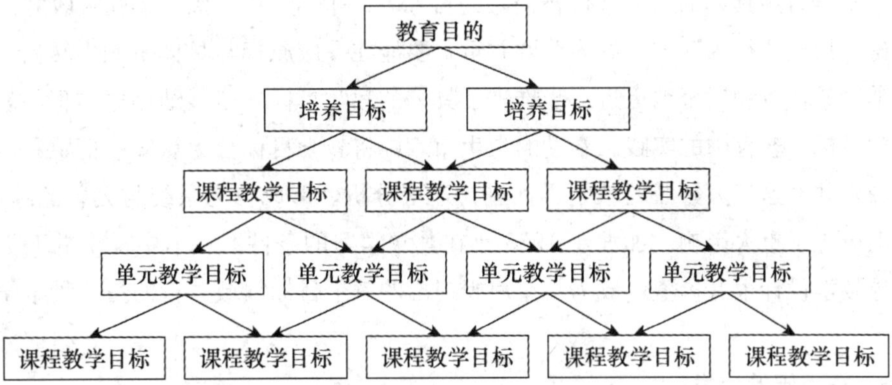

图 11－2　教育目的、培养目标和教学目标层次关系图

教学目标与教学目的不同。目的与目标两词意思相近但是有区别，目的是抽象、统一、终极性的，目标是具体、个别、阶段性的。目的的完成需要一系列阶段性目标的完成，目标完成的过程中贯穿着目的的思想内涵。教学目的是抽象笼统的，如“促进学生掌握解决问题的方法”“提高学生的写作水平”等陈述是空泛的，难以测量和检验，且不同的人会有不同的理解。

相对而言，教学目标要求精确详细，从各单元的从属知识要点和技能要点提出具体的目标，如“举例说明小组学习的优缺点”“至少从三个角度说明守纪律的意义”。当然，过分强调具体可操作的教学目标，也可能会导致教学过于机械且有些高层次的认知能力和情感因素本身就很难用具体的行为来测量。所以要综合运用教学目的和教学目标，一般在对教学内容进行分析得出总的教学目的后再将其分化为比较具体的教学目标。

（二）教学目标的作用

（1）导向功能。教学目标对教师和学生都有指导作用。对教师而言，教学目标是教学策略、教学媒体、课堂活动选择的依据，帮助教师做出选择与安排。在课堂教学过程中也有利于教师理清思路，把握课堂进程。对学生而言，对学习目标心中有数，避免学习的盲目性，更能体会教师的安排，取得更好的学习效果。

（2）指导教学策略的选择与运用。教学策略就是为完成教学目标而服务的，所以教学策略的选择与运用，要与教学目标相匹配。

（3）指导教学结果的测量与评价。教学目标是预测的教学结果，所以对教学结果进行测量与评价时，要以原先的教学目标为参照。

总之，明确的教学目标有利于一步步实现课程目标，能激励教师教、学生学，促进教学过程中的互动，最终实现教学目的。

二、教学目标的分类

教学目标有哪些？明确教学目标的种类能更细致地制定教学目标。20 世纪 20 年代，博比特开始尝试用具体的活动来代替抽象的目标。20 世纪 30 年代，泰勒吸收并发展了前人的理论，指出“行为”与“内容”要并重，要能在一般原理与具体事例中转换。行为主义心理学家桑代克和斯金纳更进一步推进了具体的教学目标。斯金纳创立的程序教学就是有效教学目标在教育中的实践。泰勒的学生布卢姆将教学目标分为认知、情感和动作技能三大领域，并对这三大领域的教学目标进行逐层分析，形成较为系统与完善的理论体系，在国际上产生了重大影响。加涅于 1965 年在其《学习的条件》一书中提出的五类学习结果对指导教学设计很有价值，成为与布卢姆提出的三个目标领域并行的另一种教学目标分类系统。

（一）布卢姆的分类

布卢姆将教学目标分为三大领域：认知领域、情感领域和动作技能领域（见表 11-1）。其中，认知领域目标包括知识、领会、运用、分析、综合和评价。情感领域目标包括接受、反应、价值化、组织、价值与价值体系的性格化。动作技能领域的目标包括知觉、准备、有指导的反应、机械动作、复杂的外显行为、适应和创新。

表 11-1　　布卢姆教学目标分类表

教学目标	认知领域	知识	对具体事物、普遍原理、方法、过程或一种结构模式的回忆，包括： ①具体的知识，如日期、事件 ②趋势和顺序的知识，如测智商的步骤 ③某一领域普遍和抽象的知识，如回忆牛顿第一定律
		领会	最简单的理解，把握知识意义的能力，包括： ①转化，如对反语的理解 ②解释，如通过图表数据说明某一问题 ③推断，如根据原理推断金属钠与水的反应
		运用	将所学知识应用于新情境，包括概念、原理、规律、方法、理论的应用，如用列方程的方法解应用题。
		分析	将某事物分解成各个部分，并理解各个部分间的联系，包括： ①要素分析，如分清事件的原因、表现和影响 ②关系分析，如几个部分间的相互关系 ③组织原则分析，如某一文学体裁的结构
		综合	与分析相反，将各个部分组成整体的能力，包括： ①用语言表达自己意见时的综合，如发表看法 ②处理事物时的综合，如策划一次活动 ③推演抽象关系时的综合，如概括出一套抽象关系
		评价	对某些事物做出价值判断，包括： ①据内部证据判断，按事物内部的逻辑性、一致性做判断 ②据外部证据判断，即根据外部的准则做出判断

	情感领域	接受	感受到并愿意接受某些刺激，包括： ①知觉，注意到某些现象，如知觉到服装、建筑物 ②愿意接受，保持中立态度不批判，如上课听讲 ③有选择的注意，如留意某种讲座信息
		反应	不仅注意，并且有行为参与活动，包括： ①默认的反应，被动的顺从，如按规则做事 ②愿意的反应，主动自愿做出选择的行为 ③满意的反应，在行动中获得愉悦满足感的行为
		价值化	将行为与价值标准相联系，对所学的内容在信念和态度上表示肯定，包括： ①接受某种价值标准 ②偏爱某种价值标准 ③信奉某种价值标准
		组织	将多个价值标准组合成一个价值体系 ①价值的概念化，将所学内容含有的价值与自身的价值相联系 ②价值体系的组织，将各种价值组织成一个价值体系
	动作技能领域	价值与价值体系的性格化	所学的价值观念内化后指导行为，形成世界观和个性特征 ①泛化心向，在特定的时候对价值观保持内在一致性 ②性格化，心理和行为内外一致，持久不变
		知觉	感觉器官察觉到客体信息，以指导动作，主要是与动作技能有关的知识。
		准备	为某个行为做出心理、身体和情绪上的准备 ①心理准备，做好心理准备状态，如预想整个动作的步骤 ②生理准备，做好动作准备 ③情绪准备，调整态度
		有指导的反应	在教师的指导下进行动作，是学习复杂动作的初始阶段，包括： ①模仿，模仿教师再现示范的动作 ②试误，在教师指导下尝试练习，直至形成正确的动作
		机械动作	经过一定练习，能较熟练地完成部分动作
		复杂的外显行为	能迅速、连贯地完成一系列复杂的动作，包括： ①消除不确定性，不再犹豫且能熟练地操作 ②自动化操作，得心应手达到自动化的程度
		适应	能根据实际情境对动作进行调整以适应新的需要
		创新	根据对动作技能的理解与体悟，创造出新的动作技能

这是1956年版本的布卢姆的目标分类，由于它层层细化，系统性强，可操作性强，能有效考查学生的学习结果，将关注教师行为转化为关注学生学到的东西而被世界范围内各级各类教育工作者广泛使用。然而，每种理论都会有局限性，在实践过程中，布卢姆的目标分类系统也暴露出一些缺陷，首先，该系统能有效测量行为，但对于高级的思想认识及其他不易用行为表达的目标很难测定。其次，细致详尽的目标使部分教师走进了僵化枯燥的训练方式。再次，分类理论能很好指导教学评价，却不能很好地指导教学和学习。最后，因为每次传授某一知识会同时培养好几种能力，各种能力又处在不同的层次，用布卢姆分类理论指导教学就会出现教学过程与教学目标脱钩的现象。

一个开放的理论，应该吸收新的研究理论，跟上时代的发展。安德森和克拉斯伍组织团队，对布卢姆的目标分类系统进行修订，发展了布卢姆的目标分类理论。修订版将认知领域的教育目标分为知识和认知过程两个维度。在知识维度中，知识被分为事实性知识、概念性知识、程序性知识和反省性知识 4 种类型。在认知维度，认知过程由低级到高级被分为记忆、理解、运用、分析、评价和创造 6 种水平。4 种知识的掌握都可以分为 6 种水平①，具体见表 11-2 和表 11-3。

表 11-2　知识的维度的主要类别与亚类

主要类别和亚类	示例
A 事实性知识——学生掌握某一学科或解决其中的问题所必须知道的基本要素	
A_A 术语知识	科学术语知识，如分子的符号标志
A_B 具体细节和要素的知识	购买产品所需要的可信信息源
B 概念性知识——类目、分类和它们两者或多者之间的关系，即较为复杂的和有组织的知识形式	
B_A 分类或类目的知识	不同时期的地质年代
B_B 原理和概括的知识	物理学基本定律
B_C 理论、模型和结构的知识	地球板块论
C 程序性知识——如何做，具体的步骤，即方法、技术、算法、技能的知识	
C_A 具体学科的技能和算法的知识	水彩绘画的技能
C_B 具体学科的技术和方法的知识	社会科学的研究方法
C_C 决定何时运用适当程度的标准的知识	决定用哪种方法分析数据
D 反省性知识——和自己有关的认知意识和知识	
D_A 策略性的知识	列提纲或画结构图
D_B 包括情境性和条件性的知识在内的认知任务的知识	入乡随俗，不同社会习俗的常规
D_C 自我知识	知道自己在哪些领域强，在哪些领域弱

表 11-3　认知过程维度的主要类别与亚类

类别	相关词	示例
1. 记忆——从长时记忆里提取有关信息		
1.1 再认	识别	做选择题时，如选择红楼梦的作者是谁
1.2 回忆	提取	回忆圆的面积公式
2. 理解——能对看到的符号、图画，听到的口头语言建构意义		
2.1 解释	澄清、释义、描述、转换	用 $A=2B$ 这一式子说明 A 是 B 的两倍
2.2 举例	例示、具体化	什么是无机化合物，举例说明
2.3 分类	类目化、归属	将各种动物进行分类
2.4 总结	抽象、概括	阅读文章，写出大意
2.5 推断	结论、外推、内推、预测	学习外语时，从例子中推论出语法原理
2.6 比较	对照、匹配、映射	比较电流和水流有什么相似之处
2.7 说明	构建、建模	说明闪电形成的原因

① 安德森，等. 学习、教学和评估的分类学：布卢姆教育目标分类学修订版（简缩本）. 上海：华东师范大学出版社，2008：26-28.

续前表

类别	相关词	示例
3. 应用——运用程序完成练习或解决问题		
3.1 执行	贯彻	知道密度公式，已知质量和体积求物体的密度
3.2 实施	使用	将滑轮的性质运用于适合的情境
4. 分析——将材料分解为各个部分，确定各部分及其他整体的关系		
4.1 区别	辨别、选择	解决某一问题需要哪些变量，哪些不需要
4.2 组织	整合、列提纲、结构化	给课文列提纲
4.3 归属	解构	分析文章作者支持文章的哪种观点
5. 评价——依据标准做出判断		
5.1 检查	协调、探测、监测、检测	某一化学报告结论是否来自试验结果
5.2 评论	判断	根据酸雨可能造成的后果，对酸雨进行评判
6. 创造——整合元素以形成内在一致的或功能性的整体		
6.1 生成	假设	提出多种假设以解释观察到的现象
6.2 计划	设计	为完成一项任务制订计划
6.3 产生	建构	完成计划，如为某一特殊目的发明一种产品

（二）加涅的学习结果分类

加涅以信息加工理论为基础研究人类的学习，他认为教学目标的分类就是学习结果的分类。以预期的学习结果为教学目标可以指导教学设计和课堂活动，使教学过程都朝着目标的方向发展。加涅的学习结果分类分别是言语信息、智慧技能、认知策略、动作技能和态度。

1. 言语信息

言语信息就是回答世界“是什么”的陈述性知识，如“水的溶点是0摄氏度，沸点是100摄氏度”“中国的首都是北京”，我们日常生活中存在大量这样的陈述性知识。它可以传递知识、传承文化，这是教学活动的目标之一。言语信息有复杂程度之分，如简单的命名；陈述一个事实，还有大量高度组织化的信息，如全国各个省份的地理位置和经济政治文化发展水平。言语信息是比较低水平的学习，但它是我们日常生活中必不可少的知识，也是其他较高级学习水平的必要基础。知道水的溶点和沸点才能更好地理解水液化和汽化的规律。同时，言语信息也是思维的工具，言语信息在大脑里形成的知识网络可帮助我们分析问题和解决问题。

2. 智慧技能

智慧技能是告诉人们“怎么办”，它是指人们应用符号或概念与环境相互作用的能力，也就是解决问题的能力，一般是程序性知识，比如，知道先乘除后加减的运算规律是言语信息，具体能用加减乘除进行运算的能力就是智慧技能。生活中涉及智慧技能的学习是顺应学生身心发展和学习发展规律，由简单到复杂、从低级到高级分别为辨别、形成概念、规则或原理、高级规则。辨别指能根据刺激的差异做出不同的反应，如分辨出不同颜色、音调，能根据不同的指令完成不同的任务。辨别是其他技能的基础，能识别事物的差异才能认识到事物的共同点，为进一步分析做好准备。辨别任务一般较简单，也有较复杂的多重辨别，如对形近义近易混淆词语的辨别。

形成概念是指从一系列事物中找出事物的共同点，将其归为一个类别，对同一类别的事物做出类似的反应。概念有具体概念和抽象概念之分，具体概念（如“马”）一般不能直接下定义，可以在日常生活中逐渐识别归纳出来，抽象概念一般不能根据物体的物理属性观察而得到，如“圆周率”“羡慕”“家庭”，一般只能通过下定义的方式习得。

规则是揭示了两个或两个以上概念之间的关系，规则支配行为的例子在日常生活中很多，如“我们骑自行车去上学”表明了“我们”和“自行车”的关系。规则也可以是一个定律、一个原理，如路程等于速度乘以时间，揭示了“路程”、“速度”和“时间”三者的关系。

高级规则是由多种规则组合而成的更复杂的系统，当我们面对问题想办法解决时，会将多个规则组合到一起，这是思维的产物。如放假要去某地旅游，是自己开车去还是搭车去，需要根据路途、车速估计花在路上的时间，估计要用多少汽油，统计去的人数等综合考虑做出选择。在学习上特别是解决物理、数学等题目时，一个复杂的题目需要用到很多较简单的规则。

3. 认知策略

认知策略是回答“怎么学”的问题，是学习者用来选择和调整自己的注意、学习、记忆和思维方式的内部过程。处理加工的对象是学习者自己的认知。智慧技能是学习者处理外部世界的能力。这两种技能通常也是一起发生的，学习者在学习智慧技能的时候，也伴随着认知策略的练习与学习。如在学习某一规律时，学习者调整自己的注意力投入学习，分析规律中的概念，进行关系的对比，采用释义、自问自答等方式引导自己思维。常用的认知策略有复述策略、组织策略、精加工策略等。复述策略如对学习的内容按顺序自我复述一遍。组织策略就是将学习的资料形成有组织的结构，如将不同的观点进行对比。精加工策略是将要学习的内容与自己容易提取的内容联系起来，如在学习黄土高原地貌特征时想到它为什么会沟谷众多、地面破碎，精加工活动包括释义、概括、做笔记和自问自答等。

4. 动作技能

动作技能是回答“怎么操作”的问题，它是指人类习得用身体的一系列动作去完成一项任务。它涉及感觉、大脑和肌肉，在刚开始学习各种实验操作、运动项目时，我们会用肌肉关节等的刺激作为内部的反馈，如学习羽毛球发球时，球发出去的效果是外部反馈，自己的动作感受是内部反馈。经过不断调整和练习，动作技能最终完整流畅地执行，很少有意识的控制，如学习游泳一开始练习会分划臂、蹬脚、抬头，熟练以后动作就协调连贯了。

5. 态度

态度是回答“怎么对待”的问题，是一种特别的学习结果，它是人们对事物的一种稳定的反应倾向。态度的学习与改变不能靠讲授和说教，使用比较广泛的是树立榜样，发挥示范作用，同时对表现出的良好行为加以肯定和强化。学生对学校的态度、对学习的态度对学习会有很大的影响，同时学校教育也是要培养人们对社会更积极的态度，就是价值观，如诚信、公正等。

案例分析

罗曼是个任性、胡闹、一点也管束不住自己的男孩。他会无缘无故地一会儿打这个同学，一会儿又把另一个女孩子的连衣裙故意弄脏。有一次，一个小女孩又向苏霍姆林斯基哭诉罗曼扯走了她的丝带。苏霍姆林斯基把罗曼找来，跟他说他这样的自由是野蛮人的行为，成人要是这样是要进监牢失去自由的，现在要把他的右手绑起来，不让他使用右手。为了不使他觉得孤单，苏霍姆林斯基也和他一样把右手绑起来，一整天他们一起上课、吃饭……孩子体会了失去自由是怎样的滋味。后来，苏霍姆林斯基又给他上了几天的课，慢慢地，罗曼学会约束自己了。

态度的学习与知识、技能的学习不同，更多地要用榜样示范，肯定强化良好行为的方式。苏霍姆林斯基提倡应当教会儿童体验和珍藏自己的感情，而不是空洞地谈论，他本人的教学实践值得我们认真研究。

三、教学目标的表述

教学目标对教师的课堂设计、活动安排和学生的学习都有重要的导向作用，不过，这是建立在清晰有效的教学目标基础上的。如果教师制定的教学目标本身就含混不清，那么这些教学目标的指导意义就不大，有些甚至就是一个形式。当前，我国教师对制定教学目标的意识还不是很强，“教学目标就是教案中的一个部分，我教书都教了那么多年，知识内容烂熟于心，上课都不用课本，也不用教案”……诚然，有丰富的教学经验能使教学工作开展起来更加得心应手。但教师若能有教学目标的意识，就更能时时把握学生的学习程度，提高教学效率。部分教师对自己有这个要求，但缺乏科学的指导，教学目标的表述不能发挥真正的作用。

（一）当前我国教学目标表述中存在的问题

（1）培养能力方面上的模糊。如“培养学生的观察能力”“提高学习的记忆能力”。这个问题在本质上是个认识问题，记忆力、想象力、思维力等一般能力是受先天遗传和后天环境长期影响的结果，是稳定的、不易发生改变的。教育心理学界曾有学者提出“形式训练说”，认为学校应是训练人的各种官能（能力），而非传授知识和学习。后来，詹姆斯对记忆的研究说明训练并不能提升记忆能力，对记忆方法这种认知策略的训练和改善对记忆成果有积极的影响。所以教师可以更多地从记忆的方法、思维展开的维度等认知策略来表述教学目标。

（2）表述过于笼统。如“掌握光合作用的过程”“理解段落大意”。究竟怎样算是理解和掌握，不同的人有不同的理解。要达到怎样的程度不清楚，学生无法判断自己是否达到应该达到的标准，指导意义不强。

（3）没有以学生为主体。教学目标是预期通过教学活动获得学习的结果，主体是学生。但有些教学目标，如“培养学生的实验操作能力”“激发学生的学习兴趣”，是从教师的角度出发，这里混淆了教学目标和教学要求，教学要求是对教师和学生两者活动的要求，在教学活动中强调教师的行为。

（二）教学目标的表述类型

1. 二因素法

二因素法是美国的格朗伦德所提出的内部认知和外部行为结合起来的目标表述方法，也称为总体目标-具体行为的方法。其制定分为两个步骤，第一步是制定总目标，侧重描述学生内部心理发展，内容较概括，常用“理解”“应用”“分析”“欣赏”等抽象词来表达，是教师教学的意图。第二步根据总目标制定子目标，也就是具体行为，是可以观测到的学生行为，用以完成总目标，常用“说出”“举例”“解释”等具体的词来描述。这样就把内部认知和外部行为结合起来了。例如高中生物对呼吸作用的学习：

总体目标：A 了解两种呼吸方式的过程及在生活生产中的意义。

具体目标：a_1说出两种呼吸方式分别是在什么情况下发生。

a_2用自己的话说出呼吸作用的不同阶段。

a_3联系实际，举例说明呼吸作用在现实生活中的应用。

2. 三因素法

三因素法也叫马杰模式或行为目标模式，是由美国教学目标研究者马杰所提出的，他认为一个好的教学目标包括三个要素：分别回答学生学习后达到预期成果的行为表现、达到预期成果的条件和检验的标准。

（1）行为表现，用具体的行为说明学生学习后能做什么，用具体的动词表述，如“写出”“说出”“列举”。

（2）条件，为学生在什么情况下达到预期的行为限定条件，包括：环境条件（如嘈杂的还是安静的环境）、人的条件（如小组合作的学习）、设备条件（如用圆规）、信息条件（如根据课文）和时间条件（如 3 分钟以内）等。

(3) 标准，是学习达到要求行为的最低水平，一般用准确率、速度和质量三个方面来说明，如 5 分钟组词 10 个，正确率达 80%。如英语短文改错课程的教学目标用三因素法表述为：在提供的短文中有 10 处错误（条件），找出错误的地方（行为表现），至少找出 6 处（标准）。

3. 四因素法

这也就是 ABCD 模式，是我国学者根据马杰的研究，结合国内外实践提出的。该理论认为，教学目标的制定要包括四个因素：主体（audience）、行为（behavior）、条件（condition）、程度（degree）。

(1) 主体是指学习者，突出所制定教学目标的主体是学生，教学结束后要考查的是学生的行为，而不是教学做了什么。

(2) 行为是指学生通过学习后能够做什么。用具体的行为标准来描述，方便考查和测量，学生自己也可以对自己进行检验。

(3) 条件是指学生能做出目标行为结果的条件，在什么范围内、是否使用工具等，如“独立思考”“小组讨论”“根据地形图”“用计算机”。

(4) 程度就是学生目标行为的最低标准，以考查学生是否达到要求。如“至少用两种方法”“做对 80%”。

如在语文写作课程中通知写作的教学目标表述为：参考通知的范文（条件），学生（主体）能用正确的格式写一则通知（行为），通知的要点齐全、语句通顺（程度）。

研究者认为，在制定教学目标时要注意几点：第一，要明确目标的基本要素。一般情况下，一个完整的教学目标由四个基本要素构成：行为主体、行为动词、行为条件、表现程度。第二，行为主体必须是学生。第三，选择恰当的表述方式。第四，正确处理三维目标之间的关系。第五，删繁就简，重点突出。

4. 五因素法

加涅根据自己的学习结果分类提出五成分目标，在编写教学目标时，教师首先要明确教学旨在使学生学到哪种类型的学习结果，根据学习结果来编写学习目标。加涅提出的教学目标表述方法包含五个因素：行为发生的情境、习得的性能类型、行为的对象、学生的具体行为及其他特殊条件。

如电脑培训打字课程的教学目标表述为：在安静的环境下（情境）用一台电脑在 15 分钟或更多的时间（特殊条件）按手写草稿（习得的性能类型）打出（具体行为）一封商务信件（行为对象）。

这里在设置打字课程的教学目标中，通过打字完成某项任务的情境可能是安静的，也可能是吵闹的，打字是具体动作，但是自拟草稿还是已有草稿对着打字就可以，这就涉及习得的性能类型是问题解决还是动作技能，其他特殊条件包括一些特殊工具（如这里需用电脑）、行业标准（如国家标准或地区标准）和完成时间等。

第三节　教学评价概述

一、教学评价的定义

学校里哪位教师上课上得好？怎样评价教师的教学情况？从哪些方面进行评价？要了解教师的教学情况，可以进行教学评价。教学评价是指以教学目标为依据，制定科学的标准，运用可行的评价方法，对教学活动及其结果进行测量和价值判断的过程，以提供信息改进教学或给予评价对象某种资格证明。教学评价是教学设计的一个重要环节，能对教学设计中的各种要素、教学内容、教学组织等做出判断，能促使教学落实教育方针和教育目的，能大力推动教育教学改革，使教师队伍的管理更趋科学化，引导教师按照教学规律进行教学。

由教学评价的定义可知，教学评价是以教学目标为依据的，所以制定教学评价标准时先要弄清楚教学目标是否具体明确，是否符合学生身心发展的特点，设置相应的难易程度、复杂程度是否着眼于学生的全面发展，教学目标涉及知识技能、过程与方法、态度、情感与价值观，评价标准里也需要相应的标准以检验教学是否清晰地反映了这些知识领域和层次。运用所有可行的评价方法，因为教学过程、学习过程是复杂的，需要多角度多评价者来进行定量和定性分析。教学评价是对教学过程和教学成果的价值判断，既涉及过程，也涉及结果。教学过程包括组织和实施的教学的全部活动。教学成果指学生通过学习获得的知识、能力、情感态度上的转变。

根据教学目标进行教学评价由来已久，但一开始教学评价并没有引起重视，直到近几十年人们才认识到了教学评价对于提高教学的作用。教学评价的作用主要表现在四个方面：一是导向功能，也就是定向控制，因为评价的标准发挥了“指挥棒”的作用，指引教师设置的教学活动要完成原定的教学计划。教学是有计划、有目的的活动，而评价就是督促教师按计划行事。二是调控功能，也就是过程控制，教学评价使教学成为一个有反馈调节的系统。教师及时了解自己的教学情况，能调整教学方法，修订教学计划；学生知道自己的学习结果，也会对自身有更清晰的认识，从而调整学习策略，增强学习的自觉性。三是诊断功能，也就是结果控制，教学评价犹如一次体检，能对教学过程进行一次细致全面的诊断分析，分析教学成果在多大程度上达到教学目标；分析学校、教师、社会、家庭及学生本人在此过程中，哪些因素起主要作用，哪些有相互作用，为改进或决策指明方向。四是激励作用，评价是对教师和学生劳动成果的验收，也是一种监督和促进，有研究表明，有反馈比没有反馈的学习效果更好。同时，评价产生的竞争意识也会调动教师和学生的积极性。不过，在评价的时候也要注意，积极的评价使人信心增加，消极的评价使人焦虑不安。长期的消极评价可能会使人产生自卑的不良心理。因此，要做出科学的发展性和指导性的评价，以发挥教学评价的积极作用。

案例分析

一所学校的领导决定用展览教案的方式检查教师的教学质量，却出现了一场不大不小的风波：两位年轻老师的教案，条理分明、语言漂亮，堪称一流，但他们日常的教学效果不好；两位老教师教案简单、多用符号表示、不合规范，但他们的教学深受学生欢迎；有一位教师的教案只有一份“板书设计”和一份“双基归类表”，而他讲课用这份“自行设计”的板书和图表，教学效果非常好。用什么标准来评判，校长遇到了难题。其实，教师的发展是分阶段的，对不同阶段的教师应该采用不同的管理方法，对年轻教师应有一定的要求和具体指导，对老教师则应采取更多自主和支持的管理方式。

二、教学评价的对象

教学是一件复杂的事情，学生的学习动机、学习能力，教师的教学质量、受欢迎程度，师生间的相互关系，学校氛围，学校所能提供的学习资源，学生家庭的影响等都会影响教学。一般教学评价对象包括教师、学生、学习资源、学习环境。

（一）教师

教师是教学活动的一个重要主体，对教师的评价主要是从教学过程和教学结果两方面展开的。教学过程包括教学设计、授课过程、课堂组织管理等。基于教学设计考察其教学目标的设定是否具体、全面，符合学生身心发展规律及社会的要求；教材的处理是否连贯有序、重点突出；教学方法是否形式多样、因材施教；授课过程是否能联系先前的知识、联系生活实际；语言是否生动流畅；板书的安排、提问技巧、多媒体技术的使用是否合理；在课堂组织管理过程中，学生是否投入课堂学习、组织是否有序、课堂是否生动活泼。

（二）学生

学生的学业成绩是学校教育考核的重点，学业成绩受学生自身多方面因素影响，包括学习能力倾向、学习动机、学习态度、相关能力、个性及兴趣等。其中，学习能力倾向对学习结果的影响巨大，对言语信息、智慧、技能和认知策略等维度具有较好的解释力。学习能力倾向主要受遗传和出生前后的营养、学习机会的影响。对学习有重要作用的还有动机，动机的作用有时还大于学习能力倾向。动机会受到兴趣、驱力、期望、奖赏和认知评价的影响，如学生相信竞争是公平的，努力可能会得到更多的奖励，这样学生就更愿意尝试努力。需要注意的是，在比较一个教学计划是否优于另一个教学计划时，不仅要控制实验变量，还需要对学生进行随机分配，以保证两种教学计划条件下学生的初始能力倾向相近。

（三）学习资源

教材、教学辅导材料、多媒体技术等都是支持学习过程的。学校是否有丰富的图书馆资源供学生查找资料、是否有开展实验的设备，学生能否自己动手操作实验等都对操作程序、实验技能等学习具有明显作用，如见到镁在空气中燃烧发出很亮的白光，一次真实的体验对金属镁的性质就会印象深刻。教学多媒体设备的数量与质量、教师熟练，操作等都可以看作一种教学资源。这些良好的教学资源能帮助学生更好地掌握知识。

（四）学习环境

安静的学习环境、积极的课堂氛围、良好的校园环境、师生关系以及父母在家是否鼓励支持孩子完成作业、是否督促孩子养成良好的学习习惯都会间接影响到教学过程及结果，如一个班级可能比另一个班级更看重学习成绩，则两个班上课的氛围是不一样的。不同文化背景下的学习环境有显著的差异，如不少赴美考察的中小学教师、校长感觉美国学生比中国学生在课堂上更主动，整体课堂氛围较中国课堂活泼。

三、教学评价的类型

根据不同的分类标准，教学评价可分为不同的评价类型。按评价的基准不同，可分为相对评价、绝对评价和自身评价；按评价的功能不同，可分为诊断性评价、形成性评价和总结性评价；按评价内容不同，可分为过程评价和结果评价；按评价表达方式的不同，可分为定性评价和定量评价。

（一）相对评价、绝对评价和自身评价

相对评价是将评价对象集合作为一个整体，评价某一具体对象时，考察其在整体中的相对位置。一般将个体分数与整体平均分数进行对比。如某学生的数学成绩为 80 分，当全班平均分数为 70 分时，其高于班级平均水平。相对评价的测验一般称为常模参照测验，常模可以看成是特定群体的平均水平，这种测验的成绩符合正态分布。教育中常有三种常模群体：班级或学校、地区和国家样本。相对评价用于了解单个学生与学生总体表现的差异以及不同群体间的差异。其局限性是不能说明个体是否具备了学习更高级内容的条件，因为不同群体的基准不同，某个学生在全班排名前 5%也不能直接说明其能力，可能其全班学生都达不到要求。

绝对评价是在评价对象的总体外设立一个标准，称为客观标准，个体的测验分数不是与他人进行对比，而是与客观标准做比较，每个人都可以知道自己的水平与客观标准差多

远。绝对评价一般用标准参照测验来测量。其考察的试题就是预先设定的教学目标。标准参照测验的分数分布一般是偏态的，太难时，很多学生分数低、达不到标准为正偏态，反之低分少、高分多则为负偏态。绝对评价能判断学生是否具备学习新内容的能力。其局限性是客观标准有时很难做到客观，易受评价者原有经验和主观愿望的影响。

自身评价也叫个体内差异评价法，是将评价对象的现在与过去进行对比，或将评价对象的若干侧面进行比较。其不同于相对评价和绝对评价，不是在评价群体之内确定基准，也不是在群体之外确定基准。相对评价和绝对评价都有群体共同的标准，自身评价没有群体的标准。自身评价从个体出发，尊重个别差异，通过纵向和横向的对比，可以看出学生学习的趋势和各科目的优劣势。但只与自身比较容易导致看不到自身与他人的差距，只有将自身评价与其他评价方式结合起来，对自身才会有更清晰的认识。

（二）诊断性评价、形成性评价和总结性评价

诊断性评价也叫前置评价，是在教学活动开始之前，为了解学生已经掌握的内容、准备状态和能力进行摸底测试，以便判断他们是否具备完成教学目标的能力，以便为下面的教学活动安排和教学决策提供依据。诊断性评价一般在学期、课程开始时进行，用以确定学生的准备程度和适当安置学生，如有些学校会依据测验分数分班。

形成性评价是在教学过程中进行的，一般不计分，用以确定学生在哪些方面存在薄弱环节，是教学活动的及时反馈，使教师能更有针对性地教学，学生知道自身的掌握情况也可以指导自己的学习。形成性评价在教学过程中使用得很频繁，如单元评估、一个章节的小测试或某个知识点的专题评估，对于教师及时了解学生情况、调整教学速度或教学策略有重要作用。

总结性评价也叫事后评价，是在教学活动结束后进行的测试，用于考察教师和学生最终取得的成绩。一般有学期末的各科考试、考核，最终确定一门课的成绩等级，目的是检验学生最终的学习是否达到教学目标的要求。

（三）过程评价和结果评价

过程评价关注教学实施的过程，在教学活动过程中进行评价，评价的主体一般为参与教学活动的教师、学生和其他评价人员。评价的目的在于改进，能为教学决策及时提供信息、给予反馈、促进教学完善。

结果评价是以某项活动结束后的结果为评价对象所进行的价值判断。着眼于目标的达成程度，以预先设定的行为目标来评价，较为客观、可操作。主要起鉴定分析的功能，对教学的效果、优劣做出总体的判断。

（四）定性评价和定量评价

定性评价是对评价对象做“质”的分析，主要是运用分析和综合、比较和分类、归纳和演绎这些逻辑分析方法对评价对象的日常表现、反应状态等进行观察记录和分析，得出的结果主要是描述性分析结果或结合了定量分析但还是以描述性分析结果为主，如写出评语和等级。

定量评价是对评价对象做“量”的分析，收集和处理数据，运用各种统计分析方法，从众多的数据中总结出数据特征和规律，分析各变量间的相互关系，得出具体的数量化的结果。

因为教师的教和学生的学都是比较复杂的过程，涉及很多变量，很多难以量化评价，需将定性评价与定量评价结合起来一起分析，才能更加全面、合理。

第四节　教学评价的过程与方法

一、关于“教”的评价过程与方法

（一）学习材料与活动的评价

收集对学习材料和活动的评价有利于教师在正式实施教学活动前进行修改完善，如发现某个活动或设置不可行，则要修改或替换计划。对学习材料和活动的传统评价有四个阶段：专家审查、一对一评价、小组评价和现场试验。这四种类型的评价主要是形成性的，也就是目的在于提供反馈，以进一步完善教学。

1. 专家审查

教学材料设计出来后，首先需要相关专家对其内容的准确性、完整性进行审查。这里教学材料的设计可能是教师依据教学目标独立完成的，也可能由学科专家负责完成，或者是教师与学科专家合作写的初稿。不管哪种方式都需要别的学科专家审阅以确定内容的准确性与恰当性，因为不同的学科专家看事物的角度和侧重点不同，有些可能是个人风格的问题，但有些是实质性的问题。有些专家忘记或忽略的问题，其他专家可能很快会注意到。这样通过多名专家审查就能有效改善内容的准确性和呈现方式。在教学材料编辑出来后要尽快交给专家审查，并根据专家的意见进行补充和调整，确保在进行下一步材料评价前将发现的问题修改完成。

一个不错的建议是将专家的意见分为三类：第一类是应该直接且马上修改的，主要是内容准确性方面的建议，应该立即排除不准确的内容；第二类是在接下来的评价中注意收集信息以进一步确定的意见；第三类是可以暂时忽略的。对于未确定的问题，设计者应该明确问题，在接下来的评价中询问学习者。

2. 一对一评价

一对一评价即将教学材料一对一地呈现给学习者，主要是学生独立完成学习材料。此阶段选的学生要具有代表性，包括高、中、低能力者，主要看学生能否理解材料，有无明确表达题意，有无难理解词汇等，主要考查教学的清晰度、可行性，评价时列出检查表给学习者参考，如在考查教学的清晰度方面可按表 11－4 进行检查①。评价由学习者独立完成，教学设计者尽量少打断学习者。评价过程运用“阅读-出声”思维，学习者读出教学材料并说出自己的思维和产生的想法。一对一评价真实表现了学习者可能遇到的问题，细致记录好学习者的表达、困难和评论对于修改教学材料有很大的用处。如果学习者没有涉及先前未解决的问题，教学设计者也可以在后面进行询问和澄清。

学习者可能不理解“阅读-出声”思维的方法，需先进行演示说明使学习者明白。在收集到学习者反馈的信息后根据情况对教学材料做进一步的修改。如发现学生对涉及的先前知识不清楚，则可能需要在学习新知识前对先前相关知识进行复习以理解当前的学习。

表 11－4　　一对一评价教学清晰度参考表

标准	信息	联系	程序
教学的清晰度	词汇水平	情意	排序
	句子的复杂性	实例	教学块的大小
	信息的复杂性	类比	教学过渡
	引言	插图	教学速度
	具体阐述	演示	教学变化
	结论	回顾	
	过渡	小结	

3. 小组评价

选择 8—20 个有代表性的学习者按教学材料最终呈现的方式进行学习，以检验一对一评价的修改是否有效和在没有与教师交流的情况下下学习者能否独立使用教学材料。教学设计者主要是进行观察，记录学生的表现、遇到的问题及解决方法，让学生自主学习，当学习者实在进行不下去时才给予辅导。此阶段主要的任务就是考查如下内容：(1) 学生完成预期的要求需要多长时间；(2) 以预定的形式完成教学的可行性；(3) 学生对教学不同方面的态度，如教学是否有趣？是否有足够的练习？学习目标与学习材料是否匹配？一般在教学前对学习者需要的知识技能进行前测，学习结束后进行后测，对前后测结果进行分析对比。问卷评估结束后，教学设计者再与学习者对前测、教学过程、后测等问题进行进一步讨论，以深入了解学习者的感受和态度。

4. 现场试验

现场试验类似于晚会的最后彩排，是教学材料评价的最后阶段，其评价情境也与以后实施的情境最相似，是一个完整的班级，以检验小组评价的修改有无效果及是否适合在预

---

① 迪克，等. 系统化教学设计. 上海：华东师范大学出版社，2007：289.

设的情境中实施。与小组评价不同的是，现场试验阶段，由教师实施教学，教学设计者不需要参与其中，主要就是观察教学过程。当然，事先需对教师进行培训使其了解教学材料及要达到的教学目的。前测和后测题目减少，只保留最重要的起点行为和体现教学目标的测查题目。最好多选几个地方，以涵盖城市、农村，教学资源丰富和缺乏等不同地方，考察教学材料在不同地方的适用性。同时收集好数据，做好教学过程观察记录，对教师和学习者进行面谈，对教学材料再一次进行修改。最终的目的就是保证教学材料在实际情境中的有效性，使学生学习能达到预期的目标。

（二）教师教学评价

教师教学评价就是依据一定的标准，对教师的教学活动及工作成效做出判断的活动，旨在促进教师提高教学质量，促进教师专业成长。教师评价涉及教师职业活动的方方面面，会影响到教师的情绪状态与自尊、教师的工作动机、心理需求、教师的专业化发展。管理式的教师评价，也就是教师考核，是教师晋升、评奖评优的主要依据，对教师的工作有导向作用。当今，国内外教师考核制度不断发展，更多国家采用发展式的教师考核。发展式的教师考核制度与教师的晋升、解聘、奖金发放等无关，主要目的就是发现教学过程中存在的优点与不足，帮助教师继续发挥优势，改进方案以促进教学。发展性教师考核维护了教师的自尊，教师不再是被动的被评价的对象而是评价的主体，能积极参与到评价中，更激发了教师的教学积极性。近年来，我国也逐步推行发展性教师考核制度。

1. 评价主体

为了能够更全面、多角度、客观地了解教师活动，采用多种主体对教师进行评价。评价主体包括领导、同行、学生、专家、教师自身和社会主体。

（1）领导评价：由教学管理部门以及教学督导员等组成，对教师进行定期或不定期的考查，主要方式有听课、查看学生作业、成绩，召开教师、学生座谈会、发放调查表等，可与同行评价、学生评价、教师自身评价互为补充。

（2）同行评价：是指同行通过听课、座谈会等对教学活动进行评价。同行有专业、学科知识背景，对于知识结构的完整性、表达的准确性、是否关注本学科最新研究等都比较清楚，对教学的难易程度、重难点，学生的学力、课堂反应等的体验类似，因此更能发现问题，也更能提出切合教师需要的建议。同行评价被认为是教学质量评价中最好的、最不可缺少的一种评价形式。

（3）学生评价：学生是教学活动的对象，也是教学活动的主体，对教学活动有最直接的体验，对教学效果、教师惯常的行为方式都比较了解，因此也最有发言权。学生对教师教学的评价主要有座谈会、问卷调查，通过对教学质量进行等级评分、书面阐述、口头表达等方式进行评价。教师可以从学生的评价中分析自身的优缺点以改进教学。不过对于部分学生评价有伤教师自尊、引起消极情绪的情况，一方面教师要反思自身的教学；另一方面学校要引导和规范学生的评价，使其对教学过程、教学质量做出较客观的评价，不随意批判教师的专业能力及人格素养。

案例分析

学校评选“优秀教师”的做法似乎多年未变。然而，最近在上海市浦东新区梅园小学却出现了一件新鲜事。经全校学生评选，该校日前产生了6名“快乐教师”，学生眼中的“快乐教师”：有趣、幽默、有知识，上课不骂人；作业不太多；上课带微笑、批评带幽默；不拖堂，不占其他课。“快乐教师”由学生当评委，能了解学生的需求，对教师教育观念的改变起催化作用，是一种有意义的尝试。

（4）自我评价：教师对自己的教学过程、材料安排、课堂组织管理等各方面进行分析以发现其中的不足，进行调整以不断提高教学质量。自我反思是每个人认识自我、提高自身能力的基本途径，教师通过分析自身教学活动中存在的问题，及时调整下一个教学计划，总结经验找出更好更适合自己学生的组织管理方式和教学方式，做好每次的教学准备。自我评价是一个主观分析的过程，可能存在局限和自身疏忽的地方，教师可借助相关量表的评价条目进行较全面的分析，也可以对比同行教师的教学以更清晰地认识自己，实现自我提高和专业成长。

（5）专家评价：一般由专业、学术研究人员、地方教育管理部门的督导员等组成，具备丰富的教学经验及教育专业素养，对教学活动本身其及效果有深入的研究，对教师的教学能给予建设性的意见，为改进教学提供方向和指导。

（6）社会评价：主要是学生家长及其他社会人士、团体对教师的评价，反映了社会对教师行为的总体规范和要求。

2. 评价途径和基本方法

教师教学评价的途径主要有课堂观察、访谈、学生反馈、查看学生成绩和教学档案。课堂观察主要是同行或学校领导等采用教师教学评价表、核查记录表和开放性的语言对教学过程进行评价。访谈是指对学校相关人员进行开放式或结构化的访谈以了解教师的教学情况。学生反馈是指通过座谈会、问卷调查等向学生了解到教师的教学情况。查看学生成绩是指将学生的学业成绩作为教学的评价指标，包括学生平均分、考试合格率、优秀率、差生成绩提高等指标。教学档案收集了以往对该教师教学内容、教学质量及效果等方面的分析和评价，能为了解教师教学提供丰富且具体的资料，也是记述教师成长的履历档案，促进教师成长，也为教师间交流经验提供了分享平台。

教师教学评价的方法很多，基本的方法有综合量表法、分析法和调查法。

（1）综合量表法。

综合量表法是一种较为精细且量化的教学评价方法，它将教学分解细化为各个要素，并确定各要素的评价标准和权重。听课人员在听完课后根据量表的评分标准对教学的各个项目如教学内容、教学方法等独立评分。汇总各要素的得分得到总体的评价，也可精细分析具体各要素的得分以形成对教学更清晰的认识。综合量表可简可繁，根据具体情况选择和编制，对最后的数据分析和处理也根据需要选择不同的统计方法，具体评价量表的设计如表 11－5 所示①。

表 11－5　　课堂教学设计评价表

学校名称		授课教师		授课内容	
授课时间		授课地点		授课班级	
项目		指标			评分
内容	权重 1	内容		权重 2	
A 教学目标设计		1. 教学目标完整、具体、清晰			
		2. 针对学生实际、教学内容实际			
		3. 考虑学生发展的差异与潜能，体现独特的育人价值			
B 教学内容设计		1. 体现基础性、范例性			
		2. 体现与生活世界的沟通			
		3. 体现教学内容的文化内涵			
C 教学过程设计		1. 师生双方的活动形式（时间、空间）			
		2. 考虑师生双方活动的有效性（双方真实情感、智慧、能力、思维的投入）			
		3. 设计具有灵活性			

综合量表法将教学细分为各要素从而保证评价角度全面；细化的各要素有具体的评价标准，使评分有依据，减少主观随意性；注重量化处理，结果比较准确。综合量表评价的有效性使其在实践中被广泛采用。但其还是存在不足，对于细分为哪些具体要素及权重的确定，可能存在争议，依据不同的理论有不同的划分。评价人员对标准的理解仍受个体经验和价值观等的影响，很难做到真正客观。

（2）分析法。

分析法是一种对教学质量进行定性分析的方法，没有具体的评价指标。评价人员根据自身的经验对教学的成功之处及不足之处给予重点分析和评价。此方法突出主题和主要特征，操作简便易行，适合教师自评和他评。教师上完一堂课后进行反思，常常就突出的问题和精彩之处进行分析，结合以往的经验进行对比。忽略其他常规的、正常进行的教学活动，分析的工作重点突出，避免平均用力。其他教师运用分析法评课也是抓住主要问题进

① 郭萍．促进教师发展的课堂教学评价．济南：山东师范大学，2005：56-57．

行阐述，其他问题简单概括。教师长期地运用分析法研究改进自己的教学，对于提高教学质量有积极的作用。

分析法的优点是重点突出、简便易行。但其没有明确标准，受个人主观因素影响较大，规范性差。因此适合在以改进教学为目的的发展性评估和日常自我评估，不适宜用在以评定等级为目的的管理性评估中。

（3）调查法。

评价教师教学质量的调查法包括问卷和座谈两种形式。问卷法的程序是：根据一定的理论或实际的情况，确定主要考察的问题，进行问卷编制；向相关的人员如学生或同校的教师派发问卷进行调查；收集处理相关数据，最后对教师教学形成一个定性或定量的评价。座谈法的程序是：召开学生或教师的专门会议，询问某位教师的教学情况、鼓励现场人员积极发表想法，了解人们对该教师教学的意见，最后总结讨论交流的结果，对该教师教学质量给予评价。

调查法兼有综合量表法和分析法的研究要素，适用于专门了解某位教师较长时间内的教学和课程情况，多用于管理性的教学评价中。当然，教师也可以用调查法向学生和其他老师了解到自己的教学情况以改进教学。

二、关于“学”的评价过程与方法

了解学生的学习情况有利于教师调整教学进度、改进教学方法、发现教学过程中存在的问题，同时学生知道自己的学习状态，也能帮助学生更好地给自己进行定位并选择合适的学习策略。传统上对学生学的评价是对学生学习成果的评价，一般为学业成就测验。随着新课程的改革，逐渐注重对学生学习过程及发展的评价，出现了多元化的评价方式，如真实性评价、动态评价、档案袋评价等。

（一）学业成就测验

学业成就测验是学生在学校里遇到最多的测验类型，每个学科在学完一个阶段或课程结束后都要学生参加考试，就是成就测验，反映了学习后该门学科对学生的影响。

1. 学业成就测验的分类

根据不同的标准可分为不同的类型。根据测验分数的参照不同，可分为标准参照测验和常模参照测验。标准参照测验考查学生对内容的掌握程度，是否达到学习目标，是与绝对标准相比较，如各类资格考试。常模参照测验是与所在团体的平均水平做比较，得到的是学生在团体中的相对水平，如很多考试是为了选拔优秀学生，则选择测试分数在团体中前几名的学生。根据编制和实施的标准化程度分为标准化测验和教师自编测验。标准化测验由专门的评价机构设计，在编制、实施、评分和分数解释上都进行了标准化，科学严谨，花费也高，一般用于大规模的教学评价，如高考。教师自编测验是教师按教学需要，针对学生学习情况和教学进程灵活编制的测验，用于班级或年级小范围的测评。

2. 学业成就测验的题型分类

可分为客观题型和主观论述题型。客观题型包括选择题、判断题、匹配题以及填空题等多种形式。客观题信度高，考查范围广，阅卷省时省力，所以在实践中应用很广泛。但它难以考查学生高级的认知水平，客观题固定答案也使学生思维难以展开。主观题可以考查学生的高级认知水平，但评分比较主观，受阅卷人影响大，因此常将两种题型放在一起测验。

（1）选择题。

包括单选题和多选题，较单选题而言，多选题难度更大，能减少靠猜测获得的分数，考查学生较高层次的认知水平，包括分析事物的异同点、进行归纳和预测等。编写选择题时要注意：1）合理设计选项，干扰项尽可能相似、属于同类事物；2）表述题干和选项时尽可能用肯定句；3）题干和选项要避免出现正确答案的线索；4）选项间避免出现词义的交叉或相互包含。

（2）判断题。

判断题要求学生对某一陈述进行判断，涉及内容广泛、容易编制，但受猜测因素影响高达50%，可靠性不强。编制判断题时应注意：1）语言陈述简洁明了，用词准确，避免模棱两可的词和双重否定词等；2）避免使用暗示性的特殊词语，如“全部”“所有”“从不”等；3）答案为“是”和答案为“非”的题目随机排列。

（3）匹配题。

匹配题是选择题的变式，要学生将一栏前提项与一栏反应项相互匹配，常用来考察事实性知识，如人物、历史事件等，是一种客观有效的方法。编制时应注意：1）前提项与反应项两列的数目最好不相等；2）前提项与反应项里的项目需为同类资料，如都是人名或都是事件；3）项目数不宜过多；4）前提项与反应项必须出现在同一页上。

（4）填空题。

填空题要学生在留有空白的句子中填上适当的词语或短句，以构成完整的句子。填空题能避免猜测，且编写较容易。一些教师会从学生填的错误答案中分析学生存在的认识误区。编制填空题时应注意：1）空白的为关键字句，不可留太多空白，以致语意不完整，学生不理解题意；2）避免照搬原文，否则可能使学生将注意力集中在字词上而不是内容上；3）为每个题的答案准备一个可接受变式的标准，规定部分正确的评分标准。

（5）主观论述题型。

主观论述题型的特点就是学生可以根据自己的理解、经验进行分析、解释，自由论述自己的观点，能考查学生分析、综合、归纳能力、语言组织能力和实际应用能力，看出学生对一类事物持有的态度。主观题的不足就是评分困难，费时费力且受评卷老师主观影响因素较大，信度较差。编制主观论述题时应注意：1）将论述题主要用于那些用客观题无法考查的知识上；2）制定具体的评分规则以保证评分的一致性，减少主观误差；3）题干的问题表述要清晰明确以界定好问题。

3. 成套测验的编制

一套好的测验，需要每道题都科学合理，且题目要根据测验目的进行合理编排。一般而言，教师自编一套测验须遵循下列步骤：

（1）拟定计划，选择试题。分析课程标准、教学计划和教材确定内容范围、考查的知识点及对应要求的认知层次、测验方法、试题类型等，具体的试题分布采用内容和行为目标双向细目表。在双向细目表上标注出知识点及认知层次、问题类型及分数，根据细目表选择各类试题。

（2）编排题目，提供细目。选择好题目后，对题目进行合理编排，将同类题目组织到一起，由易到难排列，容易的题排在前，较难的题排在后。对于客观题要保证正确答案分布的随机性，预留出学生答题的空间。拟定测验说明，如测验时间、测验形式、如何记录答案（答在考卷上还是答在题卡上）等，并提供答案和评分细则。

（3）复查题目，及时修订。试卷设计好后，对题目进行复查，并请其他人对测验进行审查，以避免编制者由于思维定式而忽视错误的地方。审查时注意测验目标与具体题目层次、内容是否匹配、题目和任务表述是否清晰、简洁，避免语意模糊导致学生答题困难。若编制者自己审查，则需将题目与任务存放一段时间后再查看。

（二）评价方法的多元化发展

只注重学生学业成就的评价会使学生和教师偏重学业成绩而忽略其他方面的培养，不符合学生全面发展、社会发展的需要。学生的全面发展需要对学生个性、智力、体力、价值观等更多方面进行评价，充分发挥评价的引导和诊断的作用，使评价更有利于学生发展。当前对学生的评价方法更趋多元化，有真实性评价、动态评价、档案袋评价、发展性评价、表现性评价等等，这些评价方式着眼点不同，有些内容相互交叉，但都更注重过程和发展，旨在改变单一学业成就测验的局面，促进学生综合素质的提高。

1. 真实性评价

兴起于美国20世纪80年代的真实性评价，强调问题的情境化，强调评价内容与学生有关，对学生有意义，强调在真实的生活学习环境中学生的表现。如解释发动机的零件，可能需要重装一个发动机；为了说明某种药的作用，可能需要结合一个真实的病例。

真实性评价突出“真实性”，具体表现在：（1）学习任务的真实性，即学习任务反映或模拟真实的生活，且对学生有意义；（2）评价信息的真实性，即会考虑学生的政治、经济、文化背景，基于学生日常学习生活的观察，反映学生的学习和进步；（3）评价标准的真实性，即评价标准是事先告知学生的，学生可以理解标准且积极做出反应；（4）评价环境的真实性，即在日常实际的学习环境中进行评价，实现评价与课程、教学的整合；（5）评价方式的真实性，基于日常的观察和记录，使用表现性评价和档案袋评价等评价方式，结合家长、教师、专家和学生同伴多种评价主体，提供发展性、连续性的评价信息；（6）评价内容的真实性，关注学生个体差异及不同发展阶段的差异，不仅对学业，也对学生自我意识发展、社会发展、逻辑思维发展等做出评价。

真实性评价需要教师更深入了解学生的实际情况，需要教师与家长、学校领导、其他学生、教师一起合作，需要依据不同学生选择不同评价方式，对教师的工作要求很高。同时，真实性评价的信度和效度不如传统学业成就测验，其在实践中还需要不断完善。

2. 动态评价

动态评价理论源于维果茨基的社会发展认知理论，其中，社会中介、内化和最近发展区等思想对动态评价的理念和方法有较大影响。动态评价注重学习过程和认知的改变，注重评价者、被评价者和学习任务三者的相互作用。

动态评价有两层含义：一是在多个时间点观察和评价学生的变化，二是强调评价者、被评价者的互动、评价与教学的结合。因此，教师运用“前测—教学介入—后测”程序，主动介入。前测要学生独立完成测验任务，评价者不提供任何帮助。接着是干预促进阶段，评价者根据被评价者的反应，针对其不足而提供教学。后测是与前测难度平行的测验，需学生独立完成。动态评价强调评价“在教学中评价，在评价中教学”而不是先教学后评价，评价就在课堂当中，评价方式包括：（1）支持，表现在师生对话过程中教师对学生的肯定，如点头、鼓励的眼神、认可的评语，如评价学生“你这个想法有深度”；（2）诊断，即对学生学习完某一任务时的表现做出对错或优劣的诊断；（3）矫正，学生的学习犹如探险，在有新发现的同时也可能有迷路的现象，矫正性评价帮助学生走对方向；（4）激发，用“激将”式语言，激发学生对问题进行深入探讨。动态评价方式多种多样，一个亲昵的“耳语”、一个“拍拍肩”的动作、一个富有特定意义的“手语”都是富有灵动意义的评价方式。

动态评价将教学的重点从教转移到学，改变了师生的位置和互相关系，提高了学生的主动性，但动态评价贯穿在教学过程中，实施起来花费时间多，有时需各种设备物资的支持，花费较大。动态评价的评价设计较难，需要教师掌握较多专业性知识以确定评价重点，学会制定评价标准。动态评价在我国现阶段不可能全面推行，但可为我们教学评价提供新的思路。

3. 档案袋评价

档案袋始于对画家、摄影师等职业工作者作品的收集，以记录个人创作过程，便于人们充分真实地了解自己，进行自我反思。后被借鉴到教育中，作为学生评价的方法。学生成长档案袋收集了能显示学生学习成就和进步的一系列作品、教师和同伴评价、自我反思及其他相关的记录和资料（见图 11－3）。

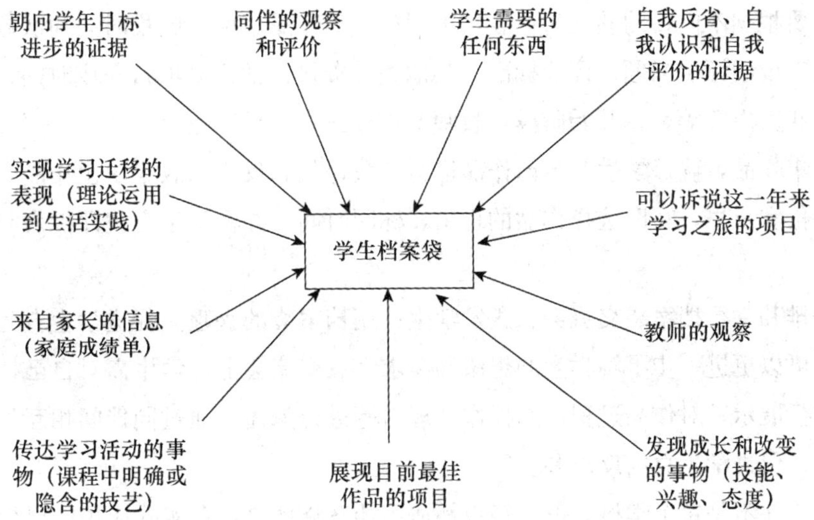

图 11－3　学生档案袋包含的内容

学生档案袋有两重含义和作用，一是学生对自己学习、表现与交流、自己作品的归纳收集，二是多元化评价的素材。档案袋评价的特点表现在：

（1）计划性和组织性。档案袋里放的内容不是杂乱无章的，而是有较强的结构性，根据教学目的进行选择和组织收集。

（2）内容多样化。克服传统只评价学业成就的局限性，档案袋的内容丰富多样，来源可以是家长、教师、同伴、社会成员的陈述和观察，资料内容可以是作品、逸事记录、照片、信件、他人评价等等。

（3）过程性和真实性。记录学生某段时间内真实的成长过程，如学生写一稿件的灵感来源、构思、框架、草稿、初稿、二稿、终稿，也可包括这当中的思想变化。

（4）参与者多元化和决策民主化。档案袋的入选标准及类型由师生共同商定，家长及其他社会成员在需要时也协助完成，激发了学生的参与积极性。

（5）以学生反思和自我评价为主。档案袋的入选作品由学生对照标准自行选择，且需说明入选理由，不断提高学生自我评价、自我反思的能力。档案袋里学生自我反思和自我评价是档案袋设计的关键，也是最宝贵的财富。

学生档案袋有不同的类型，根据功能的不同，可分为：理想型、展示型、文件型、评价型和课堂型。根据入选材料性质的不同，可分为最佳成果型、精选型和过程型。一般而言，档案袋评价的基本步骤如下：

（1）确保学生和家长理解档案袋的意义。要让学生意识到档案袋不是教师安排的一项任务，而是自己作品的集合，告知学生及家长档案评价的步骤使他们了解和积极配合，鼓励家长与孩子共同参与，准备好档案袋样本，帮助学习理解如何建立档案袋和收集作品。

（2）明确档案袋的目的和基本组成部分。进行总结性评价、形成性评价，还是诊断性评价，师生要根据不同目的共同讨论收集不同类型的作品。确定收集时间和次数。档案袋组成部分还需说明评价问题、评价标准、其他相关资料包括记录项目完成时间、过程、他人评价、自我反思等等，在开始阶段，教师要积极进行引导和建议。

(3) 收集作品，确保学生对自己作品进行自我评价和反思。收集学生作品，组织学生进行自我评价和反思，写明选择作品的理由，标明时间，并将学生自我评价表与作品放在一起。

(4) 安排和举行档案袋交流会。激发学生使用档案袋的兴趣，促进学生自我评价，家长和教师也可以更进一步了解学生的想法和需求。在交流会上，学生需对自己档案袋的特点和内容进行展示，对作品过程、选择作品理由等进行陈述，通过同伴间相互学习、自我前后的对比，促进学生总结反思和发展。

要注意，并不是每个学科、每个年级都适用档案袋评价，在实际应用中要根据不同目标制订不同的操作计划，对教师相关专业理论和实践要求较高。事实上，对学生的评价不可偏颇，鼓励多元评价，促进学生多方面了解自己，挖掘学生多方面的潜能，更注重学生主体性、发展性，促进学生更全面发展。同时，中小学教育是学习基本知识、技能，培养基本态度和价值观，为终身学习奠定基础的重要阶段，需要相对客观和准确地来衡量和检验学习的效果。所以，学业成就测验也是不可或缺的评价形式。未来对学生的评价需将两者更好地结合起来，这也是教育评价改革和发展的道路。

本章小结

教学设计，是在教学之前对教学过程中的一切预先筹划，从而安排教学情境，以期达成教学目标的系统性设计。

教学设计的流程包括分析、设计和评价。

教学目标是预期学生通过教学活动获得的学习结果，是教学设计的出发点，也是最终归宿。

教学目标具有导向功能、指导教学策略的选择与运用和指导教学结果的测量与评价等作用。

布卢姆的教学目标分类：认知领域、情感领域和动作技能领域。

加涅的学习结果分类：言语信息、智慧技能、认知策略、动作技能和态度。

评价对象主要包括教师、学生、学习资源和学习环境。

教的过程评价包括对学习材料和活动、教师教学的评价；学的评价主要是学业成就测验，近年来也发展了多元的评价方法。

关键概念

教学设计　教学目标　教学评价

复习思考题

1. 教学设计是什么，有什么作用?
2. 简述教学设计的一般过程。
3. 分别阐述布卢姆和加涅对教学目标的分类。
4. 举例说明教学目标的表述方法。
5. 对作为教学对象的学生应从哪些方面进行分析?

本章阅读书目

1. 加涅. 教学设计原理：第 5 版. 上海：华东师范大学出版社，2007.
2. 迪克，等. 系统化教学设计. 上海：华东师范大学出版社，2007.
3. 史密斯，雷根. 教学设计：第 3 版. 上海：华东师范大学出版社，2008.

第十二章

课堂管理

本章导读

新来的李老师是初二（1）班的语文教师，在开始接触学生前，他就听到班主任以及数学老师提及，这个班是出了名的“调皮班”。因此，李老师一开始就非常严肃地跟学生约法三章：课堂上不许说话、不许做小动作、不许打瞌睡。之后，课堂果然保持了肃静，可是当李老师开始提问时，课堂里竟然鸦雀无声，无人发言。李老师问道：“学语言是需要大胆说出口的，你们怎么都不回答问题?”学生回答：“老师，您不是不允许说话的吗?”李老师感觉心里羞愧，于是强辩道：“叫你们不要说话，并不是让你们不回答老师的问题。”学生抗议地说：“哪有这样不讲道理的老师!”几个调皮的学生随即起哄，于是李老师把几个带头起哄的学生拉到门外罚站。在接下来的课堂里，同学们都呆若木鸡，一声不发地听完了李老师的课。请问：李老师这样的课堂管理方式是否正确?

教师课堂管理能力是教师教学能力的一个重要组成部分。良好的课堂管理能力是一位优秀教师所具备的高超教学能力的一个侧面，也是教师专业成长不可或缺的一个重要环节。良好的课堂管理艺术与方法是教师进行授课的前提和条件。能否恰当地管理课堂纪律，有效地调控课堂氛围，维持课堂良好秩序，是影响教师教学成败的重要因素。

课堂，英文为“classroom”。课堂是为进行教学活动而设立的活动场所，又名课室、教室。但“课堂”与“教室”在本质上是完全不同的两个定义。课堂着重指教师、学生、课堂环境所构成的交互作用情境，是一种系统的教育形态，是社会组织的一种。其中，教师是教学活动的引导者，学生是教学活动的主体，课堂环境提供教学活动的场地，教师与学生通过在课堂环境中交互作用而形成教学，落实教学目标。

通俗来说，课堂管理就是指教师为学生顺利参与课堂活动创立一系列有利条件的过程，包括设置学生的行为规范，建立有序的课堂秩序，妥善处理课堂问题行为，以保障教学活动的顺利进行。课堂管理主要是针对学生的问题行为进行相应的指导、规劝和制止等策略。针对不同的问题行为，教师要利用不同的方法进行处理，不能根据教师的性格特点、个人好恶进行随意管理。不恰当的课堂管理方式，不仅会影响教师教学的成果，更为甚者也会对学生的自尊心和自信心产生不可估量的影响。一位优秀的教师，不仅要具有优秀的教学能力，还要有一套行之有效的课堂管理手段。

第一节　课堂管理概述

一、课堂管理的内涵

课堂管理究竟是什么呢？国内外不少学者对此进行了深入系统的探讨。约翰逊等提出，课堂管理是建立和维持课堂秩序，以促进教学目标达成的过程。古德认为，课堂管理是为了保障教学目标的达成而处理或解决课堂里所出现的问题，如课堂秩序、民主管理、教学质量、课堂物理环境设置及协调课堂社会环境等。艾默提出，课堂管理是教师所进行的一连串的教学活动，以激发学生课堂活动的参与感、合作感，维持良好课堂秩序，解决学生问题行为，创设出积极的课堂氛围，培养学生的责任感，激发学生学习积极性。莱蒙齐认为，课堂管理是一种能够发掘学生的潜力和促进学生个性发展的过程，使学生的潜能得到最大程度的发展。我国学者张春兴则指出，课堂管理是指在师生互动中教师对学生的行为处理方式，包含了对消极行为的处理和对积极行为的培养。皮连生提出，课堂管理是指教师妥善协调好各种教学人际关系，从而实现既定教学目标的管理过程。我国学者对课堂管理的研究主要集中于教学目标、课堂行为两个领域，如“课堂管理是教师通过统合课堂内外各种教学因素而有效实现各种教学目的的过程”“课堂管理是对课堂学习行为进行激励的教师行为活动”。以上诸多定义侧重点虽不同，但对于课堂管理的定义阐述基本相似。综上所述，我们认为，教师、学生、课堂环境是影响课堂管理的三大要素。因此，课堂管理是教师通过协调课堂内的各种教学因素，有效地实现预定教学目标的管理过程。

课堂是学生学习和汲取知识的教学平台，这个平台的稳定与否将会直接影响教学的成效。所以，教师能否顺利完成教学任务，维持良好的课堂秩序，需要通过灵活有效的课堂管理来创造出一个和谐的课堂环境。简而言之，促进与维持是课堂管理的两大主要功能。促进功能是指在课堂中创设对教学起促进作用的良好环境，激励学生不断努力使学生有更多的时间投入学习。促进功能主要通过以下途径实现：教师了解学生特点，掌握教材重难点，通过良好的教学艺术，帮助学生掌握系统的学科知识；拥有和谐的师生关系、生生关系，通过师生、生生之间的交流沟通来共同完成教学任务；确定合理可行、松紧有度的课堂行为规范，帮助学生养成良好的常规行为习惯。维持功能是指在课堂教学中持久地维持良好的课堂环境，使学生的关注点保持在学习上，激发学生的学习积极性，保障教学工作的顺利开展。维持功能主要通过以下途径实现：建立井然有序的班风以及学风；灵活处理交往过程中产生的各种矛盾和冲突；帮助学生适应心理环境、物理环境的变化；建设积极和谐的交往氛围，减少学习过程中的紧张、焦虑感，充分发挥出学生的主观能动性，以保证课堂教学的顺利开展。

知识专栏

课堂结构及其分类

学习、学习过程和学习环境是课堂的三大组成部分。这三大组成部分的相互作用构成了课堂基本结构，主要分为课堂情境结构与课堂教学结构。

课堂情境结构主要包括班级规模、课堂行为准则、座位安排表等几个主要方面的内容。班级规模过大或过小都不是最佳选择，班级规模越大，学生的平均成绩则越低，班级一般控制在35人左右是最恰当的。此外，在为学生安排座位表时，不仅要考虑是否有利于维持课堂秩序，更要考虑座位表对学生人际关系的影响。最后，座位的安排还要根据教学活动和内容的不同而变化，如在小组讨论教学中，要安排小组的同学面对面坐在一起。如果是集体讨论形式，则可以采用围圈而坐的座位安排方式。

课堂教学结构主要包括教学时间的合理安排、课程表的安排、制订教学进度计划几个主要方面的内容。一般而言，学生用于学业活动的时间越多，学生的学习成绩便越好。但用于学业活动的时间过多，学生也会感到疲劳。其次，课程表的安排要符合人脑的记忆和认知规律，尽量将语文、数学、外语等核心课程安排在大脑状态最佳的上午，而体育、美术、音乐等课程则尽量安排在下午。最后，教师也要制订合理的教学进度计划，不合理的教学进度计划容易导致课堂问题行为。

资料来源：李艳红．教育心理学．北京：中国社会科学出版社，2012：275.

二、课堂管理的原则及影响因素

（一）课堂管理的原则

课堂管理的任务就是促进学生努力学习，维持良好的课堂纪律，创造和谐的心理环境，协调教学中的各种人际关系。课堂管理主要有以下几个原则：

（1）目标原则。课堂管理应具有明确、合理、有步骤的目标，课堂管理的目标是保证教学过程的顺利开展，因此，课堂管理的目标要围绕教学而设计，为了贯彻课堂管理的目标，师生双方都要明确和认同课堂管理的目标，共同努力以达成和完善目标。课堂管理的成功与否，可以以课堂管理的目标实现与否为衡量依据。

(2) 协作原则。课堂管理是教师与学生共同参与、相互作用的过程。师生间的互帮互助有利于形成民主的课堂管理氛围，是课堂良性发展的保障。传统的“教师中心论”仅仅突出教师在课堂管理中的主导作用，而忽略了学生的主观能动性，认为学生只是被动接受教师所传递知识的客体，学生接受的大多是“填鸭式教育”。受人本主义以及建构主义的影响，“学生中心论”兴起，它更强调学生是教学过程的主体，鼓励学生积极参与，课堂管理要以学生为中心。

(3) 整体原则。课堂管理是一个有机统一体，主要包括课堂环境管理、课堂社会管理、课堂纪律制定、教师的自我监控以及教师对教学进度的把握等几个方面。影响课堂管理系统的因素不仅包含物质因素，还包含精神因素；不仅包含有形因素，还包含无形因素。各种因素的相互作用使得课堂管理成为一个整体，因此，课堂管理者只有学会从宏观上综合分析，才能达成理想的教学目标。

(4) 创新原则。随着社会的不断发展进步，不同时期的学生往往具有不同时期的特点。此外，不同年级的学生也各有差异，甚至相同年级不同班级的学生也纷繁复杂。每位学生都有着不同的性格特征，因此，教师要在管理过程中做到因材施教、因人而异，这样才能保证课堂管理的有效开展，而不能一刀切。

知识专栏

课堂管理的类型

(1) 权威型管理。教师十分注重规则和指令，要求学生绝对服从，缺乏自主性，并采用惩罚、控制等强制性手段实现管理目的。

(2) 放任型管理。注重学生的自主权，教师不对学生施加任何干涉和限制，认为学生应该拥有更为广阔的空间和自由发展的可能。

(3) 民主型管理。教师的任务在于促进与学生之间的良好沟通，鼓励自由发表意见，不把自己的意见强加于人，创造健康向上、友爱团结的班级氛围。良好的课堂氛围、和谐的师生关系和同伴关系有利于促进学生学习行为的产生，并减少不良问题行为。

(二) 影响课堂管理的主要因素

(1) 教师的领导风格。目前，国内教师的领导方式主要分为权威型和民主型两种，不同的管理方式对教师的课堂管理有着重要的影响。权威型的领导方式容易导致关系紧张、冷淡，课堂气氛压抑无趣，只注重讨论的形式与过程，会影响学生的思维活跃度和情绪状态，直接导致消极的课堂氛围。而民主型的领导方式则会创造出一种宽松、和谐、积极的课堂氛围，注意创造自由的学习氛围，鼓励学生对问题自由发言，能够充分发挥主动性与创造性，尊重每一位学生的观点与意见。

案例分析

已有十几年教学经验的杨老师最近遇到了一个问题，他所教授班级的学生在他的课堂上越来越难以控制了。这源于两个星期之前的一件事，那天单同学没有按时完成作业，杨老师为了能够杜绝此类事情再次发生，一上课就惩罚单同学在班级同学的面前重复做30遍作业。单同学心里很不舒服，当杨老师听到单同学的抱怨后，就把单同学赶出了教室。第二天，单同学仍然因为没有能够按时完成作业在教室外罚站。第三天，由于年级组长出面，杨老师不得不让单同学在没有补交作业的情况下走进教室上课。从此以后，杨老师每次批评不按时提交作业的学生时，都明显感觉到班级同学有不满情绪，但是欠交作业的情况并没有因此而减少。这让杨老师陷入了深深的疑惑。

在上述案例中，这位杨老师采用的就是权威型的教师领导方式。他对违纪的学生进行了惩罚，并且惩罚分量十分重，结果导致学生自尊心受到了严重的伤害，还引起了班级其他同学的反感。虽然杨老师最初的行为动机是好的，但杨老师应该反思自己的管理方式，应做到“以人为本”，要站在学生的角度去考虑问题。

资料来源：李艳红．教育心理学．北京：中国社会科学出版社，2012：261.

（2）班集体性质。班集体的特点涉及性质、规模、规范、凝聚力等许多不同方面。不同的班集体具有不同的特点，因此教师要对不同的班集体采取不同的管理措施。发展完善的班集体，已经形成了良好的班风和班纪，学风井然有序，群体规范明确统一，对此类型班集体教师可以采用启发式管理，鼓励班集体进行自我约束与自我管理；而学习风气欠佳、纪律散漫、学生问题行为较多的班级，教师最好采用控制式管理，引导班级形成良好的班风班纪。此外，班级规模也是影响课堂的一个重要因素。班级规模会影响成员之间的情感交流，规模越大，交往频率越低，学生之间的差异性也就越大，容易引发矛盾冲突，因此，班级应控制在30—40人，最多不要超过50人。

（3）学生对教师的定型期望。定型期望是指人对充当某一社会角色的职业或人，在行为规范、动机和意向等方面的期待。学生一般会在课前就形成对教师管理方式和教学方式的期待，如果教师的课堂管理方式、教学方式与学生的预期不一致，学生就容易产生不满情绪，产生不遵从课堂纪律、妨碍教学活动的行为。学生对教师的定型期望也不是始终如一的，而是随着不同时期而不断变化，教师要不断调查和了解学生对教师的期望，以保证自己的教学方式、管理方法符合学生的期望，这样才能创造出和谐的师生关系，从而取得良好的课堂管理成效。

（4）教师的威信。教师的威信是教师有效开展教学和教育工作的必要基础。首先，教师只有拥有威信，学生才会认真学习教师所授知识，对教师的教导铭记在心。因此，教师的威信能显著提高教学效果。其次，教师威信的树立与教师优秀的人格特质密不可分。教师高尚的人格品质、深厚的教学知识、灵活的教学艺术与方法、高度的责任心都是教师获得学生信赖的基本条件。此外，良好的第一印象、教师的生活作风都能帮助教师树立良好的教师威信。

知识专栏

课堂管理的目标

一、为学生争取更多的时间用于学习

国外有研究者把教学时间划分为 4 类：分配时间、教学时间、投入时间和学业学习时间，其中，投入时间和学业学习时间对学生学习成绩的影响最为重要。研究发现，学生投入学习的时间与学业成绩呈显著正相关关系。因此，课堂管理的主要目标之一便是为学生争取更多的时间用于学习，投入学习，但不仅仅是通过延长学习时间的方法，更重要的是提高学生学习的效率。

二、争取使更多的学生投入学习

教师可以通过创设有趣的教学环境，强化学生的积极学习行为，消退学生的不良学习行为，从而促使更多的学生投入学习中去。教师要看到每个学生发展的可能性与可塑性，通过直接转换和间接发生的途径吸引学生提高学习动机。良好的课堂管理应使更多的学生能够积极参与教学活动，而不是少数学生积极参与。

三、帮助学生自我管理

促使学生进行自我监控与自我管理是课堂管理的终极目标。帮助学生培养自我管理能力，使得学生学会自控、自律，培养出良好的生活习惯、学习习惯、社会行为，为成为一名合格的社会公民打下基础。因此，学生自我管理能力的提升对于学生的终身发展具有不可忽视的重要作用。

第二节　课堂气氛的营造

一、课堂气氛的内涵与作用

课堂气氛是指课堂内处于优势地位的情感、态度的综合状态。课堂气氛具有独特性、相对稳定性、感染性、指向性四大特点。独特性是指课堂气氛会根据课堂而异。相对稳定性是指在课堂气氛形成后，在比较长的一段时间内具有稳定性，不易改变，此外，相同的课堂气氛可能出现于不同的课堂之中。感染性是指课堂气氛可以通过感染课堂成员的情感影响课堂活动，课堂气氛对于学生的行为、结果的影响并不是直接的，它要以课堂情感为中介。指向性是指同一批课堂成员可能对某些教师的教学表现出较高的热情与参与度，而对另一些教师则持有排斥、逃避甚至反抗的态度。活跃而有序的课堂气氛有利于教学过程的顺利开展，有利于提高学生学习的效率；而压抑紧张的课堂氛围则会削弱学生参与课堂活动的积极性，从而导致学习效率降低。

二、课堂气氛的类型

我国学者根据学生与教师在课堂上所呈现的注意、情感、思维以及定式状态，把课堂气氛分为三种类型：积极的、消极的和对抗的。

积极的课堂气氛是最为理想的课堂气氛类型。它主要表现为：课堂纪律有条不紊；学生学习和教师教学积极性高，教学目的明确、态度积极；学生精神焕发，注意力集中，反应敏捷，勇于发言；教师善于激发学生学习动机，并积极听取学生意见，发扬教学民主；师生互动积极，情感交流充分。整个课堂氛围呈现出张弛结合、动静结合、热烈与严谨结合的状态。

消极的课堂氛围通常表现为：学生表现得过于沉寂、紧张约束、小心翼翼、反应迟钝。在课堂教学中，学生经常出现无精打采、注意力不集中、情绪压抑、爱做小动作、瞌睡不已的状态。对于教师的交流与提问，学生通常由于惧怕回答错误，而采取消极应对的态度，不回答问题、很少主动发言。师生之间的情感交流少，学生害怕或者惧怕教师，学生之间的关系也不融洽，容易引发压抑、烦躁、恐惧、焦虑、紧张等消极情绪。

对抗的课堂氛围是一种失控混乱的课堂氛围。它主要表现为：课堂失控，学生过度兴奋，不听指挥，课堂秩序混乱；教师缺乏威信，学生不信任教师；教师驾驭不了课堂，学生各行其是，随意行动，故意捣乱；很多学生厌恶上课，注意力不集中，正常的教学秩序难以维持，活动难以开展；师生把课堂教学视为消极应付的任务，教学成为一种精神负担。

案例分析

案例一

某学校一位临近退休的教师，上课经常迟到早退，并且上课照本宣科，学生们对于老师不负责任的态度很是厌恶，于是经常有学生在课堂上打瞌睡或者看课外书，没有人听老师讲课。对此，这位老师也不以为然，甚至同学们在上课时大声说话，他也是采取置之不理的态度。

案例二

在人数众多的一节课堂上，由于同学们一直不停在教室内吵闹，某教师在多次警告无果之后，将书本重重摔在地上，情绪显得极为愤怒和激动，并且说了一些粗话，导致学生们也受到了老师不良行为的影响，经常在课堂上跟老师顶嘴，说话也口无遮拦起来。

案例一与案例二分别体现的是消极课堂氛围与对抗课堂氛围下的师生关系及其行为模式。可见，上例中的两种课堂气氛类型都会产生大量负面的影响，因此，教师要认识到课堂气氛的重要性，努力营造良好的课堂氛围。

三、影响课堂气氛的因素

（一）教师因素

教师是教学活动的主导者，因此，教师的领导方式、移情水平、对学生的期望、焦虑水平都是影响课堂气氛的重要因素。

教师的领导方式是指教师用来行使与发挥领导作用的方式。不同的教师领导方式会形成不同的课堂气氛，勒温把教师领导方式分为权威型、民主型和放任型三种。其中，民主型的教师领导方式被认为是最佳的领导方式，采用民主型的领导方式可以尽量避免教师在课堂管理过程中干涉过多或放任不管。

移情是能感受、理解他人情绪情感的能力，优秀的教师应能够体验、理解学生的情绪情感，从学生的角度出发去考虑问题，移情是师生之间进行情感沟通的桥梁，能够帮助教师产生同理心，理解学生的想法和观点，站在学生的角度思考问题，对于积极的课堂氛围的形成具有重要作用。

教师的期望是指教师所持有的对学生的学习成绩、智力状态、社会能力以及未来发展状态的预期和看法。教师合理、准确的期望不是凭空而来的，需要建立在对学生认知水平、人格特质有所理解的基础上，教师对学生积极的期望可能会产生皮格马利翁效应，亦称罗森塔尔效应，从而促使学生向教师所期望的积极状态靠拢，帮助形成积极的课堂气氛。反之，如果教师对学生持有消极的期望，则会导致学生自信心下降，不遵守课堂规则，出现消极的课堂气氛。

教师的焦虑是指教师对目前或者即将出现的威胁到自尊心的情境所产生的一种忧虑、担心的情感反应倾向。焦虑水平过高或过低的教师，都不能顺利开展教师教学工作，并且容易引导课堂气氛朝着消极的方向发展。只有焦虑水平适中的教师，才能避免呆板、紧张、恐惧的课堂氛围，创造出有利于学习的积极课堂气氛。

知识专栏

皮格马利翁效应

皮格马利翁效应是教师的期待对学生产生影响所形成的效应，是指教师的看法、观点和期望对学生形成的影响。罗森塔尔与其同事要求教师对学生开展一项智力测验，并在智力测验结束后把优秀学生的名单反馈给教师。但是这份“优秀名单”并不是根据智力测验的结果挑选出来的，而是随机进行抽取的。在研究开始之前，这些学生的智力与其他学生并不存在显著性差异，但是八个月过后，这批学生的智力测验成绩有了显著的提高，并且教师也对这批学生赞不绝口。因此，人们把这种教师期待对学生行为所产生的效应，即教师积极期待与关注对学生产生的促进效应，称为皮格马利翁效应，即罗森塔尔效应。

资料来源：莫雷. 教育心理学. 北京：教育科学出版社，2009：365.

（二）学生因素

学生是进行学习活动与教学活动的主体，因此，学生对于课堂气氛的影响具有不可忽视的重要作用。首先，学生是否能够明确与赞同教学目标，学生的知识特点与教学目标是否吻合，都是决定学生是否能够积极参与教学活动，形成良好课堂氛围的重要制约因素。其次，学生主动遵守课堂行为规则，不仅有利于形成良好行为习惯，还有利于学生融入社会生活，此外，还有利于培养积极的课堂气氛。师生之间的社会舆论、角色地位和学生之间的合作与竞争关系等方面，都是影响课堂气氛的重要因素。

（三）课堂的环境因素

课堂环境包括课堂社会环境和课堂物理环境。课堂社会环境是指通过人与人之间相互交往而形成的在心理上的相互依存、相互作用的关系所形成的心理氛围；课堂物理环境主要指课堂的时间和空间安排所形成的特定教学环境，包括：教学的时间安排、班级人数、多媒体设备、光线、噪声、空气、座位编排等。例如，有效的教学活动需要根据教学内容的不同来对座位安排做出调整。如图 12－1 所示，在正常班级教学过程中，教室的座位安排较多采用 A 的方式；但在采用小组讨论的形式开展教学，为了方便小组成员面对面地交流讨论，可以采用 B 和 C 的方式；如果是集体讨论，则可以选用 D、E 或 F 的围圈而坐的座位安排方式。

四、营造良好课堂气氛的条件

课堂气氛是由教师和学生共同创设的一种教学氛围，是组织课堂教学、提高教学效果

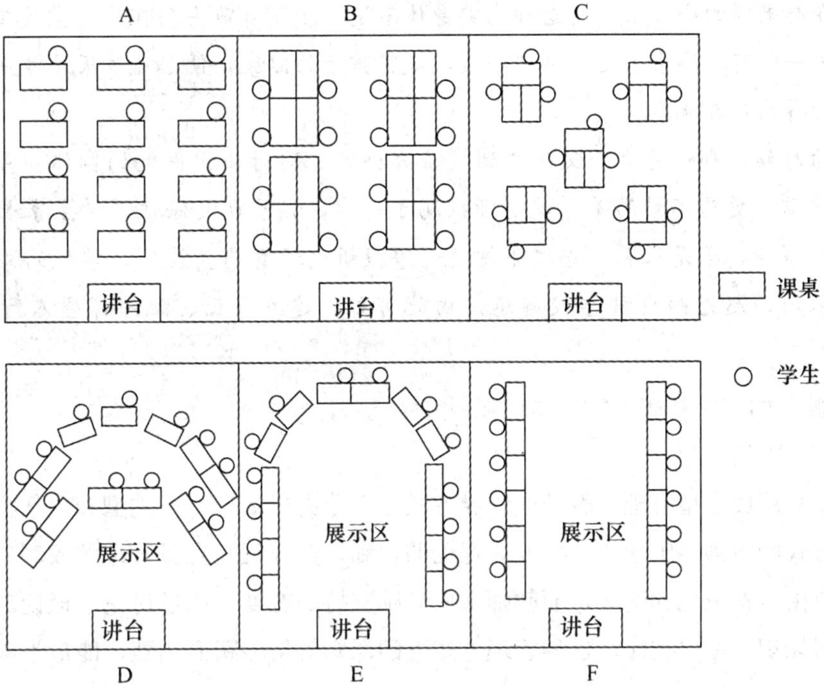

图 12-1　教室座位安排示例

的关键所在。而积极的课堂气氛有助于提高教学活动的效率，要营造积极的教学氛围，可以从以下几个方面着手：

第一，建立融洽的课堂人际关系。良好的课堂人际关系是创设良好的课堂气氛的前提。良好的课堂人际关系，包括师生之间、生生之间关系融洽和谐。这就需要教师在课堂管理的过程中，要多从学生的角度考虑问题，做到平易近人、富有人情味。特别是在处理学生的问题时，要做到不偏不倚、平等对待、刚正不阿，不偏袒任何学生。学生之间也要处理好竞争与合作的关系，互相交流情感，互相帮助成长。久而久之，才会形成亲密而融洽的课堂人际关系。

案例分析

课堂人际冲突：课堂管理中不可避免的状况

赵老师是一位新来的女老师，已有身孕三四个月了。一天，赵老师带着一副新配的眼镜来上课。一走进教室，学生们觉得老师变了形象，便笑了起来。为了正常上课，赵老师严厉地对学生说："课堂上请保持安静！"不少同学都停止了笑声，但是没过一会儿，还是有一位男生又笑出了声来。赵老师气得脸色发白，对那位男同学说："你给我出去，你还带头笑！"一边说一边把那位男生拉着往外走，那位男生怒吼："别人刚刚也在笑，为什么就拉我一个人出去。"在推拉之间，赵老师将那位男生的衣服扯破了，男生一急，便抬起一只脚踢在赵老师的小腹上。赵老师感觉身体不适，便哭着跑去向在同一学校工作的丈夫哭诉，丈夫一听有人踢中了赵老师的小腹，威胁孩子的健康，便怒气冲天地跑向教室，把那位男生打得瘫痪在地。

下午的时候，那位男生的父母跑到校长办公室，同时拿出医院的身体检查结果——内脏受伤严重。更为不妙的是，赵老师被踢了一脚，孩子也没保住。学生家长得知是赵老师先挑起事端，于是家长一怒之下把这件事投诉到教育局。最后，学校的文明单位评比资格被取消，赵老师也被学校辞退。由此可知，建立和谐、融洽课堂人际关系的重要性。

资料来源：王延东．都是“笑声”惹的祸．中国教育报，2005-03-01.

第二，采用民主型管理。教师的领导方式可以分为权威型、民主型和放任型，采用民主型领导方式的教师会给学生自由发表意见的权利，实现班级自我管理的权利，学生在课堂中可以自由表达意见和看法，而教师采取鼓励支持的态度，通过讨论、谈论的方式解决问题、学习知识、习得技能，这种管理方式下的课堂气氛活跃而热烈，能最大限度激发学生参与教学活动的积极性。

第三，使用灵活多样的教学方式。专家型教师善于运用因人而异的教学方式激发学生学习的好奇心，并能够较为持久地维持学生学习的注意力。新颖多样的教学方式有助于维持学生学习的热情和动力，进而创设出积极热烈的课堂气氛。同时也要求教师积极认真备课，幽默地组织教学活动，不断提高课堂驾驭能力。

第四，教师要保持积极的教学情感。师生之间的情感共鸣是影响课堂气氛的重要因素，教师在传授知识的同时，还需要不断培养移情能力，增加对学生的情感关注，给知识、信息赋予情感色彩，实施感性课堂管理方式，以教师自身的积极情感状态创造良好和谐的课堂氛围。这就需要教师用关怀和情感去教导学生，在课堂管理的过程中倾注积极的情感体验，让学生能伴随快乐而丰富的情感参与教学活动。

第五，合理的信息传递方式。教师所传递的信息必须合理可信，只有当学生相信教师所传递信息是可信、真实的，他们才会积极活跃地接受教师所传递的教学知识，这样课堂气氛才会是和谐活跃的。因此，教师要善用不同的教学方式和艺术去传递知识，不断增加对教学知识的内容储备。

第六，给予学生切实可行的期望。教师可以通过眼神接触、面部表情、肢体语言等其他的非语言符号表达出对学生的期望信息，使学生感受到教师的积极关注，引导学生朝着教师期望的行为方向发展。教师对学生的期望有非常重要的影响作用，因此，教师要针对不同学生的情况，根据每个学生的特点以恰如其分的方式传达对学生的期望，这样有利于充分调动学生的主观能动性，促进积极的课堂气氛的形成。

第三节　课堂规则的建立

一、课堂规则的内涵与类型

课堂纪律是指规定学生课堂行为的准则。课堂纪律的制定是为了维持良好的课堂秩序、规范学生行为，保障课堂目标顺利实现，并要求学生共同参与执行。课堂纪律会直接影响到教学活动是否能够顺利开展，井然有序的课堂纪律是教学任务完成的重要保障。

课堂纪律的功能主要有：(1) 遵守课堂纪律有利于学生融入社会生活。它能让学生塑造和习得在社会生活中受欢迎和认可的行为规范。(2) 遵守课堂纪律有利于培养学生成熟的人格特质。学生在遵守和习得行为规范的同时，会逐步养成立场坚定、自制力良好、富含主见的优秀人格特质。(3) 遵守课堂纪律有利于帮助学生形成稳定、可控的情感状态。避免对自身行为产生过多的迷惑和担心，降低人际交往过程中产生的过多焦虑感。

案例分析

课堂问题行为

案例一

某学校一名音乐老师正在给学生上课，一名学生在上课时不停发出声响。当时音乐老师正在教孩子们唱歌，音乐老师首先给予这名同学警告："上课不准胡乱发言，如若再犯则用胶带把嘴巴封住。"但这名学生并没有听从音乐老师的警告。突然，音乐老师发火了，走到这位同学面前，拿出一卷黄色胶带贴在这名同学的嘴巴上。这名同学在其他同学的嘲笑声中上完了剩下的音乐课，并一路哭着走回了家。

资料来源：周宏斌，范群. 9岁学生上课讲话被老师用胶带封住嘴巴. 中国青年报，2001-12-26.

案例二

"我们班的李华，上课不仅不听老师讲课，还老是喜欢看课外书，你让他到教室外面罚站，他马上就站起来跑出去了，这对李华来说可谓是求之不得。"另一位老师回忆道。

"我们班的那位同学才可恶呢！练成了一手绝活，喜欢把教科书顶在头上转圈，吸引全班同学的注意，整堂课都被他打乱了。"第三位老师说。

美国教育学者布罗菲提出："出色的课堂问题行为管理，是教师应该促进学生之间的相互监督，在问题行为发生时，能够及时采取有效的干预手段。"以上各位老师可以通过建立良好课堂行为守则，培养优秀班干部，通过学生之间的相互监督来减少问题行为。

资料来源：宗敏．课堂管理中的潜规则：80—15—5 法则．中国教师，2005（1）．

课堂纪律的形成发展要经历四个阶段。依据课堂纪律的形成途径，我们可以将课堂纪律分为四种类型：

1．教师促成的纪律。这是在教师的指导和约束下形成的行为规范，是班级纪律形成的主要方式，一般适用于小学低年级的教学。对于刚刚入学的小学生，往往需要教师给予较多的指导，需要教师为他们的学习生活设置一个良好有序的环境，这就形成了教师促成的纪律。在这种情况下，学生对教师的依赖感越强，教师促成的纪律威信也就越大。但是，随着年龄的增长，学生会开始反感教师对其行为进行过多限制，但是还是需要教师为其行为提供一定的指导，因此，教师促成的纪律是课堂纪律中必不可少的一部分。

2．集体促成的纪律。集体促成的纪律是指在集体压力约束下所形成的行为规范。在青少年的成长过程中，同辈群体对于学生融入社会生活的进程有着重要作用，青少年时期他们开始关注同辈群体中其他成员的一言一行、一举一动。群体中的个体也往往会受到群体规范的制约和限制，并要求遵守群体的行为规范和价值标准。因此，同辈群体作为学生关注的主要群体，集体促成的纪律对个体的影响也是非常重大的。

3．任务促成的纪律。任务促成的纪律是指因某一项特定任务的需要而制定的行为规范。每一项任务都有其特定的纪律，有时某一项任务会引起学生的高度注意，而对其他任务置之不理。学生参与任务的过程就是学生接受任务纪律的过程。任务促成的纪律是以学生对任务要求的充分理解而形成的，理解越深，在执行任务时碰到困难越不会轻言放弃；而学生越成熟，执行任务促成的纪律的能力也越强。

4．自我促成的纪律。自我促成的纪律是指个体在自觉努力的情况下将外部的纪律内化为自身的行为规范。前三种纪律类型都属于外部纪律，自我促成的纪律是内部纪律，也是课堂纪律发展的最高水平，课堂管理的最终目标就是促使学生形成自我促成的纪律。

原理运用

张老师根据教师促成的纪律在课堂管理中产生的重要作用，建立了本班学生的课堂行为规范守则。

1．准时上课，不迟到早退，未经批准，不得缺课；

2．如有特殊原因需要迟到、缺课者，需向班主任递交请假条，说明原因；

3．上课铃声一响应该立即走进教室，课间休息时间准备好下节课所需书籍用具；

4．座位顺序应该听从教师安排，不得随意调换座位；

5. 上课和下课时要听从班长的安排，集体向老师起立、敬礼，向老师表达尊敬；

6. 课堂中提问和回答问题时要先举手，经过老师点名后起立回答问题，回答要简明扼要、贴合主题；

7. 课前需要做好预习，课后及时加以练习、复习；

8. 课堂中要专心听讲，活学活用，灵活思考，不做与课堂无关的行为或事件；

9. 准时完成教师布置的作业，不抄袭他人作业，书写工整，字迹整洁，格式规范；

10. 离开自己座位时，要经过教师同意，走动小心，不扰乱教学秩序；

11. 保持正确的坐姿或站姿，按时做眼保健操；

12. 按时打扫教室内外卫生，不乱丢果皮纸屑，不随地吐痰；

13. 课前课后，值日生要擦净黑板，打扫讲台，方便教师上课；

14. 尊敬老师，爱护同学，互帮互助，以礼待人。

二、常见课堂问题行为及其成因

（一）课堂问题行为的含义

国内外学者对课堂问题行为的定义提出了诸多不同的看法。美国学者林格伦认为问题行为是："能够引起麻烦的一切行为，或者说这种行为本身是一种麻烦。"我国学者邵瑞珍提出："课堂问题行为是指不能履行公认的学校行为规范和道德标准，不能与人正常交流、交往，不能顺利参与学习活动的行为。"

简言之，课堂问题行为是指学生在课堂中违反学生行为规范，扰乱正常课堂秩序与教学活动的行为。一般而言，课堂问题行为的影响是消极、负面的，而且是普遍存在的。有时除了后进生存在问题行为，优生也可能会存在某些问题行为，不同学生的问题行为在程度上存在差异。因此，课堂问题行为更多的是针对学生的不恰当行为而言，并不是针对某一类学生而言。

因此，课堂问题行为需要教师在课堂里机敏睿智地处理和矫正，正确处理好课堂问题行为是维持教学秩序、保障教学活动顺利开展的基础。如果处理不得当，不但会影响教学活动的质量，而且容易出现不融洽的师生关系。问题行为主要表现为漫不经心、感情淡漠、逃避班级活动、与教师和同学关系紧张、容易冲动、坐立不安、活动过度等。

知识专栏

教师对问题学生可以通过以下几个问题进行询问，观察学生的问题行为是出于何种动机：

1. 你是不是想获得教师关注呢?

2. 你是不是想证明没有人能够指挥你?

3. 你是不是想要以此来伤害我或者其他人呢?

4. 你是不是想要我相信你是不能做任何事的?

(二) 课堂问题行为的分类

对于问题行为的分类，不同的心理学家提出了不同的分类方法，其中较为常见的有两种分类方法。一种是把问题行为分为扰乱性问题行为（破坏课堂秩序、不遵守纪律和不道德行为）和心理性问题行为（退缩、行为过敏），另一种是把问题行为分为品行性问题行为、性格性问题行为和情绪上、社会上的不成熟行为。

我国学者倾向于把问题行为分为两类：(1) 外向型的攻击行为，如侵犯他人、斗嘴、恶作剧等行为。(2) 内向型的退缩行为，如缺乏求知欲、似懂非懂、傲慢、逃课、退缩等。外向型的攻击行为不仅会影响到教师授课，同时也会影响到其他同学的学习，内向型的退缩行为不容易被观察到，不会影响到其他同学的学习，但对具有问题行为的学生自身发展不利。

此外，也可以根据问题行为性质的严重程度与本质，把问题行为分为五类：(1) 通过语言和行为攻击老师。(2) 欺骗、说谎、偷盗、毁坏他人物品等品德不良行为。(3) 厌烦或者仇恨老师交代的事情。(4) 课堂上讲闲话、离开座位、传递纸条等扰乱课堂秩序的行为。(5) 不完成老师交代的作业或练习，注意力涣散等惰性行为。

课堂问题行为可能出现在某一学生身上，也可能是某一群学生共同出现问题行为，如果出现群体性问题行为，影响和危害将会加大。

(三) 引发课堂问题行为的主要因素

1. 学生因素

学生是课堂学习的主体，也是问题行为的主要表现者。课堂中大量存在的问题行为与学生的身心状态密切相关，学生的问题行为主要表现在：(1) 问题行为较多地出现于男生身上，女生的问题行为相对较少。(2) 学生生理上的缺陷容易导致问题行为的产生。(3) 心理上的焦虑、紧张、社会适应困难也是引发问题行为的重要因素。(4) 学生课堂问题行为的产生，环境因素也有很大的影响，主要来自家庭环境、社会环境、大众舆论、课堂环境等方面。

学生课堂问题行为的产生主要有以下几个原因：(1) 引人注意。希望教师或者群体给予特殊关注、照顾的学生，会特意制造出一些引人注意的行为，如大声说话、逃学逃课、惹是生非等，获得关注是这些问题行为的目标，如果教师给予了关注，则会增加问题行为出现的概率。(2) 争夺权力。部分学生认为只有占据主导权、打压别人，才能获得他人认可。为了争夺权力，学生会产生争吵、打架、挑衅等一系列问题行为。这种情况下，要注意对学生进行心理辅导，不可一味压制。

2. 教师因素

问题行为虽然主要表现在学生身上，但是教师也是引发问题行为的重要因素。引发问题行为的教师因素主要有：（1）教师所选教学内容超出或落后于学生现有学习水平。（2）不能灵活运用教学方法，盲目地一刀切教学。（3）教师采取权威型的领导方式，不能有效听取学生意见。（4）对学生行为要求不当，过于严格容易引发学生的反感，而过于宽松则容易造成学生散漫、拖沓、目无纪律。（5）教师管理方式不当，惩罚的手段运用过多，容易诱发学生攻击性或退缩性的问题行为。（6）教师缺乏自我批评的精神。教师片面认为问题行为的原因都是来自学生，而很少进行自我反思，这样容易激发师生矛盾。

3. 环境因素

班级内部的人际氛围、教室大小、天气温度、光照亮度等都可能引发学生的情绪波动，进而导致问题行为的产生。一些涉及公平性的教学活动，如座位排序、期末奖励、竞赛活动等一旦被学生认为结果是不公平的，会导致学生产生抵触情绪和问题行为。班级风气和舆论力量也会或多或少对学生的问题行为产生推波助澜的作用。

此外，家庭教养方式、大众传媒、同辈群体等都是导致问题行为产生的重要原因。

原理运用

某中小学校依据容易导致问题行为产生的学生、教师、环境因素，总结出教师问题行为处理中应注意几个方面：

1. 教师要避免以下认识上的错误：认为课堂越安静，学生学习的效果越佳；认为教师的威信建立在学生对教师命令的绝对服从的基础上；认为学生的外在行为能代表学生的内在品质。

2. 教师需要去了解、发掘学生问题行为产生的真正原因。

3. 教师需要明白处理的对象应该是学生的问题行为，而不是某个学生。教师只是反对学生的问题行为，而不是反对某个学生。

4. 教师要教导学生如何进行情绪调节，特别是针对学生常见情绪问题的调节，以保持学生的身心健康。

5. 处理问题行为的过程中应注意，对事不对人，对源头上的症结进行治理。

6. 处理问题行为的过程中应注意，保护学生的自尊心，避免引发新的问题行为。

7. 处理问题行为的方法要恰当，如果发现某一方法在使用一段时间后仍然无效，要及时更换处理方法，以免问题行为加剧。

三、课堂问题行为的防范与干预

（一）采用先入为主的策略，事先避免问题行为的产生

学生的问题行为大多在课前就已经形成，最好的问题行为处理方法是预防为主，先行控制。因此，教师要从以下几个方面制定好预防性措施：

（1）制定学生行为规范。让学生明白课堂教学是一种有行为规范的活动，了解作为学生应当遵守的行为守则，避免或减少产生问题行为。

（2）帮助学生积累成功的经验。成功的经验有利于提高学生的自我效能感，激发学生面对挫折时坚忍不拔的意志，教师要帮助学生在学习过程中获得更多成功的经验，而不是失败的教训。

（3）保持健康有序的课堂环境。健康有序的课堂环境既包括了物理环境的整洁，如干净、明朗的教室卫生环境，又包括了心理环境的和谐，如培养和谐生动的师生关系、生生关系，教师尊重学生的立场和看法，学生积极与教师进行正向情感的沟通与交流。

（二）运用行为控制方法，及时终止课堂问题行为

一般来说，课堂行为有积极的行为与消极的行为之分，行为控制方法包括鼓励学生积极行为与抑制学生消极行为。教师应做好以下几个方面：

（1）通过强化塑造学生良好的课堂行为。教师可以运用社会强化、替代强化、活动强化等方式塑造良好的课堂行为。社会强化是指通过表情、眼神、手势、语言表达等社会性强化物来鼓励学生良好的课堂行为。替代强化是指教师表扬和鼓励课堂表现良好的行为，学生就会自觉地进行模仿，从而获得良好的课堂行为习惯。活动强化是指教师通过组织学生喜爱的活动，在活动中强化学生良好的课堂行为。

（2）通过有效手段，及时终止课堂问题行为。通常使用信号暗示（突然停顿、靠近学生、手势）、幽默语言、有意忽视（学生的问题行为是为了引发他人注意时使用）、移除媒介（拿走游戏机、漫画书、手机）、利用惩罚（不可采用讽刺挖苦、体罚、剥削学生正当权利等手段）、提问学生（对有课堂问题的学生提问）等方法，来终止学生的问题行为。

案例分析

下面是三个问题行为处理案例，每个案例分别使用了不同的行为主义行为矫正方法来终止问题行为。

例一：课间，学生张明和王林吵架，赶来上课的李老师劝其停止争吵，而他们却并未停止争吵。李老师于是决定给予10分钟让两人争吵，其他学生则在一旁静观。结果这两位学生很快就停止了争吵。

例二：肖云上课时总是不遵守课堂纪律，他多次承诺改，但很快又重犯。今天上课时，他趁李军站起来回答问题时不注意，悄悄移开了李军身后的凳子导致其重重摔在地上。老师马上严厉宣布，取消肖云很期待的和全班同学一起去春游的活动资格。

例三：小华平时在课堂上经常与同学讲闲话，某一节课上他突然专心听讲，不讲闲话了，老师及时在课堂上表扬了小华今天的表现。

例一中教师使用的方法为餍足法（过度满足法），即让学生不断重复其原有问题行为，使其问题行为得不到强化、产生厌倦而自动减少或消退。例二中教师使用的方法为代价法，教师采用违反了要付出代价的惩罚性措施，来减少其问题行为发生的频率。例三中教师使用的方法为强化法（正强化），教师通过对平时问题行为较多的学生偶尔出现的良好行为及时予以强化，来帮助学生了解和习得良好的行为习惯，消退不良行为习惯。

（三）行为矫正与心理辅导

课堂问题行为的矫正，是通过使用多种技巧与方法，帮助学生改变和矫正原有问题行为，从而培养或塑造出良好行为习惯的过程。行为矫正是一套有步骤、有计划、整体性的策略，建立行为矫正系统应遵循以下几种方法：

（1）强化目标行为。教师要先确立学生基本行为规范，为学生的行为发展制定目标，一旦学生完成目标行为，就要及时奖励。该方法适用于小学中低年级学生。

（2）常规—忽视—奖赏。教师与学生首先要共同制定出统一的课堂行为规范，然后密切注意学生的行为，对于好的行为及时给予奖励，对于违规行为有意忽视。

（3）常规—奖赏—处罚。与上一种方法类似，对于好的行为给予及时奖励，对于违规行为给予惩罚。

（4）代币制。当学生在课堂上表现出符合期望的行为时，教师给学生一些代币（小红花、塑料钱币），当这些代币积累到一定程度时，可以换取相应的奖励（钢笔、笔记本等）。

（5）订立契约。教师可通过与学生订立契约，明确指出学生必须符合什么样的行为标准，并且哪些行为需要在什么时间段之前完成，完成之后可获得什么样的奖励，教师与学生必须商量一致。通过契约建立一个有序、健康、完善的课堂，让学生实行自我管理和自我约束。但是，这种方式只适用于高年级学生。

问题行为的矫正与处理不仅能改变学生的外在行为表现，更重要的在于能把良好的外在行为内化为学生内在的自觉意识与实际行动。在行为矫正的过程中应做好学生的心理辅导工作，帮助学生调整自我意识，排除潜在问题行为产生的心理症结，帮助学生更深层次地了解自我、认识自我与评价自我，从而从根本上消除或减少问题行为发生的频率。

本章小结

课堂管理是教师通过协调课堂内外的各种教学因素来有效地实现预定教学目标的管理过程。

维持功能、促进功能是课堂管理的两个基本功能。

课堂管理主要有目标、协作、整体、创新四个基本原则。

课堂管理的主要影响因素：教师的领导方式、班集体性质、学生对教师的定型期望、教师的威信等。

课堂管理的目标是：（1）为学生争取更多的时间用于学习；（2）争取使更多的学生投入学习；（3）帮助学生自我管理。

课堂气氛是指课堂内处于优势地位的情感、态度的综合状态。课堂气氛具有独特性、相对稳定性、感染性、指向性四大特点。可分为三种类型：积极的、消极的和对抗的。课堂气氛主要受到教师、学生、课堂环境三个因素的影响。

课堂纪律是指规定学生课堂行为的准则。课堂纪律的功能：（1）课堂纪律有助于学生社会化；（2）课堂纪律有助于塑造学生成熟的人格；（3）课堂纪律有助于学生产生稳定的情绪、情感。

课堂纪律类型包含教师促成的纪律、集体促成的纪律、任务促成的纪律和自我促成的纪律。

问题行为指学生在课堂中违反学生行为规范、扰乱正常课堂秩序与教学活动的行为。问题行为的类型：一种是把问题行为分为扰乱性问题行为（破坏课堂秩序、不遵守纪律和不道德行为）和心理性问题行为（退缩、行为过敏）；另一种是把问题行为分为品行性问题行为、性格性问题行为和情绪上、社会上的不成熟行为。

课堂问题行为的矫正：（1）采用先入为主策略，事先避免问题行为的产生；（2）运用行为控制方法，及时终止课堂问题行为；（3）行为矫正与心理辅导。

关键概念

课堂管理　课堂结构　教师的领导方式　课堂气氛　课堂纪律　课堂问题行为

复习思考题

1. 简述课堂管理的定义与功能。
2. 简述课堂管理的目标。
3. 简述影响课堂管理的因素。

4．简述课堂气氛的分类与影响因素。

5．什么是课堂纪律？课堂纪律有哪些类型？

6．简述课堂纪律的功能。

7．简述课堂情景结构与课堂教学结构的主要内容。

8．什么是课堂问题行为？课堂问题行为如何分类？

9．如何正确处理学生的课堂问题行为？

本章阅读书目

1．陈美荣，胡永萍．教育心理学．广州：中山大学出版社，2012．

2．陈时见．课堂管理论．桂林：广西师范大学出版社，2002．

3．杜萍．有效课堂管理：方法与策略．北京：教育科学出版社，2007．

4．付建中．教育心理学．北京：清华大学出版社，2010．

5．李新旺．教育心理学．北京：科学出版社，2011．

6．李艳红．教育心理学．北京：中国社会科学出版社，2012．

7．闵卫国，溥淳．教育心理学．昆明：云南人民出版社，2004．

8．莫雷．教育心理学．北京：教育科学出版社，2007．

9．皮连生．教育心理学．上海：上海教育出版社，2004．

10．胡谊．教育心理学：理论与实践的整合观．上海：华东师范大学出版社，2009．

参考文献

[1] 蔡笑岳，邢强. 智力心理学. 广州：暨南大学出版社，2012.

[2] 蔡笑岳. 学科领域知识的教学与认知机制研究. 广州：广东高等教育出版社，2014.

[3] 陈帼眉. 学前心理学. 北京：人民教育出版社，2003.

[4] 陈璟，李红. 幼儿心理理论愿望信念理解与情绪理解关系研究. 心理发展与教育，2008 (1).

[5] 陈琦. 教育心理学. 北京：高等教育出版社，2001.

[6] 陈琦，刘儒德. 当代教育心理学. 北京：北京师范大学出版社，2004.

[7] 陈时见. 课堂管理论. 桂林：广西师范大学出版社，2002.

[8] 陈晓慧. 教学设计. 北京：电子工业出版社，2009.

[9] 陈英和，崔艳丽，王雨晴. 幼儿心理理论与情绪理解发展及关系的研究. 心理科学，2005 (3).

[10] 丁新胜. 试论教师心理素质的内涵、结构与特征. 贵州社会科学，2006 (1).

[11] 董奇. 心理与教育研究方法. 北京：北京师范大学出版社，2004.

[12] 冯忠良. 教育心理学应向何方. 当代教育论坛，2002 (3).

[13] 冯忠良，伍新春，姚梅林，王健敏. 教育心理学. 北京：人民教育出版社，2000.

[14] 冯忠良，伍新春，姚梅林，王健敏. 教育心理学：第 2 版. 北京：人民教育出版社，2010.

[15] 何先友. 青少年发展与教育心理学. 北京：高等教育出版社，2009.

[16] 胡谊. 教育心理学：理论与实践的整合观. 上海：华东师范大学出版社，2009.

[17] 黄甫全. 现代课程与教学论学程. 北京：人民教育出版社，2006.

[18] 李军靠，李延. 基于有效教学理论的课堂管理研究. 教育探索，2009 (2).

[19] 李森，潘光文. 行为分析理论视角下的课堂管理策略. 课程·教材·教法，2003 (11).

[20] 李新旺. 教育心理学. 北京：科学出版社，2011.

［21］刘家访．课堂管理中纪律的问题与运用．教育理论与实践，2002（4）．

［22］刘素梅．教师必备的心理素养．长春：东北师范大学出版社，2010．

［23］刘晓明，孙文影．教师心理健康教育．北京：中国轻工业出版社，2009．

［24］卢家楣．学习心理与教学．上海：上海教育出版社，1999．

［25］罗小兰．教师心理学：教师心理特点之探析．北京：中国社会出版社，2008．

［26］马慧．课堂问题行为与课堂纪律管理．现代教育科学：普教研究，2004（1）．

［27］马雪．新课程改革中的有效课堂管理策略．教学与管理，2007（6）．

［28］马志成．关于当前学生评价问题的思考．教育探索，2004（9）．

［29］莫雷．教育心理学．北京：教育科学出版社，2007．

［30］莫雷．教育心理学．广州：广东高等教育出版社，2002．

［31］莫雷．教育心理学．广州：广东高等教育出版社，2005．

［32］皮连生．教育心理学．上海：华东师范大学出版社，2004．

［33］邱乾．西方有效课堂管理的基本策略．外国中小学教育，2006（1）．

［34］沈德立．小学儿童发展与教育心理学．上海：华东师范大学出版社，2003．

［35］宋秋前．当代课堂管理的变革走向．教育发展研究，2005（17）．

［36］孙立仁．教学设计：实践基础教育课程改革的理论与方法．北京：电子工业出版社，2004．

［37］田宝，戴天刚，赵志航．教育心理学．北京：首都师范大学出版社，2010．

［38］唐迅．现代教师心理素质．广州：广东高等教育出版社，2000．

［39］王文．试析教师职业心理素质的内容．教育与职业，2008（14）．

［40］王玉东．课堂管理方法的系统运用．教育理论与实践，2004（22）．

［41］吴锡改，王俊明．论青少年常见的心理困扰．长江大学学报（社会科学版），2011（1）．

［42］伍新春．儿童发展与教育心理学．北京：高等教育出版社，2004．

［43］徐碧琳．基于群体动力、正式组织与非正式组织互动效应实证研究．南开经济研究，2005（4）．

［44］徐英俊．教学设计．北京：教育科学出版社，2001．

［45］杨晶晶，宋霞．教育心理学．沈阳：辽宁大学出版社，2013．

［46］杨燕．当前小学心理健康教育存在的问题及对策．教育探索，2004（3）．

［47］衣新发，赵倩，胡卫平，李骏．中国教师心理健康状况的横断历史研究：1994—2011．北京师范大学学报，2014（3）．

［48］张大均．教育心理学．北京：人民教育出版社，2005．

［49］张大均，郭成．教育心理学纲要．北京：人民教育出版社，2006．

［50］张大均，江琦．教师心理素质与专业性发展．北京：人民教育出版社，2005.

［51］张东，李森．课堂管理创新：内涵、方向、策略．教育探索，2005（10）.

［52］张海珠．教学设计．北京：北京师范大学出版社，2013.

［53］张积家．高等教育心理学．北京：高等教育出版社，2009.

［54］张庆华．教师课堂管理风格形成的归因分析．教学与管理（理论版），2005（2）.

［55］张向葵．教育心理学．北京：中央广播电视大学出版社，2003.

［56］张晓文，蔡笑岳，张维，赖淑贤．学科领域知识教学对中学生化学学习效果的影响．教育导刊，2011（11）.

［57］章伟民．教学设计基础．北京：电子工业出版社，1998.

［58］赵国忠．教师最需要的心理学．南京：南京大学出版社，2009.

［59］赵俊峰．教育心理学．北京：高等教育出版社，2011.

［60］赵云龙．二十年来我国中小学教师心理健康的变迁．社会心理科学，2015（6）.

［61］赵志成．基于群体动力理论对高校班级小群体行为的分析．开封大学学报，2011（1）.

［62］周加仙．教育神经科学：创建心智、脑与教育的联结．华东师范大学学报（教育科学版），2013（2）.

［63］周龙影．教育心理学新论．杭州：浙江大学出版社，2013.

［64］任尔福克．教育心理学：第10版．北京：中国轻工业出版社，2008.

［65］爱泼斯坦．学前教育中的主动学习精要：认识高宽课程模式．北京：教育科学出版社，2012.

［66］谢弗．发展心理学：儿童与青少年：第6版．北京：中国轻工业出版社，2005.

［67］史密斯，雷根．教学设计：第3版．上海：华东师范大学出版社，2008.

［68］斯莱文．教育心理学：理论与实践：第7版．北京：人民邮电出版社，2004.

［69］迪克，等．系统化教学设计．上海：华东师范大学出版社，2007.

［70］BERGIN，BERGIN. Classroom Discipline that Promotes Self-control. Journal of Applied Developmental Psychology，1999（2）.

［71］DELCLOS，HARRINGTON. Effects of Strategy Monitoring and Proactive Instruction on Children's Problem-solving Performance. Journal of Educational Psychology，1991（1）.

［72］DUNCKER. On Solving Problems. Psychological Monographs，1945（5）.

［73］EMMER，HICKMAN. Teacher Efficacy in Classroom Management and Discipline. Educational and psychological measurement，1991（3）.

［74］HINSLEY，HAYES，SIMON. From Words to Equations：Meaning and Representation in Algebra Word Problems. Cognitive processes in comprehension，1977 (2).

[75] JONES. The Gentle Art of Classroom Discipline. National Elementary Principal，1979 (4).

[76] KIRK，SKOV，CHRISTENSEN，NYGAARD. Brain Correlates of Aesthetic Expertise：A Parametric FMRI Study. Brain and Cognition，2009 (69)，306-315.

[77] LEWIS. Classroom Discipline and Student Responsibility：The Students' View. Teaching and Teacher Education，2001 (3).

[78] ANDERSON，KRATHWOHL. A Taxonomy for Learning，Teaching，and Assessing：a Revision of Bloom's Taxonomy of Educational Objectives. Beaverton：Ringgold Inc.，2001.

[79] MARSH. Self-concept：Its Multi-faced，Hierarchical Structure. Educational Psychologist，1983 (20).

[80] NORMAN，BROOKS，ALLEN. Recall by Expert Medical Practitioners and Novices as a Record of Processing Attention. Journal of Experimental Psychology：Learning，Memory，and Cognition，1989 (6).

[81] SAVELSON，BLOUS. Self-concept：Validation of Construct Interpretation. Review of Education Research，1982 (46).

[82] SLAVIN. Cooperative Learning and Student Achievement：Six Theoretical Perspectives. Advances in Motivation and Achievement，1989 (6).

[83] WEINSTEIN，TOMLINSON-CLARKE，CURRAN. Toward a Conception of Culturally Responsive Classroom Management. Journal of Teacher Education，2004 (1).

图书在版编目（CIP）数据

教育心理学/何先友主编．—北京：中国人民大学出版社，2019.3
新编 21 世纪教育学系列教材
ISBN 978-7-300-26508-7

Ⅰ.①教… Ⅱ.①何… Ⅲ.①教育心理学-高等学校-教材 Ⅳ.①G44

中国版本图书馆 CIP 数据核字（2018）第 278201 号

新编 21 世纪教育学系列教材
教育心理学
主　编　何先友
副主编　张　维
Jiaoyu Xinlixue

出版发行	中国人民大学出版社		
社　　址	北京中关村大街 31 号	**邮政编码**	100080
电　　话	010－62511242（总编室）		010－62511770（质管部）
	010－82501766（邮购部）		010－62514148（门市部）
	010－62515195（发行公司）		010－62515275（盗版举报）
网　　址	http://www.crup.com.cn		
经　　销	新华书店		
印　　刷	北京捷迅佳彩印刷有限公司		
开　　本	787 mm×1092 mm　1/16	**版　　次**	2019 年 3 月第 1 版
印　　张	19.25	**印　　次**	2024 年 1 月第 4 次印刷
字　　数	389 000	**定　　价**	39.80 元

教学支持说明

（教学课件）

中国人民大学出版社政法分社秉承“出教材学术精品，育人文社科英才”的出版宗旨，多年来，出版了大批高质量的法学、教育学、政治学、政治理论公共课教材和学术著作。

我们为本教材制作了相应的 PPT 教学课件，任何一位采用本书作为授课教材的教师均可免费获得该课件。为了确保该课件仅为授课教师获得，烦请您填写如下材料，并将相关信息通过 E-mail 发送给我们，我们将在收到相关信息后通过 E-mail 给您发送该课件。欢迎您加入我们的 QQ 群（全国政管教师交流二群，群号为 648117133），或登录我社官方网站（www. crup. com. cn），注册并认证成为教师会员，以获得更好的服务。

我们的联系方式：

地址：（100872）北京市中关村大街甲 59 号文化大厦 1202 室

中国人民大学出版社政法分社

电话：（010） 62515383　62514775（传真）

E-mail：ggglcbfs@vip. 163. com

兹证明__________大学/学院__________院/系__________专业__________学年第__________学期开设的__________课程，采用中国人民大学出版社出版的____________________（书名、作者）作为本课程教材。授课教师为__________，授课班级共______个、学生______人。授课教师需要与本书配套的教学课件。

联 系 人：____________________

通信地址：____________________

邮　　编：____________________

电　　话：____________________

E-mail：____________________

系/院主任：__________（签字）

（系/院办公室章）

______年____月____日